BAHÁ'U'LLÁH UND DAS NEUE ZEITALTER

J. E. ESSLEMONT

BAHA'U'LLAH UND DAS NEUE ZEITALTER

BAHA'I VERLAG

Englische Ausgabe: BAHA'U'LLAH AND THE NEW ERA, London 1923. Third Revised Edition. Wilmette, Illinois, 1970. Copyright by National Spiritual Assembly of The Bahá'ís of the United States of America.
Die deutsche Ausgabe erscheint nach der dritten revidierten englischen Ausgabe von 1970 neu überarbeitet in 5. Auflage. ISBN 3 87037 050 5

In den Lehren von Moses sehen wir die Knospe,
in denen von Christus die Blüte,
in denen von Bahá'u'lláh die Frucht.

INHALTSÜBERSICHT

VORWORT ZUR FÜNFTEN DEUTSCHEN AUFLAGE

Seit der englischen Ausgabe von 1937, die der zweiten deutschen Auflage zugrunde liegt, war der Text von Dr. Esslemonts Buch nicht mehr revidiert worden, wenn auch bei den späteren Auflagen einige geringfügige Korrekturen angebracht wurden. Anderseits war die Ausbreitung und Entwicklung des Bahá'í-Glaubens seit jener Zeit überwältigend, und die Bahá'í-Bibliographie wurde bereichert durch das wertvolle Vermächtnis unvergleichlicher Darstellungen, Übersetzungen und geschichtlicher Berichte aus der Feder von Shoghi Effendi, dem Hüter des Glaubens und ernannten Ausleger seiner Heiligen Schriften.

Es schien deshalb notwendig, das Buch auf die Höhe der Zeit zu bringen, um seine Nützlichkeit für heutige Leser zu erhalten. Dies wurde mit einem Mindestmaß von Änderungen am Text und vorwiegend durch Fußnoten und ein Nachwort getan, das für die heutige Zeit statistische Angaben und die jüngsten Entwicklungen in der lebendigen Entfaltung des Bahá'í-Glaubens vermittelt.

Dr. Esslemonts Buch gehört weiterhin zu den meistbenützten Einführungsschriften über den Bahá'í-Glauben, was sich durch die Tatsache erweist, daß seit 1937 die Zahl seiner Übersetzungen in andere Sprachen von dreißig auf achtundfünfzig wuchs.

VORWORT ZUR ZWEITEN, VERBESSERTEN DEUTSCHEN AUFLAGE

Durch die Veröffentlichung von „Bahá'u'lláh und das Neue Zeitalter" im Jahre 1923 wurde dem Bahá'í-Glauben die erste gutgefaßte, gründliche Darlegung durch einen Kenner der Lehre gegeben. Da dieses Werk als die befriedigendste Einführung in die Lehre bewertet wurde, fand Dr. Esslemonts Buch bei Bahá'í sowohl im Osten wie im Westen einen solchen Anklang, daß es in etwa dreißig Sprachen übersetzt wurde.

Wie Dr. Esslemont selbst erkannte, trat der Glaube nach dem Hinscheiden 'Abdu'l-Bahás in einen neuen Abschnitt seiner Geschichte ein. Es mag sich daraus ergeben, daß die Ansichten des Autors, welche zum Teil vor 1921 niedergeschrieben wurden, in gewisser Hinsicht nicht mehr dem evolutionären Charakter des Glaubens entsprechen. Seine Beschreibung damaliger Ereignisse und sozialer Verhältnisse scheint überdies nicht mehr voll zuzutreffen. Unvermeidlicherweise hatten sich einige sachliche Irrtümer in den Text eingeschlichen, und seine Erläuterungen der Stufen des Báb und 'Abdu'l-Bahás sind in den Augen der Bahá'í durch die maßgeblichen Darlegungen des ersten Hüters des Glaubens, Shoghi Effendi, ersetzt worden.

Die vorliegende Ausgabe stellt also die Überarbeitung dar, wie sie von dem amerikanischen Nationalen Geistigen Rat mit Beratung und Genehmigung von Shoghi Effendi durchgeführt wurde.

Die Richtigstellungen ändern in keiner Weise den ursprünglichen Charakter von Dr. Esslemonts Buch, noch beeinträchtigen sie den wesentlichsten Teil des Textes. Ihr Zweck war, die Erörterungen des Verfassers an einigen Stellen durch Hinzufügung von Kenntnissen zu bereichern, die erst nach seinem vielbetrauerten Tod in Erfahrung gebracht wurden, und neuere Übersetzungen seiner Zitate aus den heiligen Schriften der Bahá'í einzufügen.

VORWORT DES VERFASSERS

Im Dezember 1914 lernte ich erstmals durch eine Unterhaltung mit Freunden, die mit 'Abdu'l-Bahá zusammengekommen waren, und durch einige mir geliehene Broschüren die Bahá'í-Lehre kennen. Ich war sofort von ihrer umfassenden Größe, Macht und Schönheit ergriffen. Sie beeindruckte mich, weil sie den großen Nöten der Gegenwart besser und befriedigender begegnet als irgend eine andere Religion, die mir zur Kenntnis kam, und dieser Eindruck wurde durch das darauf folgende Studium nur noch vertieft und gefestigt.

Als ich bestrebt war, eine gründlichere Kenntnis über den Glauben zu erlangen, stieß ich auf beträchtliche Schwierigkeiten, die gewünschte Literatur zu erhalten, und bald wurde die Idee in mir lebendig, das Wesentliche von dem, was ich gefunden hatte, in Buchform zusammenzustellen, um anderen das Erfahrene leichter zugänglich zu machen. Als die Verbindung mit Palästina nach dem Krieg wieder aufgenommen war, schrieb ich 'Abdu'l-Bahá und fügte dem Brief eine Abschrift der im Entwurf nahezu fertigen ersten neun Kapitel des Buches bei. Darauf erhielt ich eine sehr freundliche und ermutigende Antwort und eine herzliche Einladung, Ihn in Haifa zu besuchen und mein ganzes Manuskript mitzubringen. Diese Einladung wurde mit Freuden angenommen, und ich hatte das große Vorrecht, während des Winters 1919 bis 1920 zwei und einen halben Monat Gast von 'Abdu'l-Bahá zu sein. Während dieses Besuches besprach 'Abdu'l-Bahá das Buch bei verschiedenen Gelegenheiten mit mir. Er gab mir mehrere wertvolle Anregungen zu dessen Verbesserung und schlug vor, das ganze Manuskript, sobald ich es überprüft hätte, ins Persische übersetzen zu lassen, damit Er es durchlesen und, wo nötig, ergänzen und verbessern könne. Die Überprüfung und die Übersetzung kamen zustande, wie Er es angeregt hatte, und 'Abdu'l-Bahá fand inmitten Seines arbeitsreichen Lebens Zeit, etwa drei und ein halbes Kapitel (erstes, zweites, fünftes und einen Teil vom dritten) zu korrigieren, bevor Er diese Welt verließ. Ich bedauere tief, daß es

'Abdu'l-Bahá nicht möglich war, die Korrektur des Manuskripts zu vollenden, was den Wert des Buches wesentlich erhöht hätte. Das ganze Manuskript wurde jedoch von einem Ausschuß des Nationalen Geistigen Rates der Bahá'í in England sorgfältig überprüft und seine Veröffentlichung von diesem gutgeheißen.

Miss E. J. Rosenberg, Mrs. Claudia S. Coles, Mírzá Lotf'u'lláh S. Hakím, Mr. Roy Wilhelm und Mr. Mountfort Mills und vielen anderen gütigen Freunden bin ich für ihre wertvolle Hilfe bei der Vorbereitung dieses Werkes sehr zu Dank verpflichtet. Was die Schreibweise der arabischen und persischen Namen und Worte betrifft, so ist in diesem Buch das von Shoghi Effendi vor kurzem für die ganze Bahá'í-Welt empfohlene System angewandt.

Fairford, Cults, bei Aberdeen. *J. E. Esslemont*

1. Kapitel

DIE FROHEN BOTSCHAFTEN

„Der Verheißene aller Völker der Welt ist erschienen. Alle Völker und Religionsgemeinschaften haben eine Offenbarung erwartet, und Er, Bahá'u'lláh, ist der erhabenste Lehrer und Erzieher der ganzen Menschheit." ('ABDU'L-BAHÁ.)

Das größte Ereignis in der Geschichte

Wenn wir den „Aufstieg des Menschen" studieren, wie er in den Blättern der Geschichte berichtet ist, tritt klar zutage, daß die bestimmende Kraft im menschlichen Fortschritt von Zeit zu Zeit das Auftreten von Menschen ist, die über die in ihren Tagen geltenden Ideen hinausschreiten und die Entdecker und Offenbarer von bislang unter den Menschen unbekannten Wahrheiten werden. Der Erfinder, der Bahnbrecher, das Genie, der Offenbarer — dies sind die Menschen, von denen die Umwandlung der Welt in erster Linie abhängt. Carlyle sagt: „Die reine Wahrheit, die ganz reine, denke ich, ist die, daß ... ein Mensch, der eine höhere Weisheit besitzt, in sich eine bis dahin unbekannte geistige Wahrheit trägt, die stärker ist nicht nur als zehn Menschen, die solche nicht besitzen, noch als zehntausend, sondern stärker als alle Menschen, die sie nicht haben; und er steht unter ihnen in einer geradezu ätherischen, engelgleichen Kraft, wie gerüstet mit einem Schwert aus des Himmels eigener Rüstkammer, dem kein Schild, keine eherne Feste auf die Dauer widersteht." (*Thomas Carlyle, Signs of the Times.*)

In der Geschichte der Wissenschaft, der Kunst, der Musik sehen wir genügend Erläuterungen dieser Wahrheit, aber auf keinem Gebiet tritt die überragende Bedeutung des großen Menschen und seiner Botschaft klarer zutage, als auf dem der Religion. Immer beim Niedergang der Zeitalter, wenn das geistige Leben der Menschen entartet und ihre Moral verdorben sind, tritt der wunderbarste und geheimnisvollste der Menschen, der Offenbarer in Erscheinung. Allein gegen die Welt, ohne daß ein einziger Mensch fähig wäre, Ihn zu lehren, Ihn zu führen, Ihn völlig zu verstehen oder an Seiner Verantwortung teilzunehmen, erhebt Er sich, gleich einem Seher unter Blinden, um Sein Evangelium der Gerechtigkeit und Wahrheit zu verkünden.

Unter den Offenbarern ragen einige in Ihrer Erhabenheit besonders hervor. Immer wieder nach Jahrhunderten erscheint im Osten ein großer göttlicher Offenbarer, wie Krischna, Zarathustra, Moses, Jesus, Muḥammad, einer geistigen Sonne gleich, um die verfinsterten Gemüter der Menschen zu erleuchten und ihre schlafenden Seelen zu erwecken. Was auch immer unsere Ansicht über die verhältnismäßige Größe dieser Religionsgründer ist, so müssen wir doch zugeben, daß Sie die machtvollste Triebkraft für die Erziehung der Menschheit gewesen sind. Übereinstimmend erklären diese Offenbarer, daß die Worte, die Sie äußern, nicht von Ihnen selbst, sondern eine Offenbarung sind, eine göttliche Botschaft, deren Träger Sie sind. Ihre niedergelegten Worte enthalten zudem reichlich Hinweise und Verheißungen auf einen großen Weltenlehrer, der „in der Fülle der Zeiten" erscheinen werde, Ihr Werk fortzuführen und es zur Reife zu bringen; auf Einen, der ein Reich des Friedens und der Gerechtigkeit auf Erden aufrichten und alle Rassen, Religionen, Völker und Stämme zu einer Familie vereinen werde, „daß es nur eine Herde und einen Hirten" geben möge, daß alle Menschen Gott erkennen und lieben, „jeder, vom Geringsten bis zum Größten".

Sicherlich muß das Kommen dieses „Erziehers der Menschheit" in den letzten Tagen, wenn Er erscheint, das größte Ereignis in der Geschichte der Menschheit darstellen. *Die Bahá'í-Religion verkündet nun der Welt die frohen Botschaften, daß dieser Erzieher wirklich erschienen ist, daß Seine Offenbarung erklärt und niedergelegt wurde und von jedem ernsten Sucher erforscht werden kann, daß „der Tag des Herrn" bereits angebrochen und die „Sonne der Gerechtigkeit" aufgegangen ist.* Noch fällt das Licht dieses herrlichen Tagesgestirns erst auf wenige Bergesgipfel, aber schon erhellen seine Strahlen Himmel und Erde, und binnen kurzem wird es sich über die Berge erheben und in voller

Kraft auf die Ebenen und in die Täler scheinen, allen Leben und Führung verleihend.

Der Wandel der Welt

Daß die Welt während des neunzehnten und des ersten Teils des zwanzigsten Jahrhunderts[1]) durch die Todesqualen eines alten und die Geburtswehen eines neuen Zeitalters gegangen ist, das ist jedermann klar. Die alten Grundsätze des Materialismus und des Eigennutzes, die alten sektiererischen und vaterländischen Vorurteile und Gehässigkeiten sind im Schwinden begriffen, sie haben inmitten der Trümmer, die sie geschaffen, ihren Sinn verloren, und wir sehen in allen Ländern die Anzeichen eines neuen Geistes des Glaubens, der Brüderlichkeit und übernationalen Denkens, der die alten Bande sprengt und die alten Grenzen überrennt. Umstürzende Veränderungen von nie dagewesener Größe haben sich auf allen Gebieten des menschlichen Lebens ereignet. Das alte Zeitalter ist aber noch nicht tot. Es ist mit dem neuen in einen Kampf auf Leben und Tod verwickelt. Es gibt Übel in Menge, riesenhaft und furchtbar, aber sie sind im Begriff, mit neuer Kraft und Hoffnung klargelegt, erforscht, angegriffen und verworfen zu werden. Es gibt Wolken in Menge, ungeheuer und drohend, aber das Licht will durchbrechen, den Weg des Fortschritts erleuchten und die Hindernisse und Fallgruben aufdecken, die den Weg zur Höhe versperren.

Im achtzehnten Jahrhundert war es anders. Damals wurde das geistige und moralische Dunkel, das die Welt umhüllte, kaum durch einen Lichtstrahl erhellt. Es war der dunkelsten Stunde vor der Dämmerung zu vergleichen, da die wenigen noch leuchtenden Lampen und Kerzen kaum mehr bewirken, als die Dunkelheit noch erkennbarer zu machen. Carlyle schreibt über das achtzehnte Jahrhundert: „Ein Jahrhundert, das keine Geschichte hat und wenig oder keine haben kann. Ein Jahrhundert, so voll von angehäuften Falschheiten ... wie kein Jahrhundert zuvor! Das nicht mehr das Bewußtsein hatte, falsch zu sein, so falsch war es geworden; und das so in Falschheit getaucht und davon bis auf

[1]) Kurz nach dem ersten Weltkrieg geschrieben.

die Knochen durchdrungen war, daß wirklich das Maß der Dinge voll war und eine Französische Revolution es beenden mußte ... Ein äußerst passendes Ende für solch ein Jahrhundert, wie ich dankbar empfinde ... Denn es wäre noch einmal eine göttliche Offenbarung an die stumpfen, leichtfertigen Menschenkinder nötig gewesen, wenn sie nicht allesamt auf die Stufe der Affen sinken sollten." (*Th. Carlyle, Friedrich der Große, Buch I, Kap. 1.*)

Verglichen mit dem achtzehnten Jahrhundert ist die jetzige Zeit wie die Dämmerung auf die Nacht oder wie der Frühling auf den Winter. Die Welt regt sich in neuem Leben, von neuen Idealen und Hoffnungen durchdrungen. Dinge, die noch vor wenigen Jahren unmögliche Träume schienen, sind jetzt vollendete Tatsachen. Andere, die noch Jahrhunderte weit voraus zu liegen schienen, sind bereits Gegenstand der „angewandten Politik" geworden. Wir fliegen in den Lüften und fahren unter dem Wasser. Wir senden Nachrichten rund um die Welt mit Blitzesschnelle. Innerhalb weniger Jahrzehnte haben wir Wunder erlebt, zu zahlreich um sie aufzuzählen.

Die Sonne der Gerechtigkeit

Was ist die Ursache dieses plötzlichen Erwachens in der Welt? Die Bahá'í glauben, daß dies von einer großen Ausgießung des Heiligen Geistes durch den Offenbarer Bahá'u'lláh herrührt, der 1817 in Persien geboren wurde und 1892 im Heiligen Land verschied.

Bahá'u'lláh lehrte, daß der Offenbarer oder die „Manifestation Gottes" das Licht der geistigen Welt bringt, wie die Sonne das Licht der natürlichen Welt bringt. Ebenso wie die sichtbare Sonne über die Erde scheint und das Wachsen und die Entwicklung der materiellen Organismen bewirkt, so scheint durch die göttliche Manifestation die Sonne der Wahrheit auf die Welt der Herzen und Seelen und erzieht die Gedanken, Sitten und Charaktere der Menschen. Und ebenso wie die Strahlen der natürlichen Sonne einen Einfluß haben, der in die dunkelsten und schattigsten Orte der Welt dringt, und sogar den Geschöpfen, welche die Sonne selbst nie gesehen, Wärme und Leben spenden, so beeinflußt die Ausgießung des Heiligen Geistes durch die Manifestation Gottes das Leben aller und inspiriert das aufnahmefähige Gemüt sogar an Orten und unter Menschen, wo der Name des Offenbarers völlig unbekannt ist. Das Kommen der Manifestation gleicht dem Einzug des Frühlings. Es ist ein Tag der Auferstehung, an dem die geistig Toten zu neuem Leben erwachen, an dem die Wirklichkeit der göttlichen Religionen erneuert und wieder aufgerichtet wird, an dem „neue Himmel und eine neue Erde“ erscheinen.

In der Natur bringt der Frühling nicht nur Wachstum und Erwachen zu neuem Leben, sondern auch die Zerstörung und die Entfernung des Alten und Morschen; denn die gleiche Sonne, welche die Blumen zum Blühen bringt und die Bäume knospen läßt, bewirkt auch Zerfall und Auflösung dessen, was tot und nutzlos ist; sie bricht das Eis, schmilzt den Schnee des Winters und entfesselt die Flut und den Sturm, welche die Erde säubern und reinigen. So ist es auch in der geistigen Welt. Das geistige Sonnenlicht schafft ähnlichen Aufruhr und Wandel. So wird der Tag der Auferstehung auch zum Tag des Gerichts, an dem Verdrehung und Verfälschung der Wahrheit und abgenützte Ideen und Gebräuche aufgehoben und zerstört werden, an dem das Eis und der Schnee der Vorurteile und des Aberglaubens, die sich während der Winterszeit angehäuft haben, schmelzen und verwandelt werden und Kräfte, die lange eingefroren und gebannt waren, frei werden, um die Welt zu überfluten und zu erneuern.

Die Sendung von Bahá'u'lláh

Bahá'u'lláh erklärte offen und wiederholt, daß Er der lang erwartete Erzieher und Lehrer aller Völker sei, der Vermittler wunderbarer Gnade, die über alle früheren Ausgießungen hinausreiche. In ihr würden alle früheren Religionsformen münden wie Flüsse in das Weltmeer. Er legte den Grund zu einem festen Fundament der Einheit in der ganzen Welt und zur Errichtung jenes herrlichen Zeitalters des Friedens auf Erden, des Wohlgefallens unter den Menschen, von dem die Offenbarer gekündet und die Dichter gesungen haben.

Suchen nach Wahrheit, Einheit der Menschheit, Einheit der Religionen, der Rassen, der Völker, des Ostens und des Westens, Aussöhnung von Religion und Wissenschaft, Ablegen von Vorurteilen und Aberglauben, Gleichberechtigung von Mann und Frau, Aufrichtung von Gerechtigkeit und Rechtschaffenheit, Einsetzung eines höchsten übernationalen Gerichtshofs, Einführung einer Welthilfssprache, verbindlicher Erwerb von Wissen — diese und viele andere Lehren gleich diesen wurden durch die Feder von Bahá'u'lláh während der zweiten Hälfte des neunzehnten Jahrhunderts in unzähligen Büchern und Sendschreiben, von denen verschiedene an die Könige und Herrscher der Welt gerichtet waren, geoffenbart.

Seine Botschaft, einzigartig in ihrer Verständlichkeit und Weite, ist in wundervoller Weise abgestimmt auf die Zeichen und Nöte der Zeit. Nie waren die neuen Aufgaben, die den Menschen gestellt wurden, so riesenhaft und so verwickelt wie jetzt. Nie waren die angebotenen Lösungen so zahlreich und widerstreitend. Nie war die Not nach einem großen Weltenlehrer so dringend und so weithin spürbar. Vielleicht auch war das Warten auf einen solchen Lehrer noch nie so zuversichtlich und so allgemein.

Erfüllung von Prophezeiungen

'Abdu'l-Bahá schrieb:

„Obgleich die Juden, als Christus vor zwanzig Jahrhunderten erschien, sehnlichst Sein Kommen erwartet hatten und jeden Tag unter Tränen beteten und flehten: ‚O Gott, beschleunige die Offenbarung des Messias', so verleugneten sie Ihn doch, als die Sonne der Wahrheit dämmerte, und erhoben sich gegen Ihn in größter Feindschaft, und schließlich kreuzigten sie diesen göttlichen Geist, das Wort Gottes, und nannten Ihn Beelzebub, den Bösen, wie im Evangelium berichtet ist. Der Grund hiervon war, daß sie sagten: ‚Die Offenbarung von Christus wird nach dem klaren Text der Thora durch gewisse Zeichen bezeugt werden, und solange diese Zeichen nicht erschienen sind, ist jeder ein Betrüger, der beansprucht, ein Messias zu sein. Eines dieser Zeichen ist, daß der Messias von einem unbekannten Ort kommen werde; wir alle aber kennen dieses Mannes Haus in Nazareth, und was kann von Nazareth Gutes kommen? Das zweite Zeichen ist, daß er herrschen werde mit einem Stab von Eisen, d. h. daß er mit dem Schwerte Taten verrichten werde; dieser Messias aber hat nicht einmal einen hölzernen Stab. Eine andere Bedingung und ein anderes Zeichen sind: Er muß sitzen auf dem Throne Davids und Davids Herrschaft aufrichten. Nun aber hat dieser Mann, weit entfernt, auf einem Thron zu sitzen, nicht einmal eine Matte, auf der er sich niederlassen könnte. Eine andere Bedingung ist die Verkündigung aller Gesetze der Thora; dieser Mann aber hat diese Gesetze abgeschafft und sogar den Sabbat gebrochen, obgleich der klare Text der Thora bestimmt, daß, wer den Anspruch erhebt, ein Prophet zu sein, und Wunder tut, aber den Sabbat bricht, zum Tode geführt werden müsse. Ein anderes Zeichen ist, daß unter seiner Regierung die Gerechtigkeit so gefördert werden wird, daß rechter Sinn und rechte Tat sich von der menschlichen Welt sogar auf die Tierwelt ausbreiten werden. Die Schlange und die Maus werden ein Loch miteinander teilen, und der Adler und das Rebhuhn ein Nest. Der Löwe und die Gazelle werden auf einer Weide gehen, und der Wolf und das Lamm werden trinken aus einem Quell.‘ Nun haben aber zu Seiner Zeit Ungerechtigkeit und Tyrannei so überhand genommen, daß sie Ihn gekreuzigt haben. ‚Eine andere Bedingung ist, daß in den Tagen des Messias die Juden zu Wohlstand kommen und über alle Völker der Welt triumphieren werden; nun aber leben sie in äußerster Erniedrigung und in der Knechtschaft des Römerreiches. Wie kann dieser Mann der in der Thora verheißene Messias sein?‘

Auf solche Weise verwarfen sie jene Sonne der Wahrheit, obgleich jener Geist Gottes in der Tat der in der Thora Verheißene war. Aber weil sie die Bedeutung dieser Zeichen nicht verstanden, kreuzigten sie das Wort Gottes. Nun wissen die Bahá'í, daß die überlieferten Zeichen in der Manifestation Christus sich verwirklichten, wenn auch nicht in dem Sinne, wie es die Juden verstanden; denn die Beschreibung in der Thora ist sinnbildlich aufzufassen. So ist z. B. eines der Zeichen das der Herrschaft. Die Bahá'í sagen, daß die Herrschaft Christi eine himmlische, göttliche, ewige Herrschaft sei, nicht eine napoleonische Herrschaft, die in kurzer Zeit zu Ende geht. Denn beinahe zwei Jahrtausende ist diese Herrschaft Christi errichtet und dauert noch an, und für alle Ewigkeit wird dieses heilige Wesen erhöht sein auf einem ewigen Throne.

In gleicher Weise sind die andern Zeichen alle offenbar geworden, aber die Juden verstanden es nicht. Obgleich nahezu zwanzig Jahrhunderte verflossen sind, seit Christus in göttlichem Glanze erschien, erwarten die Juden doch noch das Kommen des Messias und dünken sich selbst im Recht und halten Christus für einen falschen Propheten.“ (*Von ‘Abdu’l-Bahá für dieses Buch geschrieben.*)

Würden sich die Juden an Christus gewandt haben, so hätte Er ihnen die wahre Bedeutung dieser Ihn betreffenden Prophezeiungen erklärt. Laßt uns an diesem Beispiel lernen. Ehe wir urteilen, daß sich die Prophezeiungen über die Manifestation des Lehrers des letzten Tages nicht erfüllt haben, wollen wir uns dem zuwenden, was Bahá’u’lláh selbst hinsichtlich ihrer Auslegung geschrieben hat, denn viele dieser Prophezeiungen sind zugestandenermaßen „versiegelte“ Aussprüche, und der wahre Erzieher selbst ist der einzige, der es vermag, diese Siegel zu zerbrechen und die wirklichen Bedeutungen aufzuzeigen, die in dem Schrein der Worte verborgen sind.

Bahá’u’lláh hat vieles zur Auslegung der alten Prophezeiungen geschrieben, aber Er ist nicht von ihnen abhängig, um Seine Offenbarung zu beweisen. Die Sonne ist ihr eigener Beweis für alle, welche die Kraft des Begreifens haben. Wenn sie sich erhebt, brauchen wir keine alten Voraussagungen, um uns ihres Lichtes zu versichern. So ist es auch mit der Manifestation Gottes, wenn Sie erscheint. Wären alle die früheren Prophezeiungen in Vergessenheit geraten, so wäre Sie immer noch Ihr eigener, überströmender und genügender Beweis für alle, deren geistige Sinne offen sind.

Beweise für die Offenbarer

Bahá’u’lláh verlangt von niemandem, Seine Darlegungen und Seine Zeichen blindlings anzuerkennen. Im Gegenteil, Er stellt an die Spitze Seiner Lehren nachdrückliche Warnungen vor blinder Anerkennung einer Autorität und dringt in alle, Auge und Ohr zu öffnen und von ihrer eigenen Urteilskraft unabhängig und furchtlos Gebrauch zu machen, um die Wahrheit zu ermitteln. Eingehende Nachforschung machte Er zur Pflicht und hielt sich nie zurück, als höchsten Beweis Seiner Offenbarung, Seine Worte und Werke und ihre Wirkung durch Wandlung des Lebens und Charakters der Menschen darzutun. Der von Ihm vorgeschlagene Maßstab ist der gleiche wie der Seiner großen Vorgänger. Moses sagte:

„Wenn der Prophet redet in dem Namen des Herrn, und es wird nichts daraus, und es tritt nicht ein, dann ist das das Wort, das der Herr nicht geredet hat; der Prophet hat's aus Vermessenheit geredet, darum scheue dich nicht vor ihm." (*5. Moses 18, 22.*)

Christus stellte Seinen Maßstab ebenso klar hin und berief sich darauf als Beweis für Seinen eigenen Anspruch. Er sagte:

„Sehet euch vor vor den falschen Propheten, die in Schafskleidern zu euch kommen, inwendig aber sind sie reißende Wölfe. An ihren Früchten sollt ihr sie erkennen. Kann man auch Trauben lesen von den Dornen oder Feigen von den Disteln? Also ein jeglicher guter Baum bringt gute Früchte, aber ein fauler Baum bringt arge Früchte ... Darum: an ihren Früchten sollt ihr sie erkennen." (*Matth. 7, 15-20.*)

In den folgenden Kapiteln werden wir uns bemühen, zu zeigen, ob der Anspruch von Bahá'u'lláh auf die Offenbarung bei Anwendung dieser Maßstäbe standhält oder fällt; ob Seine Verkündigungen eingetroffen sind und ob Seine Früchte gut oder schlecht gewesen sind; mit andern Worten, ob Seine Prophezeiungen in Erfüllung gegangen und Seine Verordnungen aufgerichtet sind und ob Sein Lebenswerk zur Erziehung und Hebung der Menschheit und zur Besserung ihrer Sitten beigetragen hat, oder ob das Gegenteil der Fall ist.

Schwierigkeiten in der Forschung

Natürlich gibt es Schwierigkeiten auf dem Wege des Suchers, der zu der Wahrheit über diese Sache zu gelangen bestrebt ist. Wie alle großen moralischen und geistigen Reformationen ist auch die Bahá'í-Religion stark entstellt worden. Hinsichtlich der schrecklichen Verfolgungen und Leiden von Bahá'u'lláh und Seinen Anhängern befinden sich Freund wie Feind in völliger Übereinstimmung. Über den Wert der Religion dagegen und über den Charakter ihrer Gründer weichen die Darstellungen der Gläubigen und die Berichte der Verleugner weit voneinander ab. Es ist ebenso wie zur Zeit Christi: Über den Kreuzestod Jesu und die Verfolgung und das Martyrium Seiner Anhänger stimmen die christlichen wie die jüdischen Geschichtsschreiber überein, aber während die Gläubigen sagen, daß Christus die Lehren von Moses und den Propheten erfüllte und fortentwickelte, erklären die Verleugner, daß Er das Gesetz und die Verordnung gebrochen habe und des Todes schuldig geworden sei.

In der Religion wie in der Wissenschaft offenbart die Wahrheit ihre Geheimnisse nur dem demütigen und ergebenen Sucher, der bereit ist, jedes Vorurteil und jeden Aberglauben abzulegen — alles zu verkaufen, was er besitzt, um „die eine Perle von großem Wert" zu kaufen. Um die Bahá'í-Religion in ihrer vollen Bedeutung zu verstehen, müssen wir im Geiste aufrichtiger und selbstloser Hingabe an die Wahrheit ihr Studium beginnen, müssen auf dem Pfade des Forschens ausharren und uns auf die göttliche Führung verlassen. In den Schriften ihrer Begründer werden wir den Hauptschlüssel für die Geheimnisse dieses großen geistigen Erwachens finden, und den letzten Prüfstein für ihren Wert. Leider gibt es hier wieder Schwierigkeiten auf dem Wege des Suchenden, welcher mit der persischen und arabischen Sprache, worin die Lehren geschrieben sind, nicht bekannt ist. Nur ein geringer Teil der Schriften ist ins Englische übersetzt, und viele dieser Übersetzungen, die erschienen sind, lassen an Genauigkeit wie an Stil viel zu wünschen übrig. Aber trotz der Unvollkommenheit und Unzulänglichkeit der geschichtlichen Erzählungen und Übersetzungen ragen die großen wesentlichen Wahrheiten, welche die feste und starke Grundlage dieser Sache bilden, gleich Bergen aus dem Nebel der Ungewißheit vor uns auf.[2])

[2]) Inzwischen hat Shoghi Effendi die wichtigsten Schriften von Bahá'u'lláh und 'Abdu'-l-Bahá aus dem Persischen und dem Arabischen ins Englische übersetzt. Diese unvergleichlichen Übersetzungen und seine eigenen bedeutenden Schriften über die Geschichte des Bahá'í-Glaubens, über Aussagen und Folgerungen seiner fundamentalen Wahrheit und über die Entfaltung seiner administrativen Ordnung machen dem heutigen Forscher die Arbeit sehr viel leichter als zu Dr. Esslemonts Zeit.

Der Zweck des Buches

Die folgenden Kapitel sollen so gut wie möglich, ehrlich und ohne Vorurteil die hervorspringenden Züge der Geschichte und ganz besonders die Lehren des Bahá'í-Glaubens aufzeigen, damit der Leser sich ein vernünftiges Urteil von ihrer Bedeutung bilden kann und vielleicht Anlaß findet, für sich selbst darin noch tiefer nachzuforschen.

Das Suchen nach Wahrheit aber, so wichtig es ist, ist nicht das einzige Ziel und Ende des Lebens. Die Wahrheit ist kein toter Gegenstand, dem man, wenn man ihn findet, einen Platz in einem Museum anweisen kann, den man bezetteln, einreihen, ausstellen und dann trocken und unfruchtbar liegen lassen kann. Sie ist etwas Lebendiges, das Wurzel schlagen muß in den menschlichen Herzen und Frucht tragen muß in ihrem Leben, ehe sie den vollen Lohn für ihr Suchen ernten.

Der wahre Zweck bei der Verbreitung der Erkenntnis einer prophetischen Offenbarung ist daher, diejenigen, die von ihrer Wahrheit überzeugt werden, zu bestimmen, ihre Grundsätze in die Tat umzusetzen, das „Leben zu leben“, die frohen Botschaften hinauszutragen und das Kommen jenes gesegneten Tages zu beschleunigen, an dem Gottes Wille geschehen wird auf Erden wie im Himmel.

2. Kapitel

BÁB: „DAS TOR"

„Wahrlich, der Unterdrücker hat den Geliebten der Welten erschlagen, damit er dadurch das Licht Gottes auslösche unter Seinen Geschöpfen und die Menschen von dem Strom des himmlischen Lebens abhalte in den Tagen Seines Herrn, des Gnadenvollen, des Freigebigen." (BAHÁ'U'-LLÁH, *Lawḥ-i-Rá'is.)*

Geburtsort der neuen Offenbarung

Persien, das Geburtsland der Bahá'í-Offenbarung, nimmt einen einzigartigen Platz in der Weltgeschichte ein. In den Tagen einstiger Größe war dieses Land wahrhaft königlich unter den Nationen, unerreicht an Zivilisation, Macht und Glanz. Es schenkte der Welt große Könige und Staatsmänner, Propheten und Dichter, Philosophen und Künstler. Zarathustra, Kyros und Dareios, Ḥáfiẓ und Firdawsí, Sa'dí und Umar Khayyám sind nur einige seiner vielen berühmten Söhne. Seine Handwerksleute waren unübertroffen an Geschicklichkeit; seine Teppiche waren unvergleichlich, seine Stahlklingen unerreicht, sein Steingut weltbekannt. In allen Teilen des nahen und mittleren Ostens hat Persien Spuren früherer Größe hinterlassen.

Im achtzehnten und neunzehnten Jahrhundert aber sank Persien auf eine Stufe beklagenswerter Erniedrigung. Sein geistiger Ruhm schien unwiederbringlich verloren. Die Regierung war bestechlich und in verzweifelten Geldnöten, manche Herrscher waren Schwächlinge und andere Ungeheuer an Grausamkeit. Die Priester waren bigott und unduldsam, das Volk unwissend und abergläubisch. Der größte Teil der Bevölkerung gehörte dem schiitischen Zweig[3]) der Muḥammadaner an, aber es gab auch

[3]) Eine der beiden großen Parteien — Schiiten und Sunniten —, in die der Islám schon bald nach dem Tode Muḥammads zerfiel. Die Schiiten behaupten, daß 'Alí, der Schwiegersohn Muḥammads, der erste rechtmäßige Nachfolger des Propheten sei und daß nur seine Nachkommen die rechtmäßigen Kalifen seien.

eine beachtenswerte Anzahl von Zoroastriern, Juden und Christen, von Anhängern verschiedener und einander feindlicher Glaubensrichtungen. Alle bekannten sich dazu, erhabenen Lehrern nachzufolgen, die sie ermahnten, den einen Gott anzubeten und in Liebe und Eintracht zu leben; allein sie mieden, verabscheuten und verachteten einander, da jede Glaubensrichtung die anderen als unrein, als Hunde oder Heiden ansah. Das Fluchen und Verwünschen war in einem fürchterlichen Maße eingerissen. Es war für einen Juden oder einen Zoroastrier gefährlich, an einem regnerischen Tage auf die Straße zu gehen; denn wenn sein nasses Gewand einen Muḥammadaner berührte, war dieser verunreinigt und der andere konnte mit seinem Leben für diese Beleidigung zu büßen haben. Wenn ein Muḥammadaner von einem Juden, Zoroastrier oder Christen Geld annahm, mußte er es waschen, bevor er es einstecken durfte. Wenn ein Jude sein Kind einem armen muḥammadanischen Bettler ein Glas Wasser reichen sah, so schlug er das Glas dem Kind aus der Hand, denn Flüche statt Freundlichkeit sollten den Ungläubigen zuteil werden. Die Muḥammadaner selbst zerfielen in unzählige Sekten, deren Streit untereinander oft wild und erbittert war. Die Zoroastrier mischten sich nicht viel in diese gegenseitigen Beschuldigungen, lebten in ihren Gemeinschaften für sich und lehnten es ab, sich zu ihren Landsleuten andern Glaubens zu gesellen.

Soziale wie religiöse Angelegenheiten befanden sich in einem Zustand hoffnungslosen Zerfalls. Die Erziehung wurde vernachlässigt. Abendländische Wissenschaft und Kunst wurden als unrein und der Religion widersprechend betrachtet. Gerechtigkeit war nirgends zu finden. Plünderung und Raub waren alltägliche Ereignisse. Die Straßen waren schlecht und unsicher zu bereisen. Sanitäre Einrichtungen waren unglaublich mangelhaft.

Und doch war, trotz allem, das Licht des geistigen Lebens in Persien nicht erloschen. Da und dort, inmitten der herrschenden Weltlichkeit und des Aberglaubens, konnte man noch manche heilige Seele finden, und in manchem Herzen wurde die Sehnsucht nach Gott gepflegt, wie einst in den Herzen von Hanna und Simeon vor dem Auftreten Jesu. Viele warteten sehnsüchtig auf das Kommen eines verheißenen Gottgesandten und glaubten bestimmt, daß die Zeit seiner Ankunft nahe bevorstehe. So standen die Dinge in Persien, als der Báb, der Herold eines neuen Zeitalters, das ganze Land mit Seiner Botschaft in Aufruhr versetzte.

Jugendzeit

Mírzá 'Alí Muḥammad, der sich später den Titel Báb (d. h. das Tor) beilegte, wurde in Shíráz, im Süden Persiens, am 20. Oktober 1819[4]) geboren. Er war ein Siyyid, d. h. ein Nachkomme des Offenbarers Muḥammad. Sein Vater, ein bekannter Kaufmann, starb bald nach Seiner Geburt, worauf Er in die Obhut eines Onkels mütterlicherseits, eines Kaufmanns in Shíráz, kam, der Ihn aufzog. Er lernte in Seiner Kindheit lesen und erhielt die erste Erziehung, so wie sie damals für Kinder üblich war.[5])

Im Alter von fünfzehn Jahren wandte Er sich den Geschäften zu, zuerst mit Seinem Pflegevater und später mit einem andern Onkel, der in Búshihr am Persischen Golf lebte.

[4]) Erster Tag des Muḥarram des Jahres 1233 d. H. Der muḥammadanische Kalender beginnt im Jahre der Hedschra, d. h. der Flucht Muḥammads von Mekka nach Medina im Jahre 622 nach Christus.

[5]) Hierüber bemerkt ein persischer Gelehrter: „Die Ansicht vieler Leute im Osten, besonders derjenigen, die an den Báb glaubten, ging dahin, daß der Báb keine Erziehung genoß, daß aber die Mullás, um Ihn in den Augen des Volkes zu erniedrigen, erklärten, daß eine Erkenntnis und Weisheit, wie Er sie besaß, der Erziehung zuzuschreiben sei, die Er erhalten habe. Nach gründlichem Forschen nach der Wahrheit hierüber haben wir Beweise gefunden, welche zeigen, daß Er in Seiner Kindheit kurze Zeit in das Haus von Shaykh Muḥammad (auch bekannt als 'Ábid) zu gehen pflegte, wo Er persisch lesen und schreiben gelehrt wurde. Darauf bezog sich der Báb in Seinem Buch *Bayán*, als Er schrieb: ‚O Muḥammad, o Mein Lehrer!'
Es ist aber doch außerordentlich bemerkenswert, daß dieser Shaykh der Sein Lehrer war, ein ergebener Schüler seines eigenen Zöglings wurde, und daß auch der Onkel des Báb, namens Ḥájí Siyyid 'Alí, der wie ein Vater zu Ihm war, ein ergebener Gläubiger wurde und als Bábí den Märtyrertod starb.
Das Verständnis dieser Geheimnisse wird den Suchern nach Wahrheit gegeben; wir aber wissen, daß die Erziehung, wie sie der Báb erhielt, nur eine ganz einfache war, und daß alle Zeichen von ungewöhnlicher Größe und Erkenntnis Ihm angeboren und von Gott waren."

Als Jüngling war Er durch Seine erhabene persönliche Schönheit und durch Sein liebenswürdiges Wesen bekannt, wie auch durch Seine außergewöhnliche Frömmigkeit und die Vornehmheit Seines Charakters. Er war untadelig in der Einhaltung des Gebets, des Fastens und anderer Gebote der muḥammadanischen Religion, und Er hielt sich nicht nur an den Buchstaben, sondern lebte auch im Geiste der Lehren des Offenbarers. Er heiratete im Alter von etwa zweiundzwanzig Jahren. Dieser Ehe entstammte ein Sohn, der aber im Kindesalter starb, und zwar im ersten Jahr des öffentlichen Wirkens des Báb.

Erklärung

Als der Báb das fünfundzwanzigste Lebensjahr erreicht hatte, erklärte Er auf göttlichen Befehl, daß „Gott, der Erhabene, Ihn auserwählt habe für die Stufe des Vorläufers". In *A Traveller's Narrative*[6]) lesen wir folgendes:

„Was Er mit dem Ausdruck ‚Báb' sagen wollte, war: daß Er der Weg der Gnade für eine große Persönlichkeit sei, die sich noch unter dem Schleier der Herrlichkeit verberge, die im Besitz zahlloser und unbeschränkter Vollkommenheiten sei, von deren Willen Er getrieben werde, und an deren Band der Liebe Er sich klammere." (*A Traveller's Narrative, S. 3.*)

In jenen Tagen war der Glaube an das bevorstehende Kommen eines Gottgesandten besonders stark bei einer Sekte, bekannt als Shaykhí, und es war ein hervorragender Geistlicher dieser Sekte namens Mullá Ḥusayn Bushrú'í, dem der Báb als erstem Seine Sendung kundgab. Das genaue Datum dieser Verkündigung ist im *Bayán*, einer der Schriften des Báb, angegeben auf 2 Stunden 11 Minuten nach Sonnenuntergang am Vorabend des 5. Tages des Monats Jamádíju'l-Avval, 1260 d. H.[7]) 'Abdu'l-Bahá wurde im Laufe der gleichen Nacht geboren, die genaue Stunde Seiner Geburt wurde jedoch nicht festgehalten.

[6]) *A Traveller's Narrative Written to Illustrate the Episode of the Báb*, mit einer Einleitung von E. G. Browne, Cambridge 1891. Auf dieses Buch wird im folgenden unter *A Traveller's Narrative* Bezug genommen.

[7]) 23. Mai 1844 A.D.

Nach mehreren Tagen sorgfältigen Forschens und Studierens war Mullá Ḥusayn fest davon überzeugt, daß der von den Schiiten lange erwartete Bote tatsächlich gekommen sei. Seine hohe Begeisterung über diese Entdeckung wurde bald von verschiedenen seiner Freunde geteilt. Es dauerte nicht lange, bis die Mehrzahl der Shaykhí den Báb anerkannte und damit als Bábí bekannt wurde; und bald begann der Ruf des jungen Offenbarers, einem Lauffeuer gleich, sich über das Land auszubreiten.

Ausbreitung des Bábí-Glaubens

Die ersten 18 Jünger des Báb (mit Ihm selbst als dem Neunzehnten) wurden bekannt als die „Buchstaben des Lebendigen“. Diese Jünger sandte Er nach verschiedenen Teilen von Persien und Turkestan, um die Nachricht Seines Kommens zu verbreiten. Er selbst unternahm mittlerweile eine Pilgerreise nach Mekka, wo Er im Dezember 1844 anlangte. Dort erklärte Er offen Seine Sendung. Bei Seiner Rückkehr nach Búshihr entstand eine große Aufregung ob der Verkündigung Seiner Vorläuferschaft. Das Feuer Seiner Beredsamkeit, das Wunder Seiner rasch verfaßten und inspirierten Schriften, Seine außerordentliche Weisheit und Erkenntnis, Sein Mut und Eifer als Umgestalter entfachten die größte Begeisterung bei Seinen Anhängern, entflammten aber in gleichem Maße einen Ansturm der Feindseligkeit bei den strenggläubigen Moslems. Die schiitischen Gelehrten klagten Ihn heftig an und überredeten den Statthalter von Fárs, mit Namen Ḥusayn Khán, einen fanatischen und tyrannischen Herrscher, die Unterdrückung der neuen Ketzerei zu übernehmen. Nun begannen für den Báb in langer Reihe Einkerkerung, Deportation, Verhöre vor Gerichtshöfen, Plagen und Unwürdigkeiten, die erst mit Seinem Märtyrertod im Jahre 1850 endeten.

Die Ansprüche des Báb

Die Feindseligkeit, die sich beim Anspruch auf die Vorläuferschaft erhob, verdoppelte sich, als der junge Erneuerer erklärte, daß Er der Mihdí (Mahdi) selbst sei, dessen Kommen Muḥammad vorhergesagt hatte. Die Schiiten setzten diesem Mihdí dem zwölften Imám[8]) gleich, der, ihrem Glauben entsprechend, vor tausend Jahren in geheimnisvoller Weise aus den Augen der Menschen verschwand. Sie glaubten, daß er noch am Leben sei und in seinem früheren Körper wieder erscheinen werde; sie legten die Prophezeiung über seine Herrschaft, seine Herrlichkeit, seine Eroberungen und die „Zeichen" seines Kommens in einem äußerlichen Sinne aus, wie sich die Juden zur Zeit Christi ähnliche auf den Messias beziehende Prophezeiungen auslegten. Sie erwarteten, daß er erscheinen werde mit irdischer Herrschaft und einem zahllosen Heere und seine Offenbarung verkünden werde, daß er die toten Leiber zur Auferstehung rufen und sie zu neuem Leben erwecken werde und so fort. Da alle diese Zeichen nicht eintrafen, verwarfen die Schiiten den Báb mit demselben grimmigen Spott, den die Juden Jesus widerfahren ließen. Die Bábí dagegen legten viele der Prophezeiungen bildlich aus. Sie sahen die Herrschaft des Verheißenen, gleich der des galiläischen „Mannes des Kummers", für eine mystische Herrschaft an; Seine Herrlichkeit für eine geistige, nicht irdische, Seine Eroberungen für solche über die Städte der Herzen der Menschen; und sie fanden genügend Beweise für den Anspruch des Báb in Seinem wundervollen Leben und in Seinen Lehren, in Seinem unerschütterlichen Glauben, Seiner unüberwindlichen Standhaftigkeit und Seiner Macht, die zu neuem geistigen Leben zu rufen, welche in den Gräbern des Irrtums und der Unwissenheit befangen waren.

Aber der Báb blieb nicht bei dem Anspruch stehen, der Mihdí zu sein. Er legte sich den geheiligten Titel des „Nuqṭiy-i-Úlá" oder des „Ersten Punktes" bei. Dies war ein Titel, der Muḥammad von Seinen Nachfolgern beigelegt wurde. Sogar die Imáme waren in ihrer Bedeutung dem „Punkt" untergeordnet, von dem sie ihre Inspiration und ihre Autorität ableiteten. Durch die Annahme dieses Titels beanspruchte der Báb eine Stellung für

[8]) Der Imám der Schiiten ist der von Gott verordnete Nachfolger des Propheten, dem alle Gläubigen gehorchen müssen. Elf Personen nacheinander versahen das Amt des Imám; der erste war ‘Alí, der Vetter und Schwiegersohn des Propheten. Die Mehrheit der Schiiten glaubt, daß der zwölfte Imám, Imám Mihdí genannt, im Jahr 329 d. H. als Kind verschwand und sich in der Erde verborgen halte, und daß er nach der erfüllten Zeit wieder hervortreten, die Ungläubigen stürzen und ein Zeitalter des Segens aufrichten werde.

Sich, wie die Muḥammads in der Reihe der großen Religionsgründer, und deshalb war Er in den Augen der Schiiten ein Betrüger, ebenso wie Moses und Jesus vor Ihm als Betrüger angesehen worden waren. Er führte sogar einen neuen Kalender ein, der das Sonnenjahr wiederherstellt und der das neue Zeitalter mit dem Jahr Seiner eigenen Erklärung beginnen läßt.

Die Verfolgung wächst

Infolge dieser Erklärungen des Báb und der beunruhigenden Schnelligkeit, mit der Menschen aus allen Klassen, reiche und arme, gelehrte und unwissende, sich eifrig Seiner Lehre zuwandten, wurden die Bestrebungen, sie zu unterdrücken, immer grausamer und entschiedener. Häuser wurden geplündert und zerstört. Frauen wurden festgenommen und verschleppt. In Ṭihrán, Fárs, Mázindarán und anderen Plätzen wurde eine große Menge der Gläubigen getötet. Viele wurden enthauptet, gehängt, vor die Mündung der Geschütze gebunden, verbrannt oder zerstückelt. Trotz aller Unterdrückungsversuche ging die Bewegung ihren Weg. Gerade durch diese Unterdrückung wuchs vielmehr die Gewißheit bei den Gläubigen, denn dadurch erfüllten sich wörtlich viele der Prophezeiungen über das Kommen des Mihdí. So lesen wir in einer von Jábir stammenden Überlieferung, die von den Schiiten für echt gehalten wird:

„In ihm wird sein die Vollkommenheit von Moses, die Köstlichkeit von Jesus und die Geduld von Hiob; seine Heiligen werden zu seiner Zeit gedemütigt und ihre Häupter werden als Geschenke ausgetauscht werden, wie die Köpfe der Türken und der Deylamiten gegenwärtig als Geschenke ausgetauscht werden; sie werden erschlagen und verbrannt werden und werden in Furcht und Angst sein und beben vor Schrecken; die Erde wird mit ihrem Blut getränkt werden und Wehgeschrei wird herrschen unter ihren Frauen; dies sind in der Tat meine Heiligen." (*New History of the Báb, übersetzt von Prof. E. G. Browne, S. 132.*)

Das Märtyrertum des Báb

Am 9. Juli 1850[9]), in Seinem einunddreißigsten Lebensjahre, fiel der Báb selbst der fanatischen Wut Seiner Verfolger zum

[9]) Freitag, 28. Sha'bán 1266 d. H.

Opfer. Mit einem ergebenen jungen Anhänger namens Áqá Muḥammad 'Alí, der leidenschaftlich darum gebeten hatte, Sein Märtyrertum teilen zu dürfen, wurde Er in Tabríz auf den alten Kasernenhof geführt. Etwa zwei Stunden vor Mittag wurden die beiden mit Stricken unter den Armen derart aufgehängt, daß das Haupt von Muḥammad 'Alí an der Brust seines geliebten Meisters ruhte. Eine Abteilung armenischer Soldaten zog auf und erhielt den Befehl, zu feuern. Alsbald krachte die Salve, aber als der Rauch sich verzog, fand man den Báb und Seinen Gefährten noch am Leben. Die Kugeln hatten nur die Seile zerrissen, an denen sie aufgehängt waren, so daß sie unverletzt zu Boden fielen. Der Báb begab sich in einen Raum in der Nähe, wo man Ihn im Gespräch mit einem Seiner Freunde fand. Um die Mittagszeit wurden sie abermals aufgehängt. Die Armenier, welche die Wirkung ihrer Salve als Wunder ansahen, weigerten sich, nochmals zu feuern, so daß ein anderes Regiment Soldaten antreten mußte, das dem Befehl zum Feuern Folge leistete. Diesmal hatte die Salve den gewünschten Erfolg. Die Körper der beiden Opfer wurden von Kugeln durchbohrt und schrecklich zugerichtet, ihre Gesichter aber blieben fast unberührt.

Durch diese ruchlose Tat wurde der Kasernenhof in Tabríz ein zweites Golgatha. Die Feinde des Báb erfreuten sich eines frevelhaften Triumphes und dachten, daß dieser verhaßte Baum des Bábí-Glaubens an der Wurzel getroffen sei und seine völlige Ausrottung nun leicht sein werde. Aber ihr Triumph war von kurzer Dauer. Sie dachten nicht daran, daß der Baum der Wahrheit von keiner irdischen Axt gefällt werden kann. Mußten sie doch erkennen, daß ihr großes Verbrechen nur dazu führte, der Sache noch größere Kraft zu verleihen. Der Märtyrertod des Báb erfüllte Seinen zärtlich gehegten Wunsch und entflammte Seine Anhänger zu wachsendem Eifer. So groß war das Feuer ihrer geistigen Verzückung, daß die schlimmen Stürme der Verfolgung es nur zu helleren Flammen anfachten. Je größer die Anstrengungen, es auszulöschen, desto höher schlugen die Flammen empor.

Das Grab am Berge Karmel

Nach dem Märtyrertod des Báb wurde Seine irdische Hülle mit der Seines ergebenen Gefährten zusammen an den Rand des Festungsgrabens außerhalb der Stadtmauer geworfen. In der übernächsten Nacht wurden sie von einigen Bábí um Mitternacht geborgen, und nachdem sie jahrelang an geheimen Orten in Persien verborgen gehalten worden waren, wurden sie schließlich unter großer Gefahr und Schwierigkeit in das Heilige Land verbracht. Hier ruhen sie nun in einem wundervoll gelegenen Grab am Abhang des Berges Karmel, nicht weit von der Höhle des Elias und nur wenige Meilen von der Stelle, wo Bahá'u'lláh Seine letzten Jahre zubrachte und wo Seine Gebeine nun ruhen. Unter den Tausenden von Pilgern, die aus allen Teilen der Welt kommen, um dem heiligen Grab von Bahá'u'lláh ihre Ehrerbietung zu bezeugen, versäumt es keiner, auch am Schrein Seines in Liebe ergebenen Vorläufers, des Báb, zu beten.

Die Schriften des Báb

Die Schriften des Báb sind umfangreich, und die Schnelligkeit, mit der Er, ohne Studium oder vorherige Überlegung, sorgfältig ausgearbeitete Kommentare, tiefgründige Abhandlungen und ausdrucksvolle Gebete verfaßte, wurde als einer der Beweise für Seine göttliche Inspiration betrachtet.

Der Inhalt Seiner verschiedenen Schriften ist wie folgt zusammengefaßt worden: „Einige von ihnen (des Bábs Schriften) waren Kommentare und Auslegungen von Versen des Qur'án; andere waren Gebete, Betrachtungen und Hinweise auf (die wahre Bedeutung gewisser) Stellen; wieder andere waren Aufrufe, Ermahnungen, Abhandlungen über die verschiedenen Zweige der Lehre von der göttlichen Einheit . . ., Ansporn zur Besserung des Charakters, zur Abkehr vom Weltläufigen und zur Hingabe an die Eingebungen Gottes. Aber das Wesen und der Sinn Seiner Werke waren Lobpreisungen und Beschreibungen jener Wirklichkeit, die bald erscheinen sollte, und der all Sein Sinnen und Trachten, Seine Liebe und Seine Sehnsucht gehörten. Denn Er betrachtete Sein eigenes Kommen als das eines Vorläufers froher Botschaften und hielt Seine eigene wirkliche Natur nur für ein Werkzeug der Manifestation von größeren Vollkommenheiten jenes Einen. Und in der Tat ließ Er nicht nur keinen Augenblick ab, Ihn Tag und Nacht zu verherrlichen, sondern pflegte allen Seinen Anhängern zu bedeuten, sie müßten auf Sein Kommen warten, ja Er ging darin so weit, daß Er in Seinen Schriften erklärte: ‚Ich bin ein Buchstabe aus diesem höchst mächtigen Buche und ein Tautropfen aus diesem unermeßlichen Meere; wenn Er erscheinen wird, werden Meine wahre Natur, Meine Geheimnisse, Meine Rätsel und Meine Andeutungen offenbar werden, und der Keim dieser Religion wird sich entwickeln durch die Grade Seines Wesens und Aufstiegs hindurch zu der Stufe ‚der schönsten Gestalt' und geschmückt werden mit dem Gewand von ‚Gepriesen sei Gott, der Beste, der Schöpfer!' ... So begeistert war Er durch Sein Feuer, daß die Erwähnung von Ihm das helle Licht in den dunklen Nächten in der Festung Máh-Kú und das Gedenken an Ihn Sein bester Begleiter in der Not des Gefängnisses von Chihríq war. Er empfing dadurch geistiges Wachstum, an Seinem Wein berauschte Er sich, und im Gedenken an Ihn erfreute Er sich. *(A Traveller's Narrative, S. 54.)*

Er, den Gott offenbaren wird

Der Báb ist mit Johannes dem Täufer verglichen worden, aber die Stufe des Báb ist nicht nur die des Heroldes oder Vorläufers. Der Báb war eine Manifestation Gottes, der Begründer einer unabhängigen Religion, obgleich diese Religion zeitlich auf einen kurzen Abschnitt von Jahren beschränkt war. Die Bahá'í glauben, daß der Báb und Bahá'u'lláh gemeinsame Begründer ihres Glaubens waren, und die folgenden Worte von Bahá'u'lláh bezeugen diese Wahrheit: „Daß eine so kurze Spanne Zeit diese höchst mächtige und wunderbare Offenbarung von Meiner eigenen vorbestimmten Manifestation getrennt hat, ist ein Geheimnis, das kein Mensch enträtseln, und ein Mysterium, wie es kein Geist ergründen kann. Ihre Dauer war vorbestimmt, und kein Mensch wird je ihren Grund entdecken, wenn nicht und ehe nicht er über den Inhalt Meines verborgenen Buches unterrichtet ist." In Seinen Hinweisen auf Bahá'u'lláh jedoch offenbarte der Báb äußerste Selbstlosigkeit, indem Er über den Tag „Dessen, den Gott offenbaren soll", erklärte: „Wenn jemand auch nur einen einzigen Vers von Ihm hören und diesen nachsagen würde, so ist dies besser, als wenn er den *Bayán*[10]) tausendmal hersagen würde." (*A Traveller's Narrative, S. 349.*)

Er schätzte sich glücklich im Erdulden jeder Trübsal, wenn Er dabei auch nur in geringem Maß den Pfad ebnen durfte „für Den, welchen Gott offenbaren wird", welcher — wie Er erklärte — die einzige Quelle Seiner Eingebung wie das einzige Ziel Seiner Liebe sei.

Auferstehung, Paradies und Hölle

Ein wichtiger Teil der Lehre des Báb ist Seine Erklärung der Bedeutung der Worte „Auferstehung", „Tag des Gerichts", „Paradies und Hölle". Unter Auferstehung ist, wie Er sagte, das Auftreten einer neuen Manifestation der Sonne der Wahrheit zu verstehen. Das Auferstehen vom Tod bedeutet die geistige Erweckung derer, die in den Gräbern der Unwissenheit, Achtlosigkeit und Sinnenlust schlafen. Der Tag des Gerichts ist der Tag der neuen Manifestation, durch deren Annahme oder Verwerfung die Schafe von den Böcken geschieden werden, denn die Schafe kennen die Stimme des göttlichen Hirten und folgen Ihm. Paradies ist die Freude, Gott zu erkennen und zu lieben, wie Er sich durch Seine Manifestation offenbart, und dabei die höchste Vollkommenheit, deren ein Mensch fähig ist, zu erlangen und nach dem Tod eintreten zu dürfen in das Königreich Gottes zu ewigem Leben. Hölle bedeutet, dieser Erkenntnis Gottes beraubt und dadurch abgehalten zu sein, göttliche Vollkommenheit zu erlangen; sie bedeutet auch den Verlust der ewigen Gnade. Er erklärte endgültig, daß diese Ausdrücke keinen anderen Sinn haben außer dem angegebenen, und daß die herrschenden Ansichten über die Auferstehung des materiellen Körpers, über einen materiellen Himmel und eine Hölle und dergleichen nur Hirngespinste seien. Er lehrte, daß den Menschen ein Leben nach dem Tod erwartet und daß in dem kommenden Leben der Fortschritt zur Vollkommenheit hin unendlich ist.

[10]) D. h. ein vom Báb geoffenbartes Buch.

Soziale und ethische Lehren

In Seinen Schriften sagt der Báb zu Seinen Jüngern, daß sie sich auszeichnen sollten durch brüderliche Liebe und Höflichkeit. Nützliche Künste und Handwerke müßten gepflegt werden. Elementare Erziehung müsse allgemein werden. Durch die neue und wundervolle Sendung, die jetzt beginne, sollten die Frauen größere Freiheit genießen. Für die Armen sollte aus öffentlichen Mitteln gesorgt werden, das Betteln aber sei streng verboten, wie auch der Genuß berauschender Getränke.

Der Leitgedanke eines wahren Bábí muß reine Liebe sein, ohne Gedanken an Belohnung oder Furcht vor Bestrafung. So sagt Er im *Bayán:*

„Du sollst Gott so verehren, daß, wenn der Lohn für deine Anbetung das Feuer wäre, dies keinen Einfluß auf deine Anbetung haben würde. Wenn ihr Gott aus Furcht anbetet, so ist dies der Schwelle der Heiligkeit Gottes unwürdig ... Desgleichen auch, wenn euer Blick auf das Paradies gerichtet ist und wenn ihr in der Hoffnung darauf betet; denn dadurch stellt ihr Gott und Seine Schöpfung auf die gleiche Stufe." *(E. G. Browne, Bábís of Persia, II. J.R.A.S. Bd. XXI, S. 931.)*

Sein Leiden und Sein Triumph

Dieser letztere Ausspruch offenbart den Geist, der den Báb Sein ganzes Leben lang beseelte. Gott zu erkennen und zu lieben, Seine Merkmale widerzuspiegeln und den Weg für Seine kommende Manifestation vorzubereiten, das war das einzige Dichten und Trachten Seines Wesens. Für Ihn hatte das Leben keine Schrecken und der Tod keinen Stachel, denn die Liebe hatte die Furcht ausgelöscht, und sogar der Märtyrertod war nur ein Entzücken, Sich ganz zu Füßen Seines Geliebten werfen zu dürfen.

Seltsam, daß diese reine und herrliche Seele, dieser erleuchtete Lehrer göttlicher Wahrheit, der so ergeben Gott und Seine Jünger liebte, so gehaßt und von den Geistlichen Seiner Zeit dem Tod überliefert werden sollte. Sicherlich konnte nur gedankenloses oder beabsichtigtes Vorurteil der Tatsache gegenüber blind machen, daß es sich hier tatsächlich um einen Offenbarer handelte, der ein heiliger Gottgesandter war. Weltliche Größe und Herrlichkeit besaß Er nicht. Aber wie kann geistige Macht und Herrschaft bewiesen werden außer durch die Fähigkeit, aller irdischen Hilfe entraten zu können und über allen irdischen Widerstand zu triumphieren, sogar über den mächtigsten und den stärksten? Wie kann göttliche Liebe einer ungläubigen Welt vor Augen geführt werden außer durch ihre Fähigkeit, bis aufs äußerste den Stürmen des Unheils und den Pfeilen der Anfechtung, dem Haß der Feinde und der Verräterei falscher Freunde zu widerstehen, sich hoch über all dies zu erheben und unerschrocken und ohne Verbitterung noch zu vergeben und zu segnen?

Der Báb hat durchgehalten und der Báb hat triumphiert. Tausende haben die Aufrichtigkeit ihrer Liebe zu Ihm bezeugt durch das Opfer ihres Lebens und aller Habe in Seinem Dienste. Könige könnten wohl neidisch werden auf Seine Macht über die Herzen und das Leben der Menschen. Noch mehr: Er, „den Gott offenbaren wird", ist erschienen, hat den Anspruch Seines Vorläufers bestätigt, dessen großmütige Ergebenheit angenommen und Ihn an Seiner Herrlichkeit teilnehmen lassen.

3. Kapitel

BAHÁ'U'LLÁH: „DIE HERRLICHKEIT GOTTES"

„O du, der du wartest, harre nicht länger, denn Er ist gekommen. Blicke auf Seinen heiligen Tempel und Seine Herrlichkeit, die darin wohnt. Es ist urewige Herrlichkeit in einer neuen Manifestation." (BAHÁ'U'LLÁH.)

Geburt und Jugend

Mírzá Ḥusayn 'Alí, der später den Titel Bahá'u'lláh, d. h. „Herrlichkeit Gottes", annahm, war der älteste Sohn des Mírzá 'Abbás von Núr, eines Wesirs oder Staatsministers. Seine Familie war reich und hoch angesehen, viele ihrer Mitglieder hatten wichtige Stellungen in der Regierung und in den Zivil- und Militärdiensten Persiens inne. Er wurde in Ṭihrán, der Hauptstadt Persiens zwischen Morgendämmerung und Sonnenaufgang am 12. November 1817 (2. Muḥarram 1233 d. H.) geboren. Er besuchte niemals eine Schule oder eine Hochschule, und der etwa in Frage kommende wenige Unterricht, den Er erhielt, wurde Ihm zu Hause erteilt. Trotzdem wurde schon als Kind eine wundervolle Weisheit und Erkenntnis an Ihm wahrgenommen. Als Er noch ein Jüngling war, starb Sein Vater und hinterließ Ihm die Verantwortung und Sorge für Seine jüngeren Brüder und Schwestern und für die Verwaltung der ausgedehnten Besitztümer der Familie.

Bei Gelegenheit teilte 'Abdu'l-Bahá, der älteste Sohn von Bahá'u'lláh, dem Verfasser dieses Buches folgende Einzelheiten über seines Vaters Jugendzeit mit:

„Von Kindheit an war Er außerordentlich gütig und edel. Er zeigte große Vorliebe für das Leben im Freien und brachte Seine meiste Zeit im Garten oder auf den Feldern zu. Er besaß eine außergewöhnliche Anziehungskraft, die jedermann fühlte. Es scharten sich die Menschen immer um Ihn. Minister und Hofleute suchten Seine Nähe und auch die Kinder waren Ihm ergeben. Schon mit dreizehn oder vierzehn Jahren wurde Er wegen Seines Wissens bekannt. Er konnte sich über jeden Gegenstand unterhalten und jedes Ihm vorgelegte Problem lösen. In großen Versammlungen konnte Er Dinge mit den 'Ulamás[11]) erörtern und konnte verwickelte religiöse Fragen klarlegen. Alle pflegten Ihm mit der größten Anteilnahme zuzuhören.

Als Bahá'u'lláh zweiundzwanzig Jahre alt war, starb Sein Vater, und die Regierung wünschte, daß Er in Seines Vaters Stellung im Ministerium einrücke, wie es in Persien üblich war. Aber Bahá'u'lláh schlug das Angebot aus. Da sagte der erste Minister: ‚Überlaßt Ihn Sich selbst. Eine solche Stellung ist Seiner unwürdig. Er hat höhere Ziele vor Sich. Ich kann Ihn nicht verstehen, aber ich bin überzeugt, daß Er für eine erhabene Laufbahn bestimmt ist. Seine Gedanken sind nicht unsere Gedanken. Überlaßt Ihn Sich selbst!'"

Als Bábí eingekerkert

Als der Báb im Jahr 1844 Seine Mission erklärte, nahm sich Bahá'u'lláh, damals siebenundzwanzig Jahre alt, mutig der Sache des neuen Glaubens an und wurde bald als einer seiner mächtigsten und furchtlosesten Vertreter bekannt.

Er hatte schon zweimal Einkerkerung für die Sache erduldet und einmal sogar die Qual der Bastonade über Sich ergehen lassen müssen, als im August 1852 ein Ereignis eintrat, das schreckliche Folgen für die Bábí mit sich brachte. Einer der Anhänger des Báb, ein Jüngling namens Ṣádiq, hatte sich den Märtyrertod seines geliebten Meisters, dessen Augenzeuge er war, so zu Herzen genommen, daß sein Geist sich verwirrte und er aus Rache dem Sháh auflauerte und eine Pistole auf ihn abfeuerte. Statt mit einer Kugel zu laden, hatte er leichten Schrot genommen, und obgleich ein paar Körner davon den Sháh trafen, ergab sich kein ernsthafter Schaden. Der junge Mensch warf dadurch den Sháh von seinem Pferd, wurde aber sofort von der Gefolgschaft Seiner Majestät ergriffen und auf der Stelle

[11]) Führende Geistliche.

getötet. Die Gesamtheit der Bábí wurde ungerechterweise für die Tat verantwortlich gemacht und schreckliche Metzeleien folgten daraufhin. Achtzig Bábí wurden sofort in Ṭihrán unter den empörendsten Martern getötet. Viele andere wurden ergriffen und in die Gefängnisse geworfen, unter ihnen Bahá'u'lláh. Er schrieb später hierüber:

„Wir standen in keinerlei Beziehung zu dieser Missetat, und Unsere Unschuld wurde von den Gerichten einwandfrei festgestellt. Dennoch ergriff man Uns und führte Uns von Níyávarán, dem damaligen Wohnsitz Seiner Majestät, zu Fuß und in Ketten, barhäuptig und mit bloßen Füßen, in den Kerker von Ṭihrán. Ein roher Kerl, der neben Uns herritt, riß Uns den Hut vom Haupte, während Wir von einem Trupp Henkersknechte und Amtspersonen dahingetrieben wurden. Vier Monate lang mußten Wir in einem unbeschreiblich schmutzigen Loch verbringen. Eine enge, finstere Grube wäre dem Kerker vorzuziehen, in den dieser Unterdrückte und andere ähnlich Mißhandelte gesperrt wurden. Bei Unserer Einlieferung wurden Wir zuerst einen pechschwarzen Gang entlanggeführt, von dort stiegen Wir drei steile Treppen zu dem Verließ hinab, das Uns bestimmt war. Dieser Kerker war in dichtes Dunkel gehüllt; Unsere Mitgefangenen zählten nahezu einhundertfünfzig Menschen: Diebe, Mörder und Straßenräuber. Trotz seiner Überfüllung hatte das Verließ keinen anderen Auslaß als den Gang, durch den Wir gekommen waren. Keine Feder kann diesen Ort beschreiben, keine Zunge seinen widerlichen Gestank schildern. Die meisten dieser Menschen hatten weder Kleider noch Stroh, darauf zu liegen. Nur Gott weiß, was Wir in diesem übelriechenden, finsteren Raum zu leiden hatten!

Während Wir in diesem Kerker lagen, dachten Wir Tag und Nacht über die Taten, die Geisteshaltung und die Lebensführung der Bábí nach. Wir fragten Uns, was so hochgesinnte, edle und verständige Leute zu solch einem vermessenen, abscheulichen Anschlag gegen das Leben Seiner Majestät veranlaßt haben könnte. Hierauf beschloß dieser Unterdrückte, sich nach Seiner Entlassung aus dem Gefängnis aufzumachen und alle Kraft an die Aufgabe der geistigen Neubelebung dieser Menschen zu wenden.

Eines Nachts im Traum waren von allen Seiten diese erhabenen Worte zu hören: ‚Wahrlich, Wir werden Dich durch Dich selbst und durch Deine Feder siegreich machen. Sei nicht traurig über das, was Dir widerfahren ist, und fürchte Dich nicht, denn Du bist in Sicherheit. Binnen kurzem wird Gott die Schätze der Erde offenkundig machen — Menschen, die Dir beistehen werden durch Dich selbst und durch Deinen Namen, durch welchen Gott die Herzen derer belebt, die Ihn erkannt haben'." (BAHÁ'U'LLÁH, *Brief an den Sohn des Wolfes, S. 33 f.*)

Nach Baghdád verbannt

Diese schreckliche Einkerkerung dauerte vier Monate. Aber Bahá'u'lláh und Seine Gefährten blieben voll Eifer und Begeisterung in größtem Glück. Beinahe jeden Tag wurden einer oder mehrere der Ihren gefoltert oder hingerichtet, und die andern hielten sich vor Augen, daß die Reihe als nächste an sie kommen werde. Wenn die Henkersknechte kamen, um einen der Freunde zu holen, sprang der, dessen Name aufgerufen wurde, buchstäblich vor Freude auf, küßte die Hände von Bahá'u'lláh, umarmte die übrigen seiner Mitgläubigen und eilte dann in froher Erwartung zum Orte des Märtyrertums.

Es wurde einwandfrei bewiesen, daß Bahá'u'lláh keinen Anteil hatte an dem Anschlag gegen den Sháh, und der russische Gesandte bürgte für die Reinheit Seines Charakters. Er war zudem so krank, daß man glaubte, Er würde sterben. Anstatt Ihn zum Tode zu verurteilen, ordnete der Sháh daher an, daß Er nach dem 'Iráq-i-Arabí in Mesopotamien in die Verbannung gehen solle. Und 14 Tage später reiste Bahá'u'lláh, begleitet von Seiner Familie und einer Reihe von anderen Gläubigen, auch wirklich dahin ab. Sie litten schrecklich unter der Kälte und anderen Beschwerden auf der langen Winterreise und kamen in Baghdád in einem Zustand äußerster Erschöpfung an.

Sobald Seine Gesundheit es erlaubte, begann Bahá'u'lláh, Fragestellern Rede und Antwort zu stehen und die Gläubigen aufzurichten und zu ermuntern, und bald herrschte Friede und Glück unter den Bábí[12]). Leider war dies nur von kurzer Dauer. Der Halbbruder von Bahá'u'lláh, Mírzá Yaḥyá, auch bekannt unter dem Namen Ṣubḥ-i-Azal, kam gleichfalls nach Baghdád, und bald darauf begannen, von ihm im geheimen angefacht, Zwistigkeiten aufzutreten, ähnlich den Spaltungen, wie sie auch unter den Jüngern Christi auftraten. Diese Uneinigkeiten, die später in Adrianopel offen zutage traten, waren sehr schmerzlich für Bahá'u'lláh, dessen einziger Lebenszweck die Förderung der Einheit unter den Völkern der Erde war.

Zwei Jahre in der Wildnis

Etwa ein Jahr nach dem Eintreffen in Baghdád begab sich Bahá'u'lláh allein in die Wildnis von Sulaymáníyyih, wobei Er nichts mit sich nahm als einige Kleider zum Wechseln. Über diese Periode schreibt Er in Seinem Buch *Íqán* wie folgt:

> „Als Wir in den ersten Tagen Unserer Ankunft in diesem Lande die Zeichen kommender Dinge erkannten, beschlossen Wir, Uns zurückzuziehen, ehe sie geschehen würden. Wir begaben Uns in die Wildnis und führten dort abgeschlossen und allein zwei Jahre lang ein Leben in völliger Einsamkeit. Aus Unseren Augen rannen Tränen der Qual, und in Unserem blutenden Herzen wogte ein Meer von Marter und Pein. Wie oft hatten Wir abends nichts zu essen, und wie viele Tage fand Unser Körper keine Ruhe. Bei Ihm, der Mein Dasein in den Händen hält! Ungeachtet dieser Regenschauer von Leiden und dauernder Trübsal ward Unsere Seele von wonnevoller Freude erfaßt, und Unser ganzes Wesen strahlte unaussprechliche Fröhlichkeit aus. Denn in Unserer Einsamkeit waren Uns Schaden oder Nutzen, Heil oder Leid irgendeiner Seele nicht bewußt. Einsam verkehrten Wir mit Unserem Geist und vergaßen die Welt und alles, was darinnen ist. Wir wußten jedoch nicht, daß das Fangseil der göttlichen Vorsehung die

[12]) Dies war Anfang 1853, oder 9 Jahre nach des Báb Erklärung, wodurch gewisse Prophezeiungen des Báb bezüglich des „Jahres 9" in Erfüllung gingen.

sterblichen Vorstellungen weit übertrifft, und daß der Pfeil Seines Ratschlusses über die kühnsten menschlichen Pläne hinausreicht. Kein Haupt kann Seinen Schlingen entrinnen und keine Seele kann Erlösung finden außer durch Unterwerfung unter Seinen Willen. Bei der Gerechtigkeit Gottes! In Unserer Zurückgezogenheit dachten Wir an keine Rückkehr, und Unsere Trennung hoffte auf keine Wiedervereinigung. Der einzige Zweck Unserer Abgeschiedenheit war, nicht zum Gegenstand der Zwietracht unter den Gläubigen zu werden, noch zur Quelle der Empörung für die Gefährten oder zum Mittel der Kränkung irgendeiner Seele oder zur Ursache des Kummers irgendeines Herzens. Über dies hinaus hegten Wir keine Absicht, und außer diesem hatten Wir kein Ziel im Auge. Jedoch ein jeder Mensch machte Pläne nach seinem Wunsch und folgte seinen eigenen eitlen Einbildungen bis zu der Stunde, da aus der mystischen Quelle der Ruf an Uns erging, der Uns die Rückkehr befahl, dorthin, woher Wir gekommen waren. Wir ergaben Unseren Willen dem Seinigen und unterwarfen Uns Seinem Geheiß.

Welche Feder kann die Dinge schildern, die Wir bei Unserer Rückkehr sahen! Zwei Jahre waren vergangen, in denen Unsere Feinde unaufhörlich und hartnäckig darauf sannen, Uns zu vernichten, wie alle bezeugen." (BAHÁ'U'LLÁH, *Das Buch der Gewißheit — Kitáb-i-Íqán, S. 164 f.)*

Widerstand der Mullás

Nach der Rückkehr aus dieser Zurückgezogenheit wurde Sein Ansehen größer denn je, und die Menschen strömten nach Baghdád von nah und fern, um Ihn zu sehen und Seine Lehren zu hören. Juden, Christen, Zoroastrier und Muḥammadaner wurden von der neuen Botschaft angezogen. Die Mullás[13]) aber nahmen eine feindselige Stellung gegen Ihn ein und beratschlagten, wie sie Ihn unschädlich machen könnten. Bei einer bestimmten Gelegenheit sandten sie einen der Ihren, um mit Ihm zu reden und Ihm gewisse Fragen vorzulegen. Der Abgesandte fand die

[13]) Muḥammadanische Geistliche.

Antworten von Bahá'u'lláh so überzeugend und Seine Weisheit so erstaunlich, obgleich sie ganz offensichtlich nicht durch ein Studium erworben war, daß er sich gezwungen sah zu bekennen, daß an Weisheit und Einsicht Bahá'u'lláh unerreicht sei. Damit aber die Mullás, die ihn schickten, über die Wirklichkeit der Offenbarung von Bahá'u'lláh zufrieden gestellt werden möchten, forderte er, daß Bahá'u'lláh als Beweis ein Wunder verrichten solle. Bahá'u'lláh drückte Seine Bereitwilligkeit aus, dem Verlangen unter gewissen Bedingungen zu entsprechen, und erklärte, wenn die Mullás sich darüber einigen, welches Wunder zu verrichten sei, und ein Dokument des Inhalts unterzeichnen und besiegeln würden, daß sie im Falle des Zustandekommens dieses Wunders die Echtheit Seiner Sendung bekennen und davon ablassen wollten, sich Ihm zu widersetzen, so sei Er bereit, den gewünschten Beweis zu liefern oder als überführter Betrüger dazustehen. Wäre es der Wille der Mullás gewesen, die Wahrheit zu erfahren, so hätte sich ihnen hier sicher die Gelegenheit dafür geboten; aber ihre Absicht ging auf etwas anderes hinaus. Zu Recht oder zu Unrecht, sie wollten sich eine Entscheidung zu ihren eigenen Gunsten verschaffen. Sie fürchteten die Wahrheit und wichen vor der kühnen Herausforderung zurück. Diese Niederlage spornte sie aber nur dazu an, durch neue Anschläge auf die Ausrottung des unterdrückten Glaubens zu sinnen. Der Generalkonsul von Persien in Baghdád kam ihnen zu Hilfe und sandte wiederholt Botschaften an den Sháh mit der Nachricht, daß Bahá'u'lláh der muḥammadanischen Religion mehr denn je schade und immer noch einen schädlichen Einfluß auf Persien ausübe. Zugleich beantragte er, Ihn deshalb an einen entlegenen Ort zu verbannen.

Es war charakteristisch für Bahá'u'lláh, daß Er in dieser Krise, als auf die Anstiftung der muḥammadanischen Mullás die persische und die türkische Regierung ihre Kräfte vereinigten, um die Bewegung auszurotten, ruhig und heiter blieb, Seine Gefährten ermutigte und begeisterte und unvergängliche Worte des Trostes und der Führung niederschrieb. 'Abdu'l-Bahá berichtet, daß die *Verborgenen Worte* zu dieser Zeit geschrieben worden sind. Bahá'u'lláh pflegte oft Seinen Spaziergang das Tigrisufer entlang zu machen. Bei der Heimkehr sah Er immer sehr glücklich aus und schrieb diese lyrischen Juwelen weiser Ratschläge nieder, die Tausenden von schmerzgequälten Herzen Hilfe und Heilung brachten. Jahrelang gab es nur wenige handgeschriebene Stücke der *Verborgenen Worte*, und diese wurden sorgfältig versteckt, damit sie nicht in die Hände der zahlreichen Feinde fallen möchten; aber jetzt ist dieses kleine Büchlein eines der bekanntesten der Werke von Bahá'u'lláh und wird auf dem ganzen Erdenrund gelesen. Das Buch *Íqán* ist ein anderes wohlbekanntes Werk von Bahá'u'lláh, das etwa zur selben Zeit gegen das Ende Seines Aufenthaltes in Baghdád (1862 bis 1863) verfaßt wurde.

Erklärung im Garten Riḍván, nahe von Baghdád

Nach vielen Unterhandlungen erging auf Verlangen der persischen Regierung ein Befehl seitens der türkischen Regierung, der Bahá'u'lláh nach Konstantinopel vorlud. Beim Empfang dieser Nachricht gerieten die Gläubigen in Bestürzung. Sie umlagerten das Haus ihres geliebten Führers derart, daß die Familie sich für zwölf Tage in den Garten von Najíb-Páshá außerhalb der Stadt zurückziehen mußte, während die Karawane für die lange Reise ausgerüstet wurde. Während dieser zwölf Tage (22. April bis 3. Mai 1863, neunzehn Jahre nach der Erklärung des Báb), gab nun Bahá'u'lláh verschiedenen Seiner Gefährten die frohe Botschaft kund, daß Er der Eine sei, dessen Kommen der Báb vorausgesagt habe, der Erwählte Gottes, der Verheißene aller Propheten. Der Garten, wo diese denkwürdige Erklärung vor sich ging, ist unter den Bahá'í bekannt geworden als der „Garten Riḍván", und die Tage, die Bahá'u'lláh hier zubrachte, werden gefeiert als „Riḍván-Fest", das alljährlich bei Wiederkehr dieser zwölf Tage gehalten wird. Während dieser Tage zeigte sich Bahá'u'lláh, anstatt traurig oder bedrückt zu sein, überaus freudig. Er war voll Würde und Macht. Seine Gefährten wurden glücklich und begeistert, und viele Leute kamen, um ihre Ehrerbietung zu erzeigen. Alle hohen Beamten von Baghdád, auch der Gouverneur selbst, kamen, um den abreisenden Gefangenen zu ehren.

Konstantinopel und Adrianopel

Die Reise nach Konstantinopel dauerte drei bis vier Monate. Als sie — die Reisegesellschaft bestand aus Bahá'u'lláh, den Mitgliedern Seiner Familie und 26 Jüngern — in Konstantinopel ankamen, fanden sie sich als Gefangene in einem kleinen Haus, in dem sie schrecklich eng zusammengedrängt waren. Später erhielten sie etwas bessere Unterkunft. Aber nach vier Monaten wurden sie weiterbefördert nach Adrianopel. Die Reise nach Adrianopel war, obgleich sie nur wenige Tage dauerte, das Schrecklichste, was ihnen bis jetzt zugestoßen war. Es schneite fast während der ganzen Reise außerordentlich stark, und es fehlte ihnen an geeigneter Kleidung und an Nahrung. Ihre Leiden waren fürchterlich. Während des ersten Winters in Adrianopel waren Bahá'u'lláh und Seine Familie von zwölf Personen in einem kleinen Haus mit drei Räumen untergebracht, das jeder Bequemlichkeit entbehrte und voll Ungeziefer war. Im Frühjahr wies man ihnen eine etwas bequemere Wohnung zu. Sie blieben über viereinhalb Jahre in Adrianopel. Hier nahm Bahá'u'lláh die Arbeit an Seiner Lehre wieder auf und scharte eine zahlreiche Anhängerschaft um Sich. Hier verkündete Er öffentlich Seine Sendung und wurde von der Mehrzahl der Bábí begeistert angenommen, die von da an als Bahá'í bekannt wurden. Eine Minderzahl aber unter der Führung des Halbbruders von Bahá'u'lláh, Mírzá Yaḥyá, leistete Ihm heftigen Widerstand und verband sich mit den früheren Feinden, den Schiiten, in Anschlägen zu Seinem Sturz. Es kam zu großen Unruhen, und schließlich verbannte die türkische Regierung sowohl die Bábí als die Bahá'í aus Adrianopel, Bahá'u'lláh und Seine Gefährten nach 'Akká in Palästina, wo sie nach dem Bericht von Nabíl[14]) am 31. August 1868 eintrafen, während Mírzá Yaḥyá und seine Anhänger nach Zypern verschickt wurden.

Briefe an die Könige

Um diese Zeit schrieb Bahá'u'lláh die berühmte Reihe Seiner Briefe an den Sulṭán der Türkei, an viele der gekrönten Häup-

[14]) Nabíl-i-A'ẓam der Verfasser von *The Dawn-Breakers*, eines Werkes über die frühe Geschichte des Bahá'í-Glaubens, war an manchen Geschehnissen, die er beschreibt, selbst beteiligt und mit vielen der ersten Gläubigen persönlich bekannt.

ter von Europa, an den Papst und den Sháh von Persien. In Seinem Buch *Aqdas*[15]) sprach Er die anderen Herrscher an, die Regierungen und Präsidenten von Amerika, alle Religionsführer und die gesamte Menschheit. Allen verkündete Er Seine Sendung und rief sie auf, ihre Kräfte einzusetzen, wahre Religion, gerechte Regierungen und internationalen Frieden aufzurichten.

In Seinem Brief an den Sháh verfocht Er machtvoll die Sache der unterdrückten Bábí und verlangte, Auge in Auge denen gegenübergestellt zu werden, die ihre Verfolgung angestiftet hatten. Es braucht nicht besonders betont zu werden, daß dieses Verlangen nicht erfüllt wurde; Badí, der junge und ergebene Bahá'í, der den Brief von Bahá'u'lláh überbrachte, wurde festgenommen und unter fürchterlichen Qualen dem Märtyrertod überliefert, indem ihm heiße Ziegelsteine ins Fleisch gedrückt wurden.

Im gleichen Brief gibt Bahá'u'lláh eine herzergreifende Darstellung Seiner eigenen Leiden und Seiner Sehnsucht:

„O König, auf dem Wege Gottes habe Ich geschaut, was noch kein Auge geschaut und noch kein Ohr gehört hat. Freunde haben Mich verlassen; Wege wurden Mir versperrt; der Teich Meiner Sicherheit ist ausgetrocknet; die Ebene des Wohlbehagens ist dürr gebrannt. Wie viele Schwierigkeiten sind herabgekommen, und wie viele werden noch nachkommen! Ich schreite dem Mächtigen, dem Gütigen entgegen, während hinter mir die Schlange gleitet. Meine Augen weinen, bis Mein Lager tränenbenetzt ist; aber Mein Kummer gilt nicht Mir selbst. Bei Gott, Mein Haupt verlangt nach den Speeren um der Liebe seines Herrn willen, und an keinem Baum gehe Ich vorbei, ohne daß Ich Mich im Herzen an ihn wende und zu ihm sage: ‚O, daß du doch in Meinem Namen umgehauen würdest und Mein Körper an dir gekreuzigt würde auf dem Pfade Meines Herrn!' O, Ich sehe die Menschen irregehen in ihrem Rausch, und sie wissen es nicht; sie haben ihre Lüste auf den Thron gesetzt und ihren Gott beiseite gelegt, als ob sie das Gebot Gottes für ein Gespött, für einen Scherz und für ein Spielzeug hielten; und sie denken, daß sie es recht machen und daß sie geborgen seien in der Festung der Sicherheit. Die

[15]) Kitáb-i-Aqdas (Buch Aqdas), das „Heiligste Buch" Bahá'u'lláhs.

Sache ist aber anders als sie denken: morgen werden sie erkennen, was sie heute verleugnen.
Wir sind im Begriff, von diesem entlegenen Verbannungsort (Adrianopel) nach der Gefängnisstadt 'Akká zu ziehen. Nach dem, was man hört, ist dies sicherlich die trostloseste Stadt der Welt, die häßlichste dem Anblick nach, abscheulich in ihrem Klima, mit verseuchtem Trinkwasser. Es ist, als ob es die Sammelstadt der Eulen wäre; man hört nichts darin als ihr Geschrei. Und darin wollen sie diesen Diener einkerkern mit der Absicht, vor Unserem Angesicht die Tore der Milde zu schließen und Uns zeitlebens der guten Dinge des Lebens in dieser Welt zu berauben, während Wir derer heute noch einige genießen. Bei Gott, sollte gleich Ermüdung Mich schwächen und Hunger Mich vernichten, sollte Mein Lager auf hartem Fels sein und Mir die Tiere der Wüste als Gefährten beigegeben werden, so will Ich nicht zurückschrecken, sondern will, wie die Entschlossenen und Entschiedenen, geduldig sein durch die Kraft Gottes, des Königs des Vor-Daseins, des Schöpfers der Völker, und unter allen Umständen bin Ich dankbar gegen Gott. Und Wir hoffen auf Seine Gnade — erhaben ist Er —..., daß Er die Gesichter aller Menschen aufrichtig mache gegen Ihn, den Mächtigen, den Gütigen. Wahrlich, Er antwortet dem, der betet, und Er ist dem nahe, der zu Ihm ruft. Wir bitten Ihn, Er möge dieses finstere Unglück zu einem Schild machen für den Leib Seiner Heiligen, um sie damit zu schützen gegen die scharfen Schwerter und die durchbohrenden Klingen. Durch Trübsal hat dieses Licht geschienen und hat sein Lobpreis unaufhörlich gestrahlt; dies war Seine Art in allen verflossenen Zeitaltern und in längst entschwundenen Zeiten."
(BAHÁ'U'LLÁH, *zitiert nach A Traveller's Narrative S. 145-147.)*

Einkerkerung in 'Akká

Zu jener Zeit war 'Akká eine Gefängnisstadt, in welche die schwersten Verbrecher aus allen Teilen des türkischen Reichs verbracht wurden. Bei der Ankunft daselbst, nach einer schlimmen Seereise, wurden Bahá'u'lláh und Seine Gefährten, etwa achtzig bis vierundachtzig an Zahl, Männer, wie auch Frauen und Kinder, in der Kaserne eingekerkert. Der Raum war schmutzig und im höchsten Grade bedrückend. Es gab keine Betten noch sonst irgendeine Bequemlichkeit. Die verabreichte Speise war erbärmlich und so ungenießbar, daß nach einiger Zeit die Gefangenen baten, es möge ihnen erlaubt werden, ihre Nahrungsmittel selbst einzukaufen. Während der ersten Tage schrieen die Kinder unaufhörlich, und es war beinahe unmöglich zu schlafen. Malaria, Ruhr und andere Krankheiten brachen bald aus, und die ganze Gefangenenschar bis auf zwei wurde krank. Drei Menschen starben an ihrer Erkrankung, und die Leiden der Überlebenden waren unbeschreiblich[16]).

Diese strenge Gefangenschaft dauerte über zwei Jahre, während derer kein Bahá'í die Gefängnisschwelle überschreiten durfte, ausgenommen vier Männer, die, sorgfältig bewacht, täglich ausgingen, um Essen einzukaufen.

Während der Einkerkerung in der Kaserne wurden alle Besuche streng abgewiesen. Mehrere Bahá'í aus Persien wanderten den ganzen Weg zu Fuß, um ihren geliebten Führer zu sehen, es wurde ihnen aber der Einlaß durch das Stadttor versagt. Sie pflegten dann an einen Ort auf der Ebene außerhalb des dritten Festungsgrabens zu gehen, von wo aus sie die Fenster des Gefängnisraumes von Bahá'u'lláh sehen konnten, und nachdem sie Ihn von ferne erblickt hatten, brachen sie in Tränen aus und kehrten heim, angefacht zu neuem Eifer für Opfer und Dienst.

Die Beschränkungen werden milder

Schließlich wurde die Gefangenschaft gemildert. Einer eintretenden Mobilisierung türkischer Truppen wegen wurde die Kaserne für Soldaten benötigt. Bahá'u'lláh und Seine Familie erhielten ein Haus für sich allein, und der Rest der Gefährten wurde in einer Karawanserei in der Stadt untergebracht. Bahá-

[16]) Um zwei von den Gestorbenen beerdigen zu können, gab Bahá'u'lláh Seinen eigenen Teppich her, um aus dem Erlös die Auslagen für das Begräbnis zu bestreiten. Aber statt das Geld für diesen Zweck zu verwenden, unterschlugen es die Soldaten und warfen die Körper in eine Grube.

'u'lláh wurde in diesem Hause weitere sieben Jahre gefangengehalten. In einem engen Raum neben dem Zimmer, in dem Er gefangengehalten wurde, mußten sich dreizehn Angehörige Seines Haushalts beiderlei Geschlechtes beieinander einrichten, so gut sie konnten. In der ersten Zeit ihres Aufenthalts in diesem Haus litten sie schwer unter Unbequemlichkeit, ungeeigneter Speise und Mangel an den einfachsten Lebenserleichterungen. Nach einiger Zeit aber wurden einige weitere Räume zur Verfügung gestellt, und sie konnten nun einigermaßen in Bequemlichkeit leben. Nun verließen Bahá'u'lláh und Seine Gefährten die Kaserne. Besuchern wurde erlaubt, zu Ihm zu gehen, und nach und nach wurden die strengen Einschränkungen von seiten der Regierung fallengelassen, obgleich sie dann und wann für kurze Zeit wieder in Kraft traten.

Die Tore des Gefängnisses öffnen sich

Auch während der Zeit der schlimmsten Einkerkerung waren die Bahá'í nicht entmutigt, und ihr heiteres Vertrauen wurde nie erschüttert. Schrieb doch Bahá'u'lláh in der Kaserne von 'Akká an verschiedene Freunde:

„Fürchtet euch nicht. Diese Tore werden sich öffnen. Mein Zelt wird auf dem Berge Karmel aufgeschlagen werden, und die herrlichste Freude werden wir erleben."

Diese Erklärung war eine große Quelle des Trostes für Seine Gefährten, und im gegebenen Augenblick erfüllte sie sich wörtlich. Die Geschichte, wie die Gefängnistore sich öffneten, ist am besten erzählt mit den Worten von 'Abdu'l-Bahá, wie sie dessen Enkel Shoghi Effendi (ins Englische) übersetzt hat:

„Bahá'u'lláh liebte die Schönheit und das Grün des Landes. Eines Tages bemerkte Er nebenbei: ‚Ich bin jetzt neun Jahre lang nicht mehr im Grünen gewesen. Das Land ist die Welt der Seele, die Stadt die Welt des Körpers'. Als man mir diesen Ausspruch mitteilte, erkannte ich, daß Er sich nach dem Lande sehnte, und ich war sicher, daß von Erfolg begleitet sein würde, was ich auch tun würde, um Seinen Wunsch zu erfüllen. Es gab in 'Akká zu jener Zeit einen Mann, namens Muḥammad Páshá Ṣafwat, der gegen uns sehr feindselig war.

Er besaß einen Palast, der Mazra'ih hieß, etwa vier Meilen nördlich der Stadt, einem lieblichen Ort, von Gärten umgeben und mit einem fließenden Gewässer. Ich ging und besuchte diesen Pá_sh_á in seinem Heim. Ich sagte: ‚Pá_sh_á, du läßt deinen Palast leer stehen und lebst in 'Akká.' Er erwiderte: ‚Ich bin gebrechlich und kann die Stadt nicht missen. Wenn ich hinausgehe, ist es mir zu einsam, und ich bin von meinen Freunden abgeschnitten'. Ich sagte: ‚Weil du nicht draußen lebst und das Haus leer steht, überlasse es doch uns'. Er war erstaunt über den Vorschlag, aber bald war er damit einverstanden. Ich bekam das Haus zu einer sehr niedrigen Miete, etwa fünf Pfund das Jahr, bezahlte diese auf fünf Jahre und schloß einen Vertrag mit ihm ab. Ich schickte Arbeiter, den Platz instandzusetzen und den Garten in Ordnung zu bringen, auch ein Bad ließ ich einbauen. Ich hatte auch ein Gefährt zur Benutzung durch die Gesegnete Schönheit[17]) bereitgestellt. Eines Tages entschloß ich mich, hinauszugehen und den Ort selbst anzusehen. Trotz der wiederholten Einschärfungen in späteren Befehlen, daß wir unter keinen Umständen die Grenzen der Stadtmauer überschreiten dürften, ging ich zum Stadttor hinaus. Dort standen Wachen, aber sie erhoben keinen Einwand, und ich begab mich sogleich zu dem Palast. Am nächsten Tage ging ich wieder hinaus, begleitet von verschiedenen Freunden und Beamten, unbelästigt und ohne Widerstand zu finden, obgleich die Pförtner und Wachen zu beiden Seiten der Stadttore standen. Andern Tags veranstaltete ich ein Gastmahl, stellte eine Tafel unter die Pinienbäume von Bahjí und versammelte die Spitzen und Beamten der Stadt. Abends kehrten wir zusammen in die Stadt zurück.
Eines Tages nun begab ich mich in die heilige Gegenwart der Gesegneten Schönheit und sagte: ‚Der Palast zu Mazra'ih steht für uns bereit und ein Gefährt, um Dich dahin zu bringen'. (Um jene Zeit gab es in 'Akká oder Haifa keine Fahrzeuge.) Er weigerte sich zu gehen und sagte: ‚Ich bin ein Gefangener.' Später bat ich Ihn wieder, erhielt aber die gleiche Antwort. Ich ging soweit, Ihn ein drittes Mal zu bitten, aber Er sagte nur: ‚Nein', und ich wagte nicht, weiter in Ihn zu dringen.

[17]) Jamál-i-Mubárak (= die Gesegnete Schönheit) war ein häufig auf Bahá'u'lláh von Seinen Anhängern und Freunden angewandter Titel.

Nun wohnte in ʻAkká ein gewisser muḥammadanischer Shaykh, ein wohlbekannter Mann von bedeutendem Einfluß, der Bahá'u'lláh liebte und der bei Ihm in großer Gunst stand. Ich besuchte diesen Shaykh und legte ihm die Sache dar. Ich sagte: ‚Du darfst es wagen. Begib dich zur Nacht in Seine heilige Gegenwart, falle auf die Knie vor Ihm, erfasse Seine Hände und lasse nicht nach und gehe nicht, bis Er verspricht, die Stadt zu verlassen.' Er war ein Araber ... Er begab sich unverzüglich zu Bahá'u'lláh und ließ sich vor Ihm auf die Knie nieder. Er ergriff die Hände der Gesegneten Schönheit, küßte sie und frug: ‚Warum verlässest Du die Stadt nicht?' Er sprach: ‚Ich bin ein Gefangener.' Der Shaykh entgegnete: ‚Da sei Gott vor! Wer hat die Macht, Dich zu einem Gefangenen zu machen? Du hast Dich selbst in Gefangenschaft gehalten. Es war Dein eigener Wille, gefangengehalten zu werden, und nun bitte ich Dich, herauszukommen und zu dem Palaste zu gehen. Es ist herrlich und grün. Die Bäume sind lieblich und die Orangen glühen wie Feuerbälle!' Sooft die Gesegnete Schönheit sprach: ‚Ich bin ein Gefangener, es kann nicht sein', griff der Shaykh nach Seinen Händen und küßte sie. Eine ganze Stunde lang ließ er nicht nach, auf Bahá'u'lláh einzureden. Schließlich sagte Bahá'u'lláh: ‚Khaylí khúb (also gut)', und des Shaykhs Geduld und Ausdauer waren belohnt. Er kam zu mir in großer Freude, mir die frohe Neuigkeit der Einwilligung Seiner Heiligkeit zu bringen. Trotz dem strengen Befehl von ʻAbdu'l-ʻAzíz, der mir eine Begegnung oder sonst eine Verbindung mit der Gesegneten Vollkommenheit[18]) verbot, nahm ich am nächsten Tage das Gefährt und fuhr mit Ihm zu dem Palast hinaus. Niemand machte eine Einwendung. Ich verließ Ihn dort und kehrte zur Stadt zurück.

Zwei Jahre lang verblieb Er an diesem reizenden und lieblichen Ort. Dann entschied Er sich, anderswohin zu gehen, nämlich nach Bahjí. Damals brach eine Seuche in Bahjí aus, und der Eigentümer des Hauses entfloh aus Angst mit seiner ganzen Familie und erklärte sich bereit, sein Haus irgendeinem Bewerber umsonst zu überlassen. Wir übernahmen das Haus gegen eine ganz niedrige Miete, und hier wurden die

[18]) Gesegnete Vollkommenheit, ein Beiname Bahá'u'lláhs.

Tore der Majestät und der wahren Herrschaft weit geöffnet. Bahá'u'lláh war dem Namen nach ein Gefangener (denn die strengen Befehle des Sulṭáns 'Abdu'l-Azíz wurden nie aufgehoben), aber in Wirklichkeit zeigte Er eine solche Vornehmheit und Würde in Seinem Leben und Seinem Auftreten, daß Er von jedermann verehrt wurde und die Herrscher von Palästina Ihn um Seinen Einfluß und Seine Macht beneideten. Gouverneure und Mutaṣarifs, Generäle und örtliche Beamte suchten demütig um die Ehre nach, in Seine Gegenwart zu gelangen — eine Bitte, der Er selten entsprach.

Einmal suchte ein Gouverneur der Stadt auf höheren Befehl um die Gunst nach, die Gesegnete Vollkommenheit mit einem gewissen General zusammen besuchen zu dürfen. Dem Verlangen wurde entsprochen, und der General, ein sehr wohlbeleibter Mann, ein Europäer, war so beeindruckt von der majestätischen Gegenwart von Bahá'u'lláh, daß er knieend auf dem Boden in der Nähe der Türe verharrte. So groß war die Schüchternheit der beiden Besucher, daß es wiederholter Einladungen von Bahá'u'lláh bedurfte, sie zu bewegen, die Nargileh (Wasserpfeife) zu rauchen, die Er ihnen anbot. Auch dann berührten sie diese nur mit den Lippen, legten sie wieder beiseite, kreuzten dann ihre Arme und saßen in solcher Demut und Hochachtung da, daß es für die Anwesenden ganz erstaunlich war.

Die liebevolle Ergebenheit der Freunde, die Rücksicht und Hochachtung, die Ihm von allen Beamten und Standespersonen entgegengebracht wurde, der Zustrom der Pilger und Sucher nach Wahrheit, der Geist der Hingabe und des Dienstes, der rings um Ihn offenbar wurde, die hoheitsvolle und königliche Haltung der Gesegneten Vollkommenheit, die Wirkungskraft Seines Gebotes, die Zahl der Ihm so eifrig Ergebenen, all dies legte Zeugnis ab für die Tatsache, daß Bahá'u'lláh in Wirklichkeit kein Gefangener war, sondern ein König der Könige. Zwei despotische Regenten standen gegen Ihn, zwei mächtige Selbstherrscher, und doch, auch als Er eingeschlossen war in ihren Gefängnissen, redete Er sie in gebietendem Tone an, wie ein König seine Untertanen. Später lebte Er, trotz strenger anderweitiger Befehle, in Bahjí wie ein Fürst. Er konnte oft sagen: ‚Wahrlich, wahrlich, das elendeste Gefäng-

nis hat sich in das Paradies Eden umgewandelt.'
Sicher, etwas Derartiges ist noch nicht dagewesen seit der Schöpfung der Welt."

Das Leben in Bahjí

Hatte Er in den früheren Jahren Seiner Leiden gezeigt, wie man Gott in einem Zustande der Armut und Schmach verherrlichen kann, so zeigte Bahá'u'lláh in Seinen späteren Jahren in Bahjí, wie Gott in Zeiten der Ehre und des Wohlstandes zu verherrlichen ist. Die Gaben von Hunderttausenden Seiner ergebenen Anhänger stellten große Beträge zu Seiner Verfügung, um deren Verwaltung Er gebeten wurde. Obgleich Sein Leben in Bahjí als wirklich königlich im höchsten Sinne des Wortes beschrieben worden ist, darf man doch darunter nicht verstehen, daß Sein Leben durch äußerlichen Prunk oder durch Verschwendung gekennzeichnet war. Die Gesegnete Vollkommenheit und Seine Familie lebten auf sehr einfache und bescheidene Art, und Ausgaben für eigenen Luxus waren etwas, was man in Seinem Haushalt nicht kannte. Nahe bei Seinem Haus legten die Gläubigen einen schönen Garten mit Namen Riḍván an, in welchem Er oft mehrere Tage und selbst Wochen zubrachte, wobei Er des Nachts in einem Landhäuschen inmitten des Gartens schlief. Gelegentlich ging Er auch über Land. Er besuchte öfters 'Akká und Haifa, und mehr denn einmal hat Er Sein Zelt auf dem Berge Karmel errichtet, wie Er vorausgesagt hatte, als Er noch in der Kaserne von 'Akká eingekerkert war. Bahá'u'lláh verbrachte die meiste Zeit in Gebet und Andacht, mit der Niederschrift der heiligen Bücher, mit Offenbaren von Tablets und mit der geistigen Erziehung der Freunde. Um Ihm vollständige Freiheit für Sein großes Werk zu geben, übernahm 'Abdu'l-Bahá alle andern Geschäfte selbst, sogar den Besuch der Mullás, der Dichter und der Mitglieder der Regierung. Alle diese Leute waren entzückt und beglückt vom Zusammensein mit 'Abdu'l-Bahá, und waren völlig zufriedengestellt durch Seine Erklärungen und die Unterhaltung mit Ihm, und obgleich sie Bahá'u'lláh selbst nicht gesehen hatten, waren sie voll freudiger Gefühle für Ihn durch die Begegnung mit Seinem Sohn, da die Haltung von 'Abdu'l-Bahá ihnen ebenfalls volles Verständnis für die Stufe Seines Vaters übermittelte.

Der hervorragende Orientalist, Professor Edward G. Browne von der Universität in Cambridge, besuchte Bahá'u'lláh im Jahre 1890 in Bahjí und schrieb seine Eindrücke wie folgt nieder:

„Mein Führer stand einen Augenblick stille, während ich meine Schuhe ablegte. Mit einem raschen Griff zog er den Vorhang zurück, und ich betrat ein großes Zimmer, an dessen oberem Ende ein Diwan und der Türe gegenüber zwei oder drei Stühle standen. Obschon ich dunkel ahnte, wohin ich jetzt ging, und wen ich sehen sollte (eine bestimmte Andeutung war mir nicht gemacht worden), stand ich doch einige Sekunden mit Herzklopfen und voll Ehrfurcht da, bevor ich mir endlich bewußt wurde, daß der Raum nicht leer war. In der Ecke, wo der Diwan an die Wand stieß, saß eine hoheitsvolle, ehrwürdige Gestalt mit jener Kopfbedeckung, wie sie bei den Derwischen Táj genannt wird (aber von ungewöhnlicher Höhe und Form), und um deren unteren Teil ein kleiner weißer Turban gewunden war. Das Antlitz, in das ich nun blickte, kann ich nie vergessen, obgleich ich nicht imstande bin, es zu beschreiben. Diese durchdringenden Augen schienen auf dem Grunde der Seele zu lesen. Macht und Würde lagen über diesen breiten Augenbrauen; die tiefen Falten auf Seiner Stirne und Seinem Gesicht verrieten ein Alter, das Sein tiefschwarzes Haar und der in üppiger Fülle bis zur Leibesmitte herabwallende Bart Lügen zu strafen schienen. Unnötig zu fragen, in wessen Gegenwart ich stand, als ich mich vor Dem verneigte, der das Ziel einer Verehrung und Liebe ist, um die Ihn Könige beneiden könnten und nach der sich Kaiser vergeblich sehnen.

Eine milde, würdevolle Stimme bat mich, Platz zu nehmen, und sprach sodann:

‚Gelobt sei Gott, daß du es erreicht hast! . . . Du bist gekommen, um einen Gefangenen und Verbannten zu sehen . . . Wir wünschen nur das Wohl der Welt und das Glück der Völker; dennoch hält man Uns für Anstifter von Streit und Aufruhr, die Gefangenschaft und Verbannung verdienen . . . Wir wünschen, daß alle Völker in einem Glauben vereint und alle Menschen Brüder werden; daß das Band der Liebe und Einigkeit zwischen den Menschenkindern gestärkt werde; daß Religionsverschiedenheit aufhöre und die Unterschiede, welche zwischen den Rassen gemacht werden, aufhören — was ist nun Schlimmes hieran? ... Aber trotz all dem wird es dahin kommen; diese fruchtlosen Kämpfe, diese zerstörenden Kriege werden aufhören und der ‚Größte Friede' wird kommen ... Habt ihr dies in Europa nicht auch nötig? Ist dies nicht das, was Christus verhieß? .. Aber dennoch sehen Wir eure Könige und Regenten die Schätze ihrer Länder mehr auf die Zerstörung der menschlichen Rasse verschwenden als darauf, was zum Glück der Menschheit führen würde ... Diese Kämpfe, dieses Blutvergießen und diese Zwietracht müssen aufhören, alle Menschen müssen sein, also ob sie *einem* Geschlecht und *einer* Familie angehörten. Es rühme sich kein Mensch dessen, daß er sein Land liebt, sondern eher dessen, daß er das ganze Menschengeschlecht liebt ...'

Solcher Art waren, soweit ich sie aus dem Gedächtnis wiedergeben kann, die Worte, die ich, neben vielen anderen, von Bahá hörte. Mögen die, die sie lesen, sie gut daraufhin ansehen, ob solche Lehren Tod und Ketten verdienen, und ob die Welt von ihrer Verbreitung nicht vielleicht mehr gewinnen als verlieren würde." (*A Traveller's Narrative, Einleitung, S. XXXIX.*)

Sein Hinscheiden

So verbrachte Bahá'u'lláh Seinen Lebensabend einfach und ruhig, bis Er nach einem Fieberanfall am 29. Mai 1892 im Alter von 75 Jahren verschied. Eines Seiner letzten Tablets, die Er offenbarte, war Sein letzter Wille und Sein Testament, das Er mit eigener Hand schrieb, formgerecht unterzeichnete und siegelte. Neun Tage nach Seinem Tode wurden die Siegel von Seinem ältesten Sohn in Gegenwart von Familienmitgliedern und einigen Freunden zerbrochen und der Inhalt der kurzen, aber bedeutsamen Urkunde bekanntgegeben. Durch diesen letzten Willen wurde 'Abdu'l-Bahá als Seines Vaters Bevollmächtigter und als Ausleger Seiner Lehren bestimmt. Die Familie und die Verwandten von Bahá'u'lláh und alle Gläubigen wurden angewiesen, sich

Ihm zuzuwenden und Ihm zu gehorchen. Durch diese Anordnung wurden Sektiererei und Spaltung verhindert und die Einheit der Sache sichergestellt.

Bahá'u'lláh als Offenbarer

Es ist wichtig, sich eine klare Vorstellung von Bahá'u'lláh als Offenbarer zu machen. Seine Aussprüche können gleich denen anderer göttlicher „Manifestationen" in zwei Arten eingeteilt werden, in eine, in der Er schreibt und spricht wie ein Mensch, der von Gott mit einer Botschaft an Seine Mitmenschen beauftragt ist, während in der andern die Worte unmittelbare Äußerung Gottes selbst sind. Im Buch *Íqán* schreibt Er:

> „Wir haben schon auf den vorausgegangenen Seiten einer jeden der Leuchten, die sich von den Aufgangsorten ewiger Heiligkeit erheben, zwei Stufen zugeschrieben. Die eine dieser Stufen, die Stufe der Wesenseinheit, haben Wir bereits erläutert. ‚Keinen Unterschied machen Wir zwischen irgendwelchen von ihnen.' (*Qur'án 2, 136.*) Die andere Stufe ist die der Unterscheidung und gehört der Welt der Schöpfung und ihren Begrenzungen an. In dieser Hinsicht hat jede Manifestation Gottes eine ausgeprägte Individualität, eine genau vorgezeichnete Sendung, eine vorherbestimmte Offenbarung und besonders gegebene Begrenzungen. Eine jede von ihnen ist unter einem anderen Namen bekannt, ist durch eine andere Eigenschaft gekennzeichnet, erfüllt eine bestimmte Sendung und ist mit einer besonderen Offenbarung betraut. So wie Er spricht: ‚Einige der Sendboten haben Wir vor den anderen ausgezeichnet. Zu einigen hat Gott gesprochen, einige hat Er erhoben und erhöht. Und Jesus, dem Sohne Marias, verliehen Wir offenbare Zeichen, und Wir stärkten Ihn mit dem Heiligen Geist.' (*Qur'án 2, 253.*)
> Durch diese Verschiedenheit ihrer Stufe und Sendung kommt es, daß die Worte und Aussprüche, die von diesen Urquellen göttlicher Erkenntnis strömen, scheinbar voneinander abweichen und verschieden sind. Dagegen sind in den Augen derer, die in die Mysterien göttlicher Weisheit eingeweiht sind, alle ihre Aussprüche in Wirklichkeit nur der Ausdruck *einer* Wahr-

heit. Da die meisten Menschen diese Stufen, auf die Wir hingewiesen haben, nicht richtig einzuschätzen vermögen, fühlen sie sich verwirrt und bestürzt angesichts der verschiedenartigen Aussprüche der Manifestationen, die doch in ihrem Wesen ein und dieselben sind.
Es ist von jeher klar gewesen, daß alle diese Unterschiede im Ausdruck den Unterschieden in der Stufe beizumessen sind. So sind, vom Gesichtspunkt ihrer Einheit und erhabenen Loslösung aus gesehen, die Kennzeichen Gottheit, Göttlichkeit, höchste Einzigkeit und innerstes Sein von jeher und auch heute auf diese wahrsten Wesen des Daseins anwendbar, da sie ja alle auf dem Throne göttlicher Offenbarung weilen und sich auf dem Sitze göttlicher Verborgenheit niedergelassen haben. Durch ihr Erscheinen ist die Offenbarung Gottes offenkundig geworden und durch ihr Antlitz die Schönheit Gottes enthüllt. So geschieht es, daß durch diese Manifestation des göttlichen Seins die Sprache Gottes selbst vernommen worden ist.

Im Lichte ihrer zweiten Stufe betrachtet — der Stufe der Auszeichnung, der Unterscheidung, der zeitlichen Begrenzungen, der Kennzeichen und Maßstäbe — zeigen sie unbedingte Dienstbarkeit, äußerste Armut und völlige Auslöschung des Selbstes. So hat Er gesprochen: ‚Ich bin der Diener Gottes. Ich bin nur ein Mensch wie ihr.‘
Gehe nun von diesen unwiderleglichen und vollständig dargelegten Erklärungen aus und sei darauf bedacht, den Sinn der Fragen, die du gestellt hast, zu begreifen, auf daß du standhaft im Glauben Gottes seiest und nicht durch die Verschiedenheiten in den Aussprüchen Seiner Propheten und Auserwählten erschüttert werdest.
Würde eine der allumfassenden Manifestationen Gottes erklären: ‚Ich bin Gott!‘, so spräche Sie gewißlich wahr, und es gäbe darüber keinen Zweifel. Denn es ist wiederholt dargetan worden, daß durch ihre Offenbarung, ihre Eigenschaften und Namen die Offenbarung Gottes, Sein Name und Seine Eigenschaften in der Welt offenkundig gemacht worden sind. So hat Er enthüllt: ‚Jene Pfeile waren von Gott, nicht von Dir!‘ (*Qur'án 8, 17.*) Und ebenso spricht Er: ‚Wahrlich, die Dir

Treue gelobten, gelobten sie in Wirklichkeit Gott.‘ (*Qur’án 48, 10.*) Würde einer von Ihnen den Ausspruch tun: ‚Ich bin der Gesandte Gottes‘, so spräche Er auch die Wahrheit, die unzweifelhafte Wahrheit. So spricht Er: ‚Muḥammad ist nicht der Vater irgendeines Menschen unter euch, sondern Er ist der Gesandte Gottes.‘ In diesem Lichte gesehen sind sie alle nur Gesandte jenes vollkommenen Königs, jener unwandelbaren Wesenheit. Würden sie alle verkünden: ‚Ich bin das Siegel der Propheten‘, so sprächen sie gewißlich nichts als die Wahrheit, und sie wären über den geringsten Schatten eines Zweifels erhaben, denn sie alle sind nur *eine* Persönlichkeit, *eine* Seele, *ein* Geist, *ein* Wesen, *eine* Offenbarung. Sie alle sind die Manifestation des ‚Anfangs‘ und des ‚Endes‘, des ‚Ersten‘ und des ‚Letzten‘, des ‚Sichtbaren‘ und des ‚Verborgenen‘ — all dies kommt Ihm zu, Ihm, dem innersten Geiste der Geister und dem ewigen Wesen der Wesen. Und würden sie sagen: ‚Wir sind Diener Gottes‘ (*Qur’án 33, 40*), so ist auch dies eine offenkundige und unbestreitbare Tatsache. Denn sie haben sich im äußersten Zustande des Dienens geoffenbart, eines Dienens, wie es wohl kein Mensch erreichen kann. Darum haben diese Wesen des Daseins in Augenblicken, da sie tief in die Meere altehrwürdiger und ewigwährender Heiligkeit untertauchten, oder wenn sie zu den erhabensten Höhen göttlicher Mysterien emporstiegen, den Anspruch erhoben, daß ihre Sprache die Stimme der Gottheit, der Ruf Gottes selbst sei. Wäre das Auge der Unterscheidung geöffnet, so würde es erkennnen, daß sie sich in eben diesem Zustand als völlig ausgelöscht und nicht bestehend betrachteten vor dem Antlitz Dessen, welcher der Alldurchdringende, der Unbestechliche ist. Mich dünkt, sie haben sich ganz wie ein Nichts angesehen und ihre Erwähnung in jenem heiligen Hof als einen Akt der Gotteslästerung erachtet. Denn die leisesten Einflüsterungen des Selbstes sind in solch einem Hof ein Beweis von Selbstbetonung und Eigendasein. In den Augen derer, die in diesen Hof gelangten, ist solch eine Regung schon ein schweres Vergehen. Wieviel schlimmer wäre es, würde in solcher Gegenwart sonst noch etwas erwähnt werden, würden des Menschen Herz, Zunge, Gemüt oder Seele von etwas anderem eingenommen werden als von dem Vielgeliebten, würden des Menschen Augen ein anderes

Antlitz betrachten als Seine Schönheit, würde des Menschen Ohr einer anderen Melodie sich zuneigen als Seiner Stimme und würden des Menschen Füße einen anderen Weg gehen als Seinen Weg.

An diesem Tage weht der Hauch Gottes, und Sein Geist hat alle Dinge durchdrungen. So mächtig ist die Ausgießung Seiner Gnade, daß die Feder ruht und die Zunge schweigt.

Kraft dieser Stufe haben sie für sich den Anspruch erhoben, die Stimme der Gottheit und dergleichen zu sein, während sie kraft ihrer Stufe als Gesandte sich als die Gesandten Gottes erklärt haben. In jedem Fall haben sie einen Ausspruch getan, der den Gegebenheiten des Augenblicks angepaßt war, und haben alle diese Erklärungen sich selbst zugeschrieben, Erklärungen, die sich vom Reich göttlicher Offenbarung bis zum Reich der Schöpfung erstreckten und vom Bereich der Göttlichkeit bis zum Bereich irdischen Daseins. Daher rührt es, daß alle ihre Aussprüche, ob sie dem Reich der Gottheit, des Herrn, des Propheten, des Gottgesandten, des Hüters, des Apostels oder des Dieners zugehören, alle wahr sind ohne den Schatten eines Zweifels. So müssen diese Sprüche, die Wir zur Stützung Unseres Beweises angeführt haben, aufmerksam erwogen werden, damit die voneinander abweichenden Worte der Manifestationen des Unsichtbaren und der Morgendämmerungen der Heiligkeit nicht mehr die Seele erregen und den Geist verwirren." (BAHÁ'U'LLÁH, *Das Buch der Gewißheit, S. 119 f.*)

Wenn Bahá'u'lláh als Mensch spricht, ist die Stufe, die Er in Anspruch nimmt, die äußerster Bescheidenheit, des „Aufgehens in Gott". Was die „Manifestation" in ihrer menschlichen Persönlichkeit anderen Menschen gegenüber auszeichnet, ist ihre völlige Selbstverleugnung und die Vollkommenheit ihrer Macht. Unter allen Umständen ist sie fähig zu sagen, wie Jesus im Garten Gethsemane, „doch nicht mein, sondern Dein Wille geschehe". So sagt Bahá'u'lláh in Seinem Brief an den Sháh:

„O König! Ich war nur ein Mensch wie andere und schlief auf Meinem Lager — siehe, da wehten die Winde des Herrlichsten über Mich und gaben Mir Kenntnis von allem, was war. Diese Sache ist nicht von Mir, sondern von Dem, welcher allmächtig und allwissend ist. Und Er gebot Mir, Meine Stimme zu erheben zwischen Erde und Himmel, und um dessentwillen befiel Mich, worüber ein jeder Mensch mit Einsicht weinte. Die allgemein übliche Gelehrsamkeit der Menschen studierte Ich nicht; Ihre Schulen betrat Ich nicht. Frage nach in der Stadt, wo Ich wohnte, auf daß du wohl versichert seiest, daß Ich nicht zu denen gehöre, die falsch reden. Dies ist nur ein Blatt, das die Winde des Willens deines Herrn, des Allmächtigen, des Allgepriesenen, bewegt haben. Kann es ruhig bleiben, wenn der Sturmwind weht? Nein, bei Ihm, dem Herrn aller Namen und Eigenschaften! Er bewegt es, wie Er will. Das Vorübergehende ist wie ein Nichts vor Ihm, dem Ewigen. Sein allbezwingender Ruf hat Mich erreicht und ließ Mich Seinen Lobpreis unter allem Volke anstimmen. Fürwahr, Ich war wie ein Toter, als Sein Befehl erscholl. Die Hand des Willens deines Herrn, des Mitleidigen, des Barmherzigen, verwandelte Mich. Kann irgend jemand aus eigenem Willen das aussprechen, weswegen alle Menschen, hoch und niedrig, sich gegen ihn erheben werden? Nein, bei Ihm, der die Feder die ewigen Geheimnisse lehrte: das kann nur, wem die Gnade des Allmächtigen, des Allgewaltigen Kraft gab.“ (BAHÁ'U'LLÁH, *Lawḥ-i-Sulṭán, zitiert nach Shoghi Effendi, Der verheißene Tag ist gekommen, S. 71 f.*)

Wie Jesus die Füße Seiner Jünger wusch, so hat Bahá'u'lláh manchmal Speise für Seine Jünger bereitet und andere niedrige Dienste für sie verrichtet. Er war ein Diener der Diener und war im Dienen einzig glücklich. Er war zufrieden, auf hartem Boden zu schlafen, falls es notwendig war, und nur von Brot und Wasser zu leben oder selbst zeitweise, wie Er es nannte, von „göttlicher Nahrung, das heißt, Hunger zu leiden“. Seine vollendete Demut war zu erkennen an Seiner tiefen Ehrfurcht vor der Natur, vor dem menschlichen Wesen und besonders vor den Heiligen, den Offenbarern und den Märtyrern. Zu Ihm sprachen alle Dinge von Gott, vom kleinsten bis zum größten.

Seine menschliche Persönlichkeit ist von Gott auserwählt worden, das göttliche Sprachrohr und die göttliche Feder zu sein. Es war nicht Sein eigener Wille, daß Er diese Stellung von unvergleichlicher Schwierigkeit und Härte auf sich nahm. Wie Jesus sagte: „Vater, ist's möglich, so lasse diesen Kelch an Mir vorübergehen“, so sagte Bahá'u'lláh:

„Hätte sich ein anderer Erklärer und Sprecher gefunden, so hätten Wir Uns nicht dem Tadel, dem Hohn und den Verleumdungen seitens der Menschen preisgegeben.“ (BAHÁ'U'LLÁH, *Ishráqát)*

Aber der göttliche Ruf war klar und zwingend, und Er gehorchte. Gottes Wille wurde Sein Wille, und was Gott wohlgefiel, erwählte Er auch für Sich. Und mit „strahlender Ergebung“ erklärte Er:

„Wahrlich, Ich sage: Was sich auch immer auf dem Pfade Gottes zuträgt, es ist das Wohlgefallen der Seele und der Wunsch des Herzens. Tödliches Gift ist auf Seinem Pfade reiner Honig und jede Trübsal ein Trunk kristallklaren Wassers.“ (BAHÁ'U'LLÁH, *Brief an den Sohn des Wolfes, S. 31.*)

Zu anderen Zeiten sprach Bahá'u'lláh, wie wir schon erwähnten, „von der Stufe der Gottheit“ aus. In diesen Äußerungen tritt Seine menschliche Persönlichkeit so vollkommen zurück, daß sie völlig außer Betracht bleibt. Durch Ihn spricht Gott zu Seinen Geschöpfen, verkündet Seine Liebe zu ihnen, lehrt sie Seine Merkmale, gibt ihnen Seinen Willen bekannt, verkündet Seine Gesetze zu ihrer Führung und fordert ihre Liebe, ihre Ergebenheit, ihren Dienst.

In den Schriften von Bahá'u'lláh wechselt die Redeweise häufig von der einen Form zur andern. Manchmal ist es zweifelsohne der Mensch, der spricht, dann, ohne eine Pause, fährt der Text fort, als ob Gott selbst sprechen würde. Jedoch auch, wenn Er als Mensch spricht, spricht Bahá'u'lláh als Gottes Gesandter, als ein lebendes Beispiel völliger Ergebenheit in Gottes Willen. Sein ganzes Leben wird vom Heiligen Geist in Bewegung gehalten. Deshalb können keine bestimmten, klaren Linien gezogen werden zwischen den menschlichen und den göttlichen Elementen in Seinem Leben und Seiner Lehre. Gott sagt zu Ihm:

„Sprich: Nichts ist in Meinem Tempel zu sehen als Gottes Tempel und in Meiner Schönheit nur Seine Schönheit, in Meinem Wesen nur Sein Wesen, in Mir nur Er, in Meinem Walten nur Sein Walten, in Meiner Ergebung Seine Ergebung, in Meiner Feder Seine Feder, die Kostbare, die Gepriesene. Sprich: Es gab in Meiner Seele nichts als die Wahrheit, und in Mir kann man nichts sehen als Gott.“ (BAHÁ'U'LLÁH, *Súratu'l-Haykal, S. 30.)*

Seine Sendung

Die Sendung von Bahá'u'lláh auf der Welt ist, die Einheit zu verwirklichen, die Einheit aller Menschen in und durch Gott. Er spricht:

„Vom Baum der Erkenntnis ist folgendes erhabene Wort die allerherrlichste Frucht: Von *einem* Baum seid ihr alle die Früchte und von *einem* Zweige die Blätter. Lasset niemand sich rühmen, daß er sein Land liebe, sondern eher dessen, daß er das ganze Menschengeschlecht liebt."

Die früheren Offenbarer haben ein Zeitalter des Friedens auf Erden angekündigt, des Wohlgefallens unter den Menschen, und haben ihr Leben dahingegeben, um Sein Kommen zu beschleunigen; aber sie alle haben deutlich erklärt, daß diese gesegnete Erfüllung sich erst ereignen wird nach dem „Kommen des Herrn" in den letzten Tagen, wenn der Gottlose gerichtet und der Gerechte belohnt wird.

Zarathustra prophezeite 3000 Jahre des Streites vor dem Kommen des Sháh Bahrám, des Welterlösers, der Ahríman, den Geist des Bösen, überwinden und ein Reich der Gerechtigkeit und des Friedens aufrichten würde.

Moses sagte einen langen Zeitabschnitt von Verbannung, Verfolgung und Unterdrückung für die Kinder Israels voraus, ehe der Herr der Heerscharen erscheinen werde, sie aus allen Nationen zu sammeln, ihre Unterdrücker zu vernichten und Sein Königreich auf Erden aufzurichten.

Christus sprach: „Ihr sollt nicht wähnen, daß Ich gekommen sei, Frieden zu bringen auf die Erde. Ich bin nicht gekommen, Frieden zu bringen, sondern das Schwert." (*Matth. 10, 34.*) Und Er sagte eine Zeit von Kriegen und Kriegsgeschrei voraus, von Aufruhr und Trübsalen, die dauern würden bis zum Kommen des Menschensohnes „in der Herrlichkeit des Vaters".

Muḥammad erklärte, daß wegen ihrer Missetaten Gott Feindschaft und Haß gesetzt habe zwischen Juden und Christen, die dauern werden bis zum Tage der Auferstehung, wenn Er erscheinen werde, um sie alle zu richten.

Bahá'u'lláh andererseits verkündet, daß Er der von allen diesen Offenbarern Verheißene sei, die göttliche Manifestation, in deren Zeitalter das Reich des Friedens tatsächlich aufgerichtet werde. Diese Erklärung ist beispiellos und einzigartig, aber sie paßt wundervoll zu den Zeichen der Zeit und zu den Prophezeiungen aller großen Offenbarer. Bahá'u'lláh offenbarte mit unvergleichlicher Klarheit und Verständlichkeit die Mittel, um Frieden und Einigkeit unter den Menschen hervorzurufen.

Es ist wahr, daß seit dem Kommen von Bahá'u'lláh und noch jetzt Krieg und Zerstörung in nie dagewesenem Maße stattgefunden haben, aber dies ist gerade das, was alle Offenbarer sagten, daß es sich ereignen werde beim Dämmern des „großen und schrecklichen Tages des Herrn", und ist somit nur eine Bestätigung der Ansicht, daß das „Kommen des Herrn" nicht nur bevorsteht, sondern bereits vollendete Tatsache ist. Dem Gleichnis Christi zufolge muß der Herr des Weinbergs erst das gottlose Gesinde übel umkommen lassen, bevor Er den Weinberg an andere gibt, die Ihm die Früchte zu rechter Zeit geben. Bedeutet dies nicht, daß beim Kommen des Herrn schreckliche Vernichtung der despotischen Regierungen harrt, der habsüchtigen und unduldsamen Priester, der Mullás, der tyrannischen Führer, die Jahrhunderte hindurch, dem gottlosen Gesinde gleich, die Erde schlecht verwaltet und die Früchte vergeudet haben?

Mag es schreckliche Ereignisse geben und nie dagewesenes Elend auf der Erde herrschen, Bahá'u'lláh versichert uns:

> „Binnen kurzem werden diese nutzlosen Streitigkeiten, diese zerstörenden Kriege aufhören und der Größte Friede wird kommen."

Krieg und Streit sind mit ihren zerstörenden Kräften so unerträglich geworden, daß die Menschheit sich davon losmachen *muß* oder zugrunde geht.

„Die Fülle der Zeiten" ist gekommen und mit ihr der verheißene Erlöser!

Seine Schriften

Die Schriften von Bahá'u'lláh sind in ihrem Bereich sehr umfassend; sie geben sich mit jeder Phase des menschlichen Lebens ab, mit dem des einzelnen wie mit dem der Gesellschaft, mit materiellen und geistigen Dingen, mit der Auslegung alter und neuer Schriften und mit der prophetischen Voraussicht der nahen wie der fernsten Zukunft.

Die Stufe und Genauigkeit Seiner Erkenntnis waren bewundernswürdig. Er konnte die heiligen Schriften der verschiedenen Religionen anführen und auslegen, mit denen die, die brieflich mit Ihm verkehrten oder Ihm Fragen stellten, vertraut waren, und zwar in überzeugender und achtunggebietender Weise, obgleich Er offensichtlich nie die Möglichkeit gehabt hatte, auf die gewöhnliche Art zu vielen der Bücher zu kommen, auf die Er sich bezog. Im *Brief an den Sohn des Wolfes* erklärt Er, daß Er nie den *Bayán* gelesen habe, obgleich Er in Seinen Büchern die vollkommenste Kenntnis und das vollkommenste Verständnis für die Offenbarung des Báb beweist. (Der Báb erklärte, wie wir wissen, daß Seine Offenbarung, der *Bayán*, Ihm eingegeben und ausgegangen sei von „Dem, den Gott offenbar machen werde"!) Mit der einzigen Ausnahme eines Besuches von Professor Browne, mit dem Er im Jahr 1890 vier Unterredungen hatte von jeweils zwanzig bis dreißig Minuten Dauer, hatte Er keine Gelegenheit, mit geistreichen abendländischen Gelehrten zu verkehren, und doch zeigen Seine Schriften einen wunderbaren Scharfblick für die sozialen, politischen und religiösen Probleme des Abendlandes, und selbst Seine Feinde mußten zugeben, daß Seine Weisheit und Erkenntnis unvergleichlich waren. Die wohlbekannten Umstände Seiner langen Einkerkerung schließen jeden Zweifel aus, daß viel von dem Reichtum an Erkenntnis, der sich in Seinen Schriften zeigt, aus geistigen Quellen entnommen sein muß und völlig unabhängig von der gewöhnlichen Übermittlung durch Studium oder Unterricht und von der Hilfe durch Bücher oder Lehrer ist.[19])

Bisweilen schrieb Er neupersisch, die übliche Sprache Seiner Landsleute, die reichlich mit arabisch durchsetzt ist. Zu andern Zeiten wieder, wenn Er sich z. B. an gelehrte Zoroastrier wandte,

[19]) Als 'Abdu'l-Bahá gefragt wurde, ob Bahá'u'lláh sich eines besonderen Studiums der Schriften des Westens unterzogen und Seine Lehren in Übereinstimmung mit diesen aufgestellt habe, sagte Er, daß die Bücher von Bahá'u'lláh, die schon um 1870 geschrieben und gedruckt worden seien, die dem Westen heute so vertrauten Ideale enthielten, obgleich zu jener Zeit diese Gedanken im Westen weder gedruckt noch erdacht worden waren.

schrieb Er in reinstem klassischen persisch. Er schrieb auch mit der gleichen Flüssigkeit arabisch, manchmal in ganz einfacher Sprache, manchmal im klassischen Stil, ähnlich dem des Qur'án. Seine völlige Meisterschaft in diesen verschiedenen Sprachen und Stilen war bemerkenswert angesichts des völligen Fehlens literarischen Unterrichts.

In manchen Seiner Schriften ist der Weg der Heiligung in solch einfachen Ausdrücken bezeichnet, daß der „Pilgersmann, sei er gleich töricht, sich darin nicht irren kann" *(vgl. Jesaja 35, 8)*. In andern findet sich ein Reichtum an poetischer Bildhaftigkeit, tiefer Philosophie und Anspielungen auf muḥammadanische, zoroastrische und andere Schriften, oder auf persische oder arabische Literatur und Legenden, wie ihn nur der Dichter, der Philosoph oder der Gelehrte hinreichend würdigen kann. Wieder andere beschäftigen sich mit den vorgeschrittenen Stufen des geistigen Lebens und können nur von solchen verstanden werden, die bereits die ersten Stufen hinter sich haben. Seine Werke gleichen einer wundervollen Tafel, die besetzt ist mit Speisen und Köstlichkeiten, die den Bedürfnissen und dem Geschmack aller angepaßt sind, die echte Sucher nach Wahrheit sind.

Dem ist es zu verdanken, daß Seine Sache Erfolg hat bei den Gelehrten und Gebildeten, bei vergeistigten Dichtern und wohlbekannten Schriftstellern. Sogar viele Führer der Ṣúfí und anderer Sekten und einige Minister, die Schriftsteller waren, wurden von Seinen Worten angezogen, denn sie übertrafen die aller andern Schriftsteller an Feinheit und Tiefe der geistigen Bedeutung.

Der Bahá'í-Geist

Von dem Orte Seiner Verbannung, dem fernen 'Akká aus wühlte Bahá'u'lláh sein Heimatland Persien in seinen Tiefen auf; und nicht nur Persien. Er erschütterte die Welt und wird sie noch mehr erschüttern. Der Geist, der Ihn und Seine Gefährten beseelte, war unendlich edel, zuvorkommend und geduldig; aber er war eine Kraft von erstaunlicher Lebendigkeit und übernatürlicher Macht. Er vollbrachte das scheinbar Unmögliche. Er wandelte die menschliche Natur. Menschen, die sich Seinem Einfluß unterwarfen, wurden zu neuen Geschöpfen. Sie wurden erfüllt von einer Liebe, einem Glauben und einer Begeisterung, mit denen verglichen irdische Freuden und Sorgen nichtig waren. Sie wurden fähig, lebenslänglichen Leiden oder dem drohenden Tod mit vollkommenem Gleichmut, ja mit strahlender Freude ins Angesicht zu sehen in der Kraft furchtloser Abhängigkeit von Gott.

Am wunderbarsten war es, daß ihre Herzen so von Freude über das neue Leben überströmten, daß kein Raum blieb für bittere Gedanken oder Rachsucht gegen ihre Unterdrücker. Sie verzichteten völlig auf Anwendung von Gewalt bei ihrer Selbstverteidigung, und anstatt ihr Schicksal zu betrauern, betrachteten sie sich als die glücklichsten Menschen, da sie den Vorzug hatten, diese neue und herrliche Offenbarung zu empfangen und ihr Leben zu opfern oder ihr Blut zu vergießen, um für ihre Wahrheit zu zeugen. Wohl konnten ihre Herzen singen vor Freude, denn sie glaubten, daß Gott, der Erhabene, der Ewige, der Geliebte, zu ihnen gesprochen habe durch menschlichen Mund, daß Er sie berufen habe zu Seinen Dienern und Freunden, daß Er gekommen sei, Sein Königreich auf Erden aufzurichten und einer kriegsgewohnten, in Kampf verstrickten Welt die unvergleichliche Gnade des Friedens zu bringen.

Solcher Art war der Glaube, den Bahá'u'lláh in die Herzen trug. Er kündigte Seine eigene Sendung an, wie der Báb von Ihm vorausgesagt hatte, und dank der ergebenen Arbeit Seines großen Vorläufers waren Tausende bereit, Sein Kommen anzuerkennen, Tausende, die Aberglauben und Vorurteile abschüttelten und reinen Herzens und offenen Geistes auf die Manifestation von Gottes verheißener Herrlichkeit warteten. Armut und Ketten, widrige Umstände und äußere Schande konnten ihnen nicht die geistige Herrlichkeit ihres Herrn verbergen, nein, diese dunklen irdischen Begleiterscheinungen dienten nur dazu, die Strahlen Seines wahren Glanzes zu verstärken.

4. Kapitel

'ABDU'L-BAHÁ, DER DIENER GOTTES

„Wenn das Meer Meiner Gegenwart verebbt und das Buch des Ursprungs beendet ist, dann wendet euch Ihm ('Abdu'l-Bahá) zu, den Gott auserwählt hat — Ihm, der dieser altehrwürdigen Wurzel entsprungen ist." (BAHÁ'U'LLÁH, *Kitáb-i-'Ahd, Buch des Bundes, S. 10.)*

Geburt und Kindheit

'Abbás Effendi, der später den Titel „'Abdu'l-Bahá" (d. i. Diener von Bahá) annahm, war der älteste Sohn von Bahá'u'lláh. Er wurde in der Nacht zum 23. Mai 1844[20]), kurz vor Mitternacht, in Ṭihrán geboren, in der gleichen Nacht, da der Báb Seine Sendung verkündete.

'Abbás Effendi war neun Jahre alt, als sein Vater, dem er schon damals ergeben anhing, in Ṭihrán in das Gefängnis geworfen wurde. Ein Volkshaufe plünderte ihr Haus, und die Familie wurde von ihren Besitzungen vertrieben und der Not ausgeliefert. 'Abdu'l-Bahá erzählt, wie ihm eines Tages erlaubt wurde, den Gefängnishof zu betreten, um seinen geliebten Vater zu sehen, wie Er zur täglichen Bewegung ins Freie kam. Bahá'u'lláh war erschreckend angegriffen und so krank, daß Er kaum gehen konnte, Sein Haar und Sein Bart waren verwirrt, Sein Nacken wundgescheuert und geschwollen vom Druck eines schweren stählernen Halseisens, Sein Körper gebeugt vom Gewicht Seiner Ketten, und der Anblick machte einen unvergeßlichen Eindruck auf das Gemüt des empfänglichen Knaben.

Während der ersten Jahre ihres Aufenthalts in Baghdád, zehn Jahre vor der öffentlichen Erklärung Seiner Sendung durch Bahá'u'lláh, führte seine scharfe Einsicht 'Abdu'l-Bahá, der

[20]) Donnerstag, 5. Jamádíyu'l-Avval 1260 d. H.

damals erst neun Jahre alt war, bereits zu der überwältigenden Entdeckung, daß sein Vater in der Tat der Verheißene sei, dessen Manifestation alle Bábí erwarteten. Etwa sechzig Jahre später beschreibt er den Augenblick, da diese Überzeugung plötzlich von seinem ganzen Wesen Besitz ergriff, wie folgt.

„Ich bin der Diener der Gesegneten Vollkommenheit. In Baghdád war ich ein Kind. Damals und dort verkündigte Er mir das Wort und ich glaubte an Ihn. Sobald Er mir das Wort verkündete, warf ich mich zu Seinen heiligen Füßen und bat und flehte zu Ihm, mein Blut als Opfer auf Seinem Pfade anzunehmen. Opfer! Wie köstlich finde ich dieses Wort! Es gibt keine größere Gnade für mich als diese! Welch größeren Ruhm könnte ich mir denken, als diesen Nacken in Ketten gelegt um Seinetwillen, diese Füße gefesselt für Seine Liebe, diesen Körper verstümmelt oder in die Tiefen des Meeres geworfen zu sehen für Seine Sache! Wenn wir Ihn in Wahrheit aufrichtig lieben, wenn ich in Wahrheit Sein aufrichtiger Diener bin, dann muß ich mein Leben, mein Alles an Seiner gesegneten Schwelle opfern.“ (*Aus Tagebuchnotizen von Mírzá Ahmad Sohrab, Januar 1914.*)

Während dieser Zeit fing er an, von seinen Freunden „das Geheimnis Gottes“ genannt zu werden, ein Titel, der ihm von Bahá'u'lláh gegeben wurde, unter dem er während der Zeit des Aufenthalts in Baghdád gemeinhin bekannt war.

Als sein Vater sich für die Dauer von zwei Jahren in die Wildnis zurückzog, wollte 'Abbás das Herz brechen. Sein einziger Trost bestand im Abschreiben und im Auswendiglernen der Tablets des Báb, und viel Zeit brachte er in einsamer Gebetsandacht zu. Als schließlich sein Vater zurückkehrte, war der Knabe von Freude überwältigt.

Jugend

Von dieser Zeit an wurde 'Abbás Effendi seines Vaters vertrautester Gefährte und sozusagen sein Beschützer. Obgleich erst ein Jüngling, zeigte er doch bereits staunenswerte Klugheit und Scharfsinn, und er übernahm die Aufgabe, den zahllosen Besuchern, die ununterbrochen zu seinem Vater kamen, Rede und

Antwort zu stehen. Wenn er merkte, daß es sich um wirkliche Wahrheitssucher handelte, geleitete er sie in die Gegenwart seines Vaters, andernfalls aber erlaubte er nicht, daß Bahá'u'lláh gestört wurde. Bei vielen Gelegenheiten half er seinem Vater beim Beantworten von Fragen und bei der Behebung von Schwierigkeiten dieser Besucher. Als z.'B. einer der Ṣúfí-Führer, namens 'Alí Shawhat Páshá, um eine Auslegung des Wortes bat: „Ich war ein verborgenes Geheimnis", das in einer wohlbekannten muḥammadanischen Überlieferung vorkommt[21]), wandte Bahá'u'lláh sich an das „Geheimnis Gottes", 'Abbás, und bat ihn, die Auslegung niederzuschreiben. Der Jüngling, der damals fünfzehn oder sechzehn Jahre alt war, schrieb darauf eine bedeutende Abhandlung, die eine so erleuchtende Auslegung enthielt, daß der Páshá erstaunte. Diese Epistel ist jetzt unter den Bahá'í weit verbreitet und ist auch manchem dem Bahá'í-Glauben Fernstehenden bekannt.

Während dieser Zeit war 'Abbás ein eifriger Besucher der Moscheen, wo er theologische Themen mit den Lehrern und Gelehrten besprach. Er besuchte nie eine Schule oder eine Universität, sein einziger Lehrer war sein Vater. Seine beliebteste Erholung bestand im Reiten, woran er große Freude zeigte.

Nach der Erklärung von Bahá'u'lláh in dem Garten außerhalb Baghdáds wurde 'Abdu'l-Bahás Ergebenheit seinem Vater gegenüber größer denn je. Auf der langen Reise nach Konstantinopel behütete er Bahá'u'lláh Tag und Nacht, ritt neben Seinem Wagen und wachte bei Seinem Zelt. So weit wie möglich hielt er alle häuslichen Sorgen und Verantwortung von seinem Vater ab und wurde so die Hauptstütze und der Trost der ganzen Familie.

Während der in Adrianopel verbrachten Jahre wurde 'Abdu'l-Bahá jedermann teuer. Er lehrte viel und wurde allgemein bekannt als „der Meister". In 'Akká, als nahezu alle Gefährten an Typhus, Malaria und Ruhr krank lagen, wusch er die Patienten, pflegte sie, gab ihnen das Essen, wachte bei ihnen, wobei er sich keine Ruhe schenkte, bis er selbst, aufs äußerste erschöpft, sich die Ruhr zuzog und dabei etwa einen Monat in lebensgefähr-

[21]) Diese Überlieferung ist angeführt in einem Tablet von Bahá'u'lláh, vgl. Kap. 5 dieses Buches.

lichem Zustand schwebte. In 'Akká wie in Adrianopel lernten ihn alle Volksschichten, vom Gouverneur bis zum elenden Bettler, lieben und achten.

Heirat

Die folgenden Einzelheiten über die Heirat von 'Abdu'l-Bahá wurden dem Verfasser in freundlicher Weise von einem persischen Geschichtsschreiber der Bahá'í-Religion zur Verfügung gestellt:

„Während der Jugendzeit 'Abdu'l-Bahás war begreiflicherweise die Frage einer passenden Heirat für ihn von großem Interesse für die Gläubigen, und viele Leute kamen mit dem Wunsche, sich diese Ehrenkrone für ihre Familie zu sichern. Lange aber zeigte 'Abdu'l-Bahá keine Neigung zur Heirat, und niemand verstand die Weisheit hiervon. Später wurde dann bekannt, daß ein Mädchen lebte, das bestimmt war, 'Abdu'l-Bahás Frau zu werden; ihre Geburt entsprang einem Segen des Báb, den Er ihren Eltern in Iṣfahán erteilt hatte. Ihr Vater war Mírzá Muḥammad 'Alí, der Onkel des „Königs der Märtyrer" und des „Geliebten der Märtyrer", und sie gehörte zu einer der großen und vornehmen Familien von Iṣfáhán. Als sich der Báb in Iṣfáhán aufhielt, besaß Mírzá Huḥammad 'Alí keine Kinder, aber seine Frau sehnte sich nach einem Kind. Als der Báb davon vernahm, gab Er ihm von Seiner Speise und hieß ihn, diese mit seinem Weib gemeinsam zu verzehren. Nachdem sie diesen Bissen gegessen hatten, wurde bald offenbar, daß ihre langersehnten Hoffnungen auf Elternschaft sich zu erfüllen im Begriff waren, und zur gegebenen Zeit wurde ihnen eine Tochter geboren, die den Namen Munírih Khánum erhielt[22]). Später ward dann noch ein Sohn geboren, dem man den Namen Siyyid Yaḥyá gab, und in späteren Jahren bekamen sie noch weitere Kinder. Im Laufe der Zeit starb Munírihs Vater, ihre Vettern erlitten durch Ẓillu's-Sulṭán und die Mullás den Märtyrertod, und über die Familie kam große Not und bittere Verfolgung,

[22]) Es ist interessant, diese Geschichte mit der von der Geburt Johannes des Täufers zu vergleichen; s. Ev. Luk. 1. Kap.

da sie Bahá'í waren. Bahá'u'lláh erlaubte dann Munírih und ihrem Bruder Siyyid Yaḥyá in Seinen Schutz nach 'Akká zu kommen. Bahá'u'lláh und Seiner Gemahlin Navváb, der Mutter von 'Abdu'l-Bahá, erzeigte Munírih solche Freundlichkeit und Liebe, daß die andern verstanden, warum sie wünschten, daß sie die Gemahlin von 'Abdu'l-Bahá werden sollte. Der Wunsch seines Vaters und seiner Mutter wurde auch der Wunsch von 'Abdu'l-Bahá. Er empfand warmes Liebesgefühl und herzliche Zuneigung für Munírih, die von Herzen erwidert wurden, und binnen kurzem vereinigte sie die Ehe."

Diese Ehe gestaltete sich außerordentlich glücklich und harmonisch. Von den ihnen geborenen Kindern haben vier die Schrecken der langen Einkerkerung überlebt und sind durch ihr wundervolles Leben im Dienen allen teuer geworden, die den Vorzug hatten, sie kennenzulernen.

Mittelpunkt des Bündnisses

Bahá'u'lláh tat auf verschiedene Weise kund, daß 'Abdu'l-Bahá Sein Nachfolger sein sollte. Viele Jahre vor Seinem Tod erklärte Er dies verhüllt in Seinem *Kitáb-i-Aqdas.* Er verwies auf 'Abdu'l-Bahá bei verschiedenen Gelegenheiten als auf den „Mittelpunkt des Bündnisses", „den größten Ast", „den Ast aus der altehrwürdigen Wurzel". Er sprach von Ihm gewöhnlich als dem „Meister" und forderte von Seiner ganzen Familie, daß alle mit Ihm in betonter Hochachtung verkehrten; und in Seinem Willen und Testament hinterließ Er ausdrückliche Anweisungen, daß sich alle zu Ihm hinwenden und Ihm gehorchen sollten.

Nach dem Tode der „Gesegneten Schönheit" (wie Bahá'u'lláh allgemein von Seiner Familie und den Gläubigen genannt wurde) trat 'Abdu'l-Bahá in die Stellung ein, die Sein Vater ausdrücklich für Ihn bestimmt hatte, als Haupt des Glaubens und als bevollmächtigter Ausleger der Lehren; aber dies rief den Groll gewisser Verwandter und anderer Personen hervor, die in der gleichen bitteren Gegnerschaft zu 'Abdu'l-Bahá standen wie Ṣubḥi-i-Azal zu Bahá'u'lláh. Sie bemühten sich, Uneinigkeit unter die Gläubigen zu tragen, und als ihnen dies nicht glückte, gingen sie dazu über, verschiedene falsche Beschuldigungen gegen ‘Abdu’l-Bahá bei der türkischen Regierung zu erheben.

Im Sinne der Anweisungen, die ‘Abdu’l-Bahá von Seinem Vater erhalten hatte, errichtete Er einen Bau am Abhang des Berges Karmel, oberhalb Haifa, der bestimmt war, der dauernde Ruheplatz für die Gebeine des Báb zu sein, und auch eine Anzahl Räume für Versammlungen und Gottesdienste enthalten sollte. Sie stellten nun den Behörden vor, dieser Bau habe den Zweck, als Festung zu dienen, und ‘Abdu’l-Bahá und Seine Anhänger hätten die Absicht, sich hier zu verschanzen, der Regierung Trotz zu bieten und nach dem Besitz des angrenzenden Gebiets von Syrien zu streben.

Aufs neue strenge Gefangenschaft

Infolge dieser und anderer ähnlicher unbegründeter Anschuldigungen wurden ‘Abdu’l-Bahá und Seine Familie, die sich seit mehr als zwanzig Jahren der Freiheit in der Gegend von mehreren Meilen rund um ‘Akká erfreut hatten, im Jahre 1901 wieder für die Dauer von mehr als sieben Jahren streng auf den Raum innerhalb der Mauern der Gefängnisstadt beschränkt. Dies hinderte Ihn aber nicht an der wirksamen Verbreitung der Bahá’í-Botschaft über Asien, Europa und Amerika hin. Horace Holley schreibt über diese Zeitspanne: „Zu ‘Abdu’l-Bahá, dem Lehrer und Freund, kamen viele Männer und Frauen jeder Rasse, Religion und Nation, an Seinem Tisch zu sitzen gleich lieben Gästen, und befragten Ihn über soziale, geistige oder moralische Fragen, die sie am meisten beschäftigten; nach einem Aufenthalt, der zwei Stunden bis zu vielen Monaten dauerte, kehrten sie heim, vom Geist durchdrungen, neubelebt und erleuchtet. Die Welt besaß sicher kein gastfreieres Haus als dieses.

Hinter Seinen Türen schmolzen die starren Kastenschranken Indiens, das Rassenvorurteil der Juden, Christen und Muḥammadaner verwehte wie eine Erinnerung; und jede Konvention, nur nicht die des warmen Herzens und des strebsamen Geistes, brach zusammen, vergessen und versunken vor der einigenden Liebe des Herrn des Hauses. Es war wie bei König Arthur und seiner Tafelrunde . . ., aber bei einem Arthur, der sowohl Frauen als Männer zu Rittern schlug, und sie aussandte nicht mit dem Schwert, sondern mit dem Wort.“ (*Horace Holley, The Modern Social Religion, S. 171.*)

Während dieser Jahre bewältigte ‘Abdu’l-Bahá einen umfangreichen Briefwechsel mit Gläubigen und Fragestellern in allen Teilen der Welt. Bei diesem Werk wurde Er kräftig unterstützt von Seinen Töchtern und auch von verschiedenen Dolmetschern und Sekretären.

Viel von Seiner Zeit opferte Er dem Besuch von Kranken und Elenden in ihrem Heim; und in den ärmsten Vierteln von ‘Akká war keiner willkommener als der „Meister“. Ein Pilger, der ‘Akká zu dieser Zeit besuchte, schrieb: „Es ist die Gewohnheit von ‘Abdu’l-Bahá, jede Woche am Freitagmorgen Almosen an die Armen zu verteilen. Von Seinem eigenen knappen Vermögen gibt Er ein wenig allen Bedürftigen, die zu Ihm um Hilfe kommen. Diesen Morgen sind etwa hundert reihenweise aufgestellt, sitzen oder kauern auf dem Boden, auf der offenen Straße vor dem Hof, vor ‘Abdu’l-Bahás Haus. Und eine unbeschreibliche Auslese der Menschheit ist es. Allerlei Männer, Frauen und Kinder — arm, geplagt, trostlos anzusehen, nur halb bekleidet, viele von ihnen verkrüppelt und blind, wirkliche Bettler, unsagbar arm, geduldig wartend, bis ‘Abdu’l-Bahá aus dem Torweg tritt . . . Lebhaft schreitet Er von einem zum andern, da einige Augenblicke anhaltend, um ein Wort des Mitgefühls und der Aufmunterung an jeden zu richten, und läßt Geldmünzen in jede gierig ausgestreckte Hand fallen, streichelt ein Kindergesicht, ergreift die Hand einer alten Frau, die den Saum Seines Gewandes umfaßt hat, als er vorbeischreitet, spricht Worte des Lichts mit dem alten, erblindeten Mann, fragt nach denen, die zu schwach und elend sind, um die kleine Gabe selbst zu holen, und sendet ihnen ihren Anteil mit der Botschaft der Liebe und der Aufmunterung.“ (*M. J. M., Glimpses of ‘Abdu’l-Bahá, S. 13.*)

‘Abdu’l-Bahás persönliche Bedürfnisse waren gering. Er arbeitete von früh bis spät. Zwei einfache Mahlzeiten des Tags genügten Ihm. Sein Kleiderschrank enthielt nur sehr wenige Kleidungsstücke aus billigem Stoff. Er konnte es nicht ertragen, im Überfluß zu leben, während andere Mangel litten.

Er hatte große Liebe zu Kindern, Blumen und den Schönheiten der Natur. Jeden Morgen um sechs oder sieben Uhr pflegte sich die Familie zu versammeln, um den Frühstückstee gemeinsam einzunehmen, und während der Meister seinen Tee trank, sangen die kleinen Kinder des Haushalts Gebete. Thornton Chase schreibt von diesen Kindern: „Solche Kinder habe ich noch nie gesehen, so höflich, so uneigennützig, so für andere bedacht, so unaufdringlich, klug und rasch bereit zum Verzicht in den kleinen Dingen, wie sie Kinder lieben.“ (*In Galilee, S. 51.*)

Der „Blumendienst“ war ein Kennzeichen des Lebens in ʻAkká, von dem jeder Pilger duftende Andenken mit sich nahm. Mrs. Lukas schreibt: „Wenn der Meister den Duft der Blumen einatmet, ist es wundervoll, Ihn anzusehen. Es sieht aus, als ob der Geruch der Hyazinthen Ihm etwas erzähle, solange Er Sein Angesicht in die Blumen vergräbt. Es gleicht dem Bemühen des Ohrs, eine herrliche Harmonie von Tönen zu vernehmen — mit gesammelter Hingabe.“ (*A Brief Account of My Visit to ʻAkká, S. 26.*)

Er liebte es, herrliche, süßduftende Blumen Seinen zahlreichen Besuchern zu überreichen.

Mr. Thornton Chase faßt seinen Eindruck von dem Gefängnisleben in ʻAkká so zusammen: „Fünf Tage verbrachten wir innerhalb dieser Stadtmauern, als Mitgefangene dessen, der in diesem ‚Größten Gefängnis‘ wohnt. Es ist ein Gefängnis des Friedens, der Liebe und des Dienstes. Kein Wunsch, kein Verlangen lebt dort, außer nach dem Glück der Menschheit, dem Frieden der Welt, der Anerkennung der Vaterschaft Gottes und der gemeinsamen Rechte der Menschheit als Seine Geschöpfe, Seine Kinder. In der Tat, das wirkliche Gefängnis, die erstikkende Luft, die Trennung von all dem, was das gläubige Herz wünscht, die Bindungen an die Dinge der Welt sind außerhalb dieser Steinmauern, während in ihnen die Freiheit und das reine Wehen des Geistes Gottes wohnt. Alles Störende, alle Unruhe, alle Plage und alle Angst um weltliche Dinge sind von hier ausgeschlossen.“ (*In Galilee, S. 24.*)

Den meisten Menschen mögen die Härten des Gefängnislebens als schweres Unglück erscheinen, aber für ʻAbdu’l-Bahá boten sie keine Schrecken. Während Seiner Gefangenschaft schrieb Er:

> „Grämt euch nicht über meine Gefangenschaft und über mein Unglück. Denn dieses Gefängnis ist mein schöner Garten, mein

Heim und Paradies und mein Thron der Herrschaft unter den Menschen. Mein Elend in meinem Gefängnis ist eine Krone für mich, mit der ich strahle unter den Gerechten."

„Man kann glücklich sein in den Verhältnissen des Wohllebens, der Behaglichkeit, des Erfolges, der Gesundheit, des Vergnügens und der Freude; wenn aber jemand glücklich und zufrieden sein kann in unruhigen und harten Zeiten und in Krankheitstagen, so ist dies der Beweis von Seelenadel." (*Tablets of 'Abdu'l-Bahá, Bd. II, S. 258, 263.*)

Türkische Untersuchungskommissionen

In den Jahren 1904 und 1907 wurden von der türkischen Regierung Kommissionen eingesetzt, um über die gegen 'Abdu'l-Bahá erhobenen Anklagen Untersuchungen anzustellen, und lügnerische Zeugenaussagen lieferten Beweise gegen Ihn. Während 'Abdu'l-Bahá die Anschuldigungen zurückwies, brachte Er Seine volle Bereitwilligkeit zum Ausdruck, sich jedem Richterspruch zu unterwerfen, den der Gerichtshof über Ihn fällen würde. Er erklärte, daß Er, selbst wenn sie Ihn ins Gefängnis werfen, durch die Straßen schleifen, verfluchen, anspeien, steinigen und alle Arten von Schmach auf Ihn häufen, Ihn hängen oder erschießen sollten, dennoch sehr glücklich wäre.

Zwischen den Sitzungen der Untersuchungsausschüsse setzte Er Sein gewohntes Leben mit äußerstem Gleichmut fort, pflanzte Fruchtbäume im Garten und stand einem Hochzeitsfest mit der strahlenden Würde geistiger Freiheit vor. Der italienische Konsul erbot sich, Ihm für sichere Überfahrt nach irgendeinem fremden Hafen zu sorgen, den Er bestimmen möge, doch Er lehnte dieses Anerbieten dankend aber entschieden ab mit der Erklärung, daß Er, unter welchen Folgen auch immer, den Fußstapfen des Báb und der „Gesegneten Vollkommenheit" folgen müsse, die nie versuchten, Sich zu retten oder vor Ihren Feinden zu fliehen. Er ermunterte aber die meisten der Bahá'í, die Umgebung 'Akkás zu verlassen, da große Gefahr für sie bestand, und blieb allein zurück mit wenigen der Gläubigen, Sein Schicksal erwartend.

Die vier bestochenen Beamten, welche die letzte Untersuchungskommission bildeten, kamen in ʻAkká zu Anfang des Winters 1907 an, blieben einen Monat und reisten dann, nach Beendigung ihrer sogenannten „Untersuchung“, wieder nach Konstantinopel zurück, um zu berichten, daß die gegen ʻAbdu'l-Bahá erhobenen Anschuldigungen begründet gewesen seien und Seine Verbannung oder Hinrichtung zu empfehlen sei. Sie waren aber noch nicht in die Türkei zurückgekehrt, als dort die Revolution ausbrach, und die vier Kommissionsmitglieder, die zum alten Regime gehörten, mußten fliehen, um ihr Leben zu retten. Die Jungtürken richteten ihre Herrschaft auf, und alle politischen und religiösen Gefangenen im türkischen Reich wurden in Freiheit gesetzt. Im September 1908 wurde ʻAbdu'l-Bahá aus der Gefangenschaft erlöst, und im folgenden Jahr wurde ʻAbdu'l-Ḥamíd, der Sulṭán, selbst ein Gefangener.

Reisen nach dem Westen

Nach Seiner Freilassung setzte ʻAbdu'l-Bahá das gleiche heilige Leben unaufhörlicher Tätigkeit durch Lehren, Briefwechsel, Fürsorge für die Armen und Kranken fort, unter Verlegung des Wohnsitzes von ʻAkká nach Haifa und später nach Alexandria, bis zum August 1911, als Er zu Seinem ersten Besuch des Westens aufbrach. Während Seiner Reisen im Westen kam ʻAbdu'l-Bahá mit Menschen jeder Geistesrichtung zusammen und erfüllte voll und ganz das Gebot von Bahá'u'lláh, „verkehrt mit allen Menschen in Freude und Wohlwollen“. Nach London kam Er Anfang September 1911 und blieb dort einen Monat, in dessen Verlauf Er neben täglichen Gesprächen mit Fragestellern und neben vielen andern Tätigkeiten Ansprachen an die Kongregationen des Rev. R. J. Campbell im City Temple und des Archidiakons Wilberforce an St. John's, Westminster, hielt und mit dem Oberbürgermeister frühstückte. Er begab sich dann nach Paris, wo Seine Zeit ausgefüllt war mit täglichen Ansprachen und Gesprächen mit eifrig lauschenden Zuhörern vieler Nationen und Rassen. Im Dezember kehrte Er nach Ägypten zurück, und im nächsten Frühling, der dringenden Einladung der amerikanischen Freunde folgend, reiste Er nach den Vereinigten Staaten und kam im April 1912 in New York an. Während der nächsten sieben Monate reiste Er durch Amerika, von Küste zu Küste, wobei Er Ansprachen vor allen Arten und Ständen von Menschen hielt: Universitätsstudenten, Sozialisten, Mormonen, Juden, Christen, Freidenkern, Esperantisten, Friedensgesellschaften, Neugeist-Klubs, Vereinen von Frauenrechtlerinnen. Er sprach auch in Kirchen von nahezu jeder Glaubensrichtung und ließ stets Seinen Ansprachen die Gelegenheit zu persönlicher Aussprache folgen. Am 5. Dezember fuhr Er nach Großbritannien, wo Er mit dem Besuch von Liverpool, London, Bristol und Edinburgh sechs Wochen zubrachte. In Edinburgh hielt Er eine beachtenswerte Ansprache in der Esperantogesellschaft, in der Er verkündete, daß Er die Bahá'i des Ostens aufgemuntert habe, Esperanto zu lernen, damit sich in Zukunft der Westen und der Osten besser verstehen könnten. Nachdem Er dann noch zwei Monate in Paris zugebracht hatte, wie immer mit täglichen Unterredungen und Besprechungen beschäftigt, reiste Er nach Stuttgart, wo Er eine Reihe sehr erfolgreicher Versammlungen mit den deutschen Bahá'í hielt; von da ging Er nach Budapest und Wien, wo Er neue Gruppen gründete, und kehrte alsdann im Mai 1913 nach Ägypten und am 5. Dezember 1913 nach Haifa zurück.

Rückkehr ins Heilige Land

'Abdu'l-Bahá stand damals im siebzigsten Lebensjahr, und Seine lange und angestrengte Arbeit, die sich noch bei diesen aufreibenden Reisen im Westen gehäuft hatte, hatte Seine Gesundseit sehr angegriffen. Nach Seiner Rückkehr schrieb Er das folgende ergreifende Tablet an die Gläubigen im Osten und Westen:

> „Freunde, die Zeit ist gekommen, da ich nicht mehr länger bei euch sein werde. Ich habe getan, was getan werden konnte. Ich habe der Sache von Bahá'u'lláh bis zum äußersten meiner Kräfte gedient. Ich habe Tag und Nacht gearbeitet alle die Jahre meines Lebens.
>
> O, wie sehne ich mich zu sehen, daß die Gläubigen die Verantwortung für die Sache auf sich nehmen! Jetzt ist die Zeit, das Königreich Abhá[23]) zu verkündigen. Jetzt ist die Stunde

der Einigung und Eintracht! Jetzt ist der Tag geistiger Harmonie der Freunde Gottes! . . .
Ich lausche nach Osten und Westen, nach Norden und Süden, ob ich vielleicht das Lied der Liebe und der Bruderschaft in den Versammlungen der Gläubigen vernehme. Meine Tage sind gezählt, und sonst gibt es keine Freude mehr für mich.
O, wie sehne ich mich, die Freunde geeinigt zu sehen wie ein schimmerndes Perlenband, wie das leuchtende Siebengestirn, wie die Sonnenstrahlen, wie die Gazellen einer Aue!
Die geheimnisvolle Nachtigall singt für sie, wollen sie nicht lauschen? Der Vogel des Paradieses lockt, wollen sie nicht hören? Der Engel des Königreichs Abhá ruft sie, wollen sie nicht aufhorchen? Der Bote des Bündnisses[24]) tritt für sie ein, wollen sie nicht achtgeben?
Ach, ich warte, warte, die frohe Nachricht zu hören, daß die Gläubigen die Verkörperung der Aufrichtigkeit und Treue sind, die verkörperte Liebe und Freundschaft und die Offenbarung von Einheit und Eintracht!
Wollen sie mein Herz nicht erfreuen? Wollen sie mein Sehnen nicht stillen? Wollen sie meine dringenden Bitten nicht beachten? Wollen sie meine Hoffnung nicht erfüllen? Wollen sie meinem Ruf nicht anworten?
Ich warte, ich warte geduldig!“

Die Feinde des Bahá'í-Glaubens, deren Hoffnungen hoch gestiegen waren, als der Báb als Opfer ihrer Wut fiel, als Bahá'u'lláh aus Seiner Heimat vertrieben und zum lebenslänglichen Gefangenen gemacht wurde, und dann beim Heimgang von Bahá'u'lláh — diese Feinde faßten sich von neuem ein Herz, als sie die körperliche Schwäche und Müdigkeit von 'Abdu'l-Bahá nach Seiner Rückkehr von den Reisen nach dem Westen wahrnahmen. Aber wieder waren ihre Hoffnungen zum Scheitern verurteilt. Nach kurzer Zeit konnte 'Abdu'l-Bahá schreiben:

„Ohne Frage wären dieser irdische Körper und die menschliche Kraft überhaupt nicht fähig gewesen, den andauernden Lasten und Mühen zu widerstehen . . ., aber die Unterstützung und Hilfe des Ersehnten waren Hüter und Beschützer des schwa-

[23]) d. h. „des Allerhöchsten“.
[24]) d. i. 'Abdu'l-Bahá.

chen und demütigen 'Abdu'l-Bahá ... Man hat behauptet, daß 'Abdu'l-Bahá im Begriff sei, der Welt endgültig Lebewohl zu sagen, daß seine Körperkraft verbraucht und erschöpft sei und daß binnen kurzem diese Umstände seinem Leben ein Ende setzen würden. Dies ist weit von der Wahrheit. Obgleich nach äußerlichem Dafürhalten der Bündnisbrecher und Übelgesinnten der Körper wegen der Heimsuchungen auf dem gesegneten heiligen Pfade schwach ist, befinden sich doch, Gott sei gelobt, durch die Vorsehung der Gesegneten Vollkommenheit die geistigen Kräfte in bester Verjüngung und Stärke. Dank sei Gott, daß jetzt, durch Gnade und Segen von Bahá'u'lláh, sogar die Körperkräfte wieder völlig hergestellt sind, mir göttliche Freude geschenkt ist, die erhabenen frohen Botschaften strahlen und geistige Glückseligkeit in überreichem Maße strömt." (*Star of the West, Bd. V., Nr. 14, S. 213.*)

Sowohl während als nach Beendigung des großen Kriegs war 'Abdu'l-Bahá fähig, neben zahllosen anderen Tätigkeiten eine Reihe großer und anfeuernder Briefe zu verfassen, die, als die Verbindungen wieder hergestellt waren, die Gläubigen in der Welt zu neuer Begeisterung und neuem Diensteifer anspornten. Unter dem Geiste dieser Briefe machte der Glaube sprunghafte Fortschritte, und überall zeigte die Sache neues Leben und neue Kraft.

Kriegszeit in Haifa

Ein bemerkenswertes Beispiel der Voraussicht 'Abdu'l-Bahás zeigte sich während der Monate unmittelbar vor dem Krieg. In Friedenszeiten war in Haifa gewöhnlich eine große Anzahl von Pilgern aus Persien und anderen Zonen der Erde. Etwa sechs Monate vor Kriegsausbruch legte einer der alten in Haifa lebenden Bahá'í ein Bittgesuch von verschiedenen persischen Gläubigen um Erlaubnis zu einem Besuch beim Meister vor. 'Abdu'l-Bahá erteilte die Erlaubnis nicht, und von der Zeit an entließ Er nach und nach die Pilger, die in Haifa waren, so daß Ende Juli 1914 keine mehr zurückgeblieben waren. Als dann in den ersten Augusttagen der plötzliche Ausbruch des großen Kriegs die Welt erschreckte, wurde die Weisheit Seiner Voraussicht offenbar.

Als der Krieg ausgebrochen war, wurde 'Abdu'l-Bahá, der bereits fünfundfünfzig Jahre Seines Lebens in Verbannung und Gefangenschaft zugebracht hatte, tatsächlich wieder ein Gefangener der türkischen Regierung. Die Verbindung mit den Freunden und Gläubigen außerhalb Syriens war beinahe völlig abgeschnitten, und Er und Seine kleine Schar von Anhängern waren wieder engen Verhältnissen, Nahrungsmangel und großer persönlicher Gefahr und Unbequemlichkeit unterworfen.

Den Krieg über hatte 'Abdu'l-Bahá eine arbeitsreiche Zeit in der Sorge für die leiblichen und geistigen Bedürfnisse der Menschen Seiner Umgebung. Er rief persönlich ausgedehnte landwirtschaftliche Unternehmungen bei Tiberias ins Leben und sicherte so eine große Zufuhr von Weizen, wodurch Hungersnot abgewendet wurde nicht nur für die Bahá'í, sondern für Hunderte von Armen aller Religionen in Haifa und 'Akká, deren Bedürfnissen Er großzügig entsprach. Er sorgte für alle und milderte ihre Leiden so gut wie möglich. Täglich gab Er Hunderten von armen Menschen eine kleine Summe Geldes, und dazu schenkte Er ihnen Brot. Wenn es kein Brot gab, verteilte Er Datteln oder etwas anderes. Er machte häufig Besuche in 'Akká, um die Gläubigen und die armen Menschen dort zu trösten und ihnen zu helfen. Während der Kriegszeit hatte Er täglich Versammlungen mit den Gläubigen, und durch Seine Hilfe blieben die Freunde glücklich und ruhig während dieser bewegten Jahre.

Sir 'Abdu'l-Bahá 'Abbás, K. B. E.[25])

Man atmete in ganz Haifa auf, als am 23. September 1918, 3 Uhr nachmittags, nach einem Kampf von ungefähr vierundzwanzig Stunden, die Stadt von britischer und indischer Reiterei eingenommen wurde, und die Schrecken des Kriegszustandes unter der türkischen Regierung ein Ende nahmen.

Mit Beginn der britischen Besetzung suchten Scharen von Soldaten und Regierungsbeamten aller Grade, auch der höchsten, Unterredungen mit 'Abdu'l-Bahá zu erlangen, um sich an Seinen

[25]) Knight Commander of the British Empire (Ritter des Britischen Reiches).

erleuchtenden Gesprächen zu erfreuen, an der Weite Seiner Gedanken und der Tiefe Seiner Einsicht, an Seiner würdevollen Höflichkeit und Seiner heiteren Gastlichkeit. So tiefe Eindrücke empfingen die Vertreter der Regierung von 'Abdu'l-Bahás vornehmem Charakter und Seiner großen Arbeit für Frieden, Völkerversöhnung und das wahre Wohlergehen der Menschen, daß Ihm die Ritterschaft des Britischen Reiches verliehen wurde. Die Feier fand im Garten des Militärgouverneurs von Haifa am 27. April 1920 statt.

Die letzten Jahre

Während des Winters von 1919 auf 1920 hatte der Verfasser das große Vorrecht, zweieinhalb Monate als Gast von 'Abdu'l-Bahá in Haifa zu weilen und aus nächster Nähe Sein tägliches Leben beobachten zu dürfen. Zu jener Zeit war Er, obgleich annähernd sechsundsiebzig Jahre alt, noch bemerkenswert rüstig und bewältigte täglich eine beinahe unglaubliche Menge von Arbeit. Obgleich oft sehr müde, bewies Er wundervolle Kraft, sich wieder zu erholen, und Seine Dienste standen immer denen zur Verfügung, die ihrer bedurften. Seine unerschöpfliche Geduld, Gütigkeit, Freundlichkeit und Sein Feingefühl machten Seine Gegenwart zu einem Segen. Er war gewohnt, einen großen Teil der Nacht im Gebet und in Andacht zuzubringen. Vom frühen Morgen bis zum Abend, eine kurze Mittagsruhe nach dem Essen ausgenommen, war Er rastlos beschäftigt, Briefe aus vielen Ländern zu lesen und zu beantworten und auf die zahlreichen Angelegenheiten des Haushaltes und des Glaubens zu achten. Nachmittags gönnte Er sich gewöhnlich eine kleine Erholung in Form eines Spaziergangs oder einer Spazierfahrt; aber auch hier hatte Er meist einen oder zwei Begleiter bei sich oder eine Gesellschaft von Pilgern, mit denen Er sich über geistige Dinge unterhalten konnte; oder Er fand auf dem Wege Gelegenheit, einige Arme zu besuchen und für sie zu sorgen. Nach der Rückkehr berief Er die Freunde zur gewöhnlichen Abendversammlung in Sein Zimmer. Beim zweiten Frühstück wie bei der Hauptmahlzeit pflegte Er eine Anzahl Pilger und Freunde zu bewirten und Seine Gäste sowohl mit frohen und lustigen Geschichten als auch mit köstlichen Gesprächen über die verschiedensten Dinge zu erfreuen. „Mein Heim ist das Heim der Freude und des Frohsinns“, erklärte Er. Und es war in der Tat so. Er freute sich, wenn Er Menschen der verschiedenen Rassen, Farben, Nationen und Religionen in Einigkeit und herzlicher Freundschaft um Seinen gastlichen Tisch versammeln konnte. Er war in der Tat ein liebender Vater nicht nur für die kleine Gemeinschaft in Haifa, sondern auch für die Bahá'í-Gemeinschaft in der Welt.

Der Heimgang 'Abdu'l-Bahás

'Abdu'l-Bahás mannigfaltige Tätigkeiten dauerten, wenn auch langsam abnehmend, trotz wachsender körperlicher Schwäche und Müdigkeit bis zum zweitletzten oder letzten Tag Seines Lebens. Am Freitag, dem 25. November 1921, wohnte Er noch dem Mittagsgebet in der Moschee in Haifa bei und verteilte nachher Almosen an die Armen mit eigener Hand, wie Er gewohnt war. Nach dem zweiten Frühstück diktierte Er einige Briefe. Als Er geruht hatte, erging Er sich im Garten und unterhielt sich mit dem Gärtner. Abends erteilte Er Seinen Segen und Seinen Rat einem geliebten, glaubenstreuen Diener des Haushalts, der am selben Tage geheiratet hatte, und später hielt Er die übliche Versammlung der Freunde in Seinem eigenen Zimmer ab. Kaum drei Tage später, eineinhalb Stunden nach Mitternacht, am Montag, dem 28. November, ging Er so friedevoll heim, daß es den zwei an Seinem Bett wachenden Töchtern schien, als ob Er sich ruhig schlafen gelegt habe.

Die traurige Nachricht verbreitete sich bald in der ganzen Stadt und wurde in alle Teile der Welt gedrahtet. Am nächsten Morgen (Dienstag, 29. November) fand das Begräbnis statt, „ein Begräbnis, wie es in Haifa, ja in ganz Palästina sicherlich noch nie dagewesen ist . . ., so tief war das Gefühl, das so viele Tausende von Trauernden, Vertretern von vielen Religionen, Rassen und Sprachen zusammenführte.

Der englische Hohe Kommissar, Sir Herbert Samuel, der Gouverneur von Jerusalem, der Gouverneur von Phönizien, die höchsten Staatsbeamten der Regierung, die Konsuln der verschiedenen Länder, die in Haifa wohnten, die Oberhäupter der verschiedenen religiösen Gemeinschaften, die angesehensten Persönlichkeiten Palästinas, Juden, Christen, Moslems, Drusen, Ägypter, Griechen, Türken, Kurden und eine Menge Seiner amerikanischen und europäischen Freunde, und Freunde aus Seinem eigenen Lande, Männer, Frauen und Kinder von hohem und niederem Stand, ... sie alle, etwa zehntausend an der Zahl, beweinten den Verlust ihres Geliebten ... ‚O Gott, Du unser Gott!' jammerte das Volk einstimmig: ‚Unser Vater hat uns verlassen, unser Vater hat uns verlassen!' ...

Sie schritten langsam den Weg zum Karmel, dem Weinberge Gottes hinan ... Nach zweistündigem, langsamem Gang erreichten sie den Garten am Grabe des Báb ... Als sich die große Menschenmenge ringsum drängte, Vertreter der verschiedenen Glaubensrichtungen, Moslems, Christen und Juden, alle Herzen erfüllt von glühender Liebe zu ʻAbdu'l-Bahá, erhoben manche im Impuls des Augenblicks, andere auch vorbereitet, die Stimme in Lob und Schmerz. Sie brachten ihre letzte Ehrenbezeugung und ihr Lebewohl ihrem Geliebten dar. Sie waren in ihrer Trauer noch so verbunden mit Ihm, dem weisen Erzieher und Berater der Menschen in dieser wirren und traurigen Zeit, daß es schien, als bliebe den Bahá'í nichts mehr zu sagen übrig." (*„The Passing of ʻAbdu'l-Bahá" von Lady Blomfield und Shoghi Effendi.*)

Neun Redner, alle hervorragende Vertreter der muḥammadanischen, christlichen und jüdischen Gemeinschaften, bezeugten beredt und bewegend ihre Liebe und Bewunderung für das reine und edle Leben, das nun zu Seinem Ende gekommen war. Dann wurde der Sarg langsam zu seinem einfachen und geheiligten Ruheplatz verbracht.

Wahrlich, hier wurde der gebührende Tribut dem Andenken eines Menschen gezollt, der Sein ganzes Leben lang gearbeitet hatte für die Einheit der Religionen, der Rassen, der Sprachen, ein Tribut und zugleich ein Beweis dafür, daß Sein Lebenswerk nicht vergebens war, daß die hohen Gedanken von Bahá'u'lláh, von denen Er Seine Inspirationen erhalten hatte, oder vielmehr, die Sein wahres Leben dargestellt hatten, bereits begannen, die Welt zu durchdringen und die Schranken der Sekten und Kasten niederzureißen, die jahrhundertelang Muḥammadaner, Christen,

Juden und die andern verschiedenen Gruppen, in die die Menschenfamilie gespalten war, gegenseitig entfremdet hatten.

Schriften und Ansprachen

Die Schriften von 'Abdu'l-Bahá sind sehr zahlreich, und man findet sie meist in der Form von Briefen an Gläubige und Fragesteller. Eine große Menge Seiner Gespräche und Reden wurden ferner in Berichten wiedergegeben, und viele wurden veröffentlicht. Viele der Tausende von Pilgern, die Ihn in 'Akká und Haifa besuchten, schrieben Schilderungen ihrer Eindrücke, und viele dieser Berichte stehen jetzt gedruckt zur Verfügung.

Seine Lehren sind auf diese Weise sehr vollständig erhalten, und sie erstrecken sich auf eine sehr lange Reihe von Themen. Mit vielen der Probleme sowohl des Ostens wie des Westens befaßte Er sich eindringlicher, als es Sein Vater getan hatte, und gab dabei mehr ins einzelne gehende Anwendungen für die von Bahá'u'lláh allgemein niedergelegten Grundsätze. Ein Teil Seiner Schriften ist bis jetzt noch nicht in eine abendländische Sprache übersetzt worden, aber es sind bereits genügend davon zugänglich, um eine tiefe und vollkommene Kenntnis von den wichtigeren Grundsätzen Seiner Lehre zu vermitteln.

Er sprach persisch, arabisch und türkisch. Auf Seinen Reisen im Westen wurden Seine Gespräche und Reden immer übersetzt, wobei sie sichtlich viel von ihrer Schönheit, Beredsamkeit und Kraft verloren, aber die Macht des Geistes, die Seine Worte begleitete, war derartig, daß sie auf alle, die Ihn hörten, den tiefsten Eindruck machten.

Die Stufe 'Abdu'l-Bahás

Die einzigartige Stufe, die 'Abdu'l-Bahá durch die Gesegnete Vollkommenheit zugewiesen wurde, wird von Ihm selbst durch folgende Stelle bezeichnet:

„Wenn das Meer Meiner Gegenwart verebbt und das Buch des Ursprungs beendet ist, dann wendet euch Ihm zu ('Abdu'l-Bahá), den Gott bestimmt hat — Ihm, der dieser altehrwür-

digen Wurzel entsprungen ist." (BAHÁ'U'LLÁH, *Das Buch des Bundes, Kitáb-i-'Ahd, S. 10.)*
Und wiederum:
„... wendet euch in allem, was ihr im Buche nicht versteht, an Ihn, der ein Zweig dieses mächtigen Stammes ist."
'Abdu'l-Bahá selbst schrieb:
„Im Einklang mit dem ausdrücklichen Wortlaut des *Kitáb-i-Aqdas* hat Bahá'u'lláh den Mittelpunkt des Bündnisses zum Ausleger Seines Wortes gemacht — ein so festes und mächtiges Bündnis, wie es seinesgleichen seit Anbeginn aller Zeit bis zum heutigen Tag keine religiöse Sendung hervorgebracht hat."

Die vollkommene Dienstbereitschaft, mit der 'Abdu'l-Bahá den Glauben von Bahá'u'lláh in Ost und West verbreitete, führte seitens der Gläubigen bisweilen zu unklaren Auffassungen hinsichtlich Seiner Stufe. Unter dem Eindruck der Reinheit des Geistes, der Seine Worte und Taten beseelte, umgeben von religiösen Einflüssen, die den Niedergang ihrer althergebrachten Lehren bedeuteten, glaubte eine Anzahl von Bahá'í, 'Abdu'l-Bahá zu ehren, wenn sie Ihn mit einer Manifestation verglichen oder Ihn als die „Wiederkunft Christi" begrüßten. Nichts verursachte Ihm so großen Kummer wie dieser Mangel an der Erkenntnis, daß Seine Fähigkeiten im Dienste Bahá'u'lláhs von der Reinheit des der Sonne der Wahrheit zugewandten Spiegels und nicht von der Sonne selbst herrührten.

Überdies hat der Glaube Bahá'u'lláhs im Unterschied zu früheren Sendungen das Wirkungsvermögen auf die gesamte Menschheit in sich. Während 'Abdu'l-Bahás Wirken, das sich über die Zeit von 1892 bis 1921 erstreckte, hatte der Glaube auf dem Wege zu einer wahren Weltordnung verschiedene Entwicklungsstadien durchlaufen. Seine Entwicklung erforderte ununterbrochene Führung und ins einzelne gehende Anweisungen durch 'Abdu'l-Bahá, der allein die Fülle dieser neuen, mächtigen Inspiration kannte, die in diesem Zeitalter in die Welt gekommen war. Bis zur Eröffnung des eigenen „Willens und Testaments" nach dem Hinscheiden 'Abdu'l-Bahás, und bis dessen Bedeutung durch Shoghi Effendi, den Hüter des Glaubens, dargelegt wurde, maßen die Bahá'í der Führung durch ihren geliebten Meister beinahe unvermeidlich einen Grad von geistiger Autorität bei, welcher dem einer Manifestation gleichkommt.

Die Wirkungen einer solch naiven Begeisterung werden innerhalb der Bahá'í-Gemeinschaft nicht weiter empfunden; aber bei tieferem Eindringen in das Mysterium jener unvergleichlichen Ergebenheit und Dienstbereitschaft können die Bahá'í heute um so bewußter die einzigartige Natur der Sendung erfassen, welche 'Abdu'l-Bahá vollbrachte. Der Glaube, der im Jahre 1892 durch die leibliche Verbannung und Einkerkerung seines Vorbildes und Auslegers so schwach und hilflos schien, hat seitdem mit unwiderstehlicher Macht Gemeinden in vielen Ländern[26]) aufgerichtet und steht der Schwäche einer absterbenden Zivilisation mit einem Gefüge von Lehren gegenüber, die allein die Zukunft einer verzweifelnden Menschheit entschleiern können.

Das Buch *Wille und Testament* von 'Abdu'l-Bahá stellt an sich mit völliger Klarheit das Geheimnis der Stufen des Báb, Bahá'u'lláh's und Seiner eigenen Sendung dar:

> „Die Glaubensgrundlage des Volkes Bahás — möge ihm mein Leben als Opfer dienen — ist diese: ‚Seine Heiligkeit der Erhabene (der Báb) ist die Offenbarung der Einheit und Einzigkeit Gottes und der Vorläufer der Ewigen Schönheit. Seine Heiligkeit die Abhá-Schönheit — möge mein Leben ein Opfer für Ihre standhaften Freunde sein — ist die höchste Offenbarung Gottes und der Aufgangsort Seines höchst göttlichen Wesens. Alle anderen sind Seine Diener und befolgen, was Er gebietet.'" ('ABDU'L-BAHÁ, *Wille und Testament,* S. 32.)

Durch diese und zahlreiche andere Feststellungen, in denen 'Abdu'l-Bahá mit Nachdruck die Wichtigkeit betonte, die Erkenntnis des Glaubens auf Seine allgemeinen Tablets zu gründen, wurde ein Fundament für die Einheit des Glaubens gelegt, mit dem Ergebnis, daß die Verschiedenartigkeit der Auffassungen, verursacht durch Hinweise auf Seine Tablets an einzelne, worin der Meister persönliche Fragen beantwortete, rasch verschwanden. Vor allen Dingen übertrug die Begründung einer endgültigen

[26]) 1969 in 139 unabhängigen Staaten und 173 wichtigen Territorien und Inseln. (Vgl. Nachwort S. 317.)

Verwaltungsordnung mit dem Hüter an ihrer Spitze jede Autorität, die früher einzelne Bahá'í in den verschiedenen örtlichen Gruppen durch Ansehen und Einfluß innehatten, auf administrative Einrichtungen.

Vorbild des Bahá'í-Lebens

Bahá'u'lláh war vor allem der Offenbarer des Wortes. Seine vierzigjährige Einkerkerung gab Ihm nur beschränkte Gelegenheit zum Verkehr mit Seinen Mitmenschen. 'Abdu'l-Bahá fiel daher die bedeutsame Aufgabe zu, ein lebendes Beispiel der Offenbarung zu werden, der Vollbringer des Wortes, das große Vorbild des Bahá'í-Lebens in wirklicher Berührung mit der Welt von heute, in den verschiedensten Phasen ihrer tausenderlei Tätigkeiten. Er zeigte, daß es immer möglich ist, mitten im Trubel und der Hast des modernen Lebens, inmitten der Eigenliebe und des Ringens nach äußerem Wohlstand, das überall herrscht, das Leben mit vollkommener Ergebenheit in Gott und im Dienste an den Mitmenschen zu leben, wie es Christus und Bahá'u'lláh und alle Offenbarer von den Menschen gefordert haben. In Prüfungen und Wechselfällen, Schwierigkeiten und Verrat auf der einen Seite, in Liebe, Lobpreis, Ergebenheit und Verehrung auf der andern Seite, stand Er einem Leuchtturm gleich, gegründet auf einen Felsen, um den Winterstürme wüten und das sommerliche Meer spielt, wobei Sein Gleichmaß und Seine Ruhe immer fest und unerschüttert blieben. Er lebte ein Leben des Glaubens und forderte Seine Nachfolger auf, es hier und jetzt nachzuleben. Er hißte inmitten einer kriegerischen Welt das Banner der Einheit und des Friedens, die Standarte einer neuen Zeit, und Er verhieß denen, die sich zu ihrem Dienste versammeln, daß sie durch den Geist des neuen Tages inspiriert werden. Es ist derselbe Heilige Geist, der die Offenbarer und die Heiligen alter Zeiten beseelte, aber es ist eine neue Ausgießung dieses Geistes, angepaßt den Bedürfnissen der neuen Zeit.

5. Kapitel

WAS IST EIN BAHÁ'Í?

„Der Mensch muß Früchte aufweisen. Ein fruchtloser Mensch gleicht nach den Worten Seiner Heiligkeit des Geistes (Christi) einem fruchtlosen Baum, der für das Feuer bestimmt ist." (BAHÁ'U'LLÁH, *Worte des Paradieses.)*

Herbert Spencer bemerkte einmal, es sei keiner politischen Alchemie möglich, ein goldenes Betragen aus bleiernen Instinkten hervorzubringen, und ebenso wahr sei, daß man durch keine politische Alchemie eine goldene Gesellschaft aus bleiernen Einzelmenschen bilden könne.

Gleich allen früheren Offenbarern verkündete Bahá'u'lláh diese Wahrheit und lehrte, daß, um das Königreich Gottes auf Erden aufzurichten, es zuerst in den Herzen der Menschen errichtet sein muß. Beim Erforschen der Bahá'í-Lehre sollten wir daher vor allem mit *den* Unterweisungen beginnen, die Bahá'u'lláh für das Betragen des einzelnen aufgestellt hat, und sollten versuchen, uns ein klares Bild davon zu machen, was es heißt, ein Bahá'í zu sein.

Das Leben zu leben

Als 'Abdu'l-Bahá einmal gefragt wurde: „Was ist ein Bahá'í?" antwortete Er: „Ein Bahá'í sein heißt einfach, die ganze Welt lieben, die ganze Menschheit lieben und sich bemühen, ihr zu dienen, für den allgemeinen Frieden und die allgemeine Brüderlichkeit zu arbeiten." Bei anderer Gelegenheit kennzeichnete Er einen Bahá'í „als einen Menschen, der in seiner Lebensführung alle menschliche Vollkommenheit aufweist". In einer Seiner Ansprachen in London sagte Er, ein Mensch könne ein Bahá'í sein, selbst wenn er den Namen Bahá'u'lláh noch nie gehört habe. Er fügte hinzu:

„Der Mensch, der nach den Lehren von Bahá'u'lláh lebt, ist

schon ein Bahá'í. Andererseits kann jemand sich fünfzig Jahre lang Bahá'í nennen, wenn er aber das Leben eines Bahá'í nicht lebt, dann ist er kein Bahá'í. Ein häßlicher Mensch mag sich selbst schön nennen, aber er täuscht niemanden, und ein schwarzer mag sich selbst weiß nennen, doch auch er vermag niemanden als sich selbst zu täuschen.“ (*'Abdu'l-Bahá in London, S. 109.*)

Ein Mensch, der Gottes Botschaften nicht kennt, gleicht einer Pflanze, die im Schatten wächst. Obschon sie die Sonne nicht kennt, ist sie doch völlig von ihr abhängig. Die großen Offenbarer sind geistige Sonnen und Bahá'u'lláh ist die Sonne dieses „Tages“, an dem wir leben. Die Sonnen der früheren Tage haben die Welt erwärmt und belebt, und hätten diese Sonnen nicht geschienen, so würde die Erde jetzt kalt und tot sein; aber nur der Sonnenschein von heute ist imstande, die Früchte zum Reifen zu bringen, welche die Sonnen der früheren Tage ins Leben riefen.

Gottergebenheit

Um zu einem Bahá'í-Leben in all seiner Fülle zu gelangen, ist eine bewußte und unmittelbare Beziehung zu Bahá'u'lláh so notwendig wie der Sonnenschein für die Entfaltung der Lilie oder der Rose. Der Bahá'í verehrt nicht die menschliche Persönlichkeit von Bahá'u'lláh, sondern die Herrlichkeit Gottes, durch diese Persönlichkeit geoffenbart. Er verehrt Christus und Muḥammad und alle früheren Gottgesandten an die Menschheit, aber er anerkennt Bahá'u'lláh als den Träger der göttlichen Botschaft für das neue Zeitalter, in dem wir leben, als den großen Weltenlehrer, der gekommen ist, um das Werk Seiner Vorgänger weiterzuführen und zu vollenden.

Verstandesmäßige Zustimmung zu einem Glaubensbekenntnis macht noch niemanden zu einem Bahá'í, auch äußerliche Korrektheit im Benehmen tut dies nicht. Bahá'u'lláh verlangt von Seinen Anhängern eine völlige Hingabe des Herzens. Gott allein hat das Recht, dies zu verlangen; aber Bahá'u'lláh spricht als die Manifestation Gottes und als der Offenbarer Seines Willens. Über diesen Punkt haben die früheren Manifestationen ebenfalls klar gesprochen. Christus sagte: „Wer Mir will nachfolgen, der verleugne sich selbst und nehme sein Kreuz auf sich und folge Mir ... Wer sein Leben verliert um Meinetwillen ..., der wird es finden." (*Markus 8, 34—35.*) Mit andern Worten, alle göttlichen Manifestationen stellten die gleiche Forderung an Ihre Anhänger, und die Religionsgeschichte zeigt deutlich, daß die Religion blühte, solange diese Forderung voll und ganz anerkannt und erfüllt wurde, und dies trotz aller irdischen Gegnerschaft, trotz Schwierigkeiten, Verfolgungen und Märtyrertum der Gläubigen. Wo sich aber andererseits Zugeständnisse eingeschlichen haben und „Anständigkeit" an Stelle völliger Heiligung trat, da ist die Religion im Abstieg begriffen. Sie ist wohl Mode geworden, aber sie hat ihre Kraft, zu erlösen und zu verwandeln, ihre Kraft, Wunder zu wirken, verloren. Wahre Religion ist bis jetzt noch nie „Mode" gewesen. Gebe Gott, daß sie es eines Tages würde. Aber wie in den Tagen Christi, so ist es heute noch wahr: „Die Pforte ist eng, und der Weg ist schmal, der zum Leben führt, und wenige sind ihrer, die ihn finden." (*Matth. 7, 14.*) Die Pforte der geistigen Geburt läßt gleichsam wie die Pforte der natürlichen Geburt, nur einen nach dem andern hindurch. Gelingt es in der Zukunft, daß mehr Menschen durch diese Pforte gehen als in der Vergangenheit, so wird dies nicht etwa wegen einer Erweiterung der Pforte geschehen, sondern wegen einer größeren Geneigtheit der Menschen, die „große Hingabe", die Gott fordert, zu vollbringen, weil lange und bittere Erfahrungen sie schließlich zu der Einsicht gebracht haben, welche Torheit es ist, ihren eigenen Weg statt den Weg Gottes zu wählen.

Suche nach Wahrheit

Bahá'u'lláh macht allen Seinen Anhängern Gerechtigkeit zur Pflicht und erklärt diese als:

> „Freiheit des Menschen von Aberglauben und Nachahmung, so daß er die Manifestationen Gottes mit dem Auge der Einheit erkennen und alle Verhältnisse mit scharfem Blick durchschauen kann." (BAHÁ'U'LLÁH, *Worte der Weisheit.*)

Es ist notwendig, daß jedermann die Herrlichkeit Gottes, geoffenbart in dem menschlichen Tempel Bahá'u'lláh, sieht und sie sich gegenwärtig macht, andernfalls wäre der Bahá'í-Glaube für ihn nichts als ein Name ohne Bedeutung. Der Ruf der Offenbarer an die Menschheit enthielt immer die Aufforderung, sie möchten ihre Augen öffnen, nicht schließen, und ihre Vernunft gebrauchen, nicht unterdrücken. Klares Sehen und ein freies Denken sind es, nicht sklavische Leichtgläubigkeit, die den Menschen befähigen, die Wolken der Vorurteile zu durchdringen, die Fesseln blinder Nachahmungen abzuschütteln und zum Erfassen der Wahrheit einer neuen Offenbarung zu gelangen.

Wer ein Bahá'í werden will, muß vor allem ein furchtloser Wahrheitsforscher sein. Er sollte aber sein Suchen nicht nur auf diese materielle Ebene beschränken. Sein geistiges Wahrnehmungsvermögen sollte ebenso wach sein wie sein physisches. Er sollte alle ihm von Gott verliehenen Fähigkeiten gebrauchen, um zur Wahrheit zu gelangen, und ohne triftigen und genügenden Grund nichts glauben. Wenn sein Herz rein und sein Geist vorurteilsfrei sind, wird der ernste Sucher nicht verfehlen, die göttliche Herrlichkeit zu erkennen, in welchem Tempel sie auch zum Vorschein kommen mag.

Bahá'u'lláh erklärt ferner:

> „Der Mensch muß sein eigenes Ich erkennen und wissen, was zu Erhabenheit oder Gemeinheit, zu Schande oder Ehre, zu Wohlstand oder Armut führt." (BAHÁ'U'LLÁH, *Tarázát.)*
>
> „Die Quelle aller Gelehrsamkeit ist die Erkenntnis Gottes, erhaben sei Sein Ruhm! Diese Erkenntnis kann auf keine andere Weise erlangt werden als durch die Erkenntnis Seiner göttlichen Manifestation." (BAHÁ'U'LLÁH, *Worte der Weisheit, S. 15.*)

Die Manifestation ist der *vollkommene* Mensch, das große Vorbild für die Menschheit, die erste Frucht am Baum der Menschheit. Solange wir die Manifestation nicht kennen, kennen wir die in uns verborgenen Möglichkeiten nicht. Christus lehrt uns, wir sollen die Lilien betrachten, wie sie wachsen, und Er erklärt, daß Salomo in all seiner Herrlichkeit nicht bekleidet gewesen sei wie eine dieser Lilien. Die Lilie wächst aus einer sehr unansehnlichen Knolle hervor. Wenn wir noch nie eine blühende Lilie gesehen und niemals auf den unvergleichlichen Reiz ihrer Blätter und Blüten geblickt hätten, wie könnten wir uns dann die Wirklichkeit, welche die Knolle enthält, vorstellen? Wenn wir sie auch noch so sorgfältig zerlegen und ihr Inneres auch noch so genau erforschen würden, die in ihr schlafende Schönheit, die der Gärtner zu wecken weiß, würden wir doch nie entdecken. So ist es auch mit uns. Solange wir die Herrlichkeit Gottes, in der Manifestation geoffenbart, nicht geschaut haben, solange haben wir keine Vorstellung von der geistigen Schönheit, die in unserer eigenen Natur und in der unserer Mitmenschen verborgen liegt. Dadurch, daß wir die Manifestation Gottes erkennen und lieben und Ihre Lehren befolgen, werden wir befähigt, uns allmählich der in uns schlummernden Vollkommenheit bewußt zu werden. Dann, aber nur dann, wird uns der Sinn und der Zweck des Lebens und des Weltalls klar werden.

Liebe zu Gott

Die Manifestation Gottes zu erkennen heißt, Sie auch zu lieben. Eines ist unmöglich ohne das andere. Nach der Lehre von Bahá'u'lláh ist der Zweck der Erschaffung des Menschen der, daß er Gott erkennen und lieben soll. In einem Seiner Tablets sagt Er:

„Die Ursache der Erschaffung aller irdischen Wesen war Liebe, wie in einer wohlbekannten Überlieferung gesagt ist: ‚Ich war ein verborgener Schatz und wünschte erkannt zu werden. Um erkannt zu werden, erschuf Ich die Schöpfung.'"

Und in den *Verborgenen Worten* sagt Er:

„*O Sohn des Seins!* Liebe Mich, damit Ich dich liebe. Wenn du Mich nicht liebst, kann Meine Liebe dich niemals erreichen. Erkenne dies, o Diener."

„*O Sohn der wunderbaren Schau!* Einen Hauch Meines Geistes blies Ich dir ein, damit du Mich lieben mögest. Warum hast du Mich verlassen und einen anderen Geliebten als Mich gesucht?"
(BAHÁ'U'LLÁH, *Verborgene Worte, arab. 5, 19.)*

Gott wahrhaft lieben ist das einzige Lebensziel für den Bahá'í; Gott als seinen nächsten Gefährten, seinen besten Freund und seinen unvergleichlichen Geliebten zu haben, in dessen Gegenwart Freude in Fülle ist. Und Gott lieben heißt alles und jedermann lieben, denn alle sind von Gott. Der wahre Bahá'í wird der vollkommen Liebende sein. Mit reinem Herzen wird er jedermann innig lieben. Er wird niemanden hassen. Er wird niemanden verwerfen, denn er wird gelernt haben, das Antlitz seines Geliebten in jedem Antlitz zu sehen und Seine Spur überall zu finden. Seine Liebe wird keine Grenzen durch Bekenntnisse, Nationen, Klassen und Rassen kennen. Bahá'u'lláh sagt:

„Einst wurde offenbart: ‚Die Liebe zum Vaterland ist ein Grundbestandteil des Glaubens Gottes.' Die Zunge der Größe hat indessen am Tag ihrer Offenbarung verkündet: ‚Es rühme sich nicht der, welcher sein Vaterland liebt, sondern der, welcher die Welt liebt.'" *(Sendschreiben über die Welt, in: Ährenlese aus den Schriften Bahá'u'lláhs, Kap. XLIII.)*

Ferner:

„Gesegnet ist, wer seinen Bruder sich selbst vorzieht. Ein solcher gehört zum Volke Bahá." *(Worte des Paradieses.)*

'Abdu'l-Bahá sagt uns, wir sollen sein „wie eine Seele in vielen Körpern; denn je mehr wir einander lieben, desto näher werden wir Gott sein". Zu einer amerikanischen Zuhörerschaft sprach Er:

„Desgleichen sind die göttlichen Religionen der heiligen Manifestationen Gottes in Wirklichkeit eine, obwohl sie sich bezüglich des Namens und der Ausdrucksweise unterscheiden. Der Mensch muß das Licht lieben, gleichgültig, woher es kommt. Er muß die Rose lieben, gleichgültig, in welchem Boden sie wächst. Er muß ein Sucher nach Wahrheit sein, gleichgültig aus welcher Quelle sie fließt. Anhänglichkeit an die Lampe ist nicht Liebe zum Licht. Anhänglichkeit an die Erde ziemt sich nicht, aber Ergötzen an der Rose, die der Erde entsprießt, ist von Wert. Wertschätzung des Baumes allein ist nutzlos, aber an der Frucht teilzuhaben ist von Nutzen. Süße Früchte müssen genossen werden, gleichgültig, auf welchem Baume sie wachsen und wo man sie finden mag. Das Wort der Wahrheit muß gutgeheißen werden, gleichgültig, welche Zunge es ausspricht. Unbedingte Wahrheiten müssen angenommen werden, gleichgültig, in welchem Buche sie aufgezeichnet sein mögen. Wenn wir ein Vorurteil hegen, wird dies die Ursache von Verlust und Unwissenheit sein. Der Streit zwischen Religionen, Nationen und Rassen entsteht durch Mißverständnisse. Wenn wir die Religionen durchforschen, um die ihnen zugrundeliegenden Prinzipien zu entdecken, so werden wir sie in Übereinstimmung finden, denn ihre grundlegende Wirklichkeit ist eine und nicht vielerlei. Dadurch werden die religiösen Menschen dieser Welt zu dem Punkte der Einheit und Versöhnung gelangen."

Und wieder sagt Er:

„Jede Seele unter den Geliebten muß die andern lieben und Besitz und Leben für sie einsetzen. Jedenfalls müssen sie sich bemühen, die andern freudig und glücklich zu machen. Aber diese andern müssen ebenfalls selbstlos und selbstaufopfernd sein. Möge dieser Sonnenaufgang die Horizonte überfluten, diese Melodie alle Menschen erfreuen und glücklich machen, diese göttliche Arznei das Allheilmittel für jegliche Krankheit sein und dieser Geist der Wahrheit die Ursache des Lebens für jede Seele werden." (*Tablets of 'Abdu'l-Bahá, Band I, S. 147.*)

Trennung

Hingabe an Gott schließt auch Trennung von allem, was nicht von Gott ist, in sich. Trennung in diesem Sinne heißt, sich zu lösen von allen selbstischen, weltlichen, ja sogar von jenseitigen Wünschen. Der Pfad Gottes mag durch Reichtum oder Armut, durch Gesundheit oder Krankheit, durch den Palast oder den Kerker, durch den Rosengarten oder die Folterkammer führen, wie dem auch sei, der Bahá'í wird sein Los mit „strahlender Ergebung" tragen. Unter dieser Trennung ist aber nicht törichte Gleichgültigkeit seiner Umgebung gegenüber oder untätige Ergebung in schlimme Zustände gemeint; auch die Verachtung der guten Dinge, die Gott erschaffen hat, ist hierunter nicht zu verstehen. Der wahre Bahá'í wird nicht abgestumpft, teilnahmslos oder asketisch sein. Auf dem Pfade Gottes wird er eine Fülle von Teilnahme, Arbeit und Freude finden, er wird aber nicht um Haaresbreite von diesem Pfade abweichen, um Vergnügungen nachzujagen, noch sich nach irgend etwas sehnen, das ihm Gott versagt hat. Wenn jemand Bahá'í wird, wird Gottes Wille sein Wille, denn im Widerspruch mit Gott zu sein ist das Einzige, das er nicht zu ertragen vermag. Auf dem Pfade Gottes vermögen ihn weder Schrecken noch Schwierigkeiten zu entmutigen. Das Licht der Liebe erleuchtet seine dunkelsten Tage, verwandelt Leid in Freude und selbst Märtyrertum in Verzückung. Das Leben ist zum Heldentum erhoben, und der Tod wird zu einem frohen Ereignis.

Bahá'u'lláh sagt:

„Wer in seinem Herzen Liebe hat für irgend etwas außer Mir, auch wenn sie geringer wäre als ein Senfkorn, kann wahrlich nicht in Mein Königreich eintreten." (BAHÁ-'U'LLÁH, *Súratu'l-Haykal.*)

O, *Sohn des Menschen!* Wenn du Mich liebst, wende dich ab von dir, und wenn du Mein Wohlgefallen suchst, achte nicht auf deines, damit du in Mir vergehest und Ich ewig in dir lebe." (BAHÁ'U'LLÁH, *Verborgene Worte, arab. 7.*)

„O *Mein Diener!* Befreie dich von den Banden dieser Welt und löse deine Seele aus dem Gefängnis des Selbstes. Ergreife die Gelegenheit, denn sie wird sich dir nie wieder bieten." (BAHÁ'U'LLÁH, *Verborgene Worte, pers. 40.*)

Gehorsam

Die Hingabe an Gott schließt auch Gehorsam Seinen geoffenbarten Geboten gegenüber in sich, selbst dann, wenn der Grund dieser Gebote nicht verstanden wird. Der Matrose gehorcht stillschweigend den Befehlen seines Kapitäns, auch wenn er den Grund derselben nicht versteht; aber deshalb ist seine Anerkennung der Autorität keine blinde. Er ist sich dessen wohl bewußt, daß der Kapitän eine umfassende Prüfung abgelegt und genügend Beweise seiner Fähigkeit als Seemann erbracht hat. Wenn dem nicht so wäre, so wäre es in der Tat töricht, unter ihm zu dienen. So muß auch der Bahá'í dem Kapitän seiner Erlösung stillschweigend gehorchen, aber er würde in der Tat töricht sein, wenn er sich nicht zuerst Gewißheit verschaffen würde, daß dieser Kapitän auch genügend Beweise seiner Vertrauenswürdigkeit erbracht hat. Hat er aber solche Beweise empfangen, dann wäre es eine noch größere Torheit, den Gehorsam zu verweigern; denn nur dadurch, daß wir dem weisen Meister in vernünftiger Weise und mit offenen Augen Gehorsam leisten, können wir die Segnungen seiner Weisheit ernten und uns diese Weisheit zu eigen machen. Wäre der Kapitän nicht so weise und würde niemand von der Besatzung ihm gehorchen, wie sollte alsdann das Schiff seinen Hafen erreichen oder der Matrose die Kunst der Seefahrt erlernen? Christus erklärt deutlich, daß Gehorsam der Pfad zur Erkenntnis ist. Er sagt:

„Meine Lehre ist nicht Mein, sondern Dessen, der Mich gesandt hat. So jemand will Dessen Willen tun, der wird inne werden, ob diese Lehre von Gott sei, oder ob Ich von Mir selbst rede.“ *(Joh. 7. 16—17.)*

So sagt Bahá'u'lláh:

„Der Glaube an Gott und Seine Erkenntnis können nur dadurch voll verwirklicht werden, daß der Mensch . . . das ausführt, was Er befohlen hat und was durch die Feder der Herrlichkeit in dem Buch geoffenbart ist.“ (BAHÁ'U'LLÁH, *Tajallíyát.)*

Selbstverständlicher Gehorsam ist in diesen demokratischen Zeiten keine volkstümliche Tugend, und gänzliche Unterwerfung unter den Willen des nächsten besten Einzelmenschen würde in der Tat unheilvoll sein. Aber die Einigung der Menschheit kann nur dadurch erlangt werden, daß jeder einzelne und alle in eine völlige Übereinstimmung mit dem göttlichen Willen gebracht werden. Solange dieser Wille nicht klar geoffenbart ist und die Menschen nicht jedem andern Führer entsagen und dem Gottgesandten gehorchen, werden Streit und Hader weitergehen und die Menschen werden nicht aufhören, einander zu bekämpfen; sie werden einen großen Teil ihrer Kräfte aufwenden, um die Bemühungen ihrer Menschenbrüder zu durchkreuzen, anstatt harmonisch für die Herrlichkeit Gottes und für den Gemeinnutz zusammenzuarbeiten.

Dienst

Die Hingabe an Gott erfordert ein Leben des Dienstes unseren Mitmenschen gegenüber. Wir können Gott in keiner anderen Weise dienen. Wenn wir unseren Nebenmenschen den Rücken kehren, kehren wir Gott den Rücken. Christus sagte: „Was ihr getan habt einem Meiner geringsten Brüder, das habt ihr Mir getan." *(Matth. 25, 40.)* So sagt auch Bahá'u'lláh:

„*O Sohn des Menschen!* Wenn du Barmherzigkeit übtest, dann würdest du nicht deinen eigenen, sondern den Nutzen der Menschheit im Auge behalten. Wenn du Gerechtigkeit übtest, dann würdest du für andere nur wählen, was du auch für dich selbst wählst." (BAHÁ'U'LLÁH, *Worte der Weisheit, S. 9.*)

'Abdu'l-Bahá sagt:

„Im Bahá'í-Glauben werden Künste, Wissenschaften und alle Arbeit als Gottesdienst erachtet. Ein Mensch, der etwas, sei es auch nur ein Stück Notizpapier, nach seinem besten Können herstellt und dabei bewußt alle seine Kräfte darauf richtet, es zu vervollkommnen, preist damit Gott. Kurz, alle Bemühungen und Anstrengungen, die ein Mensch macht, sofern sie von ganzem Herzen kommen und er von den höchsten Beweggründen und dem Willen dazu getrieben wird, der Menschheit zu dienen, sind Gottesdienst. Gott dienen heißt der Menschheit dienen und den Nöten der Menschen abhelfen. Dienst ist Gebet. Ein Arzt, der dem Kranken frei von Vorurteilen, freundlich und sorgsam hilft und an die Zusammengehörigkeit der menschlichen Rasse glaubt, preist damit Gott." *(The Wisdom of 'Abdu'l-Bahá, New York, 1924.)*

Das Lehren

Der wahre Bahá'í wird an die Lehren von Bahá'u'lláh nicht nur glauben, sondern in ihnen Führung und Kraft für sein ganzes Leben finden, und voll Freude wird er andern die Erkenntnis übermitteln, welche die Quelle seines eigenen Wesens ist. Nur auf diese Weise wird er „die Macht und Bestätigung des Geistes" in vollem Maße empfangen. Nicht alle können beredte Sprecher oder gewandte Schriftsteller sein, aber alle können dadurch lehren, daß sie „das Leben leben". Bahá'u'lláh sagt:

„Das Volk Bahás muß dem Herrn mit Weisheit dienen, andere durch sein Leben belehren und das Licht Gottes in seinen Taten offenbaren. Die Wirkung der Taten ist wahrhaft mächtiger als die der Worte . . . Die Wirkung des Wortes, das der Lehrer spricht, hängt ab von der Reinheit seiner Absicht und seiner

Loslösung vom Irdischen. Manche begnügen sich mit Worten, aber die Wahrheit der Worte wird durch Taten und das gelebte Leben bezeugt. Taten offenbaren die Stufe des Menschen. Die Worte müssen mit dem übereinstimmen, was aus dem Munde des Willens Gottes hervorging und in den Tablets niedergelegt ist.“ (BAHÁ'U'LLÁH, *Worte der Weisheit, S. 11 f.*)

Der Bahá'í wird seine Ansichten in keinem Fall denen aufdrängen, die sie nicht hören wollen. Er wird die Menschen zum Königreich Gottes hinziehen und nicht versuchen, sie gewaltsam hineinzudrängen. Er wird wie ein guter Hirte sein, der seiner Herde vorangeht und die Schafe durch seine Melodie erfreut, anstatt sie, wie andere es tun, von hinten mit Hund und Stecken gewaltsam vorwärts zu treiben. Bahá'u'lláh sagt:

„*O Sohn des Staubes!* Die Weisen sind jene, die nicht reden, ehe sie Gehör finden, gleichwie der Mundschenk seinen Kelch nicht darreicht, ehe er nicht einen Dürstenden trifft, und der Liebende nicht aus tiefster Seele ruft, ehe er nicht die Schönheit der Geliebten sieht. Deshalb säe den Samen der Weisheit und Erkenntnis in die gute Erde des Herzens und halte ihn verborgen, bis die Hyazinthen der göttlichen Weisheit aus dem Herzen aufsprießen und nicht aus dem Schlamm und Lehm.“ (BAHÁ'U'LLÁH, *Verborgene Worte, pers. 36.*)

Im Tablet *Ishráqát* sagt Er ferner:

„O Volk von Bahá! Ihr seid die Dämmerungsorte der Liebe und die Aufgangspunkte der Gunst Gottes. Befleckt eure Zunge nicht dadurch, daß ihr irgend jemanden verflucht oder verwünscht, und hütet eure Augen vor dem, was unwürdig ist. Zeigt, was in euch ist. Wird es angenommen, ist das Ziel erreicht. Wo nicht, da ist es nicht erlaubt, mit denen, die es verwerfen, zu streiten oder sich näher einzulassen. Überlaßt sie sich selbst und schreitet vorwärts hin zu Gott, dem Beschützer, dem Selbstbestehenden. Seid nicht die Ursache des Kummers, noch weniger des Aufruhrs und des Streites! Wir hoffen, daß ihr im Schatten des Baumes göttlicher Gunst erzogen werdet und daß ihr stets nach Gottes Willen handelt. Ihr seid alle die Blätter *eines* Baumes und die Tropfen *eines* Meeres.“ (BAHÁ'U'LLÁH, *Ishráqát.*)

Höflichkeit und Ehrerbietung

Bahá'u'lláh sagt:
„O Volk Gottes! Ich ermahne dich zur Höflichkeit. Höflichkeit ist ... die Krone aller Tugenden. Gesegnet ist, wer geschmückt ist mit dem Mantel der Aufrichtigkeit und erleuchtet ist mit dem Lichte der Höflichkeit. Wer mit Höflichkeit ausgestattet ist, nimmt eine hohe Stufe ein. Es ist zu hoffen, daß dieser Unterdrückte und alle Menschen sie erlangen mögen, ihr folgen, sich an sie halten und sie beachten. Dies ist der unwiderlegliche Befehl, der aus der Feder des Größten Namens floß." (BAHÁ'U'LLÁH, *Sendschreiben über die Welt.)*
Wieder und wieder betont Er:
„Laßt alle Nationen der Welt miteinander in Freude und Wohlwollen verkehren. O Menschen, stimmt mit den Anhängern aller Religionen in Freude und Wohlwollen überein."
'Abdu'l-Bahá sagt in einem Brief an die Bahá'í in Amerika:
„Hütet euch, hütet euch, daß ihr nicht ein Herz beleidigt! Hütet euch, hütet euch, daß ihr nicht eine Seele verletzt! Hütet euch, hütet euch, daß ihr gegen niemanden unfreundlich handelt! Hütet euch, hütet euch, daß ihr nicht für ein Geschöpf zur Ursache der Hoffnungslosigkeit werdet!
Sollte jemand für irgendein Herz zur Ursache des Kummers oder für irgendeine Seele zur Ursache der Mutlosigkeit werden, so würde es für denselben besser sein, sich in den tiefsten Tiefen der Erde zu verbergen, als auf ihr zu wandeln."

'Abdu'l-Bahá lehrt, daß so, wie die Blume in der Knospe verborgen ist, in jedem Menschenherzen ein Geist von Gott wohne, einerlei wie hart und unliebsam auch sein Äußeres sein mag. Der wahre Bahá'í wird daher jeden Menschen behandeln wie der Gärtner eine seltene und schöne Pflanze pflegt. Er weiß, daß kein ungeduldiger Eingriff seinerseits die Knospe zur Blume entfalten kann, daß nur Gottes Sonnenschein dies zu tun vermag. Sein Bemühen ist daher, diesen lebenspendenden Sonnenschein in jedes verdunkelte Herz und Heim zu tragen.

'Abdu'l-Bahá sagt ferner:
„In den Lehren von Bahá'u'lláh finden wir auch, daß man einem um Vergebung bittenden Menschen unter allen Bedin-

gungen und Umständen vergeben muß, daß man seinen Feind lieben und den Übelgesinnten als Wohlgesinnten betrachten soll. Es sollte aber niemand einen andern als einen Feind ansehen, alles still erdulden und ihm verzeihen. Dies wäre Heuchelei und keine wahre Liebe. Nein, du mußt vielmehr deine Feinde wie Freunde ansehen, die dir Übelwollenden als Wohlwollende und sie dementsprechend behandeln. Deine Liebe und Güte müssen echt sein . . . nicht nur Nachsicht, denn Nachsicht, wenn sie nicht von Herzen kommt, ist Heuchelei.“ (*Star of the West, Band IV, S. 191.*)

Solcher Rat erscheint uns unverständlich und widersprüchlich, bis wir einsehen, daß, obwohl im äußeren, fleischlichen Menschen Haß und Übelwollen wohnen, doch in jedem Menschen eine innere, geistige Natur liegt, die der wirkliche Mensch ist, von dem nur Liebe und Wohlwollen ausgehen können. Es ist dieser wirkliche, innere Mensch in jedem unserer Nebenmenschen, auf den wir unsere Gedanken und unsere Liebe richten müssen. Wenn dieser zur Tätigkeit erwacht, dann wird der äußere verwandelt und erneuert.

Das sündenbedeckende Auge

Die Bahá'í-Lehre ist in keinem Punkte gebieterischer und unbeugsamer als in der Forderung, sich der Tadelsucht zu enthalten. Christus sprach sehr nachdrücklich über diesen Punkt, aber es ist jetzt üblich geworden, die Bergpredigt so zu betrachten, als bringe sie sogenannte Ratschläge der Vollkommenheit zum Ausdruck, die zu leben von einem gewöhnlichen Christen nicht erwartet werden könne. Sowohl Bahá'u'lláh als 'Abdu'l-Bahá gaben sich die größte Mühe, klarzumachen, daß in diesem Punkt Sie in allem auch meinen, was Sie sagen. Wir lesen in den *Verborgenen Worten:*

„O *Sohn des Menschen!* Sprich nicht über die Sünden anderer, solange du selbst ein Sünder bist. Solltest du dieses Gebot übertreten, würdest du verworfen sein — dies bezeuge Ich dir.“

„O *Sohn des Seins!* Traue keiner Seele zu, was du nicht wünschest, daß man dir zutraue, und spricht nicht von dem, was du nicht ausführst. Dies ist Mein Gebot — gehorche ihm.“ (BAHÁ’U’LLÁH, *Verborgene Worte, arab. 27, 29.*)

‘Abdu’l-Bahá fordert von uns:
„Über die Fehler anderer zu schweigen, für sie zu beten und ihnen durch Güte zu helfen, ihre Fehler zu bessern.
Immer auf das Gute zu blicken und nicht auf das Schlechte. Wenn ein Mensch zehn gute und eine schlechte Eigenschaft hat, auf die zehn guten zu blicken und die eine schlechte zu übersehen. Und wenn ein Mensch zehn schlechte und eine gute Eigenschaft hat, auf die eine gute zu blicken und die zehn schlechten zu übersehen.
Sich niemals zu erlauben, ein unfreundliches Wort über einen andern zu sprechen, selbst wenn dieser unser Feind wäre.“
An einen amerikanischen Freund schrieb Er:
„Die schlimmste Eigenschaft und die größte Sünde ist die Verleumdung, ganz besonders, wenn sie von dem Munde der Gläubigen Gottes ausgeht. Wenn ein Mittel erfunden würde, durch das die Tore der Verleumdung für ewig geschlossen werden könnten, und jeder der Gläubigen Gottes seine Lippen zum Lobe der andern öffnen würde, dann würden die Lehren Seiner Heiligkeit Bahá’u’lláh verbreitet, die Herzen erleuchtet, der Geist der Menschen veredelt und die Menschheit würde ewiges Glück erlangen.“ (*Star of the West, Band IV, S. 192.*)

Demut

Während uns befohlen ist, die Fehler anderer zu übersehen und nur auf ihre Tugenden zu blicken, ist uns andererseits geboten, unsere eigenen Fehler herauszufinden und von unseren Tugenden kein Aufheben zu machen. Bahá’u’lláh sagt in den *Verborgenen Worten:*

„ O *Sohn des Seins!* Wie konntest du deine eigenen Fehler vergessen und dich mit den Fehlern der anderen befassen? Wer dies tut, wird von Mir verworfen.“

„O *ihr Auswanderer!* Die Sprache bestimmte Ich zu Meiner Erwähnung. Befleckt sie nicht durch Verleumdung. Sollte euch das Feuer des Selbstes übermannen, so erinnert euch eurer eigenen Fehler und nicht der Fehler Meiner Geschöpfe, denn ein jeder von euch kennt sich selbst besser als das Wesen anderer." (BAHÁ'U'LLÁH, *Verborgene Worte, arab. 26, pers. 66.*)

'Abdu'l-Bahá sagt:

„Laßt euer Leben eine Ausstrahlung des Reiches Christi sein. Er kam nicht, um Sich dienen zu lassen, sondern um zu dienen ... In der Religion von Bahá'u'lláh sind alle Diener und Dienerinnen, Brüder und Schwestern. Sobald einer sich für ein wenig besser, für ein wenig höher hält als die übrigen, befindet er sich in einer gefährlichen Lage, und solange er den Keim solch übler Gedanken nicht beseitigt, ist er kein taugliches Werkzeug für den Dienst im Königreich Gottes.

Mit sich selbst unzufrieden zu sein ist ein Zeichen des Fortschritts. Die Seele, die mit sich selbst zufrieden ist, ist die Offenbarung des Satanischen, und wer mit sich selbst unzufrieden ist, ist die Offenbarung des Barmherzigen. Wenn ein Mensch tausend gute Eigenschaften hat, so darf er nicht auf diese blicken; nein, er soll vielmehr danach streben, seine eigenen Mängel und Unvollkommenheiten herauszufinden ... Wie sehr ein Mensch auch Fortschritte machen mag, er ist dennoch unvollkommen, weil es immer noch eine Stufe über ihm gibt. Zu dieser Stufe blickt er aber nicht eher empor und trachtet nicht eher danach, sie zu erlangen, bis er mit seinem eigenen Zustand unzufrieden ist. Wenn sich jemand selbst lobt, so ist das ein Zeichen von Selbstsucht." (*Aus Tagebuchnotizen von Mírzá Ahmad Sohrab, Januar 1914.*)

Obschon uns befohlen ist, unsere Sünden einzusehen und sie aufrichtig zu bereuen, ist doch das übliche Bekennen der Sünden vor den Priestern und vor andern nachdrücklich verboten. Bahá'u'lláh sagt in den *Frohen Botschaften:*

„Wenn das Herz des Sünders von allem frei ist außer Gott, muß er allein von Gott Vergebung erflehen. Beichte vor den Dienern (d. h. vor Menschen) ist nicht erlaubt, denn dies ist nicht das Mittel noch die Ursache zu göttlicher Vergebung. Solche Beichte vor den Geschöpfen führt zu des Menschen Demütigung und Erniedrigung, und Gott — erhaben sei Seine Herrlichkeit — wünscht nicht die Erniedrigung Seiner Diener. Wahrlich, Er ist mitleidig und wohltätig. Allein mit Gott muß der Sünder um Gnade aus dem Meer der Gnade bitten und Verzeihung von dem Himmel der Vergebung erflehen.“ (BAHÁ-'U'LLÁH, *Die frohen Botschaften.)*

Wahrhaftigkeit und Vertrauenswürdigkeit

Bahá'u'lláh sagt im Tablet *Ṭarázát:*
„Vertrauenswürdigkeit ist die Tür zur Ruhe für alle in der Welt und das Zeichen der Herrlichkeit aus der Gegenwart des Barmherzigen. Wer sie erlangt, besitzt reiche Schätze im Überfluß. Die Vertrauenswürdigkeit ist das weit geöffnete Tor zu Ruhe und Sicherheit der Menschheit. Jedes Vorhaben ist in seiner Beständigkeit von ihr abhängig, und die Welten der Ehre, des Ruhms und der Wohlhabenheit erstrahlen in ihrem Lichte ...
O Volk Bahás! Vertrauenswürdigkeit ist das beste Gewand für eure Tempel (Körper) und die prächtigste Krone für eure Häupter. Haltet euch an sie nach dem Befehl des allmächtigen Gebieters!“ (BAHÁ'U'LLÁH, *Ṭarázát.)*
Ferner sagt Er:
„Das Wesen des Glaubens ist es, wenig Worte zu machen und eine Fülle von Taten aufzuweisen. Wisse wahrlich, daß für den, der mehr redet als er tut, der Tod besser wäre als sein Leben.“ (BAHÁ'U'LLÁH, *Worte der Weisheit, S. 14.)*

'Abdu'l-Bahá sagt:
„Wahrhaftigkeit ist die Grundlage aller Tugenden der Menschheit. Ohne Wahrhaftigkeit sind Fortschritt und Erfolg für eine Seele in allen Welten unmöglich. Wenn diese heilige Eigenschaft in einem Menschen besteht, werden auch alle andern göttlichen Eigenschaften erzielt.“ (*Tablets of 'Abdu'l-Bahá, Band 2, S. 459.)*
„Laßt das Licht der Wahrheit und der Redlichkeit aus eurem Antlitz leuchten, so daß alle erkennen mögen, daß euer Wort bei der Arbeit wie beim Vergnügen ein Wort ist, auf das man trauen und dessen man sicher sein kann. Vergeßt euer Selbst und arbeitet für die Gesamtheit.“ (*Message to the London Bahá'ís, 1911.)*

Selbstverwirklichung

Bahá'u'lláh dringt immer darauf, daß sich der Mensch der in ihm verborgenen Vollkommenheit, des wahren inneren Selbstes, bewußt werde und diese völlig zum Ausdruck bringen soll. Dieses innere Selbst unterscheidet sich vom begrenzten äußeren Selbst, welches bestenfalls nur wie ein Tempel ist und nur zu oft zum Gefängnis des wirklichen Menschen wird. In den *Verborgenen Worten* sagt Bahá'u'lláh:

„O *Sohn des Seins!* Mit den Händen der Macht erschuf Ich dich, mit den Fingern der Kraft formte Ich dich, und Ich legte in dich Mein strahlendes Leuchten. Begnüge dich damit und suche nichts anderes, denn Mein Werk ist vollkommen und Mein Gebot bindend. Sei dessen gewiß und zweifle nicht.

O *Sohn des Geistes!* Ich habe dich reich erschaffen, warum machst du dich selbst arm? Edel erschuf Ich dich, warum erniedrigst du dich selbst? Aus den Tiefen des Wissens gab Ich dir Leben, warum suchst du nach Erleuchtung bei einem anderen als Mir? Aus dem Ton der Liebe formte Ich dich, warum trachtest du nach einem anderen außer Mir? Schaue in dich selbst, damit du Mich in dir findest, aufrecht und mächtig in Kraft und Beständigkeit.

O *Mein Diener!* Du gleichst einem gut gehärteten Schwert, das in der Dunkelheit seiner Scheide verborgen liegt und dessen Wert dem Kundigen verborgen ist. Komm darum hervor aus der Scheide des Ichs und des Begehrens, damit dein Wert vor aller Welt glänzend kundgetan werde.

O *Mein Freund!* Du bist das Tagesgestirn am Himmel Meiner Heiligkeit. Verdunkle deinen Glanz nicht durch die Unreinheit der Welt. Zerreiße den Schleier der Nachlässigkeit, damit du strahlend hinter den Wolken hervorkommen und alle Dinge mit dem Gewand des Lebens bekleiden mögest." (BAHÁ'U'LLÁH, *Verborgene Worte, arab. 12, 13; pers. 72, 73.*)

Das Leben, zu dem Bahá'u'lláh Seine Nachfolger ruft, ist sicherlich von solchem Adel, daß es in dem weiten Gebiet menschlicher Möglichkeiten nichts gibt, das erhabener, schöner und unseres Begehrens würdiger wäre. Das Erkennen des geistigen Selbstes in uns bedeutet das Erkennen der erhabenen

Wahrheit, daß wir von Gott sind und zu Ihm zurückkehren werden. Dieses Zurückkehren zu Gott ist das herrliche Ziel der Bahá'í. Doch um dieses Ziel zu erreichen, gibt es nur einen Pfad, den des Gehorsams gegenüber Seinen erwählten Gesandten und ganz besonders gegenüber Seinem Gesandten für die Zeit, in der wir leben, Bahá'u'lláh, dem Offenbarer des neuen Zeitalters.

6. Kapitel

GEBET

„Das Gebet ist eine Leiter, auf der jedermann zum Himmel emporsteigen kann.“ *Muḥammad.)*

Zwiesprache mit Gott

'Abdu'l-Bahá sagt: „Gebet ist Zwiesprache mit Gott.“ Um die Menschen mit Seinem Gedanken und Willen bekannt zu machen, muß Gott in einer Sprache zu ihnen sprechen, die sie verstehen können, und dies tut Er durch den Mund Seiner heiligen Offenbarer. Während diese Offenbarer körperliche Gestalt besitzen, sprechen Sie zu den Menschen von Angesicht zu Angesicht und übermitteln ihnen die Botschaft Gottes. Nach Ihrem Tod gelangt Ihre Botschaft weiterhin zu den Menschen durch Ihre niedergelegten Reden und Schriften. Doch dies ist nicht der einzige Weg, auf dem Gott mit den Menschen sprechen kann. Es gibt eine Sprache des Geistes, unabhängig von Reden und Schriften, durch die Gott zu den Menschen sprechen und die nach Wahrheit suchenden Herzen inspirieren kann, einerlei, wo sie auch sein mögen und welcher Rasse oder welcher Sprache sie angehören. Mittels dieser Sprache bleibt die Manifestation Gottes auch nach Ihrem Weggang von dieser materiellen Welt mit den Gläubigen in Verbindung. Christus fuhr auch nach Seiner Kreuzigung fort, mit Seinen Jüngern zu sprechen und sie zu inspirieren. Ja in der Tat, Er beeinflußte sie noch mächtiger denn zuvor, und mit den anderen Offenbarern war es ebenso. 'Abdu'l-Bahá spricht viel über diese geistige Sprache. Er sagt zum Beispiel:

„Wir sollten in der Sprache des Himmels, in der Sprache des Geistes sprechen, denn es gibt eine Sprache des Geistes und des Herzens. Diese ist so verschieden von unserer Sprache, wie die unsrige verschieden ist von der Sprache der Tiere, die sich nur durch Schreie und Laute zu äußern vermögen.

Es ist die Sprache des Geistes, die zu Gott spricht. Wenn wir uns, befreit von allen äußerlichen Dingen, im Gebet zu Gott wenden, dann ist es, als hörten wir die Stimme Gottes in unserem Herzen. Ohne Worte zu reden, treten wir in Verbindung, sprechen wir mit Gott und vernehmen die Antwort ... Wir alle, wenn wir zu einem wahrhaft geistigen Zustand gelangen, können die Stimme Gottes vernehmen.“ (*Aus einem Gespräch, berichtet von Miss Ethel Rosenberg.*)

Bahá'u'lláh erklärt, daß die höheren geistigen Wahrheiten nur durch diese geistige Sprache übermittelt werden können. Das gesprochene oder geschriebene Wort ist gänzlich unangemessen. In einem kleinen Buche mit dem Titel *Sieben Täler*, in dem Er die Reise eines Pilgers von seiner seitherigen irdischen Wohnstatt nach dem göttlichen Heim beschreibt, sagt Er in bezug auf die höheren Stufen der Reise:

„Die Zunge ist nicht imstande, diese drei letzten Täler zu schildern, und die Sprache ist unzulänglich. Die Feder dringt nicht in ihr Gebiet, und die Tinte hinterläßt nichts als schwärzende Spuren... Herz zu Herz allein kann von der Wonne der (um Gottes Geheimnisse) Wissenden sagen, kein Bote kann es künden, kein Brief es enthalten.“ (BAHÁ'U'LLÁH, *Die Sieben Täler, S. 48 f.*)

Die andächtige Haltung

Um uns zu zeigen, wie wir jenen geistigen Zustand erlangen können, in dem es möglich ist, mit Gott zu sprechen, sagt 'Abdu'l-Bahá:

„Wir müssen danach streben, diesen Zustand dadurch zu erlangen, daß wir uns von allen Dingen und von den Menschen frei machen und uns zu Gott allein wenden. Es wird von seiten des Menschen etwas Anstrengung erfordern, diesen Zustand zu erlangen, denn er muß sich darum bemühen und danach streben. Wir können zu diesem Zustand gelangen, indem wir weniger nach materiellen Dingen trachten und weniger auf sie bedacht sind als auf das Geistige. Je weiter wir uns von dem

einen entfernen, desto näher sind wir dem andern. Die Wahl steht bei uns.
Unser geistiges Wahrnehmungsvermögen, unser inneres Gesicht muß geöffnet werden, so daß wir die Zeichen und Spuren des Gottesgeistes in allem schauen können. Alles kann uns das Licht des Geistes widerspiegeln." (*Aus einem Gespräch, berichtet von Miss Ethel Rosenberg.*)

Bahá'u'lláh hat geschrieben:
„In der Dämmerfrühe eines jeden Tages sollte der Sucher mit Gott Zwiesprache halten und von ganzer Seele in der Suche nach seinem Geliebten verharren. Er sollte jeden eigensinnigen Gedanken mit der Flamme Seiner liebenden Erwähnung verbrennen." (*Ährenlese aus den Schriften Bahá'u'lláhs, Kap. CXXV.*)

In derselben Weise erklärt 'Abdu'l-Bahá:
„Wenn der Mensch durch seine Seele dem Geist gestattet, seinen Verstand zu erleuchten, dann umfaßt er die ganze Schöpfung ... Wenn der Mensch jedoch nicht Sinn und Herz den Segnungen des Geistes öffnet, sondern seine Seele der materiellen Seite, dem leiblichen Teil seines Wesens zukehrt, dann ist er von seinem hohen Platz herabgesunken und wird geringer als die Bewohner des niedrigeren Tierreiches." ('ABDU'L-BAHÁ, *Ansprachen in Paris, S. 75.*)

Und wieder schreibt Bahá'u'lláh:
„O Menschen! Befreit eure Seelen von den Fesseln des Selbstes und läutert sie von aller Bindung an irgend etwas außer Mir. Meiner zu gedenken reinigt alle Dinge von Befleckung — könntet ihr es doch erkennen! — ...
O Mein Diener! Singe die Verse Gottes, die du empfangen hast, so wie jene sie singen, die sich Ihm genähert haben, damit die Süße deines Gesanges deine eigene Seele entflamme und die Herzen aller Menschen anziehen möge. Wer zurückgezogen in seiner Kammer die von Gott geoffenbarten Verse spricht, wird erfahren, wie die Engel des Allmächtigen den Duft der Worte, die sein Mund verkündet hat, überallhin verbreiten ..." (*Ährenlese aus den Schriften Bahá'u'lláhs, Kap. CXXXVI.*)

'Abdu'l-Bahá sprach:
„Ein Mittler ist notwendig zwischen dem Menschen und dem Schöpfer — einer, der das volle Licht des göttlichen Glanzes empfängt und es über die Menschenwelt ausstrahlt, wie die irdische Atmosphäre die wärmenden Strahlen der Sonne empfängt und verbreitet." ('ABDU'L-BAHÁ, *Divine Philosophy.*)
„Wenn wir beten wollen, müssen wir uns auf etwas Bestimmtes sammeln. Wenn wir uns zu Gott wenden, müssen wir unser Herz auf einen bestimmten Mittelpunkt lenken. Wenn der Mensch Gott auf eine andere Weise als durch Seine Manifestation anbetet, muß er sich zuerst eine Vorstellung von Gott machen, und diese Vorstellung ist nur ein Gebilde seines eigenen Geistes. Da aber das Endliche das Unendliche nicht begreifen kann, so kann Gott auf diese Weise nicht begriffen werden. Das, was sich der Mensch mit seinem eigenen Geist vorstellt, kann er begreifen. Aber das, was er begreifen kann, ist nicht Gott. Die Vorstellung, die sich ein Mensch von Gott macht, ist nur ein Trugbild, ein Bild, eine Einbildung, eine Täuschung. Es gibt keine Verbindung zwischen einer solchen Vorstellung und dem Allerhöchsten Wesen.
Wenn jemand Gott erkennen will, so muß er Ihn in dem vollkommenen Spiegel Christi oder Bahá'u'lláhs finden. In jedem dieser Spiegel wird er die Sonne der Göttlichkeit widergespiegelt sehen.
Wie wir die physische Sonne an ihrem Glanz, ihrem Licht und ihrer Hitze erkennen, so erkennen wir Gott, die geistige Sonne, wenn sie aus dem Tempel der Manifestation hervorstrahlt, an Seinen Kennzeichen der Vollkommenheit, an der Schönheit Seiner Eigenschaften und an dem Glanze Seines Lichtes." (*Aus einem Gespräch mit Mr. Percy Woodcock in 'Akká 1909.*)
Er sagt ferner:
„Wenn der Heilige Geist nicht zum Vermittler wird, kann der Mensch nicht unmittelbar zu den Gaben Gottes gelangen. Übersehet die unverkennbaren Wahrheiten nicht, denn es ist selbstverständlich, daß ein Kind nicht ohne Lehrer unterrichtet werden kann und daß Erkenntnis eine der Gaben Gottes ist.

Ohne den Regen der Wolken wird der Erdboden nicht mit Gras und anderen Gewächsen bedeckt. Daher sind die Wolken die Vermittler zwischen den göttlichen Gaben und dem Erdboden ... Das Licht hat einen Mittelpunkt, und so es jemand anderswo als in diesem Mittelpunkt suchen wollte, würde er niemals zu ihm gelangen ... Wende deinen Blick zu den Tagen Christi. Manche bildeten sich ein, sie könnten ohne die messianische Ausgießung zur Wahrheit gelangen, aber gerade diese Einbildung wurde zur Ursache, daß sie jener verlustig gingen." (*Tablets of 'Abdu'l-Bahá, Band III, S. 591—592.*)

Wer es versucht, zu Gott zu beten, ohne sich an Seine Manifestation zu wenden, gleicht einem Menschen im dunklen Kerker, der durch seine Einbildung versucht, in der Pracht des Sonnenscheins zu schwelgen.

Das Gebet ist eine unerläßliche Pflicht

Das Gebet ist den Bahá'í in klaren Worten zur Pflicht gemacht. Bahá'u'lláh sagt in dem *Kitáb-i-Aqdas:*

„Singt (oder sprecht) die Worte Gottes jeden Morgen und jeden Abend. Wer dies vernachlässigt, ist dem Bündnis Gottes nicht treu, und wer sich an diesem Tag davon abwendet, gehört zu denen, die sich von Gott abgewandt haben. Fürchte Gott, o mein Volk! Werde nicht stolz durch zu vieles Lesen (des heiligen Wortes). Nur einen Vers in Freude und Frohsinn zu singen ist besser für euch, als alle Offenbarungen des allmächtigen Gottes achtlos zu lesen. Singt die Tablets Gottes nur, solange ihr nicht von Müdigkeit und Schwäche befallen werdet. Überbürdet die Seele nicht bis zur Erschöpfung und Abspannung, sondern erquickt sie vielmehr derart, daß sie sich auf den Schwingen der Offenbarung zum Dämmerungsort der Beweise erheben möge. Dies bringt euch näher zu Gott — o gehörtet ihr doch zu denen, die dies verstehen." (BAHÁ-'U'LLÁH, *Kitáb-i-Aqdas.*)

'Abdu'l-Bahá sagte zu einem Briefschreiber:

„O du geistiger Freund! Du hast nach der Weisheit des Gebetes gefragt. Wisse, daß das Gebet eine unerläßliche Pflicht ist und daß der Mensch unter keinem Vorwand davon entbunden werden kann, es sei denn, er ist geistig krank oder ein unüberwindliches Hindernis tritt auf.“ (*Tablets of ‘Abdu’l-Bahá, Band III, S. 683.*)

Ein anderer fragte Ihn: „Warum beten? Welchen Sinn hat das Beten, nachdem doch Gott alles weislich angeordnet hat und alle Angelegenheiten in bester Ordnung durchführt? Was für einen Sinn hat darum das Bitten und Flehen, das Vorbringen von Wünschen und Hilfesuchen?“ ‘Abdu’l-Bahá antwortete:

„Wisse, daß es sich für den Schwachen geziemt, sich an den Starken zu halten, und daß der Sucher nach Gnade den Herrlichen, den Freigebigen, darum bitten soll. Wer zu seinem Herrn fleht, der wendet sich Ihm zu und sucht Gnade von Seinem Ozean. So ist dieses Flehen schon an sich Licht für sein Herz, Erleuchtung für sein Schauen, Leben für seine Seele und Erhöhung für sein Wesen.

Beachte also, wie dein Herz erquickt wird, wenn du zu Gott flehst und sprichst: ‚Dein Name ist meine Heilung‘, wie dann deine Seele durch den Geist der Liebe Gottes entzückt wird und dein Gemüt zu dem Reiche Gottes sich hingezogen fühlt! Dadurch wachsen deine geistigen Anlagen und Fähigkeiten. Wenn das Gefäß vergrößert wird, nimmt das Wasser darin zu, und wenn der Durst sich steigert, empfindet der Mensch die Güte der Wolke angenehm. Dies ist das Geheimnis des Bittens und die Weisheit des Aussprechens der Wünsche.“ (*Aus einem Sendschreiben an einen amerikanischen Gläubigen, ins Englische übersetzt von ‘Alí Kulí Khán, Oktober 1908.*)

Bahá’u’lláh hat drei tägliche Pflichtgebete geoffenbart. Dem Gläubigen steht es frei, eines dieser drei Gebete auszuwählen, aber er hat die Pflicht, eines davon zu sprechen, und zwar in der Art, wie Bahá’u’lláh es vorgeschrieben hat.

Versammlungsgebet

Die Gebete, die Bahá’u’lláh den Bahá’í als tägliche Pflicht geboten hat, soll jeder für sich allein sprechen. Nur beim Gebet für die Verstorbenen hat Bahá’u’lláh gemeinsames Beten angeordnet, wobei einzig gefordert ist, daß der Gläubige, der es laut liest, und alle anderen Anwesenden stehen sollen. Dies unterscheidet sich vom islamischen Brauch des gemeinsamen Gebets, bei dem die Gläubigen in Reihen hinter einem Imám stehen, der das Gebet leitet, was in der Bahá'í-Religion verboten ist.

Diese Anordnungen, die mit der Abschaffung des Berufspriestertums durch Bahá'u'lláh übereinstimmen, besagen nicht, daß Er gemeinsamen Andachten keinen Wert beimesse. Über den Wert von Gebetsversammlungen sprach 'Abdu'l-Bahá:

„Es mag jemand sagen: ‚Ich kann zu Gott beten, wann ich will, wenn die Gefühle meines Herzens zu Gott hingezogen sind, sei dies in der Wüste oder in der Stadt oder sonstwo. Warum sollte ich dorthin gehen, wo andere an einem bestimmten Tag und zu einer gewissen Stunde versammelt sind, um meine Gebete mit den ihrigen zu vereinen, selbst wenn ich mich in keiner Gebetsstimmung befinde?'

So zu denken ist nutzlose Einbildung, denn wo viele versammelt sind, ist ihre Kraft größer. Soldaten, die allein und vereinzelt fechten, haben nicht die Kraft eines vereinten Heeres. Wenn sich alle Soldaten in diesem geistigen Krieg versammeln, dann werden ihre vereinten geistigen Gefühle einander helfen, und ihre Gebete werden Annahme finden." (*Aus Notizen von Miss Ethel I. Rosenberg.*)

Das Gebet, die Sprache der Liebe

Auf die Frage, ob das Gebet notwendig sei, da doch angenommen werden könne, daß Gott die Wünsche aller Herzen kenne, antwortete 'Abdu'l-Bahá:

„Wenn ein Freund für einen andern Liebe fühlt, so wird er es ihm sagen wollen. Obschon er weiß, daß der Freund seine Liebe empfindet, wird er doch den Wunsch haben, ihm dies zu sagen ... Gott kennt die Wünsche aller Herzen, aber der Drang zu beten ist ein natürlicher, er entspringt aus des Menschen Liebe zu Gott ...

Das Gebet bedarf nicht der Worte, aber der Gedanken und der Haltung. Wenn diese Liebe und dieses Verlangen fehlen, dann ist es nutzlos, sie erzwingen zu wollen. Worte ohne Liebe bedeuten nichts. Wäre es dir angenehm, dich mit jemandem zu unterhalten, der ohne Liebe und Freude über sein Zusammensein mit dir, nur aus einem ihm unangenehmen Pflichtgefühl heraus, mit dir spricht?" (*Artikel, veröffentlicht in der Fortnightly Review, Juni 1911, von Miss E. S. Stevens.*)

Bei einem anderen Gespräch sagte 'Abdu'l-Bahá:

„Im reinsten Gebet beten die Menschen nur um der Liebe Gottes willen, nicht weil sie Ihn oder die Hölle fürchten oder auf die Güte oder den Himmel hoffen ... Wenn sich jemand in einen Menschen verliebt, so ist es ihm unmöglich, den Namen des geliebten Wesens nicht zu nennen. Wieviel schwieriger ist es für einen Menschen, sich der Erwähnung des Namens Gottes zu enthalten, wenn er dazu gelangt ist, Gott zu lieben! Der geistige Mensch findet an nichts Freude außer im Gedenken Gottes." (*Aus Notizen von Miss Alma Robertson und andern Pilgern, November und Dezember 1900.*)

Befreiung aus Trübsalen

Nach den Lehren der Offenbarer rühren Krankheit und alle anderen Arten von Trübsal von dem Ungehorsam den Geboten Gottes gegenüber her. Selbst Unglücksfälle, die von einer Flut, einem Orkan oder einem Erdbeben herrühren, sind nach 'Abdu'l-Bahá mittelbar dieser Ursache zuzuschreiben.

Das Leid, das dem Irrtum folgt, ist nicht rächender, sondern erzieherischer und heilsamer Natur. Es ist Gottes Stimme, die dem Menschen ankündigt, daß er vom rechten Weg abgeirrt ist. Wenn das Leid schrecklich ist, so nur deshalb, weil die Gefahr des Unrechttuns noch schrecklicher ist, denn „der Tod ist der Sünde Sold".

So wie Trübsal dem Ungehorsam zuzuschreiben ist, so kann die Befreiung von Trübsal nur durch Gehorsam erlangt werden. Es gibt hierin weder Zufall noch Zweifel. Sich von Gott abzuwenden bringt unvermeidlich Mißgeschick, und sich Gott zuzuwenden bringt ebenso unvermeidlich Segen.

Da die ganze Menschheit *ein* Organismus ist, so hängt die Wohlfahrt jedes einzelnen nicht nur von seinem eigenen Betragen, sondern auch von dem seines Nächsten ab. Wenn *einer* Unrecht tut, so leiden alle mehr oder weniger darunter; tut aber *einer* Gutes, so haben alle davon Nutzen. Jeder hat bis zu einem gewissen Grad seines Nächsten Lasten zu tragen, und die Besten der Menschheit sind jene, welche die schwersten Bürden tragen. Die Heiligen haben immer überaus schwer gelitten, die Offenbarer haben im höchsten Maße gelitten. Bahá'u'lláh sagt im Buch *Iqán:*

„Denn du bist doch zweifellos unterrichtet über die Trübsale, die Armut, die Übel und die Erniedrigung, die über jeden Propheten Gottes und Seine Gefährten kamen. Du hast doch gehört, wie die Köpfe Ihrer Anhänger als Geschenke in verschiedene Städte gesandt wurden." (BAHÁ'U'LLÁH, *Das Buch der Gewißheit, S. 55.*)

Dies ist aber nicht so zu verstehen, als ob die Heiligen und Offenbarer mehr Strafe verdient hätten als andere Menschen. Nein, diese leiden oft für die Sünden anderer und wählen das Leiden für Sich um der anderen willen. Es geht Ihnen um das Wohl der Welt und nicht um Ihr eigenes Wohl. Der, welcher die Menschheit wahrhaft liebt, bittet nicht darum, daß er als einzelner von der Armut, der Krankheit oder dem Ungemach verschont bleibe, sondern daß die Menschheit von der Unwissenheit, dem Irrtum und den Übeln, die diesen unvermeidlich folgen, befreit werden möge. Wenn er für sich Gesundheit oder Reichtum wünscht, dann nur, um damit dem Königreiche Gottes dienen zu können, und wenn ihm physische Gesundheit und Reichtum versagt sind, nimmt er sein Los mit „strahlender Ergebung" an, wohl wissend, daß in allem, was ihn auf dem Pfade Gottes befällt, eine rechte Weisheit liegt.

'Abdu'l-Bahá sagt:

„Kummer und Sorge überkommen uns nicht zufällig, sie werden uns vielmehr durch die göttliche Gnade zu unserer eigenen Vervollkommnung gesandt.

Solange ein Mensch glücklich ist, mag er wohl Gott vergessen, doch wenn ihn Kummer ankommt und Sorge überwältigt, wird er sich des Vaters, der im Himmel ist und ihn aus seiner Erniedrigung zu befreien vermag, erinnern ... Je mehr ein Mensch geläutert wird, desto größer ist die Ernte der geistigen Tugenden, die aus ihm hervorgehen." ('ABDU'L-BAHÁ, *Ansprachen in Paris, S. 36.*)

Auf den ersten Blick erscheint es uns sehr ungerecht, daß der Unschuldige für den Schuldigen leiden soll, aber 'Abdu'l-Bahá versichert uns, daß diese Ungerechtigkeit nur eine scheinbare ist, daß aber auf weite Sicht vollkommene Gerechtigkeit herrscht. Er schreibt:

„Was nun die Säuglinge und Kinder betrifft, die unter den Händen der Unterdrücker leiden und umkommen, ... so gibt es für diese Seelen eine Belohnung in einer anderen Welt ... Dieses Leiden ist die größte Gnade Gottes. Wahrlich, diese Gnade des Herrn ist weit besser, als alle Annehmlichkeiten dieser Welt und als das Wachstum und die Entwicklung, welche dieser Stätte der Sterblichkeit eigen sind.“ (*Tablets of 'Abdu'l-Bahá, Band II, S. 337.*)

Gebet und Naturgesetz

Manche finden es schwierig, an die Wirksamkeit des Gebets zu glauben, weil sie denken, die Erhörung des Gebets bedeute eine willkürliche Einmischung in das Naturgesetz. Ein Gleichnis möge dienen, diese Schwierigkeit zu beseitigen. Wenn ein Magnet über Eisenspäne gehalten wird, so werden diese auffliegen und an dem Magnet haften. Dies bedeutet aber keine Einmischung in das Gesetz der Schwerkraft. Die Schwerkraft wirkt auch jetzt noch wie zuvor auf die Eisenspäne ein. Was sich ereignete, ist nur, daß hier eine stärkere Kraft einsetzte — eine andere Kraft, deren Wirkung ebenso regelrecht und berechenbar ist wie die der Schwerkraft. Die Bahá'í-Anschauung ist, daß das Gebet höhere Kräfte auslöst, die noch verhältnismäßig wenig bekannt sind. Es scheint aber kein Grund zu der Annahme vorzuliegen, daß diese Kräfte in ihrer Tätigkeit willkürlicher als die physischen Kräfte seien. Der Unterschied ist nur der, daß diese Kräfte noch nicht genügend und nicht experimentell erforscht sind, und wegen unserer Unkenntnis erscheint uns ihr Wirken geheimnisvoll und unberechenbar.

Eine andere Schwierigkeit, die manche als verwirrend ansehen, ist die, daß ihnen das Gebet als eine zu schwache Kraft erscheint, um die großen Wirkungen, die oft damit erstrebt werden, hervorzubringen. Auch hier mag ein Gleichnis dazu dienen, diese Schwierigkeit zu beheben. Wenn eine schwache Kraft auf das Schleusentor eines Stauwerkes gerichtet wird, so ist sie imstande, eine gewaltige Flut von Wasserkräften zu entfesseln und zu regeln, oder wenn eine solche schwache Kraft bei dem Steuerungswerk eines Ozeandampfers eingesetzt wird, so ist sie imstande, den Kurs dieses Riesenfahrzeuges zu bestimmen. Nach der Bahá'í-Anschauung ist jene Macht, die auf unsere Gebete antwortet, die unerschöpfliche Macht Gottes. Dem Betenden kommt es nur zu, die schwache Kraft anzuwenden, die nötig ist, um die Flut zu befreien oder den Lauf der göttlichen Gnadenfülle zu bestimmen, die immer bereit ist, jenen zu dienen, die gelernt haben, wie man sich an sie wendet.

Bahá'í-Gebete

Bahá'u'lláh und 'Abdu'l-Bahá offenbarten für Ihre Anhänger unzählige Gebete, die sie zu verschiedenen Zeiten und für verschiedene Ziele gebrauchen sollen. Die Gedankengröße und tiefgründige Geistigkeit, die sich in diesen Worten enthüllen, müssen einen nachhaltigen Eindruck auf jeden denkenden Sucher machen. Aber ihre Bedeutung können wir erst dann richtig einschätzen und ihre Kraft, Gutes zu wirken, völlig uns klarmachen, wenn wir den Gebrauch dieser Gebete zu einem regelmäßigen und wichtigen Teil unseres täglichen Lebens machen. Die Rücksicht auf den beschränkten Raum dieses Buches gestattet uns leider nicht, außer einigen kurzen Beispielen, mehr von diesen Gebeten hier wiederzugeben. Wegen weiterer Gebete sei der Leser auf andere Bahá'í-Schriften verwiesen.

„O mein Herr! Mache Deine Schönheit zu meiner Speise, Deine Gegenwart zu meinem Trank, Dein Wohlgefallen zu meiner Hoffnung, Deinen Lobpreis zu meiner Tat, das Gedenken Deiner zu meinem Gefährten und die Macht Deiner Herrschaft zu meinem Beistand, Deine Behausung zu meinem Heim und meinen Wohnort zum Sitz, den Du geheiligt hast über die Grenzen, denen gesetzt, die wie durch einen Schleier von Dir getrennt sind.

Du bist wahrlich der Allmächtige, der Allherrliche, der Machtvollste.“ (BAHÁ'U'LLÁH, *Gebete und Meditationen, 168.*)

„Ich bezeuge, o mein Gott: Du hast mich erschaffen, Dich zu erkennen und Dich anzubeten. Ich bezeuge in diesem Augenblick meine Ohnmacht und Deine Macht, meine Armut und Deinen Reichtum. Es gibt keinen anderen Gott außer Dir, dem Helfer in Gefahr, dem Selbstbestehenden.“ (BAHÁ'U'LLÁH, *Gebete und Meditationen, 181.*)

„O mein Gott! O mein Gott! Vereinige die Herzen Deiner Diener und offenbare ihnen Deine großen Absichten. Mögen sie Deine Gebote befolgen und Deinem Gesetze treu bleiben. Hilf ihnen, o Gott, in ihrem Bemühen und verleihe ihnen Kraft, Dir zu dienen. O Gott, überlasse sie nicht sich selbst, sondern leite ihre Schritte durch das Licht der Erkenntnis und erquicke ihre Herzen durch Deine Liebe. Wahrlich, Du bist ihr Helfer und ihr Herr.“ (BAHÁ'U'LLÁH, *Bahá'í Prayers.*)

„O du gütiger Herr! Du hast die ganze Menschheit aus dem gleichen Stamm erschaffen. Du hast bestimmt, daß alle dem gleichen Haushalt angehören sollen. In Deiner heiligen Gegenwart sind sie alle Deine Diener, und die ganze Menschheit findet Schutz in Deiner Hütte. Alle haben sich um Deinen Gabentisch versammelt. Alle werden erleuchtet durch das Licht Deiner Vorsehung.
O Gott! Du bist gütig zu allen, Du hast für alle gesorgt, Du beschützest alle, Du verleihst allen Leben, Du hast einen jeden und alle mit Gaben und Fähigkeiten ausgestattet, und alle sind in das Meer Deiner Barmherzigkeit untergetaucht.
O Du gütiger Herr! Vereinige alle. Gib, daß die Religionen in Einklang kommen, und einige die Völker, so daß sie einander ansehen mögen wie *eine* Familie und die ganze Erde wie *ein* Heim. Möchten sie doch alle in vollkommener Harmonie zusammenleben!
O Gott! Erhebe das Banner der Einheit der Menschheit.
O Gott! Errichte den Größten Frieden.
Schmiede Du, o Gott, die Herzen zusammen.
O Du gütiger Vater, Gott! Erfreue unsere Herzen durch den

Duft Deiner Liebe. Mache unsere Augen strahlend durch das Licht Deiner Führung. Erquicke unsere Ohren mit dem Wohlklang Deines Wortes und beschütze uns alle in der Feste Deiner Vorsehung.
Du bist der Mächtige und Kraftvolle, Du bist der Vergebende und Du bist Der, welcher die Mängel der ganzen Menschheit übersieht.“ (‘ABDU’L-BAHÁ, *Bahá’í Prayers.*)

„O Du Allmächtiger! Ich bin ein Sünder, Du aber bist der Vergebende. Ich bin voller Mängel, Du aber bist der Mitleidige. Ich bin in der Dunkelheit des Irrtums, Du aber bist das Licht der Verzeihung.
Darum bitte ich Dich, o Du liebreicher Gott, vergib mir meine Sünden, gewähre mir Deine Gaben, übersieh meine Fehler, verleihe mir Schutz, versenke mich in dem Quell Deiner Geduld und heile mich von aller Krankheit und allem Leiden.
Reinige und heilige mich. Gib mir einen Teil von der Ausgießung der Heiligkeit, so daß Sorgen und Traurigkeit verschwinden, Freude und Glückseligkeit herabkommen, Verzagtheit und Hoffnungslosigkeit verwandelt werden in Frohsinn und Zuversicht, und Mut an Stelle von Furcht trete.
Wahrlich, Du bist der Vergebende, der Mitleidige, und Du bist der Großmütige, der Geliebte!“ (‘ABDU’L-BAHÁ, *Bahá’í Prayers.*)

„O Du mitleidiger Gott! Verleihe mir ein Herz, das mit dem Lichte Deiner Liebe erleuchtet werde wie ein Spiegel, und gib mir Gedanken, welche die Welt durch geistige Gnaden in einen Rosengarten verwandeln mögen.
Du bist der Mitleidige, der Barmherzige, der Gnadenreiche!“ (‘ABDU’L-BAHÁ, *Bahá’í Prayers.*)

Das Bahá’í-Gebet ist jedoch nicht beschränkt auf den Gebrauch vorgeschriebener Formen, wie wichtig diese auch sein mögen. Bahá’u’lláh lehrt, daß des Menschen ganzes Leben ein Gebet sein sollte, daß die im rechten Geist verrichtete Arbeit Gottesdienst ist, daß jeder Gedanke, jedes Wort und jede Tat, die dem Ruhme Gottes und dem Wohl unserer Mitmenschen dienen, im wahrsten Sinn des Wortes Gebet sind.[27])

[27]) Über Fürbitte siehe 11. Kapitel.

7. KAPITEL

GESUNDHEIT UND HEILUNG

„Sein Antlitz Gott zuzuwenden bringt Heilung für den Leib, den Geist und die Seele.“ (‘ABDU’L-BAHÁ.)

Körper und Seele

Nach der Bahá’í-Lehre dient der menschliche Körper einem zeitbegrenzten Zweck bei der Entwicklung der Seele, und wenn er diesem Zweck gedient hat, wird er abgelegt. Es ist genau wie mit der Eierschale, die bei der Entwicklung des Kükens einem zeitlichen Zweck dient und, wenn dieser Zweck erfüllt ist, zerbrochen und abgelegt wird. ‘Abdu’l-Bahá sagt, daß der physische Körper nicht fähig ist zur Unsterblichkeit, weil er etwas aus Atomen und Molekülen Aufgebautes ist und gleich allen Dingen, die zusammengesetzt sind, mit der Zeit der Auflösung anheimfällt.

Der Körper sollte der Diener der Seele und niemals ihr Herr sein. Er sollte ein williger, gehorsamer und tüchtiger Diener sein und sollte mit der gleichen Rücksicht behandelt werden, wie man einen guten Diener behandelt. Wenn er nicht richtig behandelt wird, so ist das Ergebnis Krankheit und Unglück mit ihren schlimmen Folgen, sowohl für den Herrn als für den Diener.

Einheit alles Lebens

Die wesentliche Einheit der Myriaden von Formen und Abstufungen des Lebens ist eine der grundlegenden Lehren von Bahá’u’lláh. Unsere physische Gesundheit ist so mit unserer gedanklichen, sittlichen und geistigen Gesundheit und ebenso mit dem Einzel- und Gemeinwohl unserer Mitmenschen, ja selbst mit dem Leben der Tiere und Pflanzen verbunden, daß jedes von diesen in einem weit größeren Maße durch das andere beeinflußt wird, als man gewöhnlich denkt.

Es gibt darum kein Gebot des Offenbarers, auf welchen Teil des Lebens es sich auch ursprünglich beziehen mag, das nicht die körperliche Gesundheit berührt. Manche der Lehren beziehen sich jedoch in noch größerem Maß auf physische Gesundheit als andere, und diese sind es, die wir nun erforschen wollen.

Einfaches Leben

'Abdu'l-Bahá sagt:

„Sparsamkeit ist die Grundlage menschlicher Wohlfahrt. Der Verschwender ist immer in Sorge. Verschwendung ist für jedermann eine unverzeihliche Sünde. Wir dürfen nie auf Kosten andere leben wie eine Schmarotzerpflanze. Jedermann muß einen Beruf haben, mit Hand oder Feder, und muß ein sauberes, mannhaftes, ehrbares Leben leben, ein Beispiel der Reinheit, das von anderen nachgeahmt werden sollte. Es ist königlicher, mit einer Kruste alten Brotes zufrieden zu sein, als sich an einem prunkhaften Mahle mit vielen Gängen zu ergötzen, wofür das Geld aus den Taschen anderer fließt. Das Gemüt eines zufriedenen Menschen ist immer friedfertig und sein Herz ist ruhig." (*Bahá'í Scriptures, S. 453.*)

Fleischnahrung ist nicht verboten, aber 'Abdu'l-Bahá sagt: „Die zukünftige Nahrung wird aus Früchten und Getreide bestehen. Die Zeit wird kommen, da kein Fleisch mehr gegessen wird. Die ärztliche Wissenschaft befindet sich erst in ihrer Kindheit. Dennoch hat sie bereits gezeigt, daß unsere natürliche Nahrung in dem besteht, was aus dem Boden hervorwächst." (*nach Julia M. Grundy, Ten Days in the Light of Acca.*)

Alkohol und Narkotika

Jeder Gebrauch von betäubenden und berauschenden Mitteln aller Art ist, ausgenommen als Heilmittel in Krankheitsfällen, von Bahá'u'lláh streng verboten.

Lebensfreuden

Der Bahá'í-Glaube beruht auf Mäßigung, nicht auf Asketentum. Sich der guten und schönen Dinge im materiellen und geistigen Leben zu erfreuen, ist nicht nur anempfohlen, sondern zur Pflicht gemacht. Bahá'u'lláh sagt: „Beraubt euch nicht selbst dessen, was für euch erschaffen wurde." Und ferner: „Es ist eure Pflicht, daß Begeisterung und Freude in eurem Angesicht leuchte."

'Abdu'l-Bahá sagt:

„Alles, was erschaffen wurde, ist für den Menschen da, den Höhepunkt der Schöpfung, und er muß dankbar sein für die göttlichen Gaben. Alle materiellen Dinge sind für uns da, damit wir durch unsere Dankbarkeit lernen mögen, das Leben als eine göttliche Wohltat zu verstehen. Wenn uns das Leben verleidet ist, sind wir undankbare Menschen, denn sowohl unser materielles als auch unser geistiges Dasein sind die äußeren Beweise der göttlichen Gnade. Daher müssen wir glücklich sein und unsere Tage in Lobpreis und Wertschätzung aller Dinge verbringen." ('ABDU'L-BAHÁ, *Divine Philosophy, S. 104.*)

Als 'Abdu'l-Bahá gefragt wurde, ob das Bahá'í-Verbot des Spielens auf alle Arten von Spiel Anwendung finde, antwortete Er:

„Nein, manche Spiele sind harmlos, und wenn sie zur Kurzweil gespielt werden, schaden sie nichts. Aber es liegt eine Gefahr darin, daß Kurzweil ausartet in Zeitvergeudung. Zeitvergeudung ist aber in der Sache Gottes nicht zulässig. Jedoch Erholungsspiele, die zur Kräftigung des Körpers dienen, z. B. Leibesübungen, sind wünschenswert." (*A heavenly Vista, S. 9.*)

Reinlichkeit

Bahá'u'lláh sagt im Buche *Aqdas:*

„Seid das Muster der Reinlichkeit unter den Menschen . . ., richtet euch unter allen Umständen nach den edelsten Sitten . . ., laßt keine Spur von Unreinlichkeit auf euren Kleidern sein . . . Badet in reinem Wasser. Wasser, das schon benutzt ist, darf nicht mehr verwendet werden . . . Wahrlich, Unser Wunsch ist, euch als die Offenbarungen des Paradieses auf Erden zu sehen, damit das von euch ausströmen möge, was die Herzen der Begünstigten erfreut.“ (BAHÁ'U'LLÁH, *Kitáb-i-Aqdas.*)

Mírzá 'Abu'l-Faḍl beschreibt in seinem Buch *Bahá'í-Proofs*, wie außerordentlich wichtig diese Gebote besonders für einige Gegenden des Ostens sind, wo faules Wasser, das jeder Beschreibung spottet, für Haushaltszwecke, zum Baden und selbst zum Trinken verwendet wird, wodurch äußerst ungesunde Zustände herrschen, die viele sonst vermeidbare Krankheiten und Übel verursachen. Diese Zustände, von denen in gewissen Fällen anzunehmen ist, daß sie von der herrschenden Religion gutgeheißen werden, können unter den Orientalen nur durch Gebote eines Menschen beseitigt werden, von dem sie glauben, daß er göttliche Autorität besitzt. Auch in verschiedenen Teilen des Westens würden wunderbare Veränderungen eintreten, wenn man die Reinlichkeit nicht als der Frömmigkeit nachstehend, sondern sie als einen wesentlichen Teil der Frömmigkeit betrachten würde.

Die Wirkungen des Gehorsams gegenüber den Geboten der Offenbarer

Der Einfluß dieser auf einfaches Leben, Hygiene, Enthaltsamkeit von Alkohol und Rauschgift usw. sich beziehenden Gebote auf die Gesundheit ist zu einleuchtend, als daß er weiterer Erläuterungen bedürfte, obschon die lebenswichtige Bedeutung dieser Gebote oft sehr unterschätzt wird. Wenn sie allgemein beachtet würden, dann würden bald die meisten ansteckenden Krankheiten und ein großer Teil anderer Übel bei den Menschen verschwinden. Die Zahl der Krankheiten infolge Vernachlässigung der einfachsten hygienischen Vorsichtsmaßnahmen und durch Genuß von Tabak und Rauschmitteln ist sehr groß. Der Gehorsam gegen diese Gebote wäre nicht nur von gutem Einfluß auf die Gesundheit, er könnte vielmehr auch eine ungeheure Wirkung zum Guten auf den Charakter und den Lebenswandel ausüben.

Alkohol und Rauschmittel beeinflussen des Menschen Bewußtsein längst bevor sie seinen aufrechten Gang beeinflussen oder eine offenbare körperliche Krankheit verursachen, so daß der moralische und geistige Gewinn aus der Enthaltsamkeit wohl noch größer ist als der physische. Über die Reinlichkeit sagt 'Abdu'l-Bahá:

> „Äußere Reinlichkeit hat, obwohl sie nur etwas Stoffliches ist, einen großen Einfluß auf das Geistige ... Wenn der Mensch einen reinen und makellosen Körper besitzt, hat dies in gleicher Weise Einfluß auf seinen Geist.“ ('ABDU'L-BAHÁ, *Tablet on Purity, Tabl. of 'Abdu'l-Bahá, Bd. III, S. 581.*)

Würden die Gebote der Offenbarer bezüglich der Keuschheit im Sexuellen allgemein beachtet, dann wäre eine weitere stets sich fortpflanzende Krankheitsursache beseitigt. Die ekelhaften Geschlechtskrankheiten, welche heutzutage die Gesundheit so vieler Tausender, Unschuldiger wie Schuldiger, kleiner Kinder wie Eltern, vernichten, würden sehr bald gänzlich der Vergangenheit angehören.

Würden die Gebote der Offenbarer in bezug auf Gerechtigkeit, gegenseitige Hilfe und das „Liebe deinen Nächsten wie dich selbst“ beachtet, wie könnten alsdann Arbeit in überfüllten, ungesunden Räumen und tiefste Armut einerseits, zügellose Genußsucht, Faulheit und niedriges Wohlleben andererseits noch weiter geistigen, sittlichen und physischen Untergang verursachen?

Der einfache Gehorsam gegenüber den hygienischen und sittlichen Geboten von Moses, Buddha, Christus, Muḥammad oder Bahá'u'lláh würde auf dem Wege der Krankheitsverhütung mehr bewirken, als alle Ärzte und alle öffentlichen Gesundheitsvorschriften der Welt auszurichten vermocht haben. Es scheint in der Tat gewiß zu sein, daß, sofern ein solcher Gehorsam allgemein wäre, gute Gesundheit ebenso allgemein werden würde. Anstatt daß das Leben durch Krankheit vernichtet oder in der Kindheit, Jugend oder Vollkraft abgeschnitten wird, wie es jetzt so häufig vorkommt, würden die Menschen zu einem hohen Alter heranreifen, wie gesunde Früchte, die reif und vollendet werden, bevor sie vom Zweige fallen.

Der Offenbarer als Arzt

Wir leben in einer Welt, in der, seit man zurückdenken kann, Gehorsam gegenüber den Geboten der Offenbarer mehr Ausnahme als Regel und Eigenliebe mehr Beweggrund als Liebe zu Gott sind, wo Einzel- und Parteinutzen dem Nutzen der ganzen Menschheit vorangeht, wo materielle Besitztümer und sinnliche Vergnügungen der sozialen und geistigen Wohlfahrt der Menschheit vorgezogen werden. Daraus sind rücksichtsloser Wetteifer und Streit, Unterdrückung und Tyrannei, Gegensätze von Reichtum und Armut hervorgegangen — Zustände, die geistige wie physische Krankheiten hervorrufen. Infolgedessen ist der ganze Baum der Menschheit krank, und jedes Blatt des Baumes hat unter dieser allgemeinen Krankheit zu leiden. Selbst die Reinsten und Heiligsten haben unter den Sünden anderer zu leiden. Heilung tut not, Heilung der Menschheit als Ganzes, Heilung der Völker und Heilung des einzelnen. So zeigt uns Bahá'u'lláh, gleich Seinen erleuchteten Vorgängern, nicht nur, wie die Gesundheit erhalten werden kann, sondern auch, wie die verlorene Gesundheit wiederherzustellen ist. Er kam als der große Arzt, der Heiler der Weltkrankheiten, sowohl der körperlichen als der geistigen.

Heilung durch materielle Mittel

In der westlichen Welt ist heute ein bemerkenswertes Wiederaufleben des Glaubens an die Wirksamkeit der Heilung durch geistige Mittel wahrzunehmen. In der Tat, viele gingen in ihrer Auflehnung gegen die materialistischen Ideen über Krankheiten und ihre Behandlung, wie sie im neunzehnten Jahrhundert vorherrschten, zu dem anderen Extrem über und sprechen den materiellen Heilmitteln oder den hygienischen Methoden jeglichen Wert ab. Bahá'u'lláh anerkennt sowohl den Wert der materiellen als der geistigen Heilmittel. Er lehrt, die Wissenschaft und Kunst des Heilens müsse entwickelt, ermutigt und vervollkommnet werden, so daß alle Heilmittel, jedes in seinem Bereich, aufs nützlichste angewendet werden. Wenn Familienglieder Bahá'u'lláhs erkrankten, dann wurde ein Arzt gerufen, und dasselbe zu tun, hat Er Seinen Anhängern empfohlen. Er sagt: „Wenn ihr von Leiden oder Krankheit befallen werdet, so laßt euch von geschickten Ärzten beraten." (*Kitáb-i-Aqdas.*)

Dies ist völlig im Einklang mit der Haltung, welche die Bahá'í im allgemeinen der Wissenschaft und Kunst gegenüber einnehmen. Jede Wissenschaft und jede Kunst, die dem Wohl der Menschheit dienen, selbst in materieller Hinsicht, sind zu schätzen und zu fördern. Durch die Wissenschaft wird der Mensch Herr über die materiellen Dinge, durch Unwissenheit bleibt er ihr Sklave.

Bahá'u'lláh schreibt:
„Versäume nie die ärztliche Behandlung, wenn sie erforderlich ist, doch höre damit auf, wenn die Gesundheit wiederhergestellt ist. Behandle Krankheiten vorwiegend durch Diät, vor allem vermeide Betäubungsmittel; und wenn du in einem einzigen Kraut das Notwendige findest, so greife nicht zu zusammengemischten Medikamenten ... Verzichte auf die Anwendung von Betäubungsmitteln, wenn du gesund bist, aber wende sie an, wenn es nötig ist." (BAHÁ'U'LLÁH, *Tablet to a Physician.)*

In einem Seiner Tablets sagt 'Abdu'l-Bahá:
„O Sucher nach Wahrheit! Es gibt zweierlei Wege, Krankheiten zu heilen: durch stoffliche und durch geistige Mittel. Der erste Weg besteht in der Anwendung von Medikamenten und Heilmitteln, der zweite im Gebet und in der Hinwendung zu Gott. Beide Mittel sollten angewendet und geübt werden ... Sie widersprechen sich übrigens nicht, und du solltest die physischen Heilmittel als Gnade und Barmherzigkeit Gottes annehmen, der die ärztliche Wissenschaft geoffenbart und kundgetan hat, damit Seine Diener in den Genuß auch dieser Art der Heilbehandlung kommen." *(Tablets of 'Abdu'l-Bahá, Bd. III, S. 587.)*

Er lehrt, daß, sofern unser natürlicher Geschmack und Instinkt nicht durch eine törichte und unnatürliche Lebensweise verdorben wären, sie uns sowohl in der Auswahl einer angemessenen Diät, als auch im Gebrauch heilkräftiger Früchte, Kräuter und anderer Heilmittel zu zuverlässigen Führern würden, wie dies bei den wilden Tieren der Fall ist. In einer in den *Beantworteten Fragen* berichteten interessanten Rede über Heilung sagt Er am Schluß:

„Es ist daher klar, daß es möglich ist, durch Nahrung, Lebensmittel und Früchte zu heilen; da aber heute die Wissenschaft der Medizin noch unvollkommen ist, wird diese Tatsache noch nicht ganz verstanden. Sobald die medizinische Wissenschaft Vollkommenheit erreicht, wird die Behandlung mit Nahrung, Lebensmitteln, duftenden Früchten und Pflanzen sowie verschiedenen heißen und kalten Wasserkuren durchgeführt werden.“ (‘ABDU’L-BAHÁ, *Beantwortete Fragen, S. 251.*)

Wenn auch die Heilmittel materiell sind, so ist die heilende Macht in Wirklichkeit göttlich, denn die Eigenschaften der Kräuter oder der Minerale sind göttliche Gaben. „Alles ist von Gott abhängig. Die Medizin ist nur eine äußere Form oder das Mittel, durch das wir die himmlische Heilung erlangen.“

Heilung durch immaterielle Mittel

‘Abdu’l-Bahá lehrt, daß es auch viele Methoden der Heilung ohne materielle Mittel gibt. Es gibt ebenso „ansteckende Gesundheit“, wie es ansteckende Krankheiten gibt. Die erstere vollzieht sich jedoch langsam und hat nur geringe Wirkung, während die letzteren oft heftig auftreten und rasch wirken.

Weit mächtigere Wirkungen gehen von des Patienten eigenem geistigen Zustand aus, und die „Suggestion“ mag in der Beeinflussung solcher Zustände eine wichtige Rolle spielen. Furcht, Zorn, Qual usw. wirken nachteilig auf die Gesundheit, während Hoffnung, Liebe, Freude usw. entsprechend segensreich wirken.

Bahá’u’lláh sagt:

„Wahrlich, das Notwendigste ist Zufriedenheit in allen Lebenslagen, durch sie bewahrt sich der Mensch vor krankhaften Zuständen und vor Abspannung. Gib nicht dem Kummer und der Sorge Raum, denn sie verursachen das größte Elend. Eifersucht verzehrt den Körper, und Zorn verbrennt die Leber.

Meide diese beiden, wie du einen Löwen meidest.“ (BAHÁ-'U'LLÁH, *Tablet to a Physician.)*

'Abdu'l-Bahá sagt:

„Freude gibt uns Schwingen. In Zeiten der Freude ist unsere Kraft lebendiger, unser Verstand schärfer ... Wenn aber Traurigkeit bei uns einkehrt, verläßt uns die Kraft.“ ('ABDU'L-BAHÁ, *Ansprachen in Paris, S. 85.)*

Von einer andern Art geistiger Heilung schreibt 'Abdu'l-Bahá, daß sie zustande kommt:

„... aus der völligen Konzentration des Willens eines starken Menschen auf einen Kranken, wobei der letztere mit seinem ganzen Glauben konzentriert erwartet, daß durch die geistige Kraft des Gesunden eine Heilung bewirkt wird, so sehr, daß es eine innige Verbindung zwischen dem Gesunden und dem Kranken gibt. Der Gesunde macht jede Anstrengung, den Kranken zu heilen, und dieser ist dann sicher, Heilung zu empfangen. Durch die Auswirkung dieser geistigen Eindrücke wird eine Erregung der Nerven hervorgerufen, und diese Beeindruckung und Erregung der Nerven werden zur Ursache der Gesundung des Kranken.“ ('ABDU'L-BAHÁ, *Beantwortete Fragen, Kap. 72, S. 248.)*

Alle diese Heilweisen sind jedoch in ihrer Wirkung begrenzt und können bei ernsten Krankheiten versagen.

Die Macht des Heiligen Geistes

Das wirksamste Heilmittel ist die Macht des Heiligen Geistes. 'Abdu'l-Bahá sagt hierzu:

„Diese Heilung hängt weder von Berührung noch vom Sehen noch von der Gegenwart ab ... Ob die Krankheit leicht oder schwer ist, ob ein körperlicher Kontakt besteht oder nicht und ob es eine persönliche Verbindung zwischen dem Kranken und dem Heilenden gibt oder nicht, diese Heilung geschieht durch die Kraft des Heiligen Geistes.“ ('ABDU'L-BAHÁ, *Beantwortete Fragen, Kap. 72, S. 249.)*

In einer Unterredung im Oktober 1904 mit Miss Ethel Rosenberg sagte 'Abdu'l-Bahá:

„Die durch die Macht des Heiligen Geistes bewirkte Heilung hat keine besondere Konzentration oder Berührung nötig. Sie wird durch den sehnlichen Wunsch und das Gebet des heiligen Menschen bewirkt. Der Kranke mag sich im Osten und der Heiler im Westen befinden, sie brauchen auch nicht miteinander bekannt zu sein, aber sobald der heilige Mensch sein Herz zu Gott wendet und betet, ist der Kranke geheilt. Dies ist eine Gabe, die den heiligen Manifestationen und denen eigen ist, die die höchste Stufe erreicht haben."

Von dieser Art waren zweifellos die Heilungen, die von Christus und Seinen Aposteln verrichtet wurden, und ähnliche Heilungen wurden den heiligen Menschen aller Zeitalter zugeschrieben. Sowohl Bahá'u'lláh als 'Abdu'l-Bahá waren mit dieser Macht ausgestattet, und ähnliche Kräfte sind Ihren getreuen Anhängern verheißen.

Die Haltung des Patienten

Um aber der Macht der geistigen Heilung eine vollkommene Wirkung zu verschaffen, sind von seiten des Patienten, des Heilers, der Freunde des Kranken und sogar der Gemeinschaft, der er angehört, gewisse Erfordernisse nötig.

Von seiten des Patienten ist das erste Erfordernis, daß er sich von ganzem Herzen zu Gott wendet, mit unbedingtem Vertrauen auf Seine Macht und auf Seinen Willen in dem Gedanken, daß Er tun wird, was das Beste ist. Zu einer amerikanischen Dame sagte 'Abdu'l-Bahá im August 1912:

„Alle diese Leiden werden verschwinden, und du wirst vollkommene körperliche und geistige Gesundheit erlangen ... Laß dein Herz vertrauensvoll und dessen sicher sein, daß durch die Gaben und die Gunst von Bahá'u'lláh sich für dich alles erfreulich gestalten wird ... Aber du mußt dich gänzlich dem Reiche Abhá zuwenden und ihm deine völlige Aufmerksamkeit schenken, dieselbe Aufmerksamkeit, die Maria Magdalena Seiner Heiligkeit Christus schenkte, und ich versichere dir, daß du alsdann körperliche und geistige Gesundheit erlangen wirst. Du bist dessen würdig. Ich gebe dir die frohe Botschaft, daß du dessen würdig bist, weil dein Herz rein ist ... Sei zuversichtlich! Sei glücklich! Sei froh! Sei hoffnungsvoll! ..."

Obschon 'Abdu'l-Bahá in diesem Einzelfall die Erlangung der körperlichen Gesundheit zusagte, tat Er dies doch nicht in jedem Fall, selbst da nicht immer, wo ein starker Glaube von seiten des Betreffenden vorhanden war. Zu einer Pilgerin in 'Akká sagte Er:

„Die Gebete, welche für Heilungszwecke geschrieben wurden, sind sowohl für geistige als körperliche Heilung gegeben. Wenn die Heilung für den Patienten das Beste ist, so wird sie ihm sicherlich gewährt werden. Für manche aber, die krank sind, würde Heilung nur zur Ursache anderer Leiden werden. Daher kommt es, daß die Weisheit manche Gebete nicht erhört.

O Dienerin Gottes! Die Macht des Heiligen Geistes heilt sowohl materielle als geistige Leiden." (*Daily Lessons Received in Acca, S. 95.*)

Einem andern Kranken schrieb Er:

„Wahrlich, der Wille Gottes handelt manchmal solcherart, daß die Menschen den Grund dafür nicht ermitteln können. Die Ursachen und Gründe werden später offenbar werden. Glaube an Gott, vertraue auf Ihn und ergib dich in den Willen Gottes. Wahrlich, dein Gott ist liebevoll, mitleidig und barmherzig, ... und Er wird Seine Barmherzigkeit auf dich herabkommen lassen." (*Star of the West, Band VIII, S. 232.*)

'Abdu'l-Bahá lehrt, daß geistige Gesundheit zu körperlicher Gesundheit führt, daß aber körperliche Gesundheit von vielen Umständen abhängig ist, deren manche sich außerhalb der Kontrolle des Menschen befinden. Daher vermag selbst die musterhafteste geistige Haltung des einzelnen nicht in jedem Fall die körperliche Gesundheit zu sichern. Die heiligsten Männer und Frauen leiden zuweilen unter Krankheiten.

Dessen ungeachtet ist der segensreiche Einfluß auf die körperliche Gesundheit, der von einer richtigen geistigen Einstellung ausgeht, weit mächtiger, als man es sich im allgemeinen denkt, und er genügt in verhältnismäßig vielen Fällen, um die schlechte

Gesundheit zu beseitigen. 'Abdu'l-Bahá schrieb an eine englische Dame: „Du hast über deine körperliche Schwäche geschrieben. Ich erbitte von der Freigebigkeit Bahá'u'lláhs, daß dein Geist stark werden möge, damit dein Körper durch die Stärke deines Geistes geheilt werde."

Ferner sagte Er:

„Gott hat den Menschen mit so wunderbarer Kraft bedacht, daß er immer aufwärts schauen und außer anderen Gaben auch Heilung aus Seinem göttlichen Segensüberfluß empfangen mag.

Doch ach, der Mensch ist nicht für diese höchste Segnung dankbar, sondern er schläft den Schlaf der Nachlässigkeit und mißachtet die große Gnade, die ihm Gott erzeigt hat, indem er sein Gesicht vom Lichte abkehrt und seinen Weg im Dunkel geht." ('ABDU'L-BAHÁ, *Ansprachen in Paris, S. 11.)*

Der Heiler

Die Kraft des geistigen Heilens ist zweifellos in größerem oder kleinerem Maße allen Menschen eigen. Wie aber manche Menschen mit außergewöhnlichen Talenten für Mathematik oder Musik ausgestattet sind, so scheinen andere mit außergewöhnlicher Befähigung für Heilung begabt zu sein. Diese Menschen sollten die Heilkunst zu ihrer Lebensaufgabe machen. Unglücklicherweise ist die Welt in den letzten Jahrhunderten so materialistisch geworden, daß die Möglichkeit geistiger Heilung größtenteils aus den Augen verloren wurde. Gleich allen andern Talenten muß auch die Gabe des Heilens entdeckt, gepflegt und ausgebildet werden, damit sie die höchste Entwicklung und die größte Kraft erlangt. Es gibt heute wahrscheinlich Tausende von Menschen in der Welt, die reichlich mit natürlicher Befähigung zum Heilen ausgestattet sind und in denen diese köstliche Gabe unbenutzt und untätig liegt. Wenn die Möglichkeiten gedanklicher und geistiger Heilung verwirklicht sind, dann wird die Heilkunst verwandelt und veredelt und ihre Wirksamkeit ins Unermeßliche gesteigert werden. Und wenn dieses neue Wissen und diese neue Macht des Heilens auf seiten des Patienten mit lebendigem Glauben und lebendiger Hoffnung verbunden werden, dann werden wunderbare Erfolge zu sehen sein.

„Unser Vertrauen muß auf Gott ruhen. Es gibt keinen Gott außer Ihm, dem Heiler, dem Wissenden, dem Helfer . . . Nichts auf Erden oder im Himmel ist außerhalb der Macht Gottes.

O Arzt! Beim Behandeln der Kranken nenne zuerst den Namen deines Gottes, des Herrn des Gerichtstages. Alsdann wende das an, was Gott zur Heilung Seiner Geschöpfe bestimmt hat. Bei Meinem Leben! Der Besuch des Arztes, der vom Wein Meiner Liebe getrunken hat, ist Heilung, und sein Atem ist Barmherzigkeit und Hoffnung. Klammert euch an ihn zum Wohle eurer Gesundheit! Er ist in seiner Behandlungsweise durch Gott bestätigt.

Dieses Wissen (der Heilkunst) ist die wichtigste aller Wissenschaften, denn sie ist die größte Gabe von Gott, dem Beleber des Staubes, für die Erhaltung der Körper aller Menschen, und Er hat sie in die erste Reihe aller Wissenschaften und aller Weisheit gestellt. Denn dies ist der Tag, an dem du dich zu Meinem Siege erheben mußt.

Dein Name ist meine Heilung, o mein Gott, und Deiner zu gedenken meine Arznei. Nähe zu Dir ist meine Hoffnung und Liebe zu Dir mein Gefährte. Deine Gnade für mich ist meine Heilung und mein Helfer in beiden Welten, in dieser und der kommenden. Wahrlich, Du bist der Allgütige, der Allwissende, der Allweise.“ (BAHÁ'U'LLÁH, *Tablet to a Physician, Gebete und Meditationen, 170.*)

'Abdu'l-Bahá schreibt:

„Wer erfüllt ist von der Liebe Bahás und alles andere vergißt, von dessen Lippen wird der Heilige Geist gehört werden, und der Geist des Lebens wird sein Herz erfüllen . . . Von seinen Lippen werden Worte strömen gleich Perlen, die von Schnüren gleiten, und alle Krankheit und alle Leiden werden durch sein Händeauflegen geheilt werden.“ *(Star of the West, Band VIII, S. 233.)*

„O du Reine und Geistige! Wende dich Gott zu mit einem Herzen, das in Seiner Liebe schlägt und das Seinem Ruhm geweiht ist. Schaue auf Sein Königreich und suche die Hilfe Seines Heiligen Geistes im Zustand der Begeisterung, der Verzückung, Liebe, Sehnsucht, Freudigkeit und des Wohlgeruchs. Gott wird dir durch den Geist aus Seiner Nähe helfen, Krankheiten und Leiden zu heilen."

„Fahre fort in der Heilung der Herzen und Körper und suche Heilung für die Kranken, indem du dich dem allerhöchsten Königreich zuwendest und das Herz darauf richtest, Heilung durch die Macht des Größten Namens und durch den Geist der Liebe Gottes zu erlangen." *(Tablets of 'Abdu'l-Bahá, Band III, S. 626, 629.)*

Wie alle helfen können

Kranke zu heilen ist keine Sache, die nur den Patienten und den Heiler angeht, sondern jedermann. Alle müssen mithelfen, und zwar durch Anteilnahme und Dienst, durch richtiges Leben, richtiges Denken und ganz besonders durch das Gebet, denn von allen Heilmitteln ist das Gebet das wirksamste.

'Abdu'l-Bahá sagt: „Flehen und Bitten für andere wird sicherlich wirkungsvoll sein."

Die Freunde des Patienten haben eine besondere Verantwortung, denn ihr Einfluß, sowohl zum Guten als zum Schlimmen, ist ein unmittelbarer und ein mächtiger. In wieviel Krankheitsfällen hängt der Ausgang hauptsächlich von der Mitwirkung der Eltern, der Freunde oder Nachbarn auf den hilflosen Kranken ab!

Selbst die Glieder einer Gemeinde insgesamt haben einen Einfluß auf jeden Krankheitsfall. In einzelnen Fällen mag dieser Einfluß nicht groß erscheinen, aber in der Masse ist die Wirkung stark. Jedermann wird durch die soziale Atmosphäre, in der er lebt, beeinflußt, sei es durch die Vorherrschaft des Glaubens, des Materialismus, der Tugend oder des Lasters, des Frohsinns oder der Niedergeschlagenheit. Und jeder einzelne trägt dazu bei, den Zustand dieser sozialen Atmosphäre zu bestimmen. In dem jetzigen Zustand der Welt mag es nicht für jedermann möglich sein, vollkommene Gesundheit zu erlangen, es ist aber für jedermann möglich, ein „williger Kanal" für die gesundheitverleihende Macht des Heiligen Geistes zu werden und so einen heilenden, hilfreichen Einfluß sowohl auf seinen eigenen Körper als auf alle diejenigen auszuüben, die mit ihm in Berührung kommen.

Wenige Pflichten sind den Bahá'í so nachdrücklich und so wiederholt eingeschärft, wie die Pflicht, die Kranken zu heilen, und zu diesem Zweck wurden sowohl von Bahá'u'lláh als von 'Abdu'l-Bahá viele schöne Gebete geoffenbart.

Das goldene Zeitalter

Bahá'u'lláh gibt uns die Versicherung, daß durch ein harmonisches Zusammenwirken der Patienten, der Heiler und der Gemeinden im allgemeinen und durch das Anwenden der verschiedenen Heilmittel materieller, gedanklicher und geistiger Natur das „goldene Zeitalter" verwirklicht würde, in dem durch die Macht Gottes „alle Sorge in Freude und alle Krankheit in Gesundheit verwandelt werden". 'Abdu'l-Bahá sagte: „Wenn die göttliche Botschaft verstanden wird, dann werden alle Leiden verschwinden."

Ferner sagte Er:

„Wenn die materielle und die geistige Welt wohl ausgewogen sind, wenn die Herzen himmlisch und das Streben rein und göttlich werden, wird vollkommene Verbundenheit eintreten. Dann wird diese Kraft eine vollendete Offenbarung hervorbringen. Körperliche und seelische Leiden werden völlige Heilung erfahren."

Richtiger Gebrauch der Gesundheit

Zum Schluß dieses Kapitels wird es gut sein, daran zu erinnern, was 'Abdu'l-Bahá über den richtigen Gebrauch der körperlichen Gesundheit lehrt. In einem Seiner Tablets an die Bahá'í in Washington sagte Er:

„Wenn Gesundheit und körperliches Wohlbefinden auf dem Pfade des Königreiches geopfert werden, so ist dies durchaus annehmbar und lobenswert, und wenn sie zum allgemeinen

Besten der Menschheit dahin gegeben werden — selbst wenn es zu ihrem materiellen Vorteil und eine Art Wohltätigkeit wäre —, so ist auch dies willkommen. Wenn jedoch menschliche Gesundheit und Wohlstand zur Befriedigung sinnlicher Begierden in tierischem Leben und teuflischem Streben vergeudet werden, — dann ist Krankheit besser als solche Gesundheit, ja, selbst der Tod ist einem solchen Leben vorzuziehen. Wenn du Gesundheit erstrebst, so wünsche sie dir zum Dienste am Königreich. Ich hoffe, daß du vollkommene Einsicht, unbeugsame Entschlossenheit, völlige Gesundheit und geistige und physische Kraft erlangst, damit du aus dem Brunnen des ewigen Lebens trinkst und dir der Geist der göttlichen Bestätigung hilft.“

8. Kapitel

RELIGIÖSE EINHEIT

„O ihr, die ihr auf Erden wohnt! Das unterscheidende Merkmal, das den hervorragenden Charakter dieser höchsten Offenbarung kennzeichnet, besteht darin, daß Wir einerseits aus den Seiten von Gottes Heiligem Buch gelöscht haben, was die Ursache von Streit, Bosheit und Unrecht unter den Menschenkindern gewesen ist, und andererseits die wesentlichen Vorbedingungen für die Eintracht, Verständigung und völlige und dauernde Einigkeit niedergelegt haben. Wohl dem, der Meine Gesetze hält!“ (BAHÁ’U’LLÁH, *Sendschreiben über die Welt, Ährenlese aus den Schriften Bahá’u’lláhs, Kap. XLIII.*)

Das Sektenwesen im neunzehnten Jahrhundert

Die Welt sah sich wohl niemals weiter von religiöser Einheit entfernt als im neunzehnten Jahrhundert. Die großen Religionsgemeinschaften der Zoroastrier, Juden, Buddhisten, Christen, Muḥammadaner und anderer bestanden jahrhundertelang nebeneinander, aber anstatt in ein harmonisches Ganzes zu verschmelzen, lebten sie fortgesetzt in Feindschaft und Streit miteinander. Aber nicht nur dies; jede zersplitterte sich durch Trennung über Trennung in eine sich immer mehrende Anzahl von Sekten, die sich oft erbittert bekämpften. Christus aber hatte gesprochen: „Daran wird jedermann erkennen, daß ihr Meine rechten Jünger seid, so ihr Liebe untereinander habt“, und Muḥammad hatte gesprochen: „Diese eure Religion ist die eine Religion . . . Gott hat euch den Glauben bestimmt, welchen Er einst Noah befahl und welchen Wir dir geoffenbart haben und welchen Wir Abraham, Moses und Jesu befahlen mit den Worten: ‚Befolgt diesen Glauben und seid darin nicht in Sekten gespalten!‘“ Die Gründer einer jeden der großen Religionen haben ihre Anhänger zu Liebe und Einigkeit gerufen, aber in jedem Falle wurde das Ziel des Gründers in weitem Maße aus den Augen verloren in einem Durcheinander von Unduldsamkeit, Frömmelei, Formenwesen, Heuchelei, Zersetzung, Entstellungen, Kirchenspaltungen und Streitigkeiten. Die Gesamtzahl der sich mehr oder weniger feindlichen Sekten in der Welt war wahrscheinlich zu Beginn des Bahá'í-Zeitalters größer als zu irgendeiner Periode der Menschengeschichte. Es schien, als ob die Menschheit zu jener Zeit mit jeder nur möglichen Art religiösen Glaubens, mit jeder nur möglichen Form ritueller und zeremonieller Handlungen, mit jeder nur möglichen Verschiedenheit sittlicher Gesetze es versuchte.

Zur selben Zeit widmete eine immer zunehmende Zahl von Menschen ihre Kräfte der furchtlosen Erforschung und kritischen Prüfung der Naturgesetze und der Glaubensgrundlagen. Rasch wurde eine neue wissenschaftliche Erkenntnis erlangt, und neue Lösungen wurden für viele Lebensfragen gefunden. Die Entwicklung solcher Erfindungen, wie das Dampfschiff, die Eisenbahn, das Postwesen und die Presse, half sehr zur Verbreitung von Gedanken und zu fruchtbarer Verbindung von sehr verschiedenen Typen des Denkens und Lebens.

Der sogenannte „Streit zwischen Religion und Wissenschaft" wurde zu heftigem Kampf. In der christlichen Welt verband sich Bibelkritik mit Naturwissenschaft, um durch gelehrten Streit bis zu einem gewissen Grad die Autorität der Bibel — eine Autorität, die jahrhundertelang die allgemein anerkannte Grundlage des Glaubens war — zu widerlegen. Ein rasch anwachsender Teil der Bevölkerung wurde den Lehren der Kirchen gegenüber mißtrauisch. Eine große Anzahl, selbst religiöser Geistlicher, hegte im geheimen oder öffentlich Zweifel und Vorbehalte gegenüber dem zu ihrer Konfession gehörigen Glaubensbekenntnis.

Diese Gärung und dieser ständige Meinungswechsel, mit der zunehmenden Erkenntnis der Unzulänglichkeit der alten Rechtgläubigkeit und der Dogmen, und das Umhertasten und Streben nach besserem Erkennen und Verstehen waren aber nicht nur auf die christlichen Länder beschränkt, sondern mehr oder weniger in verschiedenen Formen auch unter den Völkern aller Länder und Religionen zu finden.

Die Botschaft von Bahá'u'lláh

Zu der Zeit, da der Streit und die Verwirrung ihren Höhepunkt erreicht hatten, ließ Bahá'u'lláh Seinen lauten Posaunenruf an die Menschheit erschallen:

„... Auf daß alle Völker im Glauben eins und alle Menschen wie Brüder werden, daß die Bande der Zuneigung und der Einigkeit zwischen den Menschenkindern gestärkt werden, daß Verschiedenheit der Religion aufhöre und Rassenstreit verschwinde . . . Diese Kämpfe, dieses Blutvergießen und diese Uneinigkeit müssen aufhören und alle Menschen müssen sein, als ob sie *einem* Geschlecht und *einer* Familie angehören würden." (BAHÁ'U'LLÁH, *im Gespräch zu Professor Browne.)*

Dies ist eine herrliche Botschaft, aber wie können diese Vorschläge verwirklicht werden? Propheten predigten, Dichter sangen und Heilige beteten darum schon vor Tausenden von Jahren, aber die Religionsverschiedenheiten haben weder aufgehört noch wurden Streit, Blutvergießen und Mißklang beseitigt. Welchen Beweis haben wir dafür, daß nun dies Wunder vollbracht werden soll? Haben sich irgendwelche neue Kräfte in diesen Zuständen gezeigt? Ist nicht die menschliche Natur heute noch dieselbe, wie sie es immer war? Wird sie nicht stets dieselbe bleiben, solange die Welt bestehen wird? Wenn zwei Menschen oder zwei Völker dasselbe haben wollen, werden sie alsdann in Zukunft nicht mehr darum kämpfen, wie sie dies in der Vergangenheit taten? Wenn es Moses, Buddha, Christus und Muḥammad nicht gelang, die Welteinheit zustande zu bringen, wird dies nun Bahá'u'lláh gelingen? Wenn alle vorhergegangenen Glaubensbekenntnisse zersetzt und in Sekten zerspalten wurden, wird da dem Bahá'í-Glauben nicht das gleiche Verhängnis beschieden sein? Laßt uns sehen, welche Antwort die Bahá'í-Lehre auf diese und ähnliche Fragen gibt.

Kann die menschliche Natur sich wandeln?

Erziehung und Religion beruhen beide auf der Annahme, daß es möglich ist, die menschliche Natur zu verändern. In der Tat, es erfordert nur geringes Nachforschen, um zu zeigen, daß das Einzige, das wir über ein Lebewesen mit Sicherheit sagen können, das ist, daß es tatsächlich nicht ohne Wandel sein kann. Ohne Wandel kann es kein Leben geben. Selbst das Mineral kann sich dem Wandel nicht entziehen, und je höher wir in der Stufenleiter des Seins gehen, desto verschiedener, verwickelter und wunderbarer wird dieser Wandel. Überdies finden wir im Fortschritt und in der Entwicklung unter den Geschöpfen aller Stufen zwei Arten von Wandel — einen langsamen, allmählichen, oft kaum wahrnehmbaren und einen raschen, plötzlichen, ja dramatischen. Der letztere ereignet sich in den sogenannten „kritischen Stadien" der Entwicklung. Bei den Mineralien finden wir solche kritischen Stadien in den Schmelz- und Siedepunkten, wo die feste Masse plötzlich flüssig und das Flüssige zu Gas wird. Bei der Pflanze nehmen wir solche kritischen Stadien wahr, wenn der Samen zu keimen beginnt oder die Knospe zum Blatt aufbricht. In der Tierwelt sehen wir dasselbe allenthalben, beispielsweise, wenn sich die Raupe plötzlich in einen Schmetterling verwandelt, das Küken aus seiner Eierschale schlüpft oder das Junge aus dem Mutterleib geboren wird. In dem höheren Leben der Seele können wir oftmals eine ähnliche Verwandlung wahrnehmen, und zwar dann, wenn ein Mensch „wiedergeboren" wird und sein ganzes Wesen von Grund aus in seinen Zielen, in seinem Sinnen und Trachten gewandelt wird. Solche kritischen Stadien beeinflussen oft gleichzeitig eine ganze Gattung oder eine Vielheit von Gattungen, wie wenn im Frühling plötzlich die ganze Pflanzenwelt in das neue Lenzesleben aufsprießt.

Bahá'u'lláh erklärt: So wie es für die niederen Lebewesen Zeiten gibt, in denen sie plötzlich in ein neues und reiferes Leben eintreten, so gibt es auch für die Menschheit ein „kritisches Stadium", eine Zeit der Wiedergeburt. Dann wird die Lebensweise, die seit Beginn der Geschichte bis heute besteht, rasch und unwiderruflich verändert werden, und die Menschheit wird in eine neue Lebensphase eintreten, die von der alten so verschieden ist wie der Schmetterling von der Raupe oder der Vogel vom Ei. Die Menschheit als Ganzes wird im Lichte einer neuen Offenbarung zu einer neuen Schau der Wahrheit gelangen, wie ein ganzes Land durch den Sonnenaufgang erhellt wird, so daß alle Menschen dort klar sehen, wo eine Stunde zuvor noch alles dunkel und düster war. „Dies ist ein neuer Zyklus menschlicher Macht,“ sagt ‘Abdu’l-Bahá. „Alle Horizonte der Welt sind erleuchtet, und die Welt wird in der Tat wie ein Rosengarten und ein Paradies werden.“ Die Vergleiche mit der Natur sprechen alle für eine solche Anschauung. In völliger Übereinstimmung haben die Offenbarer vor alters das Kommen eines solch herrlichen Tages vorausgesagt. Die Zeichen der Zeit zeigen klar, daß tiefe und umstürzende Veränderungen in den menschlichen Ideen und Einrichtungen gerade jetzt im Werden sind. Was könnte daher nutzloser und grundloser sein, als die schwarzseherische Beweisführung, daß, wenn sich auch alle andern Dinge wandeln, die menschliche Natur sich doch nicht wandeln könne?

Die ersten Schritte zur Einheit

Als Mittel zur Förderung religiöser Einheit empfiehlt Bahá’u’lláh die höchste Nächstenliebe und Duldsamkeit und fordert Seine Anhänger auf, mit den Anhängern aller Religionen in Freude und Fröhlichkeit übereinzustimmen. — In Seinem letzten Willen und Testament sagt Er:

> „Streit und Kampf hat Er in Seinem Buch *(Kitáb-i-Aqdas)* streng verboten. Dies ist der Befehl des Herrn in dieser allerhöchsten Offenbarung, ein Befehl, für den Er keine Aufhebung zugelassen hat, und den Er geziert hat mit dem Schmuck Seiner Bestätigung.
>
> O Völker der Welt! Die Religion Gottes ist da um der Liebe und Einigung willen, macht sie nicht zur Ursache der Feindschaft und des Streites . . . Wir hegen die Hoffnung, daß das Volk von Bahá sich immer dem geheiligten Worte zuwenden wird: ‚Siehe! Alle Dinge sind Gottes!‘, dem allerherrlichsten Worte, das dem Wasser gleich das Feuer des Hasses und Grolles löscht, welches in Herz und Busen glimmt. Durch dieses eine Wort werden die verschiedenen Gemeinschaften der Welt zu dem Lichte wirklicher Einigung gelangen. Wahrlich, Er spricht die Wahrheit, und Er führt die Menschen auf den Pfad, und Er ist der Mächtige, der Gnadenreiche, der Schöne.“

'Abdu'l-Bahá sagt:
„Alle müssen ihre Vorurteile ablegen und sogar in jede der anderen Kirchen und Moscheen gehen, denn in allen diesen Andachtsstätten wird der Name Gottes verkündet. Da sie sich alle versammeln, um Gott zu verehren — welch ein Unterschied besteht darin? In keiner von ihnen betet man den Satan an. Die Muḥammadaner müssen in die christlichen Kirchen und in die Synagogen der Juden gehen, und umgekehrt müssen die andern in die muḥammadanischen Moscheen gehen. Sie halten sich nur um ihrer unbegründeten Vorurteile und Dogmen willen voneinander fern. In Amerika ging ich in die jüdischen Synagogen, die den christlichen Kirchen ähnlich sind, und ich sah sie überall Gott verehren.
In vielen dieser Orte sprach ich zu ihnen über die ursprünglichen Grundlagen der göttlichen Religionen und erklärte ihnen die Beweise der Echtheit der göttlichen Offenbarer und der heiligen Manifestationen. Ich ermutigte sie, ihre blinden Nachahmungen abzulegen. Alle Führer müssen ebenso in jede der anderen Kirchen gehen und über die Grundlage und die Hauptprinzipien der göttlichen Religionen sprechen. In größter Einigkeit und Harmonie müssen sie in den Gotteshäusern der andern Gott verehren und den Fanatismus ablegen."
('ABDU'L-BAHÁ, *Star of the West, Bd. IX, Nr. 3, S. 37.)*

Die Frage der Autorität und Machtvollkommenheit

Die verschiedenen Religionsgemeinschaften waren in der Vergangenheit nicht imstande, sich zu vereinigen, weil die Anhänger einer jeden den Gründer ihrer eigenen Gemeinschaft als die einzige und höchste Autorität ansahen und sein Gesetz allein für göttlich hielten. Jeder Offenbarer, der eine andere, von der ihrigen verschiedene Botschaft verkündigte, wurde daher als ein Feind der Wahrheit betrachtet. Die verschiedenen Sekten einer jeden Religionsgemeinschaft haben sich aus ähnlichen Gründen abgetrennt. Die Anhänger einer jeden Sekte nahmen irgendeine untergeordnete Autorität an und betrachteten irgendeine besondere Auffassung oder Auslegung ihres Gründers als den einen wahren Glauben und jeden andern als falsch. Es ist klar, daß, solange dieser Zustand herrscht, keine wahre Einigkeit möglich ist.

Bahá'u'lláh aber lehrt, daß alle Offenbarer die Träger echter Botschaften Gottes waren, daß jeder an Seinem Tag die höchsten Lehren erteilte, welche die Menschen zu ihrer Zeit aufnehmen konnten, und daß Er die Menschen dazu erzog, daß sie fähig waren, weitere Lehren von Seinen Nachfolgern[28]) aufzunehmen. Er ruft die Anhänger jeder Religion auf, nicht nur die göttliche Eingebung ihrer eigenen Offenbarer nicht zu leugnen, sondern auch die göttliche Eingebung aller andern Manifestationen anzuerkennen, um so einzusehen, daß die Lehren aller ihrem Wesen nach in Einklang sind und daß sie Teile eines großen Planes zur Erziehung und Vereinigung der Menschheit bilden. Er ruft die Angehörigen aller Bekenntnisse auf, die Verehrung ihrer Offenbarer dadurch zu beweisen, daß sie ihr Leben der Verwirklichung jener Einheit widmen, für die alle Manifestationen wirkten und litten. In Seinem Brief an die Königin Viktoria von England vergleicht Bahá'u'lláh die Welt mit einem kranken Menschen, dessen Krankheit dadurch verschlimmert wurde, daß er in die Hände ungeschickter Ärzte fiel, und kündet an, wie das Heilmittel wirksam werde:

> „Was der Herr als höchstes Mittel und mächtigstes Werkzeug für die Heilung der ganzen Welt bestimmt hat, ist die Vereinigung aller ihrer Völker in einer allumfassenden Sache, einem gemeinsamen Glauben. Das kann nicht anders erreicht werden, als durch die Kraft eines erfahrenen, allgewaltigen und erleuchteten Arztes. Wahrlich, das ist die Wahrheit und alles andere nichts als Irrtum." *(Ährenlese aus den Schriften Bahá'u'lláhs,* Kap. CXX)

Fortschreitende Offenbarung

Ein großer Stein des Anstoßes, der für viele auf dem Weg zur religiösen Einheit liegt, ist der Unterschied zwischen den durch die verschiedenen Gottgesandten gebrachten Offenbarungen. Was vom einen befohlen ist, ist vom andern verboten. Wie kön-

[28]) d. h. späteren Manifestationen.

nen beide recht haben? Wie können beide den Willen Gottes verkündigen? Es gibt doch sicherlich nur *eine* Wahrheit, und die kann nicht verändert werden. Ja die absolute Wahrheit ist eine und kann nicht verändert werden. Aber die absolute Wahrheit steht unendlich über der gegenwärtigen Stufe menschlichen Verstehens, und unsere Vorstellung von ihr muß sich beständig ändern. Unsere früheren unvollkommenen Gedanken werden durch die Gnade Gottes im Laufe der Zeit durch immer mehr zutreffende Vorstellungen ersetzt. In einem Tablet an einige persische Bahá'í schreibt Bahá'u'lláh:

„O Menschenkinder! Die Worte werden geoffenbart der Fassungskraft gemäß, damit die Anfänger Fortschritte machen können. Die Milch muß im richtigen Verhältnis gegeben werden, damit der Säugling der Welt in das Reich der Größe gelange und in den Hof der Einheit eingeführt werde."

Es ist die Milch, die den Säugling kräftigt, damit er später imstande ist, festere Speisen zu verdauen. Wenn wir daher sagen wollten, weil der eine Offenbarer, der zu einer gewissen Zeit eine bestimmte Lehre bringt, der richtige ist, müsse ein anderer, der zu einer anderen Zeit eine von der ersteren abweichende Lehre bringt, ein falscher Offenbarer sein, so wäre dies gleichbedeutend als wenn man sagen würde, da Milch die beste Nahrung für das neugeborene Kind ist, so müsse Milch und nichts als Milch auch die Nahrung der Erwachsenen sein und jede andere Kost sei falsch.

'Abdu'l-Bahá sagt:

„Jede göttliche Offenbarung besteht aus zwei Teilen. Der erste Teil ist der wesentliche und gehört der ewigen Welt an. Er besteht in der Darlegung der göttlichen Wahrheiten und der Hauptgrundsätze. Er ist der Ausdruck der Liebe Gottes. Dieser Teil ist der gleiche in allen Religionen, unverständlich und unwandelbar. Der zweite Teil ist nicht ewig. Er befaßt sich mit dem praktischen Leben, mit geschäftlichen Dingen und ändert sich je nach der Entwicklung des Menschen und den Erfordernissen der Zeit eines jeden Offenbarers. Zum Beispiel: ... Im mosaischen Zeitalter wurde einem Menschen zur Strafe für einen kleinen Diebstahl die Hand abgehauen. Es gab ein Gesetz, das hieß: ‚Auge um Auge, Zahn um Zahn'. Da aber

zur Zeit Christi diese Gesetze nicht mehr angemessen waren, so wurden sie abgeschafft. So waren auch die Ehescheidungen derart allgemein geworden, daß keine bestimmten Ehegesetze mehr vorhanden waren, weshalb Seine Heiligkeit Christus die Ehescheidung verbot.
Den Erfordernissen der Zeit entsprechend offenbarte Seine Heiligkeit Moses zehn Gesetze für schwere Bestrafung. Zu jener Zeit war es unmöglich, die Gemeinschaft zu beschützen und eine soziale Sicherheit zu gewährleisten ohne diese strengen Maßnahmen, denn die Kinder Israel lebten in der Wüste Tah, wo kein Gerichtshof und keine Strafanstalten vorhanden waren. Aber zur Zeit Christi waren diese Lebensgesetze nicht mehr nötig. Die Geschichte des zweiten Teils der Religion ist unwichtig, weil sie sich nur auf die Gebräuche dieses Lebens bezieht. Die Grundlage der Religion Gottes aber ist eine, und Seine Heiligkeit Bahá'u'lláh hat diese Grundlage erneuert."
('ABDU'L-BAHÁ, *„Divine Philosophy" 2. Ausgabe, S. 150, 151.)*

Die Religion Gottes ist *eine* Religion, und alle Offenbarer haben sie gelehrt. Sie ist aber etwas Lebendiges und Weiterwachsendes, nichts Lebloses und Unverständliches. In den Lehren von Moses sehen wir die Knospe, in denen von Christus die Blüte, in denen von Bahá'u'lláh die Frucht. Die Blüte vernichtet die Knospe nicht, noch zerstört die Frucht die Blüte. Sie zerstören nicht, sondern sie erfüllen. Die Knospenschalen müssen abfallen, damit die Blüte blühen kann, und die Blütenblätter müssen abfallen, damit die Frucht wachsen und reifen kann. Waren alsdann die Knospenschalen und die Blütenblätter schlecht oder nutzlos, daß sie abgeworfen werden mußten? Nein, beide waren zu ihrer Zeit gut und notwendig; ohne sie hätte sich keine Frucht entwickeln können. So ist es auch mit den verschiedenen Lehren der Offenbarer. Ihr Äußeres verändert sich von Zeit zu Zeit, aber jede Offenbarung ist die Erfüllung der vorhergehenden. Sie sind nicht getrennt, auch sind sie nicht ohne Übereinstimmung miteinander. Sie sind vielmehr verschiedene Stufen in der Lebensgeschichte der *einen* Religion, die schrittweise geoffenbart wurde als Samen, als Knospe und als Blüte, und die nun in die Stufe der Fruchtreife eingetreten ist.

Die Unfehlbarkeit der Offenbarer

Bahá'u'lláh lehrt, daß Jedem, der mit der Stufe der göttlichen Offenbarung ausgestattet ist, genügend Beweise Seiner Sendung gegeben sind. Er sei berechtigt, Gehorsam von allen Menschen zu verlangen, und Er habe die Macht, die Lehren Seines Vorgängers abzuschaffen, sie abzuändern oder zu ergänzen. Im Buch *Íqán* lesen wir:

„Wie fern liegt es der Gnade des Allgütigen, wie fern Seiner liebevollen Vorsehung und Seiner milden Barmherzigkeit, unter allen Menschen *eine* Seele zur Führung Seiner Geschöpfe zu erwählen, ihr einerseits das volle Maß Seines göttliche Zeugnisses zu versagen, andererseits aber Seinem Menschenvolk schwere Bestrafung aufzuerlegen, weil es sich von Seinem Erwählten abgewandt hat! Nein, die vielfachen Gnadengaben des Herrn aller Geschöpfe haben allezeit durch die Manfestationen Seines göttlichen Wesens die Erde und alle, die auf ihr wohnen, umfaßt." „Ist es nicht das Ziel jeder Offenbarung, eine Wandlung und Änderung in der ganzen Wesensart der Menschheit zu erreichen, eine Wandlung, die sich äußerlich wie innerlich erweisen und die das innere Leben wie die äußeren Verhältnisse betreffen soll? Denn wenn nicht der Charakter der Menschheit gewandelt würde, so wären Gottes allumfassende Manifestationen offensichtlich sinnlos." (BAHÁ'U'LLÁH, *Das Buch der Gewißheit, S. 19, 158 f.)*

Gott ist die einzige unfehlbare Autorität, und die Offenbarer sind unfehlbar, weil Ihre Botschaft die Botschaft Gottes ist, die der Welt durch Sie gebracht wird. Diese Botschaft bleibt bestehen, bis sie durch eine spätere Botschaft, die derselbe Offenbarer oder ein anderer bringt, aufgehoben wird.

Gott ist der große Arzt, der allein die richtige Diagnose der Weltkrankheit zu stellen und das passende Heilmittel dafür zu verschreiben vermag. Das in einem Zeitalter verordnete Heilmittel ist in einem späteren Zeitalter, da sich der Zustand des Patienten verändert hat, nicht mehr angemessen. Sich an das alte Heilmittel zu klammern, nachdem der Arzt eine neue Behandlungsweise verordnet hat, heißt dem Arzt nicht Glauben, sondern Unglauben entgegenbringen. Für die Juden mag es ein Schlag sein, wenn ihnen gesagt wird, daß einige der Heilmittel, die Mose vor mehr als dreitausend Jahren für die Krankheit der Welt verordnete, nun unzeitgemäß und ungeeignet sind. Die Christen wird es in gleicher Weise erschüttern, wenn ihnen gesagt wird, daß Muḥammad dem, was Jesus verordnete, noch irgend etwas Notwendiges oder Wertvolles hinzuzufügen hatte. Und ebenso ergeht es den Moslems, wenn sie zugeben sollen, daß der Báb und Bahá'u'lláh die Macht hatten, die Gebote von Muḥammad abzuändern. Aber nach der Anschauung der Bahá'í schließt die wahre Gottesverehrung die Verehrung *aller* Seiner Offenbarer in sich ein und damit Gehorsam Seinen letzten Geboten gegenüber, wie sie durch die Manifestationen für unser eigenes Zeitalter gebracht wurden. Nur durch eine solche Hingabe kann wahre Einheit erlangt werden.

Die erhabenste Manifestation

Gleich allen andern Offenbarern legt Bahá'u'lláh Seine Sendung in durchaus nicht mißzuverstehender Weise dar. In dem *Lawḥi-i-Aqdas*, einem besonders an die Christenheit gerichteten Tablet, sprach Er:

> „Der Vater ist sicherlich gekommen und hat erfüllt, was euch in dem Reiche Gottes verheißen wurde. Dies ist das Wort, das der Sohn verhüllte, als Er zu denen, die um Ihn waren, sprach, daß sie zu jener Zeit es noch nicht tragen könnten. Als aber die festgesetzte Zeit erfüllt und die Stunde gekommen war, leuchtete das Wort vom Horizonte des Willens herab. Hütet euch, o Scharen des Sohnes (d. h. Christen)! Werft es nicht von euch, sondern haltet euch daran. Es ist besser für euch als alles, was vor euch liegt . . . Wahrlich, der Geist der Wahrheit ist gekommen, um euch in alle Wahrheit zu leiten. Wahrlich, Er spricht nicht von Sich selbst, sondern vielmehr von dem Allwissenden, dem Weisen. Er ist Der, den der Sohn verherrlicht hat . . . Gib auf, was vor dir liegt, o Volk der Erde, und nimm das an, was dir befohlen ist von Ihm, welcher der Machtvolle, der Getreue ist."

Und in einem Brief an den Papst, im Jahr 1867 von Adrianopel aus geschrieben, spricht Er:

„Hüte dich, auf daß dich nicht die Verherrlichung, die dir zuteil wird, von dem Verherrlichten trennt und dich nicht die Anbetung von dem Angebeteten abhält! Schaue auf den Herrn, den Mächtigen, den Allwissenden! Er ist gekommen, um dem Leben der Welt zu dienen und um alles zu vereinigen, was darin wohnt. Kommt, o ihr Menschen, zu dem Aufgangsort der Offenbarung! Zögert nicht, auch nicht eine Stunde! Seid ihr bewandert im Evangelium und dennoch unfähig, den Herrn der Herrlichkeit zu schauen?

Dies geziemt euch nicht, o ihr Scharen der Gelehrten! So sagt denn, wenn ihr diese Sache leugnet, durch welchen Beweis glaubt ihr an Gott? Bringt euren Beweis herbei! . . . “

So wie er in diesen Briefen den Christen die Erfüllung der Verheißung der Evangelien ankündet, so verkündet Er den Muḥammadanern, den Juden, den Zoroastriern und den Völkern anderer Religionen die Erfüllung der Verheißung ihrer Heiligen Bücher. Er wendet sich an alle Menschen als die Schafe Gottes, die bisher in verschiedene Herden zerteilt und in verschiedenen Hürden untergebracht waren. Er sagt, Seine Botschaft sei die Stimme Gottes, des guten Hirten, der in der Fülle der Zeit gekommen sei, Seine zerstreuten Schafe in *einer* Herde zu sammeln und alle trennenden Schranken zwischen ihnen zu beseitigen, auf daß es nur noch *„eine* Herde und *einen* Hirten gäbe“.

Eine neue Situation

Die Stellung von Bahá'u'lláh unter den Offenbarern ist beispiellos und einzig, weil der Zustand der Welt zur Zeit Seines Kommens beispiellos und einzig war. Durch einen langen und sich oft ändernden Entwicklungsvorgang in Religion, Wissenschaft, Kunst und Zivilisation ist die Welt für die Lehre der Einheit reif geworden. Die Schranken, die in früheren Jahrhunderten eine Welteinheit unmöglich machten, waren brüchig, als Bahá'u'lláh erschien, und seit Seiner Geburt im Jahr 1817 und ganz besonders seit der Zeit, da die Verkündung Seiner Lehre begann, brachen diese Schranken in erstaunlichster Art nieder. Mag man sich dies auch erklären wie man will, die Tatsache ist über jeden Zweifel erhaben.

In den Tagen der früheren Offenbarer waren schon allein die geographischen Schranken groß genug, um die Welteinheit zu verhindern. Dieses Hindernis ist jetzt überwunden. Zum ersten Male in der Menschheitsgeschichte ist es den Menschen von der andern Seite der Weltkugel möglich, mit einem jeden von uns schnell und leicht zu verkehren. Dinge, die sich gestern in Europa zutrugen, sind heute in jedem Erdteil bekannt, und eine Rede, die heute in Amerika gehalten wird, kann morgen in Europa, Asien und Afrika gelesen werden.

Ein weiteres großes Hindernis war die Sprachschwierigkeit. Dank dem Studium und dem Lehren fremder Sprachen ist diese Schwierigkeit schon zu einem großen Teil überwunden, und es liegt aller Grund zu der Annahme vor, daß binnen weniger Jahre eine internationale Hilfssprache angenommen und in allen Schulen der Welt gelehrt wird. Alsdann wird auch diese Schwierigkeit vollständig beseitigt sein.

Das dritte große Hindernis waren religiöse Vorurteile und religiöse Unduldsamkeit. Auch diese sind im Verschwinden begriffen. Der Geist der Menschen wird immer offener. Die Erziehung gleitet mehr und mehr aus den Händen sektiererischer Priester, und neue und fortschrittlichere Gedanken können nicht mehr länger daran verhindert werden, selbst in die abgeschlossensten und konservativsten Kreise einzudringen.

Bahá'u'lláh ist also der erste unter den großen Offenbarern, dessen Botschaft in dieser verhältnismäßig kurzen Zeit von wenigen Jahren in alle Teile der Welt drang. In kurzer Zeit werden die Hauptlehren von Bahá'u'lláh genau nach Seinen verbürgten Schriften übersetzt, und allen, Mann, Weib und Kind, die lesen können, in der ganzen Welt unmittelbar zugänglich sein.

Die Fülle der Bahá'í-Offenbarung

Die Bahá'í-Offenbarung steht beispiellos und ohnegleichen da unter den Religionen der Welt durch die Fülle ihrer verbürgten

Schriftstücke. Die berichteten Worte, die mit Gewißheit Christus, Moses, Zarathustra, Buddha oder Krischna zugeschrieben werden können, sind sehr wenige und lassen viele neuzeitliche Fragen von größter praktischer Wichtigkeit unbeantwortet. Manche der Lehren, die gewöhnlich diesen Religionsgründern zugeschrieben werden, sind von zweifelhafter Echtheit, und einige sind augenscheinliche Hinzufügungen späteren Datums. Die Muḥammadaner besitzen im Qur'án und in einer großen Menge von Überlieferungen einen viel vollständigeren Bericht über das Leben und die Lehren ihres Offenbarers, aber Muḥammad selbst war, obwohl inspiriert, ungelehrt, ebenso wie die meisten Seiner ersten Anhänger. Die Methoden, die für die Niederlegung und Verbreitung Seiner Lehren angewandt wurden, waren in mancher Hinsicht ungenügend, und die Echtheit so mancher Überlieferungen ist sehr zweifelhaft. Hieraus entstanden Meinungsverschiedenheiten in der Auslegung, und diese strittigen Meinungen verursachten Spaltungen und Streitigkeiten im Islám, wie in allen früheren Religionsgemeinschaften.

Demgegenüber schrieben sowohl der Báb als Bahá'u'lláh eine Fülle mit großer Beredsamkeit und Macht nieder. Da beide am öffentlichen Sprechen verhindert waren und die meiste Zeit Ihres Lebens nach der Erklärung Ihrer Sendung im Gefängnis zubrachten, widmeten Sie einen großen Teil Ihrer Zeit der Niederschrift, wodurch der Reichtum der Bahá'í-Offenbarung an verbürgten Schriften alle vorangegangenen Offenbarungen weitaus übertrifft. Klare und volle Darlegungen sind von vielen Wahrheiten gegeben, wo in den früheren Offenbarungen nur dunkle Andeutungen zu finden sind, und die ewigen Grundsätze der Wahrheit, die alle Manifestationen gelehrt haben, sind auf die Probleme angewandt, denen sich die Welt von heute gegenübersieht — Probleme von äußerst verwickelter und schwieriger Natur, deren in den Tagen der früheren Offenbarer nur sehr wenige aufgetreten sind. Es ist klar, daß diese vollständige Niederlegung verbürgter Offenbarung für die Zukunft eine mächtige Wirkung auf die Verhinderung von Mißverständnissen haben muß und ebenso auf die Aufklärung jener Mißverständnisse aus der Vergangenheit, welche die verschiedenen Gemeinschaften getrennt gehalten haben.

Beispiellos und unerreicht ist die Bahá'í-Offenbarung auch in anderer Weise. Bevor Bahá'u'lláh diese Welt verließ, legte Er wiederholt ein Bündnis schriftlich nieder und bestimmte darin Seinen ältesten Sohn 'Abdu'l-Bahá, auf den Er öfters als den „Ast" oder den „Größten Ast" hinwies, zum bevollmächtigten Ausleger der Lehren und erklärte, daß die von 'Abdu'l-Bahá erteilten Erklärungen oder Auslegungen als ebenso bevollmächtigt anzunehmen seien wie die Worte von Bahá'u'lláh selbst. In Seinem Willen und Testament schrieb Er:

„Betrachtet, was in Meinem Buche Aqdas geoffenbart wurde: ‚Wenn das Meer Meiner Gegenwart verebbt und das Buch Meiner Offenbarung beendet ist, dann wendet euch Ihm zu ('Abdu'l-Bahá), den Gott bestimmt hat — Ihm, der dieser altehrwürdigen Wurzel entsprungen ist.' Der Sinn dieses heiligen Verses ist der größte Zweig." (BAHÁ'U'LLÁH, *Kitáb-i-'Ahd, Das Buch des Bundes, S. 10)*

Und in dem *Tablet vom Zweig*, in dem Bahá'u'lláh die Stufe 'Abdu'l-Bahás erklärt, sprach Er:

„Danke Gott, o Volk, daß Er erschienen ist, denn wahrlich, Er ist für euch die größte Gnade, die vollkommenste Güte, und durch Ihn wird jedes modernde Gebein lebendig. Wer Ihm sich zuwendet, hat sich zu Gott gewendet, und wer sich von Ihm abkehrt, hat sich von Meiner Schönheit abgekehrt, hat Meinen Beweis verworfen und sich gegen Mich vergangen."

Nach dem Hinscheiden von Bahá'u'lláh hatte 'Abdu'l-Bahá sowohl zu Hause als auf Seinen weiten Reisen vollauf Gelegenheit, mit Menschen aller Teile der Welt und aller Anschauungen zusammenzukommen. Er hörte alle ihre Fragen, ihre Schwierigkeiten und Einwendungen an und gab ihnen darauf eingehende Erklärungen, die in den Schriften sorgfältig niedergelegt sind.

'Abdu'l-Bahá führte Sein Werk der Erklärung der Lehren während einer langen Reihe von Jahren fort und zeigte ihre Anwendung auf die verschiedensten Probleme des Lebens. Meinungsverschiedenheiten, die sich zwischen Gläubigen erhoben, wurden Ihm berichtet und von Ihm endgültig beigelegt, wodurch die Gefahr zukünftiger Mißverständnisse bedeutend verringert ist.

Bahá'u'lláh sah ferner vor, daß als Vertretung aller Bahá'í in der ganzen Welt ein Internationales Haus der Gerechtigkeit gewählt werden solle, das alle Angelegenheiten des Bahá'í-Glaubens leiten, alle seine Tätigkeiten überwachen und koordinieren, Uneinigkeit und Spaltung verhüten, Unklarheiten aufklären und die Lehren vor Entstellung und falscher Darstellung schützen soll. Daß diese höchste administrative Körperschaft sowohl gesetzgebend tätig werden kann in allen durch die Lehren nicht endgültig festgelegten Angelegenheiten, wie daß sie ihre eigenen Gesetze auch wieder aufheben kann, wenn neue Bedingungen andere Maßnahmen erfordern, diese Tatsache gibt dem Bahá'í-Glauben die Fähigkeit, sich auszubreiten und wie ein lebender Organismus den Notwendigkeiten und Erfordernissen einer sich ändernden Gesellschaft anzupassen.

Darüber hinaus hat Bahá'u'lláh die Auslegung der Lehren durch jemand anderen als den bevollmächtigten Ausleger ausdrücklich verboten. 'Abdu'l-Bahá ernannte in Seinem Willen und Testament als Seinen Nachfolger Shoghi Effendi zum Hüter des Glaubens und ermächtigte ihn zur Auslegung der Schriften.

In einem Jahrtausend oder später wird unter dem Schatten Bahá'u'lláhs eine andere Manifestation mit klaren Beweisen Ihrer Sendung erscheinen; aber bis dahin bilden die Worte von Bahá'u'lláh, 'Abdu'l-Bahá und dem Hüter, sowie die Entscheidungen des Internationalen Hauses der Gerechtigkeit die Autorität, an die sich alle Gläubigen um Führung wenden müssen. Kein Bahá'í kann eine Schule oder Sekte gründen auf irgend einer besonderen Auslegung der Lehren oder einer vorgeblichen göttlichen Offenbarung. Jeder, der diesen Verfügungen zuwiderhandelt, wird als „Bündnisbrecher" angesehen[29]).

'Abdu'l-Bahá sagt:

„Ein Feind der Sache ist, wer danach trachtet, die Worte von Bahá'u'lláh auszulegen, und dabei deren Bedeutung nach sei-

[29]) Weitere Erläuterungen über das Hütertum und das Internationale Haus der Gerechtigkeit s. S. 292—294, 301—304.

nen eigenen Fähigkeiten färbt, Anhänger um sich sammelt, eine besondere Sekte bildet, seine eigene Stellung in den Vordergrund rückt und eine Spaltung in der Sache herbeiführt."
('ABDU'L-BAHÁ, *Star of the West, Band III, S. 8.)*
In einem andern Tablet schreibt 'Abdu'l-Bahá:
„Diese Leute (die Träger der Spaltungen) gleichen dem Schaum, der sich auf der Oberfläche des Meeres ansammelt. Es wird eine Woge vom Ozean des Bündnisses ausgehen und diesen Gischt durch die Macht des Königreiches Abhá an die Küste werfen ... Diese von persönlichen und böswilligen Absichten ausgehenden verderblichen Gedanken werden alle verschwinden, aber das Bündnis Gottes wird fest und sicher bleiben."
('ABDU'L-BAHÁ, *Star of the West, Jahrg. X, S. 95.)*

Es gibt nichts, das den Menschen am Aufgeben der Religion hindern könnte, sofern er dies tun will. 'Abdu'l-Bahá sagt: „Selbst Gott zwingt die Seele nicht, geistig zu werden. Der Einsatz des freien menschlichen Willens ist hierzu notwendig." Es ist jedoch klar, daß das geistige Bündnis die Sektiererei innerhalb der Bahá'í-Gemeinschaft gänzlich unmöglich macht.

Keine Berufspriesterschaft

Eine andere Seite der Bahá'í-Verwaltung muß besonders hervorgehoben werden, und dies ist die Ausschaltung einer Berufspriesterschaft. Freiwillige Beiträge zu den Ausgaben der Lehrer sind erlaubt, und viele widmen ihre ganze Zeit der Arbeit in der heiligen Sache. Es wird aber von allen Bahá'í erwartet, daß sie sich an der Arbeit des Lehrens und dergleichen entsprechend der Gelegenheit und ihren Fähigkeiten beteiligen. Es gibt keinen besonderen Stand, der sich von seinen Mitgläubigen durch ausschließliche Ausübung priesterlicher Ämter und Vorrechte unterscheidet.

In früheren Zeiten war eine Priesterschaft notwendig, weil das noch ungelehrte und unerzogene Volk bezüglich seiner religiösen Unterweisungen, in der Leitung der religiösen Riten und Zeremonien und in der Rechtsverwaltung usw. auf die Priester angewiesen war. — Jetzt aber haben sich die Zeiten geändert.

Erziehung wird rasch Allgemeingut, und wenn einmal die Gebote von Bahá'u'lláh praktisch angewandt werden, dann wird jeder Knabe und jedes Mädchen in der ganzen Welt eine ausgezeichnete Erziehung genießen. Jeder einzelne wird dann imstande sein, die heiligen Schriften selbst zu studieren und das Wasser des Lebens unmittelbar aus der Quelle zu schöpfen. Ausgeklügelte Riten und Zeremonien, die den Dienst eines besonderen Berufes oder Standes erfordern, haben in der Bahá'í-Ordnung keinen Platz, und die Rechtspflege ist den für diesen Zweck eingesetzten Autoritäten anvertraut.

Ein Kind braucht einen Lehrer, aber das Ziel eines wahren Lehrers ist, seinen Schüler fähig zu machen, ohne Lehrer handeln zu können, die Dinge mit eigenen Augen zu betrachten, mit eigenen Ohren zu hören und mit eigener Vernunft zu erkennen. Ebenso war in der Kindheit der Menschheit der Priester notwendig, aber seine wahre Aufgabe ist, die Menschen zum Handeln ohne ihn zu befähigen, göttliche Dinge mit ihren eigenen Augen zu betrachten, mit ihren eigenen Ohren zu hören und mit ihrer eigenen Vernunft zu erkennen. Heute ist die Arbeit der Priester beinahe erfüllt, und daher ist es das Ziel der Bahá'í-Lehre, dieses Werk zu vollenden, die Menschen von allem andern außer Gott unabhängig zu machen, so daß sie sich unmittelbar zu Ihm, d. h. zu Seiner Manifestation, wenden können. Wenn sich alle zu einem Mittelpunkt wenden, dann kann es keine Quertreibereien oder Verwirrungen mehr geben, und je mehr sich alle dem Zentrum nähern, desto näher kommt einer dem andern.

9. Kapitel

WAHRE ZIVILISATION

„O Volk Gottes! Sei nicht mit dir selbst beschäftigt. Befasse dich mit der Besserung der Welt und der Erziehung der Nationen." (BAHÁ'U'LLÁH)

Die Religion, die Grundlage der Zivilisation

Nach der Bahá'í-Anschauung sind die Probleme des menschlichen Lebens, sowohl die des einzelnen als die der Gesellschaft, derart unbegreiflicher und verwickelter Art, daß sie der gewöhnliche menschliche Verstand von sich aus nicht richtig zu lösen vermag. Nur der Allwissende kennt den Sinn der Schöpfung vollkommen und weiß, wie dieser Sinn erfüllt werden kann. Durch die Offenbarer zeigt Er der Menschheit das wahre Ziel des menschlichen Lebens und den rechten Weg zum Fortschritt. Der Aufbau einer wahren Zivilisation hängt davon ab, daß man sich gläubig an die Führung der prophetischen Offenbarung hält. Bahá'u'lláh spricht:

„Die Religion ist das vortrefflichste Mittel für die Ordnung der Welt und für die Ruhe aller lebenden Wesen. Die Schwäche der Pfeiler der Religion hat die Unwissenden ermutigt und sie dreist und anmaßend gemacht. Wahrlich, Ich sage, was immer die erhabene Stellung der Religion erniedrigt, wird die Widerspenstigkeit der Gottlosen vermehren und hat schließlich Anarchie zur Folge ...

Betrachtet die Zivilisation des Westens: wie hat sie Erregung und Gärung in der Menschenwelt hervorgerufen! Es ist ein Höllеninstrument aufgetaucht, durch das eine derartige Abscheulichkeit in der Zerstörung des Lebens entfaltet wird, wie Ähnliches weder von dem Auge der Welt gesehen, noch von den Ohren der Nationen gehört wurde. Es ist unmöglich, diese heftigen, überwältigenden Übel zu mildern oder zu beseitigen, es sei denn, die Völker der Welt einigen sich in einem bestimmten Punkt oder im Schatten *einer* Religion . . .

O Volk Bahás! Jedes der geoffenbarten Gebote ist eine starke Festung für den Schutz der Welt." (BAHÁ'U'LLÁH, *Worte des Paradieses.)*

Der gegenwärtige Zustand Europas und der Welt im allgemeinen bestätigt beredt die Wahrheit dieser Worte, die schon so viele Jahre zuvor geschrieben wurden. Die Nichtbeachtung der Gebote der Offenbarer und das Vorherrschen der Religionslosigkeit wurden begleitet von Unordnung und Zerstörung schrecklichster Art, und ohne Wandlung der Herzen und Ziele, was das wesentliche Kennzeichen wahrer Religion ist, scheint die Erneuerung der menschlichen Gesellschaft eine völlige Unmöglichkeit zu sein.

Gerechtigkeit

In dem Büchlein *Verborgene Worte,* worin Bahá'u'lláh kurz das Wesentlichste der prophetischen Lehren gibt, bezieht sich Sein erster Rat auf das Leben des einzelnen: „Besitze ein reines, gütiges und strahlendes Herz."

Der nächste Rat zeigt uns das Hauptprinzip des wahren Gemeinschaftslebens:

„*O Sohn des Geistes!* Gerechtigkeit ist in Meinen Augen das Kostbarste; wende dich nicht von ihr ab, wenn du nach Mir verlangst, und mißachte sie nicht, damit Ich dir vertrauen kann. Durch ihre Hilfe wirst du mit deinen eigenen Augen und nicht mit denen anderer sehen und durch die eigene Erkenntnis und nicht durch die deines Nächsten Wissen erlangen. Erwäge in deinem Herzen, wie du sein solltest. Wahrlich: Gerechtigkeit ist Meine Gabe an dich und das Zeichen Meiner liebenden Güte. Halte sie dir immer vor Augen." (BAHÁ'U'LLÁH, *Verborgene Worte, arab. 1, 2.)*

Das Wesentlichste für das Gemeinschaftsleben ist, daß der einzelne fähig wird, das Wahre vom Falschen und das Recht vom Unrecht zu unterscheiden, und daß er die Dinge stets in ihrem richtigen Verhältnis sieht. Die Selbstsucht ist die größte

Ursache geistiger und sozialer Blindheit und der größte Feind gemeinschaftlichen Fortschritts. Bahá'u'lláh spricht:

„O ihr Söhne der Einsicht! Das dünne Augenlid verhindert das Auge, die Welt und das, was in ihr ist, zu sehen. Denkt nun aber, wie es sein wird, wenn der Vorhang der Gier das Gesicht des Herzens bedeckt!

O Menschen! Die Finsternis der Gier und des Neides verdunkelt das Licht der Seele, wie die Wolke das Durchdringen der Sonnenstrahlen verhindert.“ (BAHÁ'U'LLÁH, *Tablet to some Persian Zoroastrian Bahá'ís.)*

Lange Erfahrung überzeugt den Menschen schließlich von der Wahrheit der prophetischen Lehren, daß selbstsüchtige Anschauungen und Taten unvermeidlich zu sozialem Unheil führen, und daß jeder, wenn die Menschheit nicht schimpflich umkommen will, auf das, was seines Nebenmenschen ist, mit demselben Nachdruck sehen muß wie auf seinen eigenen Vorteil, daß er überhaupt seinen eigenen Nutzen dem der Menschheit als eines Ganzen unterordnen muß. In dieser Weise wird zuletzt der Nutzen eines jeden und aller am besten gewahrt. Bahá'u'lláh spricht:

„O Sohn des Menschen! Würdest du Barmherzigkeit beachten, dann würdest du nicht auf deinen eigenen Nutzen, sondern auf den Nutzen der Menschheit sehen. Würdest du Gerechtigkeit beachten, dann würdest du für andere nur wählen, was du für dich selbst erwählst.“ (BAHÁ'U'LLÁH, *Worte des Paradieses.)*

Regierung

Die Lehren von Bahá'u'lláh enthalten zwei verschiedene Arten von Hinweisen auf die Frage wahrer sozialer Ordnung. Ein Vorbild ist in den Sendschreiben erläutert, die an die Könige offenbart sind, die es mit dem Problem der Regierung zu tun haben, wie sie in der Welt während Bahá'u'lláhs Erdenleben bestanden hat. Die anderen Hinweise sind für die neue Ordnung, die in der Bahá'í-Gemeinschaft selbst zu entwickeln ist. Hierdurch entsteht der scharfe Gegensatz zwischen solchen Stellen wie:

„Der eine, wahre Gott — erhaben sei Seine Herrlichkeit — hat immer die Herzen der Menschen als Seinen eigenen, ausschließlichen Besitz angesehen und wird dies immer tun. Alles andere, ob zu Land oder zur See, ob Reichtum oder Ruhm, hat Er den Königen und Herrschern der Erde gegeben" — und „Heute geziemt es allen Menschen, sich an den Größten Namen zu klammern und die Einheit der ganzen Menschheit zu errichten. Außer Ihm gibt es keinen Ort, wohin man fliehen, und keine Zuflucht, die man suchen könnte." *(Ährenlese aus den Schriften Bahá'u'lláhs, Kap. CII, C.)*

Die scheinbare Unvereinbarkeit dieser beiden Gesichtspunkte ist beseitigt, wenn wir den Unterschied beachten, den Bahá'u'lláh zwischen dem „Geringeren Frieden" und dem „Größten Frieden" macht. In Seinen Sendschreiben an die Könige fordert sie Bahá'u'lláh auf, zusammenzukommen und Maßnahmen zur Verwirklichung des politischen Friedens, der Beschränkung der Kriegsrüstungen und der Beseitigung der Belastung und Unsicherheit der Schwachen zu ergreifen. Jedoch lassen Seine Worte vollkommen klar erkennen, daß ihr Nichteingehen auf die Erfordernisse der Zeit Kriege und Aufstände zur Folge haben würden, die zum Untergang der alten Ordnung führen würden. Daher sagt Er einerseits: „Heute muß die Menschheit Gehorsam gegenüber den Mächtigen erzeigen . . . " *(Ährenlese aus den Schriften Bahá'u'lláhs, S. 135)* und andererseits:

„Die Menschen, die den Tand und Zierrat der Erde angehäuft und sich verächtlich von Gott abgewandt haben, haben sowohl diese als auch die kommende Welt verloren. Bald wird ihnen Gott mit mächtiger Hand ihre Besitztümer nehmen und sie des Gewandes Seiner Güte berauben . . ." „Wir haben eine festgesetzte Frist für euch, o Völker! Wenn ihr verfehlt, euch zu jener bestimmten Stunde Gott zuzuwenden, wird Er euch wahrlich gewaltsam erfassen und schreckliche Not von allen Seiten über euch kommen lassen . . ." „Die Zeichen drohender Schwäche und des nahen Chaos sind heute zu erkennen, da die bestehende Ordnung bejammernswert unvollkommen erscheint . . . " „Wir haben Uns gelobt, deinen Sieg auf Erden zu sichern und Unsere Sache über alle Menschen zu erheben, selbst wenn sich kein König fände, der dir seinen Blick zuwendete." „In dem Wunsche, die Vorbedingungen für den Frieden und die Ruhe der Welt und für den Fortschritt ihrer Völker zu offenbaren, hat das Erhabene Wesen geschrieben: Die Zeit muß kommen, da die gebieterische Notwendigkeit zur Abhaltung einer ausgedehnten und allumfassenden Versammlung der Menschen universal erkannt wird. Die Herrscher und Könige der Erde müssen ihr unbedingt beiwohnen und, an ihren Beratungen teilnehmend, solche Wege und Mittel erwägen, die den Grund zum Größten Weltfrieden unter den Menschen legen. Ein solcher Friede erfordert, um der Ruhe der Völker der Erde willen, daß die Großmächte sich zu völliger Versöhnung untereinander entschließen. Sollte ein König die Waffen gegen einen anderen ergreifen, so müssen sich alle vereint erheben und ihn daran hindern." *(Ährenlese aus den Schriften Bahá'u'lláhs, Kap. CIII, CVIII, CX, CXVI, CXVII.)*

Durch solchen Ratschlag offenbarte Bahá'u'lláh die Bedingungen unter denen die öffentliche Verantwortlichkeit an diesem Tage Gottes erfüllt werden muß. Indem Er auf der einen Seite den internationalen Zusammenschluß forderte, warnte Er die Herrscher nicht weniger deutlich, daß die Fortdauer des Streites ihre Macht vernichten würde. Wie die neue Geschichte diese Warnung ja bestätigt: in dem Anschwellen jener zwangsläufigen Bewegungen, die in allen zivilisierten Nationen solche zerstörende Kraft erreicht haben, und in der Entwicklung des Kriegswesens bis zu dem Grade, daß der Sieg nicht mehr von irgendeinem Beteiligten erreichbar ist.

„Da ihr den Allergrößten Frieden zurückgewiesen habt, haltet euch nun fest an diesen, den Geringeren Frieden, damit ihr bis zu einem gewissen Grade wenigstens eure eigene Lage und die eurer Untertanen bessert . . . " „Was der Herr als höchstes Mittel und mächtigstes Werkzeug für die Heilung der ganzen Welt bestimmt hat, ist die Vereinigung aller ihrer Völker in einer allumfassenden Sache, einem gemeinsamen Glauben. Das kann nicht anders erreicht werden als durch die Kraft eines erfahrenen, allgewaltigen und erleuchteten Arztes." *(Ährenlese aus den Schriften Bahá'u'lláhs, Kap. CXIX, CXX.)*

Mit dem Geringeren Frieden ist eine politische Staateneinheit gemeint, während der Größte Friede eine Einheit ist, die sowohl geistige als auch politische und wirtschaftliche Faktoren umfaßt.

„Bald wird die heutige Ordnung aufgerollt und eine neue an ihrer Statt entfaltet werden." *(Ährenlese aus den Schriften Bahá'u'lláhs, Kap. IV)*

In früheren Zeiten konnte eine Regierung sich mit äußerlichen Fragen und materiellen Angelegenheiten beschäftigen, heute aber verlangt die Regierungstätigkeit die Eigenschaften des Führertums, der Heiligung und der geistigen Erkenntnis, die nur für diejenigen möglich ist, die sich Gott zugewandt haben.

Politische Freiheit

Obschon Bahá'u'lláh als idealen Zustand eine repräsentative Regierungsform, örtlich, national und international, befürwortet, lehrt Er doch, daß diese nur dann möglich ist, wenn die Menschen einen genügend hohen Grad individueller und sozialer Entwicklung erreicht haben. Dem noch unerzogenen, von selbstsüchtigen Begierden beherrschten Volk, das in der Führung der öffentlichen Angelegenheiten noch keine Erfahrung hat, plötzlich eine völlige Selbstregierung zu geben, würde unheilvoll sein. Es ist nichts gefährlicher als Freiheit für Menschen, die nicht tauglich sind, diese weise zu gebrauchen. Bahá'u'lláh schreibt im *Buch Aqdas:*

„Betrachte die Kleingeistigkeit der Menschen! Sie verlangen nach dem, was ihnen schadet, und verwerfen, was ihnen nützt. Sie gehören in der Tat zu denen, die weit vom rechten Weg abgeirrt sind. Wir finden Menschen, die nach Freiheit verlangen und stolz darauf sind. Solche Menschen befinden sich in den Tiefen der Unwissenheit.

Freiheit muß letzten Endes zum Aufruhr führen, dessen Flammen niemand löschen kann. Also warnt euch der Fordernde, der Allwissende. Wisse, daß die Verkörperung der Freiheit und ihr Sinnbild das Tier ist. Was dem Menschen ziemt, ist die Unterwerfung unter solche Gesetze, die ihn vor seiner eigenen Unwissenheit beschützen und ihn vor dem Schaden der Unheilstifter bewahren. Freiheit veranlaßt den Menschen, die Grenzen des Angemessenen zu überschreiten und die Würde

seiner Stufe zu verletzen. Sie drückt ihn auf die Ebene äußerster Verderbtheit und Gottlosigkeit herab.
Seht die Menschheit als eine Schafherde an, die einen Hirten zu ihrem Schutze braucht. Dies ist die Wahrheit, die unumstößliche Wahrheit. Wir billigen die Freiheit unter gewissen Umständen und verwerfen es, sie unter anderen gutzuheißen. Wahrlich, Wir sind der Allwissende.
Sprich: Wahre Freiheit besteht in der Unterwerfung des Menschen unter Meine Gebote, so wenig ihr es auch begreifen mögt. Würden die Menschen das befolgen, was Wir aus dem Himmel der Offenbarung auf sie herniedersandten, so würden sie sicherlich vollkommene Freiheit erringen. Glücklich ist der Mensch, der die Absicht Gottes in allem erkannt hat, was Er aus dem Himmel Seines Willens, der alles Erschaffene durchdringt, offenbarte. Sprich: Die Freiheit, die euch nützt, findet ihr nur in vollkommener Dienstbarkeit unter Gott, der Ewigen Wahrheit. Wer ihre Süße gekostet hat, wird es verschmähen, sie gegen alle Herrschaft der Erde und des Himmels einzutauschen.“ (BAHÁ'U'LLÁH, *Kitáb-i-Aqdas.)*

Für die Hebung der Lage unentwickelter Rassen und Nationen sind die göttlichen Lehren das vornehmste Heilmittel. Wenn sowohl Volk als Politiker sich um diese Lehren bemühen und sie annehmen, dann werden die Völker von allen ihren Fesseln befreit.

Herrscher und Untertanen

Bahá'u'lláh verbietet in nachdrücklichster Weise Tyrannei und Unterdrückung. In den *Verborgenen Worten* schreibt Er:

„O ihr Bedrücker auf Erden! Macht euch nicht der Unterdrückung schuldig, denn Ich habe gelobt, keines Menschen Ungerechtigkeit zu vergeben. Dies ist Mein Bund, den Ich auf der verwahrten Tafel unwiderruflich verkündet und mit Meinem Siegel der Herrlichkeit besiegelt habe.“ (BAHÁ-'U'LLÁH, *Verborgene Worte, pers. 64.)*

Wem die Formgebung und die Anwendung der Gesetze anvertraut ist, muß sich, wie Bahá'u'lláh sagt,

„fest an das Seil der Beratung halten und sodann beschließen und ausführen, was Sicherheit, Reichtum, Ruhe und Wohlfahrt des Volkes fördert. Denn wenn sie die Angelegenheiten anders bewerkstelligen, wird es in Uneinigkeit und Aufruhr auslaufen." (BAHÁ'U'LLÁH, *Sendschreiben über die Welt)*

Das Volk andererseits muß gesetzestreu und einer gerechten Regierung ergeben sein. Um bessere Zustände in den Angelegenheiten der Völker zu zeitigen, muß sich das Volk auf erzieherische Systeme und auf die Macht des guten Beispiels stützen und nicht auf Gewalttätigkeiten. Bahá'u'lláh spricht:

„In welchem Land sich auch diese Gemeinschaft befinden mag, der Regierung jenes Landes gegenüber muß sie Treue, Vertrauenswürdigkeit und Gehorsam erweisen." (BAHÁ'U'LLÁH, *Frohe Botschaften.)*

„O Volk Gottes! Schmücke deinen Tempel (Körper) mit dem Mantel der Vertrauenswürdigkeit und der Redlichkeit, alsdann hilf deinem Herrn mit den Heerscharen guter Taten und guter Sitten. Wahrlich, in Unseren Büchern, Sendschreiben und Tablets haben Wir euch Aufruhr und Streit verboten, und dabei hatten Wir nur eure Erhebung und Erhöhung im Auge." (BAHÁ'U'LLÁH, *Ishráqát.)*

Ernennung und Beförderung

Bei Ernennungen darf nur die Eignung für die betreffende Stellung ausschlaggebend sein. Vor diesem obersten Gesichtspunkt muß alles andere, wie höheres Dienstalter, soziale oder finanzielle Stellung, Familienverbindung oder persönliche Freundschaft zurückstehen. Bahá'u'lláh sagt im Tablet *Ishráqát:*

„Das fünfte Ishráq (Glanz) ist das Vertrautsein der Regierungen mit den Verhältnissen der Regierten und die Verleihung von Amt und Würde nach Verdienst. Dieser Angelegenheit Beachtung zu schenken ist jedem Führer und Herrscher unbedingt zur Pflicht gemacht, auf daß vielleicht vermieden werden möge, daß sich Treulose die Stellungen der Vertrauenswürdigen aneignen oder Plünderer die Stellen der Wächter einnehmen." (BAHÁ'U'LLÁH, *Ishráqát.)*

Es bedarf wohl kaum einer Überlegung, um zu zeigen, daß, wenn diese Grundsätze allgemein angenommen und verwirklicht werden, die Umwandlung unseres sozialen Lebens erstaunlich sein wird. Wenn jedem einzelnen die Stellung eingeräumt wird, für die er durch seine Talente besonders fähig ist, so wird er mit Herz und Seele bei seiner Arbeit sein und ein Künstler in seinem Berufe werden, zu seinem und der übrigen Welt unschätzbaren Segen.

Wirtschaftliche Probleme

Die Bahá'í-Lehre betont mit den eindringlichsten Worten die Notwendigkeit der Neuordnung der wirtschaftlichen Beziehungen zwischen reich und arm. 'Adu'l-Bahá sagt:

„Die Ordnung der menschlichen Verhältnisse muß so sein, daß die Armut verschwindet, daß jeder weitmöglichst seinem Rang und seiner Stellung entsprechend an Behaglichkeit und Wohlergehen beteiligt ist.

Wir sehen unter uns einerseits Menschen, die mit Reichtümern überhäuft sind, und andererseits jene Unglücklichen, die mittellos verhungern, jene, die eine Anzahl stattlicher Schlösser besitzen, und jene anderen, die nicht wissen, wo sie ihr Haupt hinlegen sollen."

„Die Sachlage ist verkehrt und muß geändert werden, doch muß die Heilung sorgfältig erfolgen. Sie ist nicht dadurch zu erreichen, daß man völlige Gleichheit unter den Menschen herstellt.

Gleichheit ist ein Hirngespinst. Sie ist völlig undurchführbar. Selbst wenn sich Gleichheit schaffen ließe, vermöchte sie nicht zu bestehen, und wenn ihr Fortbestand möglich wäre, so würde dadurch die ganze Ordnung der Welt vernichtet werden. Das Gesetz der Ordnung muß immer in der Menschenwelt walten. So hat es der Himmel, als er den Menschen erschuf, verordnet . . .

Die Menschheit braucht, wie in einem großen Heer, einen General, Hauptleute, Unteroffiziere in verschiedenen Rängen, und Soldaten, jeden mit seinem eigenen Pflichtenkreis. Ränge sind zur Sicherung einer geregelten Ordnung durchaus nötig. Ein Heer vermag nicht nur aus Generälen oder Hauptleuten, oder nur aus Soldaten ohne Vorgesetzte zu bestehen . . ."
„Da nun aber manche Menschen außerordentlich reich und andere beklagenswert arm sind, so bedarf es einer Ordnung, die diesen Stand der Dinge überprüft und bessert. Es ist ebenso wichtig, den Reichtum zu beschränken, wie auch die Armut zu begrenzen. Keines der beiden Extreme ist gut . . .
Wenn wir sehen, daß Armut einen Zustand des Hungerleidens erreicht, so ist dies ein sicheres Zeichen, daß irgendwo Unterdrückung ist. Die Menschen müssen sich in dieser Frage rühren und nicht länger versäumen, Zustände zu ändern, die einen sehr großen Teil des Volkes ins Elend drückender Armut bringen. Die Reichen müssen von ihrem Überfluß abgeben, ihre Herzen erweichen und mitleidvolles Verständnis pflegen, indem sie sich um jene Beklagenswerten kümmern, denen es am Nötigsten mangelt.
Besondere Gesetze müssen erlassen werden, die sich mit diesen Gegensätzen des Reichtums und des Mangels befassen . . .
Die Länderregierungen sollten dem göttlichen Gesetz entsprechen, das allen gleiches Recht gibt . . . Nicht eher, als bis dies geschehen ist, wird Gottes Gebot befolgt sein." ('ABDU'L-BAHÁ, *Ansprachen in Paris, S. 120, 121, 122.)*

Der öffentliche Haushalt

'Abdu'l-Bahá rät, daß, soweit möglich, jede Stadt, jedes Dorf oder jeder Bezirk mit der Verwaltung finanzieller Angelegenheiten innerhalb ihres eigenen Bereiches betraut werden und ihren gebührenden Teil zu den Ausgaben der Regierung beizutragen haben. Eine der hauptsächlichen Einnahmequellen soll in einer gestaffelten Einkommensteuer bestehen. Das Einkommen, das die notwendigsten Ausgaben eines Menschen nicht überschreitet, soll nicht besteuert werden. Aber in allen Fällen, wo das Einkommen die nötigen Existenzmittel überschreitet, soll eine Steuer erhoben werden. Der Prozentsatz der Steuer erhöht sich in dem Verhältnis, wie das Einkommen die notwendigen Existenzmittel übersteigt.

Wenn aber andererseits jemand durch Krankheit, Mißernte oder aus anderen Ursachen, für die er nicht verantwortlich ist, nicht imstande ist, ein Einkommen zu verdienen, das zur Dekkung seines notwendigen Lebensbedarfs für ein Jahr reicht, so muß ihm der Teil, der ihm und seiner Familie zum Lebensunterhalt fehlt, aus öffentlichen Mitteln gewährt werden.

Es gibt aber noch weitere öffentliche Einnahmequellen, z. B. aus Vermächtnissen, Bergwerken, aufgefundenen Schätzen und freiwilligen Zuwendungen. Zu den Ausgaben der Gemeinde andererseits gehören die Mittel, die für die Unterstützung der Schwachen, der Waisen, der Tauben und Blinden, für Schulen und für die Erhaltung der Volksgesundheit aufzuwenden sind. Auf diese Weise ist für das Heil und das Wohlergehen aller gesorgt.[30])

Freiwilliges Teilen

In einem Brief an die Zentralorganisation für einen dauernden Frieden, geschrieben im Jahr 1919, sagte 'Abdu'l-Bahá:

„Eine weitere Lehre von Bahá'u'lláh ist das freiwillige Teilen des Besitzes mit anderen Menschen. Dieses freiwillige Teilen ist größer als Gleichheit und besteht darin, daß der Mensch sich selbst nicht den andern vorziehen, sondern vielmehr sein Leben und seinen Besitz für andere opfern soll. Dies sollte aber nicht zwangsweise eingeführt werden, so daß es zu einem Gesetz erhoben wird und man genötigt ist, es zu befolgen, im Gegenteil, der Mensch sollte aus freiem Antrieb und nach eigener Wahl seinen Besitz und sein Leben für andere opfern

[30]) Weitere Einzelheiten hierüber sind aus den veröffentlichten Ansprachen 'Abdu'l-Bahás, besonders aus denen, die Er in Amerika hielt, zu ersehen.

und willig dem Armen spenden, wie das in Persien unter den Bahá'í getan wird."

Arbeit für alle

Eine der wichtigsten Anweisungen von Bahá'u'lláh in bezug auf die wirtschaftliche Frage ist, daß alle Menschen einer nützlichen Arbeit nachgehen müssen. Es darf im Gemeinschaftsleben keine Drohnen, keine körperlich taugliche Menschen als Schmarotzer der Gesellschaft geben. Er spricht:

„Jedem einzelnen von euch ist es zur Pflicht gemacht, sich in einem Beruf, sei es eine Kunst, ein Gewerbe oder dergleichen, zu betätigen. Wir veranlaßten, daß diese eure Arbeit dem Dienste Gottes, des Wahrhaftigen, gleich geachtet wird. Bedenkt, o Menschen, die Barmherzigkeit Gottes und Seine Gunst; alsdann dankt Ihm am Morgen und am Abend!
Vergeudet eure Zeit nicht mit Müßiggang und Trägheit, sondern beschäftigt euch mit dem, was euch selbst und euren Nächsten Nutzen bringt. Dies wurde vom Horizont, von dem die Sonne der Weisheit und der göttlichen Worte strahlt, in diesem Tablet verordnet. Der Verachtetste der Menschen ist vor Gott der, welcher nur dasitzt und bettelt. Haltet euch an das Seil der Mittel im Vertrauen auf Gott, den Verursacher der Ursachen." (BAHÁ'U'LLÁH, *Frohe Botschaften.)*

Wie viele der heutzutage in der Geschäftswelt aufgewandten Kräfte werden lediglich dazu verbraucht, die Bemühungen anderer Leute in nutzlosem Streit und Wettbewerb zu durchkreuzen und wirkungslos zu machen! Und wie oft geschieht dies auf ganz häßliche Weise! Wenn *alle* arbeiten würden und alle Kopf- oder Handarbeit verrichteten, die, wie Bahá'u'lláh betont, der Menschheit von großem Nutzen wäre, dann würden auch die für ein gesundes, behagliches und edles Leben vorhandenen Mittel vollauf für alle genügen. Alsdann würde kein Betrug, kein Hungerleiden, keine Entbehrung, keine industrielle Versklavung und keine gesundheitsschädigende Überarbeitung mehr vorkommen.

Nach der Bahá'í-Lehre ist ein rechtmäßig erworbener und richtig angewandter Reichtum ehrenwert und lobenswert. Geleistete Dienste sollten entsprechend belohnt werden. Bahá'u'lláh sagt im Tablet *Ṭarázát:*

„Das Volk von Bahá darf sich nicht weigern, jedem die ihm gebührende Belohnung zukommen zu lassen. Es muß die Begabten achten ... Jedermann muß gerecht sein in seinen Reden und den Segen der Arbeit anerkennen." (BAHÁ'U'LLÁH, *Ṭarázát.)*

In bezug auf Zinsen aus Geld schreibt Bahá'u'lláh im Tablet *Ishráqát:*

„Man findet, daß die meisten Menschen hierauf angewiesen sind; denn wenn kein Zins erlaubt wäre, würden die Geschäfte gehemt und ins Stocken geraten ... Es wird selten jemand zu finden sein, der irgend jemandem Geld nach dem Grundsatz ‚Qard-i-hasan' leihen möchte[31]). Daher haben Wir als eine Gunst für die Diener verordnet, daß, so wie bei anderen Geschäftsunternehmungen, die unter den Menschen gebräuchlich sind, auch ein Nutzen aus Geld zulässig ist, ... das heißt, es ist den Menschen erlaubt und gilt als gesetzmäßig und rein, Zinsen für Geld zu fordern... Aber in dieser Angelegenheit muß Mäßigung und Gerechtigkeit walten. Als eine Weisheit aus Seiner Gegenwart und als Annehmlichkeit für Seine Diener, hat es die Feder der Herrlichkeit unterlassen, hierin Grenzen zu ziehen. Wir ermahnen die Freunde Gottes, ehrlich und gerecht zu handeln, so daß dadurch die Barmherzigkeit Seiner Geliebten und ihr Mitgefühl füreinander zutage treten mögen ...
Die Ausführung dieser Angelegenheiten ist den Mitgliedern des Hauses der Gerechtigkeit anbefohlen, damit sie den Erfordernissen der Zeit entsprechend und mit Weisheit handeln mögen." (BAHÁ'U'LLÁH, *Ishráqát.)*

[31]) Wörtlich „gütiges Darlehen", d. h. Geld ohne Zinsen, das nach Gutdünken des Leihenden zurückbezahlt werden kann.

Keine industrielle Versklavung

Im Buch *Aqdas* verbietet Bahá'u'lláh die Sklaverei, und 'Abdu'l-Bahá erklärte, daß nicht nur die Sklaverei im allgemeinen, sondern auch die industrielle Versklavung dem Gesetz Gottes zuwider ist. Als Er im Jahre 1912 in den Vereinigten Staaten weilte, sagte Er zu den Amerikanern:

„In den Jahren 1860 bis 1865 habt ihr ein wunderbares Werk verrichtet; ihr habt die Sklaverei abgeschafft. Heute aber müßt ihr noch etwas Bedeutenderes tun: ihr müßt die industrielle Versklavung abschaffen ...

Die Lösung wirtschaftlicher Fragen wird nicht dadurch geschaffen, daß das Kapital der Arbeit und die Arbeit dem Kapital in Streit und Kampf gegenüber stehen, sondern beiderseits durch eine freiwillige Einstellung auf guten Willen. Dann wird eine wirkliche und dauernde Richtigstellung der Zustände gesichert sein ...

Unter den Bahá'í gibt es keine erpresserische, käufliche und ungerechte Handlungsweise, keine rebellischen Forderungen, keine revolutionären Aufstände gegen vorhandene Regierungen ...

Es wird in Zukunft für die Menschen nicht möglich sein, sich durch die Arbeit anderer große Reichtümer anzuhäufen. Die Reichen werden willig teilen. Sie werden allmählich, auf natürlichem Wege und durch ihren eigenen freien Willen dazu kommen. Dies wird niemals durch Krieg und Blutvergießen erreicht werden." ('ABDU'L-BAHÁ, *Star of the West, Bd. VII, Nr. 15, S. 147.)*

Nur durch freundschaftliche Beratung und Zusammenarbeit, durch gerechte Teilhaberschaft und Gewinnbeteiligung wird den Interessen sowohl des Kapitals als auch der Arbeit am besten gedient. Die schroffen Waffen des Streiks und der Aussperrung sind schädlich, und zwar nicht nur für den unmittelbar davon betroffenen Handel, sondern für die Gemeinschaft als Ganzes. Es ist daher Aufgabe der Regierung, Wege zu ersinnen, um zu verhindern, daß man seine Zuflucht zu solch barbarischen Mitteln der Beilegung des Streites nimmt. 'Abdu'l-Bahá sagte in Dublin, New Hampshire, 1912:

„Nun möchte ich über das Gesetz Gottes sprechen. Nach dem göttlichen Gesetz sollte die Arbeit nicht nur mit Lohn bezahlt werden. Nein, die Arbeiter sollten vielmehr Teilhaber des Unternehmens sein. Die Frage der Sozialisierung ist sehr schwierig. Sie wird nicht durch Lohnstreiks gelöst. Alle Regierungen der Welt müssen sich vereinigen und einen Rat bilden, dessen Mitglieder aus den Volksvertretungen und den edelsten Menschen der Nationen zu wählen sind. Diese müssen mit Weisheit und Kraft einen wirkungsvollen Plan ausarbeiten, nach dem weder die Kapitalisten sehr große Verluste erleiden, noch die Arbeiter in Not geraten. Mit größter Mäßigung sollen sie das Gesetz entwerfen und dann öffentlich bekannt machen, daß die Rechte des arbeitenden Volkes wirkungsvoll gewahrt werden müssen. Auch die Rechte der Arbeitgeber sind zu schützen. Wenn ein solches allgemeines Gesetz durch beiderseitigen Willen angenommen ist und dennoch ein Streik ausbricht, so müssen einem solchen alle Regierungen der Welt gemeinsam entgegentreten. Geschieht dies nicht, so wird die Arbeiterfrage, besonders in Europa, zu großen Zerstörungen führen. Schreckliche Dinge werden sich dann ereignen. Eine der verschiedenen Ursachen eines allgemeinen europäischen Krieges wird diese Frage sein. Die Guts-, Bergwerk- und Fabrikbesitzer sollten ihr Einkommen mit ihren Arbeitern teilen und ihnen einen angemessenen Prozentsatz zukommen lassen, damit dem Arbeiter neben seinem Lohn auch ein Anteil an dem allgemeinen Gewinn des Unternehmens zufällt, wodurch er sich auch mit seiner Seele für die Arbeit einsetzt.“ (‘ABDU’L-BAHÁ, *Star of the West, Bd. VIII, Nr. 1 S. 7.)*

Vermächtnis und Erbschaft

Bahá’u’lláh bestimmte, daß es jedermann freistehe, bei Lebzeiten über sein Vermögen zu verfügen, wie es ihm beliebe. Er machte es aber jedem zur Pflicht, ein Testament abzufassen, mit dem er über die Verwendung seines Eigentums nach seinem Tode verfügt. Wenn jemand stirbt, ohne seinen letzten Willen hinterlassen zu haben, so soll sein Vermögen festgestellt und in gewissem festgesetztem Verhältnis unter sieben Erbschaftsklassen verteilt werden, nämlich die Kinder, Frau oder Mann, Vater, Mutter, Brüder, Schwestern und Lehrer. Die Anteile eines jeden sind von den Erstgenannten bis zu den Letzten zu staffeln. Fehlen eine oder mehrere dieser Klassen, so fließt deren Anteil in die öffentliche Kasse und soll für die Armen, die Waisen, die Witwen oder für sonstige allgemeinnützige Zwecke verwendet werden. Hinterläßt der Verstorbene keine Erben, dann fällt das gesamte Vermögen an die öffentliche Kasse.

Es ist nichts im Gesetz von Bahá'u'lláh vorgesehen, was jemand daran hindern könnte, sofern es ihm beliebt, sein ganzes Vermögen einer einzigen Person zu vermachen; aber beim Abfassen ihres letzten Willens werden sich die Bahá'í natürlich nach dem Vorbild richten, das Bahá'u'lláh für den Fall aufstellte, daß jemand stirbt, ohne ein Testament gemacht zu haben. Dieser Modus sichert die Verteilung der Hinterlassenschaft an eine beträchtliche Zahl von Erben.

Gleichberechtigung von Mann und Frau

Einer der sozialen Grundsätze, dem Bahá'u'lláh große Bedeutung zumißt, ist, daß die Frau dem Manne gleich geachtet werde. Die Frau soll sich gleicher Rechte, gleicher Erziehung und gleicher Förderung erfreuen.

Das Hauptmittel, auf das sich Bahá'u'lláh bei der Gleichstellung der Frauen stützt, ist die umfassende Erziehung. Die Mädchen sollen die gleiche gute Erziehung genießen wie die Knaben. In der Tat ist die Erziehung der Mädchen noch wichtiger als die der Knaben, denn die Mädchen werden später Mütter, und als Mütter sind sie die ersten Lehrer des kommenden Geschlechtes. Kinder gleichen grünen und zarten Zweigen; wenn ihre erste Erziehung richtig ist, wachsen sie gerade, wenn diese schlecht ist, wachsen sie krumm. Bis zum Ende ihres Lebens sind sie von der Erziehung ihrer ersten Jahre beeinflußt. Wie wichtig ist es daher, daß die Mädchen gut und weise erzogen werden.

'Abdu'l-Bahá hatte bei Seinen Reisen durch die westlichen Länder häufig Gelegenheit, die Bahá'í-Lehren bezüglich dieses

Themas zu erläutern. In einer Versammlung der Frauenliga für Frieden und Freiheit in London im Jahre 1913 sagte Er:

„Die Menschheit gleicht einem Vogel mit seinen zwei Schwingen: die eine ist das männliche, die andere das weibliche Geschlecht. Sofern nicht beide Schwingen stark sind und durch eine gemeinsame Kraft bewegt werden, kann sich der Vogel nicht himmelwärts schwingen. Dem Geiste dieses Zeitalters entsprechend müssen die Frauen Fortschritte machen und ihre Aufgaben in allen Zweigen des Lebens erfüllen, um den Männern gleichzukommen. Sie müssen auf die gleiche Höhe gelangen wie die Männer und sich gleicher Rechte erfreuen. Dies ist meine inständige Bitte und einer der Hauptgrundsätze von Bahá'u'lláh.

Manche Wissenschaftler haben erklärt, das Gehirn des Mannes wiege schwerer als das des Weibes, und sie beanspruchten dies als Beweis für die Überlegenheit des Mannes. Wenn wir jedoch um uns blicken, so sehen wir Leute mit kleinem Kopf, deren Gehirn leicht sein muß, die jedoch größte Intelligenz und große Verstandeskraft aufweisen, und andere mit großem Kopf, deren Gehirn schwer sein muß, die aber doch einfältig sind. Deshalb ist das Gewicht des Gehirns kein zuverlässiger Maßstab für Intelligenz oder Überlegenheit.

Wenn die Männer als einen zweiten Beweis ihrer Überlegenheit die Behauptung aufstellen, die Frauen hätten nicht so viel geleistet wie die Männer, so führen sie armselige Argumente an, wobei die Geschichte außer Betracht gelassen wird. Wenn sie sich geschichtlich besser unterrichtet hätten, dann würden sie wissen, daß große Frauen gelebt und Großes in der Vergangenheit vollbracht haben, und daß auch heute viele leben, die Großes vollbringen."

Hier erzählte 'Abdu'l-Bahá die Taten der Zenobia[32]) und anderer großer Frauen der Vergangenheit und schloß mit beredtem Lob der mutigen Maria Magdalena, deren Glaube fest blieb, als die Apostel ins Wanken geraten waren. Er fuhr fort:

„Unter den Frauen unserer Zeit ragt Qurratu'l-'Ayn[33]) her-

[32]) Königin von Palmyra seit 267 n. Chr., die Syrien und Ägypten eroberte.

[33]) Einer der Buchstaben des Lebendigen, d. h. Jünger des Báb.

vor, die Tochter eines muḥammadanischen Priesters. Zur Zeit des Auftretens des Báb zeigte sie so überwältigenden Mut und Kraft, daß alle, die sie hörten, erstaunt waren. Sie warf ihren Schleier beiseite, den uralten Gebräuchen der Perser zum Trotz, und obschon es als ungehörig galt, mit Männern zu sprechen, unternahm es diese heldenhafte Frau, sich mit den gelehrtesten Männern auseinanderzusetzen, und trug auch in jeder derartigen Zusammenkunft den Sieg davon. Die persische Regierung nahm sie gefangen. Sie wurde in den Straßen mit Steinen beworfen, aus dem Islám ausgestoßen, von einer Stadt zur anderen verbannt, mit dem Tode bedroht, aber nie wich sie von ihrem Entschluß ab, für die Freiheit ihrer Schwestern einzutreten. Sie ertrug Verfolgung und Leiden mit größtem Heldenmut. Selbst im Gefängnis gewann sie noch Menschen. Zu einem persischen Minister, in dessen Haus sie gefangen war, sagte sie: „Du kannst mich töten, sobald es dir beliebt; aber du kannst die Befreiung der Frauen nicht aufhalten.“ Schließlich nahte das Ende ihres tragischen Lebens; man brachte sie in einen Garten und erdrosselte sie. Sie aber hatte ihr schönstes Kleid angezogen und sich geschmückt, als ob sie eine Brautfahrt machen wollte. Mit solcher Seelengröße und solchem Mut gab sie ihr Leben dahin, daß alle, die sie sahen, ergriffen und erschüttert waren. Sie war wahrlich eine große Heldin. Auch heute gibt es unter den Bahá'í in Persien Frauen, die unentwegten Mut zeigen und dichterisch hoch begabt sind. Sie sind sehr beredt und sprechen vor großen Versammlungen.

Die Frauen müssen fortschrittlich gesinnt sein und zur Vervollkommnung der Menschheit ihre Kenntnisse über Wissenschaft, Literatur und Geschichte erweitern. Binnen kurzem werden sie zu ihrem Rechte kommen. Die Männer werden sehen, wie die Frauen ernsthaft und würdig an der Besserung des bürgerlichen und politischen Lebens arbeiten, wie sie sich dem Krieg widersetzen und Stimmrecht und gleiche Möglichkeiten fordern. Ich hoffe, daß ihr Frauen in allen Phasen des Lebens Fortschritte macht; dann werden eure Stirnen mit dem Diadem unvergänglichen Ruhmes gekrönt sein.“

Die Frauen und das neue Zeitalter

Wenn die Betrachtungsweise der Frauen gebührende Beachtung findet und es der Frau erlaubt wird, ihren Willen in der Handhabung der sozialen Angelegenheiten in angemessener Weise zum Ausdruck zu bringen, dann dürfen wir große Fortschritte in den Dingen erwarten, die unter der alten Regierungsform männlicher Vorherrschaft oft sehr vernachlässigt wurden. Dazu gehören Gesundheitspflege, Mäßigkeit, Friede und Hochschätzung des Wertes individuellen Lebens. Eine Besserung in dieser Hinsicht wird sehr weitreichende und segensreiche Wirkung haben.

'Abdu'l-Bahá sagt:
„In der Vergangenheit wurde die Welt durch Gewalt regiert, und der Mann herrschte über die Frau, weil er sowohl körperlich als geistig kräftiger ist und mehr zum Angriff neigende Eigenschaften besitzt. Aber die Zunge der Waage senkt sich schon; die Gewalt verliert ihre Vorherrschaft und geistige Regsamkeit, Intuition und die geistigen Eigenschaften der Liebe und des Dienens, in denen die Frau stark ist, gewinnen an Einfluß. Daher wird das neue Zeitalter ein weniger männliches Zeitalter sein und mehr von den weiblichen Idealen durchdrungen sein, oder, um es genauer auszudrücken, es wird ein Zeitalter sein, in dem die männlichen und weiblichen Elemente der Zivilisation besser ausgeglichen sein werden." — ('ABDU'L-BAHÁ, *Star of the West, Bd. VIII, Nr. 3, S. 4.)*

Gewaltsame Methoden sind aufzugeben

Auch bei der Durchführung der Befreiung der Frauen, wie in andern Angelegenheiten, rät Bahá'u'lláh Seinen Anhängern, gewaltsame Maßnahmen zu vermeiden. Ein ausgezeichnetes Bild der Bahá'í-Methode sozialer Reformen haben uns die Behá'í-Frauen in Ägypten und Syrien gezeigt. In diesen Ländern ist es Brauch der muḥammadanischen Frauen, außerhalb ihres Hauses verschleiert zu gehen. Der Báb wies darauf hin, daß die Frauen im neuen Zeitalter von diesem lästigen Zwang befreit werden. Aber Bahá'u'lláh empfiehlt Seinen Gläubigen, sofern keine wichtige Frage in bezug auf die Moral mitspielt, lieber sich den herrschenden Bräuchen zu fügen, bis das Volk aufgeklärt wird, als Anstoß und unnötigen Widerstand unter ihren Mitmenschen zu erregen. Obschon sich die Bahá'í-Frauen wohl bewußt sind, daß der veraltete Brauch des Schleiertragens für aufgeklärte Menschen unnötig und lästig ist, finden sie sich doch lieber ruhig mit dieser Unbequemlichkeit ab, als daß sie durch öffentliches Entschleiern ihres Gesichtes einen Sturm fanatischen Hasses und erbittertster Gegnerschaft heraufbeschwören. Die Anpassung an den Brauch ist keineswegs der Furcht zuzuschreiben, sondern dem sicheren Vertrauen in die Macht der Erziehung und in die umwandelnden und lebenspendenden Wirkungen wahrer Religion. Die Bahá'í in jenen Ländern widmen ihre Kräfte der Erziehung ihrer Kinder, besonders der Mädchen, und der Verbreitung und Förderung der Bahá'í-Ideale, denn sie sind sich dessen wohl bewußt, daß in demselben Verhältnis, wie das neue geistige Leben wächst und sich unter den Menschen verbreitet, veraltete Bräuche und Vorurteile nach und nach so natürlich und unvermeidlich fallen werden wie Knospenschalen im Frühling, wenn sich die Blätter und Blüten im Sonnenschein entfalten.

Erziehung

Erziehung, das ist Unterweisung und Führung der Menschen und die Entwicklung und Schulung der ihnen innewohnenden Fähigkeiten, war von Anbeginn der Welt das höchste Ziel aller heiligen Offenbarer, und in den Bahá'í-Lehren sind die grundlegende Bedeutung und die unbegrenzten Möglichkeiten der Erziehung klar und deutlich verkündet. Der Lehrer ist die mächtigste Triebkraft der Zivilisation, und seine Tätigkeit ist die höchste, die der Mensch zu erstreben vermag. Die Erziehung beginnt im Mutterleib und ist so endlos wie das Leben des Menschen. Sie ist eine dauernde Notwendigkeit für richtiges Leben und die Grundlage der Wohlfahrt sowohl für den einzelnen wie für die Gesamtheit. Wenn die richtige Erziehung Allgemeingut wird, dann wird die Menschheit verwandelt und die Welt ein Paradies werden.

Gegenwärtig gehört ein wirklich gut erzogener Mensch zu den seltensten Erscheinungen, denn nahezu jedermann hat Vorurteile, verkehrte Ideale, irrtümliche Vorstellungen und schlechte Gewohnheiten, die ihm von Kind auf anerzogen sind. Wie wenige werden von früher Kindheit an gelehrt, Gott von ganzem Herzen zu lieben und Ihm ihr Leben zu weihen, Dienst an der Menschheit als das höchste Lebensziel aufzufassen und die Kräfte zum Besten des Allgemeinwohls zu entwickeln. Doch dies sind sicherlich die wesentlichen Bestandteile einer guten Erziehung. Bloßes Überlasten des Gedächtnisses mit Daten der Arithmetik, Grammatik, Geographie, mit Sprachen usw. hat verhältnismäßig wenig Wirkung in der Gestaltung eines edlen und nutzbringenden Lebens. Bahá'u'lláh sagt, daß die Erziehung allumfassend sein muß:

„Es wird verordnet, daß jeder Vater seinen Söhnen und Töchtern eine gute Schubildung, sowie alles, was in dem Tablet verordnet ist, angedeihen lassen muß. Wird dies von jemand vernachlässigt, so ist es Pflicht der Vertrauensmänner des Hauses der Gerechtigkeit, den für die Erziehung seiner Kinder erforderlichen Betrag von ihm, sofern er bemittelt ist, einzuziehen. Andernfalls soll die Angelegenheit dem Haus der Gerechtigkeit anheimfallen. Wahrlich, Wir haben es (das Haus der Gerechtigkeit) zu einem Zufluchtsort für die Armen und Bedürftigen geschaffen.

Wenn jemand seinen Sohn oder Kinder eines anderen erzieht, so ist es, als habe er Meine Kinder erzogen." (BAHÁ'U'LLÁH, *Ishráqát.)*

„Männer und Frauen müssen einen Teil ihres Einkommens aus Gewerbe, Landwirtschaft oder anderen Berufen in die Hand eines vertrauenswürdigen Menschen geben, damit er für Erziehung und Unterricht der Kinder verwendet wird. Diese Beträge müssen im Einvernehmen mit den Treuhändern des Hauses der Gerechtigkeit für die Erziehung der Kinder angelegt werden." (BAHÁ'U'LLÁH, *Sendschreiben über die Welt)*

Angeborene Unterschiede in der Natur

Nach der Bahá'í-Anschauung ist die Natur des Kindes nicht wie Wachs, das nach dem Willen des Lehrers unbekümmert um seine eigene Form gestaltet werden kann. Nein, jedes einzelne der Kinder hat seine eigene, ihm von Gott verliehene Wesensart und Eigentümlichkeit, die nur in einer besonderen Weise zu seinem besten Wohle entwickelt werden kann, und dieser Weg ist in jedem Fall einzig in seiner Art. Nicht zwei Menschen haben genau dieselben Fähigkeiten und Talente, und der wahre Erzieher wird nie versuchen, zwei Naturen in eine und dieselbe Form zu zwingen. In der Tat, er wird nie den Versuch machen, irgendeine Natur in irgendeine Form zu pressen, sondern er wird vielmehr die sich entwickelnden Kräfte des jungen Wesens ehrfurchtsvoll pflegen, sie ermutigen, beschützen und ihnen die nötige Nahrung und Hilfe zukommen lassen. Seine Arbeit gleicht der eines Gärtners, der verschiedene Pflanzen pflegt. Eine Pflanze liebt den strahlenden Sonnenschein, die andere den kühlen Schatten; die eine liebt das Bachufer, die andere die dürre Bergesspitze; die eine gedeiht am besten auf sandigem Boden, die andere in fettem Lehm. Jede muß die ihrer Natur angemessene Pflege haben, andernfalls kann ihre Vollendung nicht völlig zum Ausdruck kommen. 'Abdu'l-Bahá sagt:

„Die Offenbarer bestätigen, daß die Erziehung eine große Wirkung auf die menschliche Rasse ausübt, aber Sie erklären, daß Geist und Begriffsvermögen der Menschen ursprünglich verschieden sind. Wir sehen, daß gewisse Kinder desselben Alters, derselben Heimat und derselben Rasse, ja derselben Familie, unter der Aufsicht desselben Lehrers im Geist und in der Fassungskraft verschieden sind. Die Muschel mag beliebig lang poliert werden, eine glänzende Perle kann sie niemals werden. Der schwarze Stein wird nicht zum weithin leuchtenden Edelstein. Der stachelige Kaktus kann durch Pflege und Entwicklung niemals zum gesegneten Baume werden. Das heißt, die Erziehung verändert das Wesen der Natur des menschlichen Edelsteins nicht, aber sie bringt eine wunderbare Wirkung hervor. Durch diese gestaltende Kraft werden alle in der menschlichen Wirklichkeit verborgenen Tugenden und Fähigkeiten ans Licht gebracht.“ *(Tablets of ‘Abdu’l-Bahá, Bd. III, S. 577.)*

Charakterbildung

Das allerwichtigste in der Erziehung ist die Charakterbildung. Hierbei wirkt das Vorbild mehr als die Vorschrift. Das Leben und der Charakter der Eltern, der Lehrer und die Umwelt sind Faktoren von allergrößter Wichtigkeit.

Die Manifestationen Gottes sind die großen Erzieher der Menschheit, und Ihre Ratschläge und Ihre Lebensgeschichte sollten dem Geiste der Kinder nahegebracht werden, sobald sie dazu aufnahmefähig sind. Besonders wichtig sind die Worte des erhabenen Lehrers Bahá’u’lláh, der die Hauptgrundsätze offenbarte, auf denen die Zivilisation der Zukunft aufgebaut werden muß. Er sagt:

„Lehrt eure Kinder, was durch die Feder der Herrlichkeit geoffenbart wurde. Unterrichtet sie in dem, was vom Himmel der Größe und Macht herabkam. Laßt sie die Tablets des Barmherzigen auswendig lernen und mit herrlich melodischen Stimmen in den Hallen des Mashriqu’l-Adhkár singen.“ (BAHÁ’U’LLÁH, *Star of the West, Bd. IX, Nr. 7, S. 81.)*

Kunst, Wissenschaft, Gewerbe

Die Erziehung in Kunst, Wissenschaften, Gewerbe und nützlichen Berufen wird als wichtig und notwendig betrachtet. Bahá’u’lláh sagt:

„Wissen ist wie ein Flügelpaar des Menschseins und wie eine Leiter zum Aufstieg. Sich Wissen anzueignen ist allen zur Pflicht gemacht. Es sollen dies aber solche Wissenschaften sein, die dem Volke der Erde nützen, und nicht solche, die nur mit Worten beginnen und mit Worten endigen. Wer Wissenschaften und Künste beherrscht, hat ein großes Vorrecht bei dem Volk der Welt . . .

In der Tat, der wirkliche Schatz des Menschen ist sein Wissen. Wissen ist der Weg zu Ehre, Wohlstand, Freude, Frohsinn, Glück und Jubel.“ (BAHÁ’U’LLÁH, *Tajallíyát.)*

Die Behandlung der Verbrecher

In einer Rede über die richtige Art der Behandlung der Verbrecher sprach ʻAbdu'l-Bahá wie folgt:

„. . . Das allerwichtigste ist, daß die Menschen so erzogen werden müssen, daß keine Verbrechen begangen werden; denn es ist möglich, die Menschen so wirksam zu erziehen, daß ihnen das Verbrechen selbst als die höchste Strafe und die schlimmste Verurteilung und Qual erscheint, so daß sie es vermeiden und davor zurückschrecken, Verbrechen zu verüben. Es werden darum keine Verbrechen, die Bestrafung verlangen, begangen werden . . .

Wenn zum Beispiel jemand einen anderen unterdrückt, benachteiligt und verletzt und der Geschädigte Vergeltung übt, so ist dies Rache und zu tadeln. Wenn ʻAmru Zaid beleidigt, hat der letztere nicht das Recht, ʻAmru zu beleidigen; tut er es, ist dies Rache, und sie ist sehr verwerflich. Er muß vielmehr Böses mit Gutem vergelten und nicht nur verzeihen, sondern mehr noch, wenn möglich, dem Beleidiger Hilfe gewähren. Diese Verhaltensweise ist des Menschen würdig; denn welchen Nutzen gewinnt er durch die Rache? Beide Handlungen sind sich gleich; wenn die eine verwerflich ist, so sind es beide. Der einzige Unterschied ist der, daß die eine Tat früher, die andere später verübt wurde.

Aber die Gemeinschaft hat das Recht auf Verteidigung und Selbstschutz; überdies hegt die Gemeinschaft keinen Haß und keine Feindschaft gegen den Mörder; sie verhaftet und bestraft ihn lediglich des Schutzes und der Sicherheit der anderen wegen . . .

Wenn also Christus sagte: ‚Wenn dir jemand einen Streich gibt auf deine rechte Backe, dem biete die andere auch an', so wollte Er damit die Menschen belehren, daß sie keine persönliche Rache nehmen sollen. Er meinte nicht, daß man den Wolf, der in eine Herde Schafe einfällt und sie zerreißen will, noch dazu ermuntern sollte. Nein, wenn Christus gesehen hätte, daß ein Wolf in eine Herde eingebrochen sei und die Schafe zerreißen wolle, so hätte Er es zweifellos verhindert . . .

Zusammengefaßt: der Bestand der Gemeinschaft hängt von Gerechtigkeit, nicht von Vergebung ab. Was Christus also mit Verzeihung und Vergebung meinte ist nicht, daß ihr, wenn fremde Völker euch angreifen, eure Häuser anzünden, eure Habe plündern, eure Frauen, Kinder und Verwandten anfallen und eure Ehre verletzen, in Gegenwart solch tyrannischer Feinde unterwürfig sein und sie ihre Grausamkeiten und Unterdrückungen begehen lassen sollt. Nein, Christi Worte beziehen sich auf das Verhältnis zweier Menschen zueinander: wenn einer den anderen angreift, sollte der Geschädigte ihm verzeihen. Die Gemeinschaft aber muß die Rechte des Menschen wahren . . .

Es bleibt noch etwas zu sagen, und das ist, daß die Gemeinschaft sich Tag und Nacht mit der Ausarbeitung von Strafgesetzen und mit der Vorbereitung und Einrichtung von Hilfsmitteln und Werkzeugen für die Bestrafung befaßt. Man baut Gefängnisse, stellt Fesseln und Ketten her, setzt Orte für Verschickung und Verbannung und verschiedene Arten von Härten und Mißhandlungen fest und glaubt, mit solchen Mitteln die Verbrecher zu erziehen; in Wirklichkeit sind diese Mittel aber die Ursache moralischer Zerrüttung und charakterlicher Fehlentwicklung. Die Gemeinschaft sollte sich vielmehr Tag und Nacht bemühen und mit äußerster Anstrengung und Begeisterung danach streben, sich der Erziehung der Menschen zu widmen und sie zu veranlassen, Tag für Tag Fortschritte zu machen, Erkenntnis und Wissenschaft zu mehren, Tugenden zu erlangen, sich gute Sitten anzueignen und Laster zu meiden, damit keine Verbrechen mehr geschehen.“ (‘ABDU’L-BAHÁ, *Beantwortete Fragen, S. 260—263.)*

Der Einfluß der Presse

Die Bedeutung der Presse als Mittel zur Verbreitung von Wissen und zur Erziehung des Volkes sowie ihre zivilisierende Macht, sofern sie richtig geleitet wird, werden von Bahá’u’lláh voll anerkannt. Er schreibt:

„An diesem Tag sind die Geheimnisse der Erde enthüllt und den Augen sichtbar und die Seiten der Tageszeitungen sind wirklich der Spiegel der Welt. Sie veröffentlichen die Taten und Handlungen der verschiedenen Völker, erläutern sie und machen sie allgemein bekannt. Die Zeitungen gleichen einem Spiegel, der mit Gehör, Gesicht und Sprache ausgestattet ist. Sie sind eine wunderbare Einrichtung und etwas Großes.
Es ist aber dringend notwendig, daß die Schriftsteller und Herausgeber der Zeitungen frei sind von den aus Selbstüberhebung und Begierden stammenden Vorurteilen und daß sie sich schmücken mit dem Schmuck der Unparteilichkeit und der Gerechtigkeit. Alle Angelegenheiten müssen sie so eingehend wie möglich erforschen, damit sie von den wirklichen Tatsachen unterrichtet und imstande sind, darüber wahrheitsgetreu zu berichten. Was die Zeitungen über diesen Unterdrückten schrieben, ist meistens jeder Wahrheit bar gewesen. Gute Rede und Wahrhaftigkeit gleichen in der Erhabenheit ihrer Stellung und ihres Ranges der Sonne, die am Horizont des Himmels der Erkenntnis aufgegangen ist.“ (BAHÁ'U'LLÁH, *Ṭarázát.)*

10. Kapitel

DER WEG ZUM FRIEDEN

„Wahrlich, heute ist dieser Diener gekommen, um die Welt zu beleben und um alle, die auf dieser Erde sind, zur Einheit zu führen. Gottes Wille wird geschehen, und du wirst die Erde sehen als das Paradies Abhá.“ (BAHÁ’U’LLÁH, *Lawḥ-i-Ra’ís.)*

Kampf und Eintracht

Im Laufe des letzten Jahrhunderts haben die Wissenschaftler mit unendlicher Mühe den Kampf ums Dasein in der Pflanzen- und Tierwelt studiert, und inmitten der Verwirrungen des sozialen Lebens haben viele geglaubt, diejenigen Grundsätze als Richtschnur ansehen zu müssen, die man in der niederen Welt der Natur für gut befunden hatte. Auf diese Weise kamen sie dazu, Wetteifer und Kampf als Notwendigkeiten des Lebens zu betrachten und das unbarmherzige Vernichten der schwächeren Glieder der Gesellschaft als ein gesetzmäßiges oder sogar notwendiges Mittel zur Verbesserung der Rasse zu halten. Demgegenüber sagt uns Bahá’u’lláh, daß, sofern wir auf der Stufenleiter des Fortschritts emporklimmen wollen, wir, anstatt rückwärts auf die Tierwelt zu blicken, unseren Blick vorwärts und aufwärts richten müssen. Wir sollen nicht die Tiere, sondern die Offenbarer zu unseren Führern wählen. Nach Ihren Lehren stehen die Grundsätze der Einheit, der Eintracht und des Mitgefühls im Gegensatz zu diesem im Tierreich herrschenden Ringen um die Selbsterhaltung, und wir müssen zwischen ihnen wählen, denn sie können nicht miteinander versöhnt werden. ‘Abdu’l-Bahá sagt:

„Im Reich der Natur spielt der Kampf ums Dasein die herrschende Rolle — das Ergebnis davon ist das Überleben des

Gewandteren. Das Gesetz des Überlebens des Gewandteren ist der Ursprung aller Schwierigkeiten. Es ist die Ursache von Krieg, Streit, Haß und Feindseligkeit unter den menschlichen Wesen. Im Reich der Natur herrschen Tyrannei, Selbstsucht, Angriffslust, Übergriffe, Aneignung der Rechte anderer und andere tadelnswerte Eigenschaften, welche Mängel der Tierwelt sind. Solange daher die Forderungen der Naturwelt die Hauptrolle unter den Menschenkindern spielen, sind Erfolg und Wohlergehen unmöglich. Die Natur ist kriegerisch, die Natur ist blutdürstig, die Natur ist tyrannisch, denn die Natur ist sich Gottes, des Allmächtigen nicht bewußt. Daher kommt es, daß diese grausamen Eigenschaften in der Tierwelt natürlich sind.

Deshalb hat der Herr der Menschheit aus großer Liebe und Barmherzigkeit das Erscheinen der Offenbarer und die Verkündung der heiligen Bücher veranlaßt, auf das die Menschheit durch göttliche Erziehung aus der Zerstörung der Natur und der Finsternis der Unwissenheit erlöst, mit idealen Tugenden und geistigen Eigenschaften ausgestattet und zum Dämmerungsort barmherziger Gefühle werde.

Leider — ach hunderttausendmal sei es geklagt! — werden immer noch Vorurteile aus Unwissen, unnatürliche Meinungsverschiedenheiten und gegnerische Grundsätze gegenseitig unter den Nationen der Welt verbreitet und verschulden damit die Verzögerung des allgemeinen Fortschritts. Dieser Rückschritt rührt von der Tatsache her, daß die Grundsätze göttlicher Zivilisition gänzlich abgetan und die Lehren der Offenbarer vergessen sind.“ (‘ABDU’L-BAHÁ, *Star of the West, Jahrg. VIII, S. 15.)*

Der größte Friede

In jedem Zeitalter weissagten die Offenbarer Gottes das Kommen einer Zeit des „Friedens auf Erden unter den Menschen, die guten Willens sind.“ Wie wir bereits gesehen haben, bestätigt Bahá’u’lláh diese Prophezeiungen in den glühendsten und zuversichtlichsten Worten und erklärt, daß ihre Erfüllung nunmehr bevorstehe. ‘Abdu’l-Bahá sagt:

„In diesem wunderbaren Zyklus aber wird die Erde verwandelt und die Welt der Menschheit mit Frieden und Schönheit geschmückt. Feindseligkeit, Streit und gegenseitiges Töten werden zu Harmonie, Wahrhaftigkeit und Eintracht; zwischen den Nationen, Völkern, Rassen und Ländern werden gutes Einvernehmen und Liebe herrschen. Zusammenarbeit und Verbundenheit werden sich festigen, und schließlich wird der Krieg ganz unmöglich sein . . . Ein universaler Friede wird inmitten dieser Welt errichtet, und der gesegnete Baum des Lebens wird so hoch wachsen und gedeihen, daß sein Schatten über den Osten und den Westen fällt. Die Starken und Schwachen, die Reichen und die Armen, die streitenden Sekten und die gegnerischen Nationen, die dem Wolf und dem Lamm, dem Leoparden und dem Zicklein, dem Löwen und dem Kalb gleichen, werden in größter Liebe, Freundschaft, Gerechtigkeit und Unparteilichkeit zusammenwirken. Die Welt wird von Wissenschaft, vom Wissen um die Geheimnisse des Seins und der Erkenntnis des Herrn erfüllt sein.“
(‘ABDU’L-BAHÁ, *Beantwortete Fragen, S. 71 f.)*

Religiöse Vorurteile

Um klar zu sehen, wie der größte Friede errichten werden kann, wollen wir vor allem einmal die Hauptursachen untersuchen, die bisher zum Kriege geführt haben, und sehen, was Bahá’u’lláh vorschlägt, um diese zu beseitigen.

Eine der folgenreichsten Ursachen des Krieges waren religiöse Vorurteile. Was diese betrifft, so zeigt die Bahá’í-Lehre klar, daß von jeher Feindseligkeit und Streit zwischen Menschen verschiedener Religionen und Sekten nicht der *wahren* Religion, sondern dem Mangel an ihr zuzuschreiben waren. Sie kamen daher, daß falsche Vorstellungen, Nachahmungen und Entstellungen an die Stelle wahrer Religion getreten sind.

In einem Seiner Vorträge in Paris sagte ‘Abdu’l-Bahá:
„Die Religion sollte alle Herzen vereinen und Krieg und Streitigkeiten auf der Erde vergehen lassen, Geistigkeit hervorrufen und jedem Herzen Licht und Leben bringen. Wenn

die Religion zur Ursache von Abneigung, Haß und Spaltung wird, so wäre es besser, ohne sie zu sein, und sich von einer solchen Religion zurückzuziehen wäre ein wahrhaft religiöser Schritt. Denn es ist klar, daß der Zweck des Heilmittels die Heilung ist, wenn aber das Heilmittel die Beschwerden nur verschlimmert, so sollte man es lieber lassen. Jede Religion, die nicht zu Liebe und Einigkeit führt, ist keine Religion."
('ABDU'L-BAHÁ, *Ansprachen in Paris, S. 102.)*

'Abdu'l-Bahá sagte ferner:
„Von Anbeginn der Menschheitsgeschichte bis auf unsere Zeit haben die verschiedenen Religionen der Welt einander in den Bann getan und einander der Falschheit beschuldigt . . . Die einen haben die andern streng gemieden und Feindseligkeit und Groll gehegt. Betrachtet die Geschichte der Religionskriege . . . Einer der größten Religionskriege, die Kreuzzüge, dauerte über zweihundert Jahre . . . Zuweilen waren die Kreuzfahrer siegreich, töteten und plünderten die Muḥammadaner aus und machten sie zu Gefangenen, zuweilen waren die Muḥammadaner siegreich und brachten umgekehrt Blutvergießen und Verderben über die Eindringlinge.
So ging es zwei Jahrhunderte lang fort. Sie bekämpften einander mit Wut und schwächten sich aufs äußerste, bis sich die europäischen Religionskämpfer vom Osten zurückzogen und, die Asche der Verwüstung hinter sich lassend, ihre eigenen Nationen in einem Zustand der Verwirrung und des Aufruhrs vorfanden . . . Doch dies war nur einer der ‚Heiligen Kriege'.
Es gab viele Religionskriege. Neunhunderttausend Märtyrer in der Sache des Protestantismus waren das Ergebnis des Streites und der Meinungsverschiedenheiten zwischen dieser Christengemeinschaft und den Katholiken . . . Wie viele schmachteten in den Gefängnissen! Wie unbarmherzig war die Behandlung der Gefangenen! Alles im Namen der Religion!
Die Christen und die Muḥammadaner betrachteten die Juden als satanisch und als die Feinde Gottes. Daher verfluchten und verfolgten sie dieselben. Eine große Anzahl Juden wurde getötet, ihre Häuser wurden verbrannt und geplündert und ihre Kinder in Gefangenschaft geführt. Umgekehrt betrach-

teten die Juden die Christen als Ungläubige und die Muḥammadaner als Feinde und Zerstörer der Gesetze Moses; daher flehten sie Rache auf sie herab und verfluchten sie bis auf den heutigen Tag.
Als das Licht von Bahá'u'lláh im Osten aufging, verkündigte Er die Erfüllung der Einheit der Menschheit. Er wandte sich an die gesamte Menschheit mit den Worten: ‚Ihr seid alle die Früchte *eines* Baumes. Es gibt nicht zwei Bäume, der eine der Baum der göttlichen Barmherzigkeit und der andere der Baum des Satans'. . . Daher müssen wir einander die größte Liebe erzeigen. Wir dürfen kein Volk als das Volk des Satans betrachten, sondern müssen alle als Diener des einen Gottes erkennen und anerkennen. Höchstens ist es so: Die einen haben keine Erkenntnis, sie müssen geführt und erzogen werden . . . Andere sind unwissend, sie müssen unterrichtet werden. Manche sind wie Kinder, man muß ihnen dazu verhelfen, die Reife zu erlangen. Wieder andere sind leidend, ihr sittlicher Zustand ist schlecht; diese müssen behandelt werden, bis ihre Sitten gereinigt sind. Man darf aber den Kranken nicht hassen, weil er krank ist; man darf das Kind nicht meiden, weil es ein Kind ist, auch darf man den Unwissenden nicht verwerfen, weil ihm Wissen mangelt. Vielmehr muß ihnen Behandlung, Erziehung, Schulung und liebevoller Beistand zuteil werden. Es muß alles getan werden, um dahin zu kommen, daß die ganze Menschheit in größter Sicherheit und im höchsten Grade der Glückseligkeit unter dem Schatten Gottes leben kann." ('ABDU'L-BAHÁ, *Star of the West, Jahrg. VIII, S. 76.)*

Rassische und vaterländische Vorurteile

Die Bahá'í-Lehre von der Einheit der Menschheit rührt an die Wurzel einer anderen Kriegsursache, nämlich an die des Rassenvorurteils. Gewisse Rassen haben sich angemaßt, anderen überlegen zu sein, und sie haben diesen Anspruch mit dem Grundsatz des „Überlebens des Gewandteren" gestützt; die Überlegenheit gäbe ihnen das Recht, die schwächeren Rassen zu ihrem eigenen Vorteil auszubeuten oder sie gar auszurotten. Viele der dunkelsten Seiten der Weltgeschichte sind Beispiele der unbarmherzigen Anwendung dieses Grundsatzes. Nach der Bahá'í-Anschauung sind die Menschen jeder Rasse vor den Augen Gottes gleichwertig. Sie alle haben wunderbare, angeborene Fähigkeiten, die zu ihrer Entwicklung nur eine angemessene Erziehung benötigen, alsdann vermag jeder eine Rolle zu spielen, und anstatt das Leben ärmer zu machen, werden sie das Leben aller andern Glieder des Körpers der Menschheit bereichern und vervollständigen.

'Abdu'l-Bahá sagt:

„Was das Rassenvorurteil anbetrifft, so ist es eine Täuschung, reiner, bloßer Aberglaube, hat Gott doch uns alle aus *einer* Rasse erschaffen . . . Es gab also im Anfang keine Schranken und Grenzen zwischen den verschiedenen Ländern. Kein Teil der Erde gehörte dem einen Volke mehr als dem anderen. Im Angesicht Gottes ist kein Unterschied zwischen den verschiedenen Rassen. Warum sollte der Mensch ein solches Vorurteil erfinden? Wie können wir einen Krieg unterstützen, dessen Ursache eine Einbildung war?

Gott hat die Menschen nicht erschaffen, damit sie einander vernichten. Alle Rassen, Stämme, Sekten und Klassen haben gleichen Anteil an der Güte ihres himmlischen Vaters.

Der einzige Unterschied liegt im Ausmaß ihrer Treue, ihres Gehorsams gegenüber den Gesetzen Gottes. Einige sind wie brennende Fackeln, andere wie Sterne, die am Himmel der Menschheit leuchten. Die Freunde der Menschheit sind die hochstehenden Menschen, gleichviel welcher Nation, welchem Bekenntnis und welcher Farbe sie angehören mögen." ('ABDU'L-BAHÁ, *Ansprachen in Paris, S. 118.)*

Genauso unheilvoll wie das Rassenvorurteil ist das politische oder vaterländische Vorurteil. Die Zeit ist nun gekommen, da die enge nationale Vaterlandsliebe in der erweiterten Vaterlandsliebe, deren Land die Welt ist, eingebettet werden sollte.

Bahá'u'lláh spricht:

„Einst wurde geoffenbart: ‚Die Liebe zum Vaterland ist ein Grundbestandteil des Glaubens Gottes'. Die Zunge der Größe hat indessen am Tage ihrer Offenbarung verkündet: ‚Es rühme sich nicht der, welcher sein Vaterland liebt, sondern der, welcher die Menschheit liebt'. Durch die Kraft, die durch diese erhabenen Worte frei wurde, hat Er den Vögeln der Menschenherzen frischen Schwung und neue Richtung verliehen und jede Spur von Beschränkung und Begrenzung aus Gottes Heiligem Buche getilgt." (BAHÁ'U'LLÁH, *Sendschreiben über die Welt.)*

Ländergier

Viele Kriege wurden eines Stückchen Landes wegen ausgefochten, dessen Besitz von zwei oder mehreren eifersüchtigen Nationen begehrt wurde. Die Gier nach Besitz war von jeher eine Ursache des Streites zwischen den Völkern und den einzelnen. Nach der Bahá'í-Anschauung gehört das Land von rechtswegen weder dem einzelnen Menschen noch einzelnen Nationen, sondern der Menschheit als einem Ganzen. Ja noch mehr, es gehört Gott allein, und alle Menschen sind nur Pächter.

Anläßlich der Schlacht bei Benghazi[34]) sagte 'Abdu'l-Bahá:

„Die Nachricht von der Schlacht bei Benghazi bekümmert mein Herz. Ich wundere mich über die menschliche Grausamkeit, die noch in der Welt ist. Wie können Menschen von morgens bis abends kämpfen, einander töten und das Blut ihrer Mitmenschen vergießen? Und wofür? Nur, um die Herrschaft über ein Stück Erde zu gewinnen! Selbst die Tiere haben beim Kampf einen unmittelbaren und vernünftigeren Anlaß für den Angriff! Wie schrecklich ist es, daß sich Menschen, die dem höheren Reiche angehören, so erniedrigen, daß sie ihre Mitgeschöpfe um den Besitz eines Landstriches erschlagen und mit Elend überziehen!

Das höchste der erschaffenen Wesen kämpft um die niederste Form des Stoffes: Erde. Das Land gehört nicht *einem* Volke, sondern allen. Diese Erde ist nicht des Menschen Heim, sondern sein Grab.

[34]) Ein Gefecht im Krieg zwischen Italien und der Türkei, am 29. September 1911

Wie groß auch der Eroberer sein mag, wie viele Länder er auch versklavt, er kann von diesen verwüsteten Ländern nichts behalten als ein winziges Stück: sein Grab. Wenn zur Verbesserung der Zustände eines Volkes, zur Verbreitung der Zivilisation . . . mehr Land benötigt wird, so müßte es gewiß auch möglich sein, die erforderliche Gebietserweiterung auf friedlichem Wege zu erreichen.

Aber der Krieg wird gemacht, um den menschlichen Ehrgeiz zu befriedigen. Um des weltlichen Gewinnes einiger weniger willen wird schreckliches Elend über ungezählte Heime gebracht und das Herz von Hunderten von Männern und Frauen gebrochen!

Ich heiße euch alle und jeden von euch, alles, was ihr im Herzen habt, auf Liebe und Einigkeit zu richten. Wenn ein Kriegsgedanke kommt, so widersteht ihm mit einem stärkeren Gedanken des Friedens. Ein Haßgedanke muß durch einen mächtigeren Gedanken der Liebe vernichtet werden.

Wenn Soldaten der Welt den Säbel ziehen, um zu töten, so schütteln die Soldaten Gottes einander die Hände. So mag durch die Gnade Gottes, die sich durch die reinen Herzen und aufrichtigen Seelen auswirkt, alle menschliche Wildheit schwinden. Haltet den Frieden der Welt nicht für ein unerreichbares Idealbild!

Nichts ist für Gottes Güte unmöglich.

Wenn ihr von ganzem Herzen Freundschaft mit allen Rassen auf Erden wünscht, so werden sich eure Gedanken geistig und aufbauend verbreiten, sie werden zum Wunsche anderer werden, wachsen und wachsen, bis sie alle Menschen erreichen."
('ABDU'L-BAHÁ, *Ansprachen in Paris, S. 17—19.)*

Weltsprache

Da wir nun einen Blick auf die Hauptursachen des Krieges geworfen und gesehen haben, wie sie zu vermeiden sind, wollen wir gewisse aufbauende Vorschläge, die Bahá'u'lláh in der Absicht, den dauernden Frieden herbeizuführen, machte, näher untersuchen.

Der erste dieser Vorschläge betrifft die Einführung einer Welthilfssprache. Bahá'u'lláh schreibt hierüber in dem Buch *Aqdas* und in vielen Tablets. So spricht Er in dem Tablet *Ishráqát:*

„Das sechste Ishráq bezieht sich auf die Eintracht und Harmonie unter den Menschen. Durch die Strahlen der Einigung wurden die Regionen der Welt zu allen Zeiten erleuchtet und das beste Mittel hierzu ist, sich mit Sprache und Schrift anderer Völker bekannt zu machen. Wir haben schon in früheren Sendschreiben den Bevollmächtigten des ‚Hauses der Gerechtigkeit' befohlen, entweder aus den bestehenden Sprachen eine auszuwählen oder eine neue zu schaffen, und in gleicher Weise eine allgemeine Schrift zu übernehmen, und diese den Kindern in allen Schulen der Welt zu lehren, auf daß die Welt wie *ein* Land und *eine* Heimat werde." (BAHÁ'U'LLÁH, *Ishráqát.)*

Zur Zeit, da Bahá'u'lláh der Welt diesen Vorschlag brachte, wurde in Polen ein Knabe namens Ludwig Zamenhof geboren, dem in der Ausführung dieses Vorschlags eine führende Rolle zu spielen bestimmt war. Von seiner Kindheit an wurde das Ideal einer Weltsprache ein vorherrschendes Motiv in Zamenhofs Leben, und das Ergebnis seiner aufopfernden Arbeit war die Ausbreitung und weite Verbreitung einer unter dem Namen Esperanto bekannt gewordenen Sprache, die den Prüfungen bereits fünfunddreißig Jahre standhielt und sich als ein sehr befriedigendes Mittel für den internationalen Verkehr erwiesen hat. Diese Sprache hat den großen Vorteil, daß es, um sie zu beherrschen, nur den zwanzigsten Teil der Zeit erfordert, die dazu notwendig ist, andere Sprachen, wie beispielsweise Englisch, Französisch oder Deutsch zu beherrschen. Gelegentlich eines Esperantotreffens im Februar 1913 in Paris sprach 'Abdu'l-Bahá folgendes:

„Eine der Hauptursachen der Schwierigkeiten heute in Europa ist die Verschiedenheit der Sprachen. Wir sagen, dieser Mann ist ein Deutscher, der andere ist ein Italiener, dann begegnen wir einem Engländer, dann wieder einem Franzosen. Obwohl sie alle derselben (ursprünglichen) Rasse angehören, bildet doch die Sprache die größte Schranke zwischen ihnen. Wäre eine Welthilfssprache eingeführt, dann würden sie alle als eins betrachtet werden.

Seine Heiligkeit Bahá'u'lláh schrieb vor mehr als vierzig Jahren über diese internationale Sprache. Er sagte, solange keine internationale Sprache eingeführt sei, werde es nicht zu einer völligen Einigung der verschiedenen Teile der Welt kommen, denn wir sehen, daß die Mißverständnisse die Völker von gegenseitiger Verbindung abhalten, und diese Mißverständnisse werden auf keine andere Weise beseitigt werden als durch ein internationale Hilfssprache.

Allgemein gesprochen: weder sind alle Menschen des Ostens völlig über die Ereignisse im Westen unterrichtet noch können sich die Bewohner des Westens in eine gleichgestimmte Verbindung mit den Orientalen setzen. Ihre Gedanken sind wie in einer Büchse verschlossen, und diese zu öffnen, wird die internationale Sprache der Hauptschlüssel sein. Wären wir im Besitz einer Weltsprache, dann könnten die Bücher des Westens leicht in diese Sprache übersetzt werden, und die östlichen Völker würden von ihrem Inhalt unterrichtet werden. In gleicher Weise könnten die Bücher des Ostens zum Nutzen der westlichen Völker in diese Sprache übersetzt werden. Das beste Mittel für den Fortschritt hinsichtlich der Vereinigung des Ostens und des Westens wird eine gemeinsame Sprache sein. Sie wird die ganze Welt zu *einer* Heimat machen und der stärkste Antrieb für den menschlichen Fortschritt werden. Sie wird die Fahne der Einheit der Menschheit hochhalten. Sie wird die Erde zu einem Weltgemeinwesen machen. Sie wird die Ursache der Liebe unter den Menschenkindern sein. Sie wird gute Kameradschaft schaffen zwischen den verschiedenen Rassen.

Preis sei Gott, daß nun Dr. Zamenhof[35]) die Esperantosprache erfunden hat. Diese hat alle wirksamen Eigenschaften, die erforderlich sind, um das internationale Verbindungsmittel zu werden. Wir müssen ihm alle verbunden und dankbar sein für diese edlen Bemühungen, denn damit hat er seinen Mit-

[35]) Es ist von Interesse, daß Zamenhofs Tochter Lydia eine aktive Bahá'í wurde.

menschen hervorragende Dienste geleistet. Durch die unermüdlichen Bemühungen und die Selbstaufopferung seiner Anhänger wird Esperanto Allgemeingut werden. Deshalb müssen wir alle diese Sprache erlernen und so weit wie möglich verbreiten, damit sie Tag für Tag mehr Anerkennung findet, von allen Völkern und Regierungen angenommen und ein Teil des Lehrstoffs in allen öffentlichen Schulen wird. Ich hoffe, daß Esperanto als die Sprache für alle künftigen internationalen Konferenzen und Kongresse angenommen wird, damit alle Menschen nur zwei Sprachen zu erlernen brauchen: ihre Muttersprache und die internationale Sprache. Alsdann wird eine völlige Vereinigung zwischen allen Menschen der Welt hergestellt sein. Seht, wie schwierig es heute ist, mit verschiedenen Völkern zu verkehren. Wenn jemand fünfzig Sprachen erlernt, so mag es dennoch vorkommen, daß er durch ein Land reist, dessen Sprache er nicht kennt. Deshalb hoffe ich, daß ihr die größten Anstrengungen machen werdet, damit diese Esperantosprache weit verbreitet werde."

Während zwar diese Anspielungen auf Esperanto bestimmt und ermutigend sind, bleibt es doch wahr, daß, bis das Haus der Gerechtigkeit die Sache nach Bahá'u'lláhs Anweisung behandelt hat, der Bahá'í-Glaube nicht an Esperanto oder an sonst eine lebende oder künstliche Sprache gebunden ist. 'Abdu'l-Bahá selbst sagte: „Die für Esperanto aufgewendete Liebe und Mühe wird nicht verloren sein, aber es kann nicht *ein* Mensch eine allgemeinverbindliche Sprache konstruieren". *('Abdu'l-Bahá in London, S. 95.)*

Welche Sprache nun angenommen werden soll, und ob es eine lebende Sprache oder eine konstruierte sein wird, ist eine Entscheidung, welche die Völker der Welt noch treffen müssen.

Universales Völkerbündnis

Ein anderer Plan, den Bahá'u'lláh oft machtvoll vertrat, lautete, daß zur Erhaltung des Weltfriedens ein allumfassender Völkerbund gebildet werden soll. In einem Brief an die Königin

Viktoria, geschrieben noch zur Zeit Seiner Gefangenschaft in der Festung 'Akká[36]), sagt Er:

„O Herrscher der Erde! Versöhnt euch miteinander, so daß ihr nicht mehr Kriegsrüstungen benötigt, als dem Schutze eurer Gebiete und Länder angemessen ist. Hütet euch, den Rat des Allwissenden, des Glaubwürdigen zu mißachten.

Seid einig, o Könige der Erde, denn dadurch wird der Sturm des Haders gestillt und eure Völker finden Ruhe — wenn ihr doch unter denen wäret, die das verstehen! Sollte einer unter euch gegen einen anderen die Waffen ergreifen, so erhebt euch alle gegen ihn, denn dies ist nichts als offenbare Gerechtigkeit." *(Die Verkündigung Bahá'u'lláhs, S. 26.)*

Im Jahr 1875 gab 'Abdu'l-Bahá einen Hinweis auf die Errichtung eines allumfassenden Völkerbundes, was besonders in der jetzigen Zeit, angesichts der eifrigen Versuche, einen solchen Völkerbund zu gründen[37]), von besonderem Interesse ist. Er schrieb damals:

„Wahre Kultur wird ihr Banner mitten im Herzen der Welt entfalten, sobald eine gewisse Zahl ihrer vorzüglichen, hochgesinnten Herrscher — leuchtende Vorbilder der Ergebenheit und Entschiedenheit — mit festem Entschluß und klarem Blick daran geht, den Weltfrieden zu stiften. Sie müssen die Friedensfrage zum Gegenstand allgemeiner Beratung machen und mit allen ihnen zu Gebote stehenden Mitteln versuchen, einen Weltvölkerbund zu schaffen, sie müssen einen verbindlichen Vertrag und einen Bund schließen, dessen Verfügungen vernünftig, unverletzlich und bestimmt sind. Diesen Vertrag müssen sie der ganzen Welt bekannt geben und die Bestätigung der gesamten Menschenrasse für ihn erlangen.

Ein derart erhabenes und edles Unternehmen — der wahre Quell des Friedens und Wohlergehens für die ganze Welt — sollte allen, die auf Erden wohnen, heilig sein. Alle Kräfte der Menschheit müssen frei gemacht werden, um die Dauer und Beständigkeit dieses größten aller Bündnisse zu sichern. In diesem allumfassenden Vertrag sollten die Grenzen jedes

[36]) 1868 bis 1870

[37]) Das Buch wurde 1919–1920 geschrieben.

einzelnen Landes deutlich festgelegt, die Grundsätze, die den Beziehungen der Regierungen untereinander zugrunde liegen, klar verzeichnet und alle internationalen Vereinbarungen und Verpflichtungen bekräftigt werden. In gleicher Weise sollte der Umfang der Rüstungen für jede Regierung genauestens umgrenzt werden, denn wenn die Zunahme der Kriegsvorbereitungen und Truppenstärken in irgendeinem Land gestattet wäre, so würde dadurch das Mißtrauen anderer geweckt. Die Hauptgrundlage dieses feierlichen Vertrages sollte so verankert werden, daß bei einer späteren Verletzung irgendeiner Bestimmung durch irgendeine Regierung sich alle Regierungen der Erde erheben, um jene wieder zu voller Unterwerfung unter den Vertrag zu bringen, nein, die Menschheit als Ganzes sollte sich entschließen, mit allen ihr zu Gebote stehenden Mitteln jene Regierung zu vernichten. Sollte dieses größte aller Heilmittel auf den kranken Körper der Welt angewandt werden, so wird er sich gewiß wieder von seinen Leiden erholen und dauernd bewahrt und heil bleiben.“ (‘ABDU’L-BAHÁ, *Das Geheimnis göttlicher Kultur.)*

Die Bahá’í erkennen schwerwiegende Mängel im Gefüge des Völkerbundes[38]), das in seiner Art weit hinter der von Bahá’u’lláh als wesentlich für die Errichtung des Weltfriedens bezeichneten Einrichtung zurückbleibt. Am 17. Dezember 1919 erklärte ‘Abdu’l-Bahá:

„Gegenwärtig ist der Weltfriede eine Sache von großer Bedeutung, aber Einheit des Bewußtseins ist wesentlich, so daß die Grundlage dieser Sache sicher, ihre Begründung fest und ihr Gebäude stark werde . . . Obwohl der Völkerbund zustande gebracht worden ist, so ist er doch unfähig, den Weltfrieden zu errichten. Aber der höchste Gerichtshof, den Seine Heiligkeit Bahá’u’lláh beschrieben hat, wird diese geheiligte Aufgabe mit größter Macht und Kraft erfüllen.“ (‘ABDU’L-BAHÁ, *An die Zentralorganisation für einen dauerhaften Frieden im Haag)*

[38]) Die gleichen Betrachtungen gelten für die Organisation der Vereinten Nationen.

Internationaler Schiedsspruch

Bahá'u'lláh trat auch für die Errichtung eines internationalen Schiedsgerichtshofs ein, damit Meinungsverschiedenheiten zwischen den Nationen anstatt durch Anruf des Gottesurteils der Schlacht, durch Gerechtigkeit und Vernunft beigelegt werden.

In einem Brief an den Sekretär der Mohonk-Konferenz für internationale Schlichtung schrieb 'Abdu'l-Bahá im August 1911:

> „Vor mehr als fünfzig Jahren befahl Bahá'u'lláh der Menschheit im *Buch Aqdas* den Weltfrieden aufzurichten, und rief alle Nationen zum göttlichen Fest eines internationalen Schiedsspruchs, damit die Fragen der Grenzen, nationaler Ehre, nationalen Eigentums und zwischenstaatlicher Lebensinteressen durch einen Schiedsgerichtshof geregelt werden können, und daß keine Nation es wagen würde, sich zu weigern, die auf diese Weise erlangte Entscheidung anzunehmen. Wenn sich ein Streit zwischen zwei Nationen erhebt, so muß dieser vor den internationalen Gerichtshof gebracht und von diesem geschlichtet und entschieden werden, gleichwie zwischen zwei Personen vom Richter das Urteil gefällt wird. Wenn eine Nation es jemals wagen sollte, eine solche Entscheidung zu übertreten, müßten sich alle anderen Nationen erheben und diese Auflehnung niederschlagen."

In einer Seiner Pariser Reden von 1911 sagte 'Abdu'l-Bahá ferner:

> „Ein höchster Gerichtshof muß durch die Völker und Regierungen aller Staaten errichtet werden und aus gewählten Mitgliedern aller Länder und Regierungen bestehen. Die Mitglieder dieses großen Rates müssen in Einigkeit tagen. Alle Streitigkeiten internationalen Charakters sind diesem Gerichtshof zu unterbreiten, dessen Sache es ist, durch Schiedsspruch alles zu schlichten, was sonst zur Ursache des Krieges würde. Die Aufgabe dieses Gerichtshofes wäre, den Krieg zu verhindern." ('ABDU'L-BAHÁ, *Ansprachen in Paris, S. 124.)*

Während des Vierteljahrhunderts, das der Errichtung eines Völkerbundes vorausging, wurde im Haag (1900) ein ständiger Schiedsgerichtshof errichtet, in dem manche schiedsrichterlichen

Verträge unterzeichnet wurden. Aber die meisten dieser Verträge waren noch weit entfernt von den umfassenden Vorschlägen von Bahá'u'lláh. Es wurde kein schiedsgerichtlicher Vertrag zwischen zwei Großmächten geschlossen, der alle Streitfragen enthalten hätte. Streitfragen, die „Lebensinteressen", die „Ehre" und „Unabhängigkeit" betreffend, waren ausdrücklich ausgeschlossen. Aber nicht nur dies, sondern auch wirkliche Garantien fehlten, daß sich die Nationen an die Bestimmungen der Verträge, denen sie sich unterworfen haben, halten würden. In dem Bahá'í-Plan sind aber Fragen der Grenzgebiete, Fragen über nationale Ehre und Lebensinteressen ausdrücklich eingeschlossen, und diese Abkommen werden die beste Gewähr für den hinter ihnen stehenden Weltbund der Nationen bieten. Nur wenn diese Vorschläge vollständig durchgeführt werden, wird ein internationaler Schiedsspruch völligen Spielraum für seine segensreichen Möglichkeiten haben, und der Fluch des Krieges wird endlich von der Welt genommen werden.

Rüstungsbegrenzung

'Abdu'l-Bahá sagt:

„Alle Regierungen der Welt müssen durch ein allgemeines Übereinkommen gleichzeitig abrüsten. Es würde nichts helfen, wenn die eine ihre Waffen niederlegte und die anderen sich weigern würden, dasselbe zu tun. Die Nationen der Welt müssen hinsichtlich dieser höchst wichtigen Angelegenheit übereinstimmen, auf daß sie zusammen die tödlichen Waffen der Menschenschlächterei endgültig niederlegen. Solange ein Volk seinen Rüstungsetat zu Wasser und zu Lande vergrößert, werden andere Nationen gezwungen sein, diesen zermalmenden Wettbewerb infolge ihrer natürlichen und eingebildeten Interessen mitzumachen. *(Aus dem Tagebuch von Mírzá Aḥmad Sohrab, 11.—14. Mai 1914.)*

Kein Widerstand

Als eine religiöse Körperschaft haben die Bahá'í den ausdrücklichen Befehl von Bahá'u'lláh, sich in eigenem Interesse jeden

Gebrauchs von Waffen, selbst zu reinen Verteidigungszwecken, zu enthalten. In Persien haben viele Tausende von Bábí und Bahá'í ihres Glaubens wegen grausamen Tod erduldet. In den frühesten Tagen dieser Religion verteidigten die Bábí bei verschiedenen Gelegenheiten sich selbst und ihre Familien mit dem Schwert, mit großem Mut und großer Tapferkeit. Bahá'u'lláh jedoch verbot dies. 'Abdu'l-Bahá schreibt:

„Als Bahá'u'lláh auftrat, erklärte Er, daß die Verbreitung der Wahrheit durch solche Mittel keinesfalls erlaubt sei, auch nicht zum Zweck der Selbstverteidigung. Er schaffte die Herrschaft des Schwertes ab und hob die Verordnung des ‚Heiligen Kriegs' auf. Er sprach: ‚Erschlagen zu werden ist besser für euch als zu erschlagen. Es ist die Festigkeit und Standhaftigkeit der Gläubigen, durch die die Sache des Herrn verbreitet werden muß. Wenn sich die Gläubigen furchtlos und unerschrocken und mit unbedingter Loslösung erheben, um das Wort Gottes hochzuhalten, wenn sie sich mit Augen, die von den Dingen dieser Welt abgekehrt sind, in den Dienst der Sache des Herrn stellen, dann werden sie durch Seine Macht das Wort der Wahrheit den Sieg davontragen lassen. Diese gesegneten Seelen bekennen sich mit ihrem Lebensblut zu der Wahrheit der Sache, und sie bezeugen sie durch die Aufrichtigkeit ihres Glaubens, durch ihre Hingabe und Standhaftigkeit. Der Herr kann helfen, Seine Sache zu verbreiten und die Eigensinnigen zu besiegen. Wir wünschen keinen anderen Verteidiger als Ihn, und mit unserem Leben in der Hand bieten wir den Feinden die Stirne und heißen das Märtyrertum willkommen."

Bahá'u'lláh schrieb an einen der Verfolger Seiner Sache:

„Gnädiger Gott! Dieses Volk braucht keine Vernichtungswaffen, denn es rüstet sich, die Welt neu zu gestalten. Seine Heerscharen sind gute Taten, seine Waffen aufrechtes Betragen, und sein Befehlshaber ist die Gottesfurcht. Gesegnet ist, wer gerecht urteilt. Bei der Gerechtigkeit Gottes! Geduld, Friedfertigkeit, Ergebenheit und Zufriedenheit dieser Menschen waren so groß, daß sie zu Vorbildern der Gerechtigkeit wurden, und ihre Nachsicht war so umfassend, daß sie sich lieber töten ließen als selbst zu töten, und dies, obwohl sie, von aller Welt unterdrückt, Leiden ertragen mußten, wie sie die Geschichte nicht verzeichnete noch die Augen irgendeines Volkes jemals schauten. Was kann sie dazu geführt haben, sich in so schwere Prüfungen zu finden und es abzulehnen, eine Hand zur Abwehr zu erheben? Was kann solche Ergebenheit und Gelassenheit bewirkt haben? Die wahre Ursache liegt in dem Verbot, das die Feder der Herrlichkeit Tag und Nacht aussprach, und darin, daß Wir die Zügel der Autorität ergriffen, vermöge der Kraft und Macht des Herrn der ganzen Menschheit." ('BAHÁ'U'LLÁH, *Brief an den Sohn des Wolfes, S. 75)*

Das Gesunde der Politik der Widerstandslosigkeit von Bahá'u'lláh hat sich schon durch Erfolge bewiesen: Für jeden Gläubigen, der in Persien den Märtyrertod erlitt, haben sich dem Bahá'í-Glauben hundert neue Gläubige zugesellt. Und die Freudigkeit und Unerschrockenheit, mit der diese Märtyrer die Krone ihres Lebens zu Füßen ihres Herrn legten, lieferte der Welt den klarsten Beweis, daß sie ein neues Leben gefunden haben, für das der Tod keine Schrecken hat, ein Leben von unaussprechlicher Fülle und Freude, mit der verglichen die Freuden der Erde wie Staub in der Waagschale sind und die teuflischsten körperlichen Foltern wie spielendes Licht, wie Luft.

Berechtigte Kriegführung

Obschon Bahá'u'lláh gleich Christus Seinen Gläubigen als Einzelmenschen und als religiöse Körperschaft rät, ihren Feinden keinen Widerstand zu leisten, sondern vielmehr ihnen zu vergeben, so lehrt Er doch, daß es Pflicht der Gesamtheit sei, Ungerechtigkeit und Unterdrückung zu verhindern. Wenn die einzelnen verfolgt werden und ihnen Unrecht geschieht, so sei es recht für sie, zu vergeben und sich der Vergeltung zu enthalten. Es wäre aber unrecht von der Gesamtheit, Plünderung und Mordtaten innerhalb ihrer Grenzen immerfort ungehindert geschehen zu lassen. Es ist Pflicht einer guten Regierung, Übeltaten zu verhindern und die Schuldigen zu bestrafen[39]).

[39]) Siehe auch Abschnitt über die Behandlung der Verbrecher, Kapitel 9. S. 178 f.

So ist es auch mit der Völkergemeinschaft. Wenn eine Nation die andere unterdrückt oder ihr Unrecht zufügt, so ist es Pflicht aller anderen Nationen, sich zusammenzuschließen, um eine solche Unterdrückung zu verhindern. 'Abdu'l-Bahá sagt:

„Es mag vorkommen, daß zu gegebener Zeit kriegerische und wilde Horden den politischen Körper eines Volkes wütend angreifen, in der Absicht, seine Glieder gänzlich niederzumachen. Unter solchen Umständen ist eine Verteidigung notwendig."

Bisher war es unter der Menschheit üblich, daß, wenn ein Volk das andere angriff, die anderen Nationen der Welt neutral blieben und, sofern ihre eigenen Interessen nicht berührt oder bedroht wurden, keine Verantwortung in diesen Angelegenheiten auf sich nahmen. Die ganze Bürde der Verteidigung wurde der angegriffenen Nation überlassen, so schwach und hilflos sie auch sein mochte. Die Lehren von Bahá'u'lláh kehren diese Stellungnahme um und legen die Verantwortung der Verteidigung nicht nur auf die angegriffene Nation, sondern ebenso auf *alle* andern, einzeln und gesamt. Da die ganze Menschheit *eine* Gemeinschaft ist, so ist ein Angriff auf *eine* Nation ein Angriff auf die Gemeinschaft und sollte daher von der Gemeinschaft abgewiesen werden. Wenn diese Lehre allgemein anerkannt und wenn nach ihr gehandelt würde, so wüßte eine Nation, die einen Angriff auf eine andere im Sinn hätte, schon im voraus, daß sie mit dem Widerstand nicht nur dieser Nation, sondern mit dem aller anderen Nationen der Welt zu rechnen hätte. Diese Erkenntnis würde genügen, selbst die keckste und kriegslustigste Nation abzuschrecken. Wenn ein genügend starker Bund friedlicher Nationen geschlossen ist, dann wird der Krieg der Vergangenheit angehören. In der Übergangszeit vom alten Zustand internationaler Gesetzlosigkeit zum neuen Zustand internationalen Zusammenhalts werden Angriffskriege immer noch möglich sein, und unter diesen Umständen mag militärische oder andere zwangsweise Tätigkeit in Sachen der internationalen Gerechtigkeit, der Einigkeit und des Friedens eine ausdrückliche Pflicht sein. 'Abdu'l-Bahá schreibt über einen solchen Fall:

„Ein Feldzug kann eine lobenswerte Tat sein, und es gibt Zeiten, zu denen der Krieg die mächtige Grundlage des Friedens, der Untergang das Mittel zum Wiederaufbau ist. Wenn zum Beispiel ein hochgesinnter Herrscher seine Truppen ins Feld führt, um das Vordringen eines Aufrührers oder eines Angreifers von außen abzuwenden, wenn er sich mit Heeresmacht anschickt, ein entzweites Staatsvolk zu einigen, kurz, wenn er eine gerechte Sache verficht, dann ist dieser scheinbare Grimm Gnade, diese äußerliche Gewaltanwendung wirkliche Gerechtigkeit und ein Feldzug der Grundstein des Friedens. Heute ist jedoch die Aufgabe, die einem großen Herrscher zukommt, die Errichtung des Weltfriedens, denn darin liegt die Freiheit aller Völker beschlossen." ('ABDU'L-BAHÁ, *Das Geheimnis göttlicher Kultur*)

Die Einheit des Ostens und des Westens

Eine andere Triebkraft, die dazu helfen wird, den Weltfrieden zustande zu bringen, ist der Zusammenschluß des Ostens und des Westens. Der Größte Friede besteht nicht nur im Aufhören der Feindseligkeiten, sondern in einer fruchtbaren Vereinigung und in einem herzlichen Zusammenarbeiten der bisher getrennten Völker der Erde, was viele Früchte tragen wird. In einer Seiner Reden in Paris sagte 'Abdu'l-Bahá:

„In der Vergangenheit wie in der Gegenwart hat die geistige Sonne der Wahrheit stets vom Horizont des Ostens her geschienen. Im Osten erhob sich Moses, um das Volk zu führen und zu lehren, am östlichen Horizont auch der Herr Christus. Muḥammad wurde zu einem östlichen Volk gesandt. Der Báb stand im Ostland Persien auf. Bahá'u'lláh lebte und lehrte im Osten. Alle großen geistigen Lehrer erschienen in der Welt des Ostens. Doch obgleich die Sonne Christi im Osten aufging, wurden ihre Strahlen im Westen sichtbar, wo man die Herrlichkeit ihres Glanzes klarer erkannte. Das göttliche Licht Seiner Lehren leuchtete kräftiger in der westlichen Welt, in der es einen rascheren Fortschritt als im Lande seines Ursprungs nahm.

In diesen Tagen bedarf der Osten eines materiellen Fortschritts und der Westen eines geistigen Ideals. Es wäre für den Westen gut, sich um Erleuchtung an den Orient zu wenden und ihm dagegen seine wissenschaftlichen Kenntnisse zu vermitteln. Dieser Gabenaustausch muß erfolgen. Osten und Westen müssen sich zusammenschließen, um einander das zu geben, was sie brauchen. Diese Vereinigung wird eine wahre Zivilisation hervorbringen, in der das Geistige im Materiellen Ausdruck und Verwirklichung findet.

Wenn so der eine vom anderen empfängt, wird größte Eintracht herrschen, die ganze Welt vereint und ein Zustand hoher Vervollkommnung erreicht sein. Es wird ein festgeknüpftes Band bestehen und diese Welt zu einem leuchtenden Spiegel für die Eigenschaften Gottes werden.

Wir alle, die Nationen des Ostens und die des Westens, müssen Tag und Nacht mit Herz und Seele danach streben, dieses hohe Ideal, den Zusammenschluß zur Einheit aller Völker der Erde zu vollenden. Jedes Herz wird dann erfrischt und jedes Auge aufgetan, die wundervollste Kraft gewonnen und das Glück der Menschenwelt gesichert sein . . .

Dies wird das Paradies auf Erden sein, das kommen wird, wenn das ganze Menschengeschlecht unter dem Zelte der Einigkeit im Reich der Herrlichkeit versammelt ist.“ (‘ABDU’L-BAHÁ, *Ansprachen in Paris, S. 12 f.)*

11. Kapitel

VERSCHIEDENE VERORDNUNGEN UND LEHREN

„Wisse, daß in jedem Zeitalter und in jeder Sendung alle göttlichen Verordnungen geändert und dem Erfordernis der Zeit entsprechend gewandelt wurden, das Gesetz der Liebe ausgenommen, das, einer Quelle gleich, immer fließt und nie einem Wandel unterliegt.“ (BAHÁ'U'LLÁH)

Mönchsleben

Wie schon Muḥammad, verbietet auch Bahá'u'lláh Seinen Anhängern, ein Leben mönchischer Abgeschlossenheit zu führen.

Im Tablet an Napoleon III. lesen wir:
„O Schar der Mönche! Schließt euch nicht ab in Kirchen und und Klöstern. Kommt mit Meiner Erlaubnis hervor und befaßt euch mit dem, was euren Seelen und den Seelen der Menschen nützen wird . . . Schließt die Ehe, damit nach euch ein anderer euren Platz ausfüllen möge. Wir haben euch treulose Taten verboten, nicht aber das, was Treue beweisen wird. Habt ihr euch an die Normen geklammert, die euer eigenes Selbst aufgestellt hat, und das Richtmaß Gottes von euch geworfen? Fürchtet Gott und gesellt euch nicht zu den Narren. Wenn nicht der Mensch, wer könnte Mich auf Meiner Erde erwähnen, und wie könnten Meine Merkmale und Mein Name geoffenbart worden sein? Denkt darüber nach und gehört nicht zu denen, die verhüllt sind und fest schlafen. Er, der nicht heiratete (Jesus), fand keinen Platz, wo Er wohnen oder Sein Haupt niederlegen konnte um dessentwillen, was die Hände der Verräter Ihm angetan haben. Seine Heiligkeit besteht nicht in dem, war ihr glaubt oder euch einbildet, sondern vielmehr in dem, was Wir besitzen. Bittet, auf daß ihr Seine Stufe begreifen möget, die erhöht wurde über die Vor-

stellung aller, die auf Erden wohnen. Gesegnet sind, die dies verstehen ..." *(Die Verkündigung Bahá'u'lláhs, S. 106 f.)*

Erscheint es nicht seltsam, daß christliche Sekten das Mönchsleben und das Zölibat für die Geistlichkeit eingeführt haben angesichts der Tatsache, daß Christus verheiratete Männer zu Seinen Jüngern erwählte, und Er selbst und Seine Apostel ein Leben tätigen Wohltuns lebten, in enger Verbindung und vertrautem Umgang mit den Menschen?

Im Qur'án von Muḥammad lesen wir:

„Jesus, dem Sohne der Maria, gaben Wir das Evangelium, und Wir legten in die Herzen derer, die Ihm nachfolgten, Güte und Mitgefühl. Was aber das Mönchsleben anbelangt, das haben sie selbst erfunden. Den Wunsch, nur Gott wohlzugefallen, schrieben Wir ihnen vor, und den beachteten sie nicht, wie sie ihn hätten beachten sollen." *(Qur'án 57, 27.)*

Welche Berechtigung für das Mönchsleben auch in alten Zeiten und vergangenen Verhältnissen bestanden haben mag. Bahá'u'lláh erklärt, daß solch eine Berechtigung nicht länger vorhanden ist. Und in der Tat, es ist unverkennbar, daß der Austritt einer großen Zahl der Frömmsten und Gottesfürchtigsten der Bevölkerung aus der Gemeinschaft mit ihren Mitmenschen und ihr Zurückweichen vor den Pflichten und der Verantwortlichkeit der Elternschaft eine geistige Verarmung des Menschengeschlechts zur Folge hat.

Ehe

Die Bahá'í-Lehren schreiben Einehe vor, und Bahá'u'lláh macht die Eheschließung von der Zustimmung beider Partner und ihrer Eltern abhängig. Er sagt im Buch *Aqdas:*

„Wahrlich, im Buch Bayán (der Offenbarung des Báb) ist die Angelegenheit abhängig gemacht von der Zustimmung beider. Weil Wir wünschten, Liebe und Freundschaft und die Einigkeit der Menschen hervorzubringen, machten Wir es auch von der Zustimmung der Eltern abhängig, auf daß Feindschaft und Übelwollen vermieden werden mögen.“ (BAHÁ’U’LLÁH, *Kitáb-í-Aqdas.)*

Über diesen Punkt schrieb ‘Abdu’l-Bahá an einen Fragesteller: „Was die Frage der Heirat im Einklang mit dem Gesetze Gottes betrifft: Zunächst mußt du deine Wahl treffen, und dann hängt es ab von der Zustimmung von Vater und Mutter. Ehe du nicht gewählt hast, haben diese kein Recht, sich darein zu mischen.“ *Tablets of ‘Abdu’l-Bahá, Bd. III, S. 563.)*

‘Abdu’l-Bahá sagt, daß infolge dieser Vorsichtsmaßregel von Bahá’u’lláh die gespannten Beziehungen zwischen den Verschwägerten, wie sie in christlichen und muhammadanischen Ländern sprichwörtlich geworden sind, unter den Bahá’í beinahe unbekannt seien, und daß Ehescheidung ebenso ein sehr seltenes Ereignis sei. Er schreibt über die Ehe:

„Bahá’í-Ehe bedeutet Einheit und herzliche Zuneigung der beiden Partner. Sie müssen einander die größte Aufmerksamkeit erweisen und jedes sich mit der Wesensart des andern vertraut machen. Der feste Bund zwischen ihnen muß eine ewige Bindung werden, und ihr Bestreben muß Wesensverwandtschaft, Freundschaft, Einigkeit und Leben für ewig sein . . . Die Heirat von Bahá’í bedeutet, daß Mann und Frau geistig und körperlich eins werden müssen, damit sie ewig geeint sein mögen in allen Welten Gottes und einander im geistigen Leben vervollkommnen.“ *(Tablets of ‘Abdu’l-Bahá.)*

Die äußere Form der Bahá’í-Eheschließung ist sehr einfach: einzige Bedingung ist, daß Bräutigam und Braut in Gegenwart von mindestens zwei Zeugen sprechen: „Wir wollen uns wirklich ganz an Gottes Willen halten“.

Scheidung

In den Fragen der Scheidung wie der Heirat sind die Anweisungen der Offenbarer den Zeitverhältnissen entsprechend voneinander abgewichen. ‘Abdu’l-Bahá stellt die Bahá’í-Lehre bezüglich der Scheidung so dar:

Die Freunde (Bahá'í) müssen unbedingt von einer Scheidung absehen, es sei denn, daß etwas vorgekommen ist, was sie zwingt, sich aus gegenseitiger Abneigung zu trennen. In einem solchen Fall mögen sie sich mit Kenntnis des Geistigen Rates zur Trennung entschließen. Sie müssen dann geduldig sein und ein volles Jahr warten. Wenn während dieses Jahres zwischen ihnen der Einklang nicht wieder hergestellt wird, dann mag ihre Scheidung vollzogen werden . . . Die Grundlage des Königreichs Gottes beruht auf Einklang und Liebe, Einheit, Verbundenheit und Einigkeit, nicht auf Streit, besonders nicht zwischen Mann und Frau. Wenn einer von beiden die Ursache der Scheidung wird, wird dieser unfehlbar in große Schwierigkeiten geraten, das Opfer schlimmen Unheils werden und schwere Gewissensbisse leiden." ('ABDU'L-BAHÁ, *in einem Tablet an die Bahá'í in Amerika.)*

Im Punkte der Scheidung wie in andern Angelegenheiten werden die Bahá'í natürlich nicht allein durch die Bahá'í-Lehre gebunden sein, sondern auch durch die Gesetze des Landes, in dem sie leben.

Der Bahá'í-Kalender

Bei den verschiedenen Völkern und zu verschiedenen Zeiten wurden verschiedene Systeme für die Zeitrechnung und für das Festlegen von Daten gewählt, und noch heute sind verschiedene voneinander abweichende Kalender in täglichem Gebrauch, wie der gregorianische in Westeuropa, der julianische in manchen Ländern Osteuropas, der jüdische bei den Juden und der muḥammadanische bei den Gemeinschaften des Islám.

Der Báb kennzeichnete die Bedeutung des Zeitalters, als dessen Herold Er kam, durch die Einführung eines neuen Kalenders. In diesem ist, wie im gregorianischen Kalender, der Mondmonat fallen gelassen und das Sonnenjahr gewählt.

Das Bahá'í-Jahr besteht aus 19 Monaten zu je 19 Tagen (was 361 Tage ergibt), mit der Hinzunahme gewisser „Schalttage" (vier im gewöhnlichen und fünf im Schaltjahr) zwischen dem 18. und dem 19. Monat, um den Kalender dem Sonnenjahr anzupassen. Der Báb nannte die Monate nach den Eigenschaften Gottes. Das Bahá'í-Neujahr ist, gleich dem alten persischen Neujahr, astronomisch festgelegt, beginnend bei der März-Tag- und Nachtgleiche (gewöhnlich am 21. März). Das Bahá'í-Zeitalter beginnt mit dem Jahre der Erklärung des Báb (1844 n. Chr., 1260 d. H.)

Hier folgen die Monate nach dem Bahá'í-Kalender:

Monat	Arabischer Name	Übersetzung	Die ersten Tage fallen auf:
1.	Bahá	Glanz	21. März
2.	Jalál	Herrlichkeit, Ruhm	9. April
3.	Jamál	Schönheit	28. April
4.	'Aẓamat	Größe	17. Mai
5.	Núr	Licht	5. Juni
6.	Raḥmat	Barmherzigkeit	24. Juni
7.	Kalimát	Worte	13. Juli
8.	Kamál	Vollkommenheit	1. August
9.	Asmá'	Namen	20. August
10.	'Izzat	Macht, Würde	8. September
11.	Mashíyyat	Wille	27. September
12.	'Ilm	Erkenntnis, Wissen	16. Oktober
13.	Qudrat	Kraft, Macht	4. November
14.	Qawl	Sprache	23. November
15.	Masa'il	Fragen	12. Dezember
16.	Sharaf	Ehre	31. Dezember
17.	Sulṭán	Herrschaft	19. Januar
18.	Mulk	Oberherrschaft	7. Februar
Eingeschobene Tage, 26. Februar bis 1. März einschließlich			
19.	'Alá	Erhabenheit	2. März

In nicht ferner Zeit wird es nötig werden, daß sich alle Völker der Welt auf einen gemeinsamen Kalender einigen.

Es erscheint daher durchaus angebracht, daß das neue Zeitalter der Einheit auch einen neuen Kalender bringt, frei von den Bedenken und Zusammenhängen, die jeden der älteren Kalender für große Teile der Weltbevölkerung unannehmbar machen, und es ist schwer abzusehen, welche andere Anordnung sich durch die gleiche Einfachheit und Bequemlichkeit auszeichnen könnte, wie die, welche der Báb vorschlug.

Geistige Räte

Ehe 'Abdu'l-Bahá Seine irdische Mission erfüllte, hatte Er eine Grundlage für die Entwicklung der in Bahá'u'lláhs Schriften aufgestellten Verwaltungsordnung gelegt. Um die hohe Bedeutung, die der Institution des Geistigen Rates beigemessen werden muß, zu zeigen, erklärte 'Abdu'l-Bahá in einem Tablet, daß eine gewisse Übersetzung durch den Geistigen Rat von Kairo vor der Veröffentlichung gutgeheißen werden müsse, obwohl sogar Er selbst den Text überprüft und verbessert hatte.

Unter einem Geistigen Rat ist der Verwaltungskörper von neun Personen zu verstehen, der jährlich durch jede örtliche Bahá'í-Gemeinde gewählt wird, und der mit der Vollmacht zu Entscheidungen in allen Fragen gemeinsamer Tätigkeit in der Gemeinde bekleidet ist. Diese Bezeichnung ist zeitlich begrenzt, da in Zukunft die Geistigen Räte Häuser der Gerechtigkeit genannt werden.

Anders als die Kirchenorganisationen sind diese Bahá'í-Körperschaften eher soziale als kirchliche Einrichtungen, d. h., sie wenden das Gesetz der Beratung auf alle Fragen und Schwierigkeiten an, die sich unter den Bahá'í erheben, und die nicht vor das Zivilgericht gebracht werden sollen, und suchen Einigkeit sowohl als Gerechtigkeit in der Gemeinde zu fördern. Der Geistige Rat ist in keiner Weise mit dem Priestertum oder der Geistlichkeit gleichbedeutend, ist aber verantwortlich für das Hochhalten der Lehren, die Anregung zu tätigem Dienst, das Abhalten von Versammlungen, die Aufrechterhaltung der Einheit, die treuhänderische Verwaltung des Bahá'í-Eigentums für die Gemeinde und deren Vertretung in ihren Beziehungen zur Öffentlichkeit und zu anderen Bahá'í-Gemeinden.

Die Beschaffenheit des Geistigen Rates, des Örtlichen wie des Nationalen, wird ausführlicher in dem Abschnitt über 'Abdu'l-

Bahás Willen und Testament im letzten Kapitel dieses Buches beschrieben. Seine allgemeinen Aufgaben werden von Shoghi Effendi wie folgt umrissen:

„Die Angelegenheit des Lehrens, seine Richtung, seine Wege und Mittel, sein Ausmaß, seine Festigung, so wichtig dies alles für das Wohl der Sache ist, stellt in keiner Weise den einzigen Gegenstand dar, welcher die volle Aufmerksamkeit dieser Geistigen Räte finden sollte. Ein sorgsames Studium der Tablets von Bahá'u'lláh und 'Abdu'l-Bahá läßt erkennen, daß andere Pflichten, nicht weniger lebenswichtig für das Wohl der Sache, den erwählten örtlichen Vertretern der Freunde anheimfallen.

Ihnen obliegt, wachsam und vorsichtig, verschwiegen und achtsam zu sein und zu allen Zeiten den Tempel der Sache vor den Pfeilen der Unheilstifter und dem Ansturm der Feinde zu beschützen. Sie müssen sich bemühen, Freundschaft und Eintracht unter den Freunden zu fördern, jegliche sich weiterschleppende Spur von Mißtrauen, Kühle und Entfremdung aus den Herzen zu tilgen und statt dessen eine tätige Zusammenarbeit aus ganzem Herzen für den Dienst in der Sache zu sichern. Sie müssen ihr Äußerstes tun, jederzeit die helfende Hand den Armen, Kranken, Krüppeln, Waisen und Witwen, gleichgültig welcher Farbe, Klasse oder Konfession, entgegenzustrecken.

Sie müssen mit allen ihnen zur Verfügung stehenden Mitteln die materielle und geistige Aufklärung der Jugend und die Erziehung der Kinder fördern, wenn immer möglich Bahá'í-Erziehungsinstitutionen gründen, deren Arbeit organisieren und die besten Möglichkeiten für ihre Entwicklung und Fortsetzung schaffen.

Sie müssen das Abhalten von regelmäßigen Versammlungen der Freunde, von Festen und Gedenktagen ermöglichen, und ebenso von besonderen Versammlungen, dazu bestimmt, dem sozialen, intellektuellen und geistigen Wohle ihrer Mitmenschen zu dienen. Sie müssen in diesen Tagen, da die Sache noch in ihrer Kindheit ist, Bahá'í-Veröffentlichungen und Übersetzungen überprüfen und allgemein für eine würdige und richtige Vertretung aller Bahá'í-Literatur und deren Verteilung an die allgemeine Öffentlichkeit sorgen."

Die Möglichkeiten, die in Bahá'í-Institutionen schlummern, können nur dann richtig geschätzt werden, wenn man sich vergegenwärtigt, wie rasch die moderne Zivilisation im Zerfall begriffen ist aus Mangel an jener geistigen Kraft, die allein das nötige Maß von Verantwortlichkeit und Ergebenheit gegenüber den Führern und die nötige Treue gegenüber den Einzelgliedern der Gesellschaft schaffen kann.

Bahá'í-Feste, Gedenktage und Fasttage

Naw-Rúz (Neujahr), 21. März,
Riḍván-Fest (Erklärung Bahá'u'lláhs), 21. April bis 2. Mai.
Erklärung des Báb, 23. Mai[40]).
Hinscheiden Bahá'u'lláhs, 29. Mai.
Märtyrertod des Báb, 9. Juli.
Geburt des Báb, 20. Oktober.
Geburt Bahá'u'lláhs, 12. November.
Tag des Bündnisses, 26. November.
Hinscheiden 'Abdu'l-Bahás, 28. November 1921.
Fastenzeit, 19 Tage vom 1. 'Alá = 2. März an.

Feste

Die der Bahá'í-Religion eigene Freudigkeit findet ihren Ausdruck in zahlreichen Festen und Feiertagen im Verlaufe des Jahres. In einer Ansprache beim Naw-Rúz-Fest in Alexandria, Ägypten, sagte 'Abdu'l-Bahá im Jahre 1912:

> „In jedem Zyklus und mit jeder Offenbarung gibt es in den geheiligten Gesetzen Gottes gesegnete Feste, Feiertage und arbeitsfreie Tage. An solchen Tagen sollten alle Arten von Beschäftigung, Handel, Industrie, Landbau und dergleichen unterlassen werden.

[40]) Das Datum gilt auch für die Geburt 'Abdu'l-Bahás.

Alle sollten sich miteinander freuen, allgemeine Versammlungen abhalten, wie eine Gemeinde werden, damit die nationale Einheit, Einigkeit und Harmonie allen vor Augen geführt wird.

Weil es gesegnete Tage sind, sollten sie nicht vernachlässigt oder ihrer Wirkung beraubt werden, indem man sie zu Tagen macht, an denen man sich nur dem Vergnügen hingibt.

Während solcher Tage sollten Einrichtungen geschaffen werden, die von dauerndem Segen und Wert für die Menschen sind . . .

Heute trägt nichts größeren Erfolg oder größere Frucht als die Führung der Menschen. Unzweifelhaft müssen an solchem Tag menschenfreundliche oder ideale Spuren von den Freunden Gottes sichtbar zurückbleiben, die in die ganze Menschheit hinausdringen und nicht nur den Bahá'í zugute kommen. In dieser wundervollen Sendung gelten menschendienliche Angelegenheiten für die ganze Menschheit ohne Ausnahme, weil jene die Offenbarung der Barmherzigkeit Gottes ist. Es ist daher meine Hoffnung, daß die Freunde Gottes, jeder und alle, wie die Barmherzigkeit Gottes zur ganzen Menschheit werden mögen."

Die Feste Naw-Rúz und Riḍván, die Jahrestage der Geburt des Báb und von Bahá'u'lláh, sowie der Jahrestag der Erklärung des Báb (der auch der Geburtstag von 'Abdu'l-Bahá ist), sind für die Bahá'í die großen Freudentage des Jahres. In Persien werden sie mit einem Mahl im Freien und mit festlichen Versammlungen gefeiert, bei denen Musik, Singen von Liedern und Tablets geboten und kurze Ansprachen je nach Gelegenheit von den Anwesenden gehalten werden. Die Eingeschobenen Tage zwischen dem 18. und dem 19. Monat (26. Februar bis 1. März einschließlich) sind ganz besonders der Bewirtung der Freunde, dem Geschenkegeben, der Fürsorge für die Armen und Kranken und dergleichen gewidmet.

Die Jahrestage des Märtyrertums des Báb und des Heimgangs von Bahá'u'lláh und 'Abdu'l-Bahá werden durch geeignete Zusammenkünfte und Reden, durch Singen von Gebeten und Tablets feierlich begangen.

Fasten

Der neunzehnte Monat, der unmittelbar auf die Gastlichkeit der eingeschobenen Tage folgt, ist der Monat des Fastens. Neunzehn Tage lang wird durch Enthaltung von Speise und Trank zwischen Sonnenaufgang und Sonnenuntergang gefastet. Da der Monat des Fastens mit der Tag- und Nachtgleiche des März endet, so fällt das Fasten immer in den gleichen Jahreszeitraum, das heißt, in den Frühling im Norden, in den Herbst im Süden, niemals aber in die höchste Glut des Sommers oder in die strengste Kälte des Winters, wo gleicherweise sich daraus Schwierigkeiten ergeben würden. Überdies ist in diesem Teil des Jahres die Zeitspanne zwischen Sonnenaufgang und Sonnenuntergang annähernd die gleiche auf dem ganzen bewohnten Teil der Erde, nämlich von etwa sechs Uhr morgens bis sechs Uhr abends. Das Fasten ist nicht bindend für Kinder und Kranke, für Reisende, oder für jene, die zu alt und zu schwach sind, sowie für Frauen, die ein Kind erwarten oder selbst stillen.

Es ist leicht zu beweisen, daß ein periodisches Fasten, wie es die Bahá'í-Lehre vorschreibt, eine wohltätige Maßnahme zur Erhaltung körperlicher Gesundheit ist. Aber ebenso wie die wahre Bedeutung des Bahá'í-Festes nicht im Genuß natürlicher Speise liegt, sondern in dem Gedenken Gottes, das unsere geistige Speise ist, so besteht die wahre Bedeutung des Bahá'í-Fastens nicht in der Enthaltung von natürlicher Speise, obgleich dies zur Reinigung des Körpers beiträgt, sondern in der Enthaltsamkeit von körperlichen Begierden und in der Trennung von allem außer Gott. 'Abdu'l-Bahá sagt:

> „Das Fasten ist ein Sinnbild. Fasten bezeichnet die Enthaltsamkeit von Gelüsten. Körperliches Fasten ist ein Sinnbild dieser Enthaltung und eine Mahnung an sie. Das heißt, wie sich jemand körperlich von Gaumenreizen enthält, soll er sich von Selbstsucht und selbstischen Begierden enthalten. Bloße Enthaltung von Speise aber hat keinen Einfluß auf den Geist. Sie ist nur ein Sinnbild, eine Mahnung. Sonst hat sie keine Bedeutung. Das Fasten aus diesem Grund also bedeutet nicht völlige Enthaltung von Speise. Die goldene Regel für das Essen ist: nicht zu viel und nicht zu wenig. Mäßigkeit ist

nötig. In Indien gibt es eine Sekte, die äußerste Enthaltsamkeit beachtet und ihre Speise stufenweise verringert, bis sie von beinahe nichts lebt. Aber ihr Verstand leidet darunter. Ein Mensch ist nicht fähig, Gott mit Gehirn und Körper zu dienen, wenn er durch Nahrungsmangel geschwächt ist. Er kann nicht klar sehen." ('ABDU'L-BAHÁ, *zitiert von Miss E. S. Stevens, in Fortnightly Review, Juni 1911.)*

Versammlungen

'Abdu'l-Bahá mißt die größte Wichtigkeit regelmäßigen Versammlungen der Gläubigen zur gemeinsamen Andacht, zur Erklärung und zum Studium der Lehren und zur Beratung über den Fortschritt der Religion bei. In einem Seiner Tablets sagt Er:

„Durch den Wunsch Gottes ist bestimmt worden, daß Einigkeit und Einklang Tag für Tag unter den Freunden Gottes und den Dienerinnen des Barmherzigen wachsen mögen. Ehe dies nicht Wirklichkeit ist, werden die Dinge nicht gedeihen, welche Mittel man auch anwenden mag. Und die besten Mittel für Einheit und Einklang aller sind geistige Versammlungen. Dieser Punkt ist sehr wichtig und ist ein Magnet, um göttliche Bestätigung anzuziehen." *(Tablets of 'Abdu'l-Bahá, Band I, S. 124 f.)*

In den geistigen Versammlungen der Bahá'í müssen streitsüchtige Beweisführung und Erörterung von politischen und weltlichen Dingen vermieden werden. Die einzige Absicht der Gläubigen sollte sein, die göttliche Wahrheit zu lehren und zu lernen, die Herzen mit göttlicher Liebe zu erfüllen, nach vollkommenerem Gehorsam dem Willen Gottes gegenüber zu streben und das Kommen des Königreichs Gottes zu fördern. In einer Ansprache in New-York im Jahr 1912 sagte 'Abdu'l-Bahá:

„Die Bahá'í-Versammlung muß die Versammlung der himmlischen Engel sein. Sie muß erleuchtet sein von den Lichtern der himmlischen Heerscharen. Die Herzen müssen wie Spiegel sein, darin sich die Strahlen der Sonne der Wahrheit offenbaren. Jede Brust muß einem Sender gleichen: das eine Ende der Verbindung soll im Innern der Seele, das andere bei den himmlischen Heerscharen sein, damit so Botschaften zwischen ihnen ausgetauscht werden können. Auf diese Weise wird vom Königreich Abhá Eingebung herabströmen und in allen Erörterungen wird Einklang herrschen . . . Je mehr Übereinstimmung, Einheit und Liebe unter euch herrscht, desto mehr werden euch die Bestätigungen Gottes helfen, und die Hilfe und der Beistand der Gesegneten Schönheit Bahá'u'lláh wird euch unterstützen."

In einem Tablet sagt 'Abdu'l-Bahá:
„In diesen Versammlungen muß die Unterhaltung über fremde Dinge gänzlich vermieden werden, und die Zusammenkunft muß ausgefüllt werden mit Singen von Versen und Lesen von Worten und mit Dingen, die sich auf die Sache Gottes beziehen, wie mit der Erklärung von Beweisen, dem Anführen klarer und greifbarer Beweistatsachen und dem Aufsuchen der Zeichen des Geliebten der Geschöpfe. Wer die Versammlung besucht, muß sich vor ihrem Betreten mit äußerster Sauberkeit kleiden und sich zum Königreich Abhá hinwenden und dann in die Versammlung gehen in aller Sanftmut und Demut. Während die Tablets verlesen werden, muß er ruhig und still sein; und wenn jemand zu sprechen wünscht, so muß er dies in aller Höflichkeit tun, mit der Billigung und Erlaubnis der Anwesenden, und er muß geläufig und mit Beredsamkeit sprechen."

Das Neunzehntagefest

Mit der Entfaltung der Bahá'í-Verwaltungsordnung seit dem Heimgang 'Abdu'l-Bahás hat das Neunzehntagefest, das am ersten Tage eines jeden Bahá'í-Monats gehalten wird, eine ganz besondere Bedeutung gewonnen, da es nicht nur für das gemeinsame Gebet und das Lesen aus den heiligen Büchern vorgesehen ist, sondern auch für die allgemeine Beratung aller laufenden Bahá'í-Angelegenheiten und für den geselligen Umgang der Freunde miteinander. Dieses Fest ist die Gelegenheit, da der Geistige Rat der Gemeinde seine Berichte erstattet und sowohl zur Besprechung von Plänen als auch Anregungen für neue und bessere Wege im Glaubensdienste einlädt.

Mashriqu'l-Adhkár

Bahá'u'lláh hinterließ Anweisungen, daß Tempel zur Gottesverehrung von Seinen Anhängern in jedem Land und in jeder Stadt gebaut werden sollten. Diesen Tempeln gab er den Namen „Mashriqu'l-Adhkár", was „Dämmerungsort von Gottes Lobpreis" bedeutet. Der Mashriqu'l-Adhkár soll ein neunseitiger Bau sein, überragt von einer Kuppel, und so herrlich wie möglich in Entwurf und Ausführung. Er soll in einem großen Garten stehen, der geschmückt ist mit Brunnen, Bäumen und Blumen, und umgeben sein von einer Anzahl ergänzender Bauten, die erzieherischen, wohltätigen und sozialen Zwecke dienen, damit die Anbetung Gottes im Tempel immer innig verbunden sein möge mit andächtiger Freude an den Schönheiten der Natur und der Kunst und mit praktischer Arbeit für die Verbesserung der sozialen Zustände[41]).

In Persien war den Bahá'í bisher der Bau von Tempeln zur öffentlichen Andacht verwehrt, und so wurde der erste große Mashriqu'l-Adhkár in 'Ishqábád[42]), Rußland (Turkmenistan), gebaut. Zum zweiten Bahá'í-Haus der Andacht legte 'Abdu'l-Bahá während Seines Besuches in Amerika 1912 den Grundstein am Michigansee, wenige Meilen nördlich von Chicago[43]).

In verschiedenen Tablets schreibt 'Abdu'l-Bahá bezüglich dieses „Muttertempels" des Westens folgendes:

[41]) In Verbindung mit dem Mashriqu'l-Adhkár ist es von Interesse, sich Tennysons Zeilen ins Gedächtnis zurückzurufen:
„Ich träumte, daß Stein um Stein ich türmte zu einem heiligen Bau: ein Tempel, nicht Pagode, nicht Moschee noch Kirche, aber erhabener, einfacher, zugänglich allem Odem des Himmels. Und Wahrheit und Friede und Liebe und Gerechtigkeit kamen und wohnten darin." Akbars Traum, 1892.

[42]) Dieses erste Haus der Andacht wurde 1948 durch ein Erdbeben schwer beschädigt und mußte wenige Jahre darauf abgerissen werden.

[43]) Dieser Tempel war 1953 vollendet. Seither wurden weitere Bahá'í-Tempel in Kampala (Uganda), Sydney (Australien) und Frankfurt (Deutschland) errichtet; einer ist in der Nähe von Panama City im Bau. Bis zur Gegenwart (1969) wurde für fünfzig weitere das Baugelände erworben.

„Preis sei Gott, daß augenblicklich aus jedem Land der Welt im Verhältnis zu den unterschiedlichen Mitteln unausgesetzt Beiträge gesandt werden zum Baufonds des Mashriqu'l-Adhkár in Amerika ... Seit den Tagen Adams bis heute ist so etwas unter den Menschen nicht vorgekommen, daß vom fernsten Lande Asiens Beiträge nach Amerika gehen. Dies geschieht durch die Macht des Bündnisses Gottes. Wahrlich, für die Menschen, die nachdenken, ist dies eine staunenswerte Sache. Hoffentlich zeigen die Gläubigen Gottes Großherzigkeit und bringen eine große Summe für den Bau auf . . . Ich wünsche, daß es jedermann überlassen bleibe, frei zu handeln, wie er will. Wenn jemand sein Geld zu anderen Zwecken verwenden will, so laßt ihn dies tun. Mengt euch nicht in irgendeiner Weise darein, aber seid versichert, daß das Wichtigste in dieser Zeit der Bau des Mashriq'l-Adhkár ist.

Das Mysterium des Baus ist groß und kann jetzt noch nicht enthüllt werden, aber seine Errichtung ist das wichtigste Werk dieses Tages. Der Mashriqu'l-Adhkár hat wichtige Ergänzungsgebäude, welche bei der Gründung schon mit in Rechnung gezogen werden. Dies sind: ein Waisenhaus, ein Krankenhaus und eine Apotheke für die Armen, ein Heim für die Arbeitsunfähigen, eine Hochschule für höhere wissenschaftliche Bildung und ein Fremdenheim. In jeder Stadt muß nach diesem Befehl ein großer Mashriqu'l-Adhkár gegründet werden. Im Mashriqu'l-Adhkár werden jeden Morgen Gottesdienste gehalten. Eine Orgel wird im Mashriqu'l-Adhkár nicht sein. In den Nebenbauten werden Feste, Gottesdienste, Zusammenkünfte, öffentliche Versammlungen und geistige Versammlungen gehalten werden, aber im Tempel werden Lied und Gesang unbegleitet sein. Öffnet die Tore des Tempels allen Menschen.

Wenn diese Einrichtungen, Hochschule, Hospital, Fremdenheim und Krankenhaus für Unheilbare, Universität zum Studium höherer Wissenschaften und zur Fortbildung und andere der Menschheit dienende Bauten, erstellt sein werden, so werden die Tore allen Nationen und Religionen offen stehen. Es wird durchaus keine Trennungslinie gezogen werden. Ihre

Wohltaten werden ungeachtet der Farbe oder Rasse erwiesen werden. Ihre Tore werden dem Menschengeschlecht weit offen stehen. Vorurteile gegen niemanden, Liebe für alle. Der Hauptbau wird Gebet und Andacht geweiht sein. Auf diese Weise . . . wird Religion mit Wissenschaft in Einklang gebracht und die Wissenschaft zur Dienerin der Religion werden, und beide werden ihre materiellen und geistigen Gaben auf die ganze Menschheit strömen lassen."

Das Leben nach dem Tod

Bahá'u'lláh sagt uns, daß das Leben im Körper nichts anderes ist als ein embryonaler Zustand unseres Daseins, und daß das Entrinnen aus dem Körper einer neuen Geburt zu vergleichen ist, durch die der menschliche Geist in ein volleres, freieres Leben eintritt. Er schreibt:

„Wisse, daß die Seele nach der Trennung vom Leibe weiter fortschreitet, bis sie die Gegenwart Gottes in einer Beschaffenheit und Daseinsstufe erreicht, die weder der Umbruch der Zeiten und Jahrhunderte noch die Glücks- und Wechselfälle dieser Welt ändern können! Sie wird solange bestehen wie das Reich Gottes, Seine Herrschaft, Hoheit und Macht. Sie wird die Zeichen und Eigenschaften Gottes offenbaren und Seine liebende Güte und Huld enthüllen. Meine Feder stockt, wenn sie die Höhe und Herrlichkeit einer so erhabenen Stufe gebührend zu beschreiben sucht. Mit solcher Ehre wird die allgnädige Hand die Seele bekleiden, daß sie keine Zunge gebührend schildern noch ein anderes irdisches Mittel beschreiben kann. Gesegnet die Seele, die bei ihrer Trennung vom Leibe über den leeren Wahn der Weltmenschen geheiligt ist! Eine solche Seele lebt und wirkt im Einklang mit dem Willen ihres Schöpfers und geht in das höchste Paradies ein. Die Himmelsdienerinnen, Bewohnerinnen der erhabensten Stätten, werden sich um sie scharen und die Offenbarer und Erwählten Gottes ihre Gesellschaft suchen. Mit ihnen wird die Seele frei verkehren und ihnen berichten, was sie auf dem Wege zu Gott, dem Herrn aller Welten, erdulden mußte. Wenn ein Mensch

erführe, was in den Welten Gottes, der in der Höhe und hienieden auf Erden thront, dieser Seele zugewiesen wurde, so würde sein ganzes Wesen augenblicklich in großem Verlangen entflammen, diese erhabenste, geheiligte und glänzende Stufe zu erreichen . . .
Das Wesen der Seele nach dem Tode läßt sich niemals beschreiben, noch ist es angemessen und zulässig, ihren vollen Charakter den Augen der Menschen zu enthüllen. Die Manifestationen und Boten Gottes wurden nur herabgesandt, um die Menschen auf den geraden Weg der Wahrheit zu führen. Ihre Offenbarung hatte den Zweck, alle Menschen zu erziehen, damit sie in ihrer Todesstunde in äußerster Reinheit und Heiligkeit und in völliger Loslösung zum Thron des Höchsten aufsteigen möchten. Das Licht, das diese Seelen ausstrahlen, bestimmt den Fortschritt der Welt und die Höherentwicklung ihrer Bewohner. Sie sind wie der Sauerteig, der die Welt des Daseins durchdringt. Sie bilden die Lebenskraft, durch welche die Künste und Wunder dieser Welt zustande kommen. Durch Sie regnen die Wolken ihre Segensgabe auf die Menschen nieder und bringt die Erde ihre Früchte hervor. Alle Dinge haben zwangsläufig eine Ursache, eine treibende Kraft und eine Lebensquelle. Diese Seelen und Sinnbilder der Loslösung liefern der Welt des Daseins jetzt und in Zukunft den stärksten bewegenden Antrieb. Das Jenseits ist so verschieden vom Diesseits, wie diese Welt von der Welt des Kindes, das noch im Mutterleibe ruht.“ *(Ährenlese aus den Schriften Bahá'u'lláhs, Kap. LXXXI.)*

Ähnlich schreibt 'Abdu'l-Bahá:
„Die Geheimnisse, die der Mensch in dieser irdischen Welt nicht beachtet, wird er in der himmlischen Welt entdecken, und dort wird ihm das Geheimnis der Wahrheit kund. Wieviel mehr noch wird er Personen, mit denen er zusammen gewesen ist, wieder erkennen oder entdecken! Ohne Zweifel werden die heiligen Seelen, die zu reinem Schauen gelangen und mit Einblick begnadet sind, im Königreich des Lichts mit allen Geheimnissen vertraut, und sie werden nach der Gabe trachten, die Wirklichkeit jeder großen Seele zu bezeugen. Ja, sie

werden die Schönheit Gottes in jener Welt deutlich schauen. Ebenso werden sie alle Freunde Gottes aus alten und jüngsten Zeiten in der himmlischen Versammlung vorfinden ...
Die Verschiedenheit der Art und der Stufe wird bei allen Menschen naturgemäß wahrgenommen, wenn sie aus dieser sterblichen Welt gegangen sind. Sie bezieht sich jedoch nicht auf den Raum, sondern auf die Seele und ihr Bewußtsein. Das Königreich Gottes ist über Raum und Zeit geheiligt; es ist eine andere Welt und ein anderes Weltall. Aber den heiligen Seelen ist die Gabe der Vermittlung verheißen. Wisse mit Bestimmtheit, daß in den göttlichen Welten die geistig Geliebten einander erkennen und Vereinigung miteinander suchen werden — eine geistige Vereinigung. Ebenso wird eine Liebe, die jemand für einen andern gehegt hat, in der Welt des Königreiches nicht vergessen werden. Desgleichen wirst du dort das Leben, das du in dieser irdischen Welt geführt hast, nicht vergessen." *(Tablets of 'Abdu'l-Bahá, Bd. I, S. 205.)*

Himmel und Hölle

Bahá'u'lláh und 'Abdu'l-Bahá betrachten die Beschreibungen von Himmel und Hölle, wie sie in manchen der älteren Religionsschriften gegeben werden, als sinnbildlich, gleich der biblischen Erzählung von der Schöpfung, und nicht als buchstäblich wahr. Nach Ihnen ist der Himmel der Zustand der Vollkommenheit und Hölle der Zustand der Unvollkommenheit. Himmel ist Einklang mit Gottes Willen und mit unsern Mitmenschen, und Hölle ist das Fehlen dieses Einklangs. Himmel ist der Zustand geistigen Lebens, Hölle des geistigen Todes. Ein Mensch kann im Himmel oder in der Hölle sein, während er sich noch im Körper befindet. Die Freuden des Himmels sind geistige Freuden, und die Qualen der Hölle bestehen darin, dieser Freuden beraubt zu sein.

'Abdu'l-Bahá sagt:
„Wenn (die Menschen) durch das Licht des Glaubens von der Dunkelheit dieser Laster befreit, durch das Strahlen der Sonne der Wirklichkeit erleuchtet und mit allen Tugenden geadelt

werden, so halten sie dies für die größte Belohnung und wissen, daß es das wahre Paradies ist. In gleicher Weise betrachten sie es als geistige Bestrafung, das heißt als Qual und Strafe des Daseins, der natürlichen Welt unterworfen zu sein, Gott fern zu sein, roh und unwissend zu sein, fleischlichen Gelüsten zu unterliegen, von sinnlichen Schwächen gefesselt zu sein und mit schlechten Eigenschaften . . . behaftet . . . zu sein — für sie sind dies die größten Strafen und Qualen . . . Die Belohnungen der anderen Welt sind die Vollkommenheiten und der Friede, die nach Verlassen dieser Welt in den geistigen Welten erlangt werden . . . (Sie) sind Friede, geistige Tugenden, verschiedene geistige Gaben im Reiche Gottes, Erfüllung der Wünsche von Herz und Seele und Begegnung mit Gott in der Welt der Ewigkeit. In gleicher Weise bestehen die Strafen der anderen Welt, das heißt ihre Qualen, im Beraubtsein der besonderen göttlichen Segnungen und vollkommenen Gnadengaben und im Herabsinken auf die niedrigste Stufe des Seins. Jeder, der von diesen göttlichen Gunstbezeigungen ausgeschlossen ist, wird, obwohl er nach dem Tode weiterbesteht, vom Volk der Wahrheit als tot angesehen . . .

Der Reichtum der anderen Welt ist die Gottnähe. Folglich ist es gewiß, daß jene, die dem göttlichen Hof nahe sind, Fürsprache einlegen dürfen, und diese Fürsprache wird von Gott gebilligt . . .

Es ist sogar möglich, daß die Lage derer, die in Sünde und Unglauben gestorben sind, geändert werden kann; das heißt, sie mögen zum Gegenstand der Verzeihung durch die Gnade Gottes, nicht durch Seine Gerechtigkeit, werden; denn Gnade gibt ohne Verdienst, Gerechtigkeit aber gibt nach Verdienst. Wie wir hier die Kraft haben, für diese Seelen zu beten, so werden wir die gleiche Kraft auch in der anderen Welt, die das Reich Gottes ist, besitzen. Darum können sie auch in jener Welt Fortschritte machen. Wie sie hier durch ihre demütigen Bitten Licht empfangen können, so können sie auch dort um Vergebung flehen und durch Bitten und Beten Licht erlangen . . .

Sowohl vor als auch nach dem Ablegen dieser irdischen Gestalt gibt es in der Vollkommenheit Fortschritt, aber nicht in

der Stufe. Es gibt kein höheres Geschöpf als den vollkommenen Menschen. Aber der Mensch kann, wenn er diese Stufe erreicht hat, in der Vollkommenheit noch Fortschritte machen, nicht aber in der Stufe, denn eine höhere als die des vollkommenen Menschen — die für ihn erreichbar wäre — gibt es nicht. Auf der Stufe der Menschheit allein macht er Fortschritte, denn die menschlichen Vollkommenheiten sind unbegrenzt. Wie gelehrt zum Beispiel ein Mensch auch sein mag, wir können uns immer einen noch gelehrteren vorstellen.
Weil die menschlichen Vollkommenheiten unbegrenzt sind, darum kann der Mensch auch nach Verlassen dieser Welt Fortschritte in den Vollkommenheiten machen.“ (‘ABDU’L-BAHÁ, *Beantwortete Fragen, Kap. 60—64, S. 219—230.)*

Einheit der zwei Welten

Wie von Bahá’u’lláh gelehrt, umfaßt die Einheit der Menschheit nicht nur die Menschen, die noch im Körper wandeln, sondern alle menschlichen Wesen, ob sie noch im Körper oder körperlos sind. Nicht nur alle Menschen, die noch auf der Erde leben, sind Teile eines und desselben Organismus, sondern auch alle in den geistigen Welten, und diese zwei Teile sind eng voneinander abhängig. Geistige Gemeinschaft der einen mit der andern ist nicht unmöglich oder unnatürlich, sie ist vielmehr beständig und unvermeidlich vorhanden. Die, deren geistige Fähigkeiten noch unentwickelt sind, sind sich dieser lebendigen Verbindung nicht bewußt, aber wie sich des Menschen Fähigkeiten entwickeln, wird er sich der Verbindung mit den im Jenseits Befindlichen nach und nach mehr bewußt und klar. Den Offenbarern und Heiligen ist diese geistige Gemeinschaft so vertraut und wirklich wie das gewöhnliche Schauen und der gewöhnliche Verkehr den übrigen Menschen.

‘Abdu’l-Bahá sagt:
„Die Visionen der Propheten sind keine Träume; nein, sie sind geistige Entdeckungen und haben Wirklichkeit. Sie sagen zum Beispiel: ‚Ich sah ein Wesen von bestimmter Gestalt, ich sagte ihm dies, und es antwortete mir jenes‘. Diese Vision er-

folgt in der Welt des wachen Bewußtseins und nicht in der des Schlafes. Es ist vielmehr eine geistige Entdeckung ...
Unter geistigen Seelen gibt es geistiges Verstehen und Entdecken, eine Verbindung, die von Einbildung und Wahn geläutert ist, und eine Vereinigung, die über Zeit und Raum geheiligt ist. So steht im Evangelium, daß auf dem Berge Tabor Moses und Elias zu Christus kamen, und es ist offenkundig, daß dies keine körperliche Begegnung war. Es war ein geistiges Geschehen ...
Diese (Visionen) sind Wirklichkeit, sie erzielen wunderbare Ergebnisse in den Köpfen und Gedanken der Menschen und bewirken, daß ihre Herzen angezogen werden." ('ABDU'L-BAHÁ, *Beantwortete Fragen, Kap. 71, S. 244 f.)*

Während Er die Wirklichkeit „übernormaler" seelischer Fähigkeiten bestätigt, wehrt Er von Versuchen ab, ihre Entwicklung vorzeitig zu erzwingen. Diese Fähigkeiten werden sich naturgemäß zur rechten Zeit entfalten, wenn wir nur dem Pfade geistigen Fortschritts folgen, den die Offenbarer uns vorgezeichnet haben. Er sagt:

„Sich mit übersinnlichen Kräften abzugeben, während man auf dieser Welt weilt, wirkt störend auf den Zustand der Seele in der nächsten Welt. Diese Kräfte sind wirklich, treten aber normalerweise auf dieser Ebene nicht in Tätigkeit. Das Kind im Mutterleib hat seine Augen, Ohren, Hände, Füße usw., aber sie treten nicht in Tätigkeit. Der ganze Zweck des Lebens in der materiellen Welt ist, hindurchzudringen zur Welt der Wirklichkeit, wo diese Kräfte dann in Tätigkeit treten. Sie gehören jener Welt an." *(Aus Miss Bucktons von 'Abdu'l-Bahá überprüften Notizen.)*

Verkehr mit dem Geist Abgeschiedener sollte nicht um seiner selbst oder um eitler Neugierde willen gesucht werden. Es ist aber sowohl ein Vorrecht wie eine Pflicht für die, die sich auf der einen Seite des Schleiers befinden, die auf der andern Seite zu lieben, ihnen zu helfen und für sie zu beten. Gebete für die Toten sind den Bahá'í zur Pflicht gemacht. 'Abdu'l-Bahá sagt:

„Die Gnade wirkungsvoller Fürbitte ist eine der Vollkommenheiten, die die vorgeschrittenen Seelen wie auch die Manifestationen Gottes haben. Jesus Christus hatte die Macht, um Vergebung für Seine Feinde zu bitten, als Er auf Erden weilte, und sicherlich hat Er diese Macht jetzt noch. 'Abdu'l-Bahá erwähnt niemals den Namen einer verstorbenen Person ohne zu sagen: ‚Möge Gott ihm vergeben!' oder Worte gleicher Art. Auch Anhänger der Offenbarer haben diese Kraft des Gebetes um Vergebung für Seelen. Wir dürfen daher nicht denken, daß manche Seelen, die in völliger Unkenntnis Gottes hinübergegangen sind, zum Dauerzustand des Leidens und des Untergangs verdammt sind. Die Kraft wirksamer Fürbitte für sie ist immer vorhanden . . .

Wer in der andern Welt reich ist, kann dem Armen helfen, wie hier der Reiche dem Armen helfen kann. In allen Welten sind alle die Geschöpfe Gottes. Sie sind immer von Ihm abhängig. Sie sind nie unabhängig und können es nie sein. Weil sie Gottes bedürfen, werden sie desto reicher, je mehr sie flehen. Was ist ihr Handelsgut, was ihr Wohlstand? Was ist in der andern Welt Hilfe und Beistand? Es ist Fürbitte. Unentwickelte Seelen müssen den Fortschritt vor allem durch die Gebete der geistig Reichen zu gewinnen suchen. Hernach können sie auch durch ihre eigenen Gebete Fortschritte machen."
('ABDU'L-BAHÁ, *in einem Gespräch mit Miss E. J. Rosenberg im Jahre 1904.)*

Ferner sagte Er:

„Die Hinübergegangenen haben Eigenschaften, die sich von denen derer, die noch auf Erden sind, unterscheiden, doch gibt es hier keine wirkliche Trennung. Im Gebet gibt es eine Verschmelzung der Stufe, eine Verschmelzung des Zustands. Bete für sie, wie sie für dich beten." *('Abdu'l-Bahá in London, S. 97.)*

Auf die Frage, ob es möglich sei, durch Glauben und Liebe die neue Offenbarung zur Kenntnis der Abgeschiedenen zu bringen, die nicht bei Lebzeiten von ihr gehört haben, erwiderte 'Abdu'l-Bahá:

„Ja sicherlich! Weil aufrichtiges Gebet immer seine Wirkung hat, und es hat einen großen Einfluß in der andern Welt. Wir sind nie abgeschnitten von jenen, die dort sind. Der wahre und wirkliche Einfluß liegt nicht in dieser, sondern in der andern Welt.“ *(Notes of Mary Hanford Ford, Paris 1911.)*

Andererseits schreibt Bahá'u'lláh:
„Wer dem entsprechend lebt, was für ihn vorgesehen wurde, für den werden die himmlischen Heerscharen und das Volk des allerhöchsten Paradieses und jene, die im Dome der Größe wohnen, beten, nach einem Befehl Gottes, des Köstlichsten, des Preiswürdigsten.“ (BAHÁ'U'LLÁH, *nach einem von 'Alí Kulí Khán übersetzten Tablet.)*

Als 'Abdu'l-Bahá gefragt wurde, wie es zugehe, daß sich das Herz öfters instinktiv an Freunde wende, die in das nächste Leben eingegangen sind, antwortete Er:
„Es ist ein Gesetz in Gottes Schöpfung, daß sich der Schwache an den Starken lehnt. Die, zu denen du dich wendest, mögen Vermittler der göttlichen Kraft für dich sein, wie wenn sie auf Erden wären. Aber es ist der eine Heilige Geist, der allen Menschen Kraft verleiht.“ *('Abdu'l-Bahá in London, S. 97.)*

Nichtdasein des Übels

Nach der Bahá'í-Philosophie folgt aus der Lehre von der Einheit Gottes, daß es so etwas, wie unbedingtes Übel, nicht geben kann. Es kann nur *eine* Unendlichkeit geben. Gäbe es im Weltall irgendeine andere Kraft außerhalb des Einen oder entgegengesetzt dem Einen, dann würde der Eine nicht unendlich sein. Wie Dunkelheit nur das Fehlen oder ein geringerer Grad von Licht ist, so ist Übel nichts als das Fehlen des Guten oder ein geringerer Grad davon, der unentwickelte Zustand. Ein schlimmer Mensch ist ein Mensch, bei dem die höhere Seite seiner Natur noch unentwickelt ist. Wenn er eigensüchtig ist, so liegt das Übel nicht in seiner Liebe zum eigenen Selbst — alle Liebe, selbst Eigenliebe, ist gut, ist göttlich. Das Übel liegt darin, daß er eine arme, unangebrachte, mißleitete Liebe zum eigenen Selbst und einen Mangel an Liebe für die andern und für Gott hat. Er blickt auf sich, als ob er allein eine höhere Art von Geschöpf wäre, und hätschelt törichterweise seine niedere Natur, wie man sein Schoßhündchen hätschelt — mit schlimmeren Folgen in seinem Fall als in dem des Hundes.

In einem Seiner Briefe schreibt 'Abdu'l-Bahá:

„Was deine Bemerkung anbetrifft, daß 'Abdu'l-Bahá zu verschiedenen der Gläubigen gesagt hat, daß es nie ein Übel gäbe, daß es vielmehr nichtexistent sei, so ist dies nur Wahrheit, weil es ja das größte Übel ist, daß die Menschen vom richtigen Weg abweichen und für die Wahrheit verhüllt sind. Irrtum ist Mangel an Führung, Dunkelheit ist Fehlen von Licht, Unwissenheit ist Mangel an Erkenntnis, Falschheit ist Mangel an Wahrhaftigkeit, Blindheit ist Mangel an Gesicht und Taubheit ist Mangel an Gehör. Daher sind Irrtum, Blindheit, Taubheit und Unwissenheit nichtbestehende Dinge."

Ferner sagt Er:

„In der Schöpfung gibt es nichts Böses; alles ist gut. Gewisse Eigenschaften und Charakterzüge, die manchen Menschen angeboren und scheinbar tadelnswert sind, sind es nicht in Wirklichkeit. Zum Beispiel kann man bei einem Säugling schon von Anfang seines Lebens an die Zeichen von Begierde, Ärger und Zorn bemerken. Es könnte also gesagt werden, Gut und Böse seien der Wirklichkeit des Menschen angeboren und dies stehe im Widerspruch zum reinen Gutsein der Natur und Schöpfung. Die Antwort darauf ist, daß Begierde, die ja ein Verlangen nach Mehr bedeutet, eine lobenswerte Eigenschaft ist, vorausgesetzt, daß sie am rechten Platz angewandt wird. Wenn also ein Mensch begierig ist, sich Wissen und Kenntnisse zu erwerben oder mitfühlend, großmütig und gerecht zu werden, so ist dies sehr anerkennenswert. Wenn er seinen Ärger und Zorn gegen blutdürstige Unterdrücker, die wilden Tieren gleichen, richtet, so ist dies ebenfalls sehr lobenswert; wenn er aber diese Eigenschaften nicht in der richtigen Weise anwendet, so sind sie zu tadeln . . . Ebenso ist es mit allen natürlichen menschlichen Eigenschaften, die das Kapital des Lebens bilden; wenn sie auf unrechte Weise sich zeigen und angewandt werden, werden sie tadelnswert. Es ist daher klar, daß die Schöpfung absolut gut ist.“ (‘ABDU’L-BAHÁ, *Beantwortete Fragen, Kap. 57, S. 211 f.)*

Ein Übel ist immer Mangel an Leben. Wenn die niedere Seite der menschlichen Natur unverhältnismäßig stark entwickelt ist, so ist das Heilmittel nicht weniger Leben für diese Seite, sondern *mehr* Leben für die *höhere* Seite, auf daß das Gleichgewicht wieder hergestellt werde. Christus sprach: „Ich bin gekommen, damit ihr Leben habt, und damit ihr es im Überfluß habt“. *(Joh. 10. 11.)* Das ist es, was wir alle brauchen, Leben, mehr Leben, das Leben, das in der Tat Leben ist! Die Botschaft von Bahá-’u’lláh ist die gleiche wie die von Christus. Er spricht: „Heute ist dieser Diener wirklich gekommen, die Welt zu beleben“. *(Tablet to the Ra’ís.)* Und zu Seinen Anhängern sprach Er „Folget Mir nach, damit Wir euch zu Lebensspendern der Menschheit machen.“ *(Tablet an den Papst.)*

12. Kapitel

RELIGION UND WISSENSCHAFT

„'Alí, der Schwiegersohn Muḥammads, sagte: ‚Was mit der Wissenschaft übereinstimmt, ist auch mit der Religion in Einklang'. Was immer die Intelligenz des Menschen nicht zu begreifen vermag, sollte auch von der Religion nicht angenommen werden. Die Religion geht mit der Wissenschaft Hand in Hand, und jede Religion, die der Wissenschaft widerspricht, ist nicht die Wahrheit." ('ABDU'L-BAHÁ, *Ansprachen in Paris, S. 103)*

Streit kommt aus Irrtum

Es ist eine der grundlegenden Lehren von Bahá'u'lláh, daß wahre Wissenschaft und wahre Religion immer miteinander in Einklang stehen müssen. Die Wahrheit ist eine. Wenn aber ein Streit aufkommt, so rührt dieser nicht von der Wahrheit, sondern vom Irrtum her. Zwischen sogenannter Wissenschaft und sogenannter Religion gab es zu allen Zeiten heftige Streitigkeiten. Blickt man auf diese aber im Lichte wirklicher Wahrheit zurück, so können wir sie jederzeit auf Unwissenheit, Vorurteil, Eitelkeit, Gier, Engherzigkeit, Unduldsamkeit, Eigensinn und dergleichen zurückführen — alles dem wahren Geist sowohl der Religion als der Wissenschaft fremd, denn beider Geist ist einer. So sagt uns Huxley: „Die großen Taten der Philosophen waren nicht so sehr Früchte ihres Verstandes, als vielmehr der Leitung dieses Verstandes durch eine hervorragend religiöse Haltung des Geistes. Die Wahrheit trat mehr durch ihre Geduld, ihre Liebe, ihre Herzenseinfachheit und ihre Selbstverleugnung zu Tage als durch ihren logischen Scharfsinn." Der Mathematiker Boole versichert uns, daß „geometrische Folgerung im wesentlichen ein Vorgang des Gebets ist, ein Ruf des endlichen Geistes an das Unendliche um Licht über endliche Begriffe". Von den großen

Propheten der Religion und der Wissenschaft klagte niemals einer den andern an. Es sind die unwürdigen Anhänger dieser großen Weltlehrer gewesen, Anbeter des Buchstabens und nicht des Geistes ihrer Lehre, welche immer die Verfolger der nachherigen Offenbarer und die bittersten Gegner des Fortschritts waren. Sie haben das Licht der besonderen Offenbarung, die sie heilig hielten, studiert, und haben ihre Eigentümlichkeiten und Besonderheiten, wie sie es mit ihrem begrenzten Gesicht sehen können, mit der äußersten Sorgfalt und Genauigkeit festgestellt. Dies bedeutet dann für sie das einzig wahre Licht. Wenn Gott in Seiner unendlichen Güte ein vollkommeneres Licht aus einer andern Himmelsrichtung sendet, und die Fackel der Eingebung aus einem neuen Leuchter heller brennt als bisher, so werden sie ärgerlich und beunruhigt, anstatt das neue Licht zu bewillkommnen und den Vater alles Lichts in neuer Dankbarkeit anzubeten. Dieses neue Licht stimmt nicht mit ihren Begriffsbestimmungen überein. Es hat keine rechtgläubige Färbung und leuchtet nicht aus einem rechtgläubigen Ort. Deshalb muß es um jeden Preis ausgelöscht werden, damit es die Menschen nicht irreführe auf den Weg der Ketzerei! Viele Feinde der Propheten sind von solcher Art, blinde Führer der Blinden, welche sich der neuen und vollkommeneren Wahrheit widersetzen, im vermeintlichen Interesse dessen, was sie für *die* Wahrheit halten. Andere sind unedler und lassen sich von eigensüchtigen Vorurteilen verführen, gegen die Wahrheit zu kämpfen, oder sie verstellen durch ihre geistige Leblosigkeit und Trägheit den Weg zum Fortschritt.

Verfolgung der Offenbarer

Die großen Offenbarer der Religionen wurden immer bei Ihrem Kommen von den Menschen verachtet und verworfen. Sie sowohl wie Ihre ersten Jünger haben ihre Rücken den Geißelknechten ausgesetzt und ihre Besitztümer und ihr Leben auf dem Pfade Gottes geopfert. Dies geschah wieder in unserer Zeit. Seit 1844 wurden in Persien viele tausend Bábí und Bahá'í für ihren Glauben grausam gemordet, und noch viele mehr aus ihrer Schar ertrugen Gefangenschaft, Verbannung, Armut und Entehrung. Die letzte der großen Religionen wurde mehr mit „Blut getauft" als ihre Vorgängerinnen, und dieses Märtyrertum dauert bis zur Gegenwart an.

Mit den Propheten der Wissenschaft ereignete sich dasselbe. Giordano Bruno wurde im Jahre 1600 n. Chr. als Ketzer verbrannt, weil er unter anderem lehrte, daß die Erde sich um die Sonne drehe. Der alte Philosoph Galilei mußte einige Jahre später, um demselben Schicksale zu entgehen, auf den Knien derselben Lehre abschwören. Später wurden Darwin und die Pioniere der modernen Geologie heftig angegriffen, weil sie mutig der Lehre der Heiligen Schrift widerstritten, die Welt sei vor weniger als 6000 Jahren in sechs Tagen erschaffen worden. Der Widerstand gegen eine neue wissenschaftliche Wahrheit trat aber nicht allein von der Kirche aus auf. Die rechtgläubigen Wissenschaftler sind dem Fortschritt gerade so feindlich gesinnt gewesen wie die rechtgläubig Religiösen. Kolumbus wurde von den sogenannten Gelehrten seiner Zeit verlacht und verspottet, die zu ihrer eigenen Genugtuung bewiesen, daß, wenn es Schiffen gelingen sollte, bis zu unseren Antipoden auf der andern Seite der Erdkugel zu fahren, es ihnen unbedingt unmöglich sei, wieder zurückzufahren. Galvani, der Schrittmacher der Wissenschaft über die Elektrizität, wurde von seinen gelehrten Amtsgenossen verlacht und der „Froschtanzlehrer" genannt. Harvey, der den Kreislauf des Blutes entdeckte, wurde von seinen Berufsgenossen wegen seiner Ketzerei lächerlich gemacht, verfolgt und von seinem Lehrstuhl abgesetzt. Als Stephenson seine Lokomotive erfand, verharrten europäische Mathematiker seiner Zeit jahrelang dabei, zu ihrer Genugtuung zu beweisen, daß eine Maschine auf glatten Schienen niemals eine Last ziehen könne, da die Räder sich einfach rundherum drehen und der Zug nicht vorwärts zu bewegen sein werde, statt ihre Augen zu öffnen und die Tatsachen festzustellen. Solche Beispiele könnte man in unbeschränkter Zahl aus der alten und neuen Geschichte und selbst aus der gegenwärtigen Zeit anführen. Dr. Zamenhof, der Erfinder des Esperanto, mußte für seine wundervolle Welthilfssprache gegen denselben Spott, dieselbe Verachtung und verständnislose Gegnerschaft ankämpfen, die Kolumbus, Galvani und Stephenson entgegentraten. Selbst Esperanto, das der Welt erst vor so kurzer Zeit im Jahre 1887 geschenkt wurde, hat seine Märtyrer gehabt.

Das Dämmern der Aussöhnung

Während des letzten halben Jahrhunderts trat jedoch eine Änderung im Geiste des Zeitalters zu Tage, ein neues Licht der Wahrheit war aufgegangen, das die Streitfragen des letzten Jahrhunderts als sonderbar rückständig erscheinen ließ. Wo sind die Priester, die alle, die ihre Glaubensformeln nicht annahmen, so dreist für das Feuer der Hölle und die Qualen der Verdammnis bestimmten? Der Widerhall ihres Geschreis ist noch hörbar, aber ihre Zeit ist zu Ende und ihre Lehren geraten in Verruf. Heute können wir sehen, daß die Lehren, um die sich die Streitfragen am schärfsten drehten, weder echte Wissenschaft noch echte Religion waren. Welcher Gelehrte dürfte im Lichte der modernen Seelenforschung noch behaupten, daß „das Gehirn den Gedanken ausscheidet, so wie die Leber die Galle absondert"? Oder daß der Verfall des Körpers notwendigerweise begleitet wird vom Verfall der Seele? Wir sehen jetzt, daß der Gedanke, um wahrhaft frei zu sein, sich zu den Reichen der seelischen und geistigen Erscheinungen erheben muß und sich nicht nur auf das Stoffliche beschränken darf. Wir verstehen, daß das, was wir von der Natur jetzt wissen, gleichsam nur ein Tropfen im Ozean ist demgegenüber, was der Entdeckung noch harrt. Wir geben deshalb gerne die Möglichkeit von Wundern zu, aber freilich nicht in dem Sinn, daß sie die Naturgesetze brechen, sondern als Offenbarungen der Wirkung feinster Kräfte, die uns noch unbekannt sind, wie es die Elektrizität und die Röntgenstrahlen unsern Vorfahren waren. Welcher von unseren führenden Religionslehrern würde andererseits noch behaupten, daß man, um erlöst zu werden, glauben müsse, die Welt sei in sechs Tagen erschaffen worden, oder die Beschreibung der Plagen in Ägypten, die im zweiten Buch Mose verzeichnet sind, sei wörtlich wahr, oder daß die Sonne stillestand am Himmel (d. h., daß die Erde aufhörte sich zu drehen), damit Josua seine Feinde verfolgen konnte? Oder daß, wenn man das Glaubensbekenntnis des heiligen Athanasius nicht annimmt, man „ohne Zweifel in Ewigkeit verdammt" sei? Solche Glaubenssätze mögen noch der Form wegen wiederholt werden, aber wer nimmt sie in ihrem wörtlichen Sinn und ohne Vorbehalt hin? Sie hörten schon lange auf oder werden bald aufhören, der Menschen Herz und Verstand zu beschäftigen. Die religiöse Welt schuldet den Männern der Wissenschaft großen Dank, die solche abgenutzten Glaubenssätze und Dogmen zunichte machen, und die der Wahrheit zum Siege verhelfen. Die wissenschaftliche Welt aber schuldet einen noch größeren Dank den wahren Heiligen und Mystikern, die sich in guten und bösen Tagen an die Lebenswahrheiten geistiger Erfahrung hielten und einer ungläubigen Welt bewiesen, daß das Leben mehr fordert als Nahrung, und daß das Unsichtbare größer ist als das Sichtbare. Diese Gelehrten und Heiligen glichen Bergesgipfeln, die die ersten Strahlen der aufgehenden Sonne auffingen und sie widerspiegelten auf die tiefer liegende Welt. Jetzt aber ist die Sonne aufgegangen und ihre Strahlen erhellen die Welt. In den Lehren von Bahá'u'lláh besitzen wir eine herrliche Offenbarung der Wahrheit, die Herz wie Verstand befriedigt, in der Religion und Wissenschaft eins sind.

Forschen nach Wahrheit

Völlige Übereinstimmung mit der Wissenschaft ist in der Bahá'í-Lehre bezüglich des Weges, auf dem wir die Wahrheit zu suchen haben, selbstverständlich. Der Mensch muß sich frei machen von allen Vorurteilen, so daß er unbehindert nach Wahrheit forschen kann.

'Abdu'l-Bahá sagt:
„Um die Wahrheit zu finden, müssen wir von unseren Vorurteilen, unseren eigenen kleinlichen, alltäglichen Vorstellungen lassen; ein offener, empfänglicher Sinn ist nötig. Wenn unser Kelch vom Ich erfüllt ist, so ist in ihm kein Raum mehr für das Wasser des Lebens. Die Tatsache, daß wir meinen, selber im Recht zu sein, und jeden anderen für im Unrecht halten, ist das größte aller Hindernisse auf dem Weg zur Einheit, und Einheit ist nötig, wenn wir zur Wahrheit

kommen wollen, denn die Wahrheit ist nur *eine* . . . Keine Wahrheit kann einer anderen Wahrheit widersprechen. Das Licht ist gut, in welcher Lampe es auch brennen mag, eine Rose schön, in welchem Garten sie auch blühen mag. Ein Stern hat den gleichen Glanz, ob er aus dem Osten oder aus dem Westen scheint. Seid vorurteilsfrei, so werdet ihr die Sonne der Wahrheit lieben, an welchem Punkte des Horizontes sie auch aufgeht! Ihr werdet erkennen, daß das göttliche Licht der Wahrheit, wenn es in Jesus Christus schien, dann auch in Moses und in Buddha leuchtete. Der ernsthaft Suchende wird zu dieser Wahrheit finden . . . Sie bedeutet auch, daß wir gewillt sein müssen, alles beiseite zu legen, was wir früher gelernt haben und was unsere Schritte auf dem Weg zur Wahrheit hindern könnte. Wir dürfen nicht davor zurückschrecken, nötigenfalls unsere Erziehung von vorne zu beginnen. Wir dürfen unser Auge nicht durch die Liebe zu irgendeiner Religion oder Person derartig blenden lassen, daß uns der Aberglaube in Fesseln schlägt. Wenn wir uns von allen diesen Banden lösen und mit ungebundenen Sinnen suchen, so werden wir auch fähig sein, ans Ziel zu gelangen." ('ABDU'L-BAHÁ, *Ansprachen in Paris, S. 108.)*

Wahrer Agnostizismus

Die Bahá'í-Lehre stimmt mit Wissenschaft und Philosophie in der Erklärung überein, daß die Wesenheit Gottes völlig außerhalb des menschlichen Fassungsvermögens steht. So nachdrücklich, wie Thomas Huxley und Herbert Spencer lehren, daß das Wesen der „großen ersten Ursache" unerkennbar ist, lehrt Bahá'u'lláh: „Gott umfaßt alles. Er kann nicht umfaßt werden." Zur Erkenntnis der göttlichen Wesenheit ist „der Weg versperrt und die Straße unbegehbar." Denn wie kann das Endliche das Unendliche begreifen? Wie kann ein Tropfen den Ozean enthalten oder ein im Sonnenschein tanzendes Stäubchen das Weltall umfassen? Und dennoch spricht das ganze Weltall von Gott. In jedem Wassertropfen sind Weltmeere von Bedeutung verborgen, und in jedem Sonnenstäubchen ist ein ganzes Weltall von Bedeutsamkeiten eingeschlossen, weit über den

Gesichtskreis des gelehrtesten Wissenschaftlers reichend. Der Chemiker und der Physiker sind in Verfolg ihrer Forschungen nach der Natur der Dinge fortgeschritten von der Masse zu den Molekülen, von den Molekülen zu den Atomen, von den Atomen zu den Elektronen und zum Äther, aber mit jedem Schritt wachsen die Schwierigkeiten der Forschung, bis auch der tiefgründigste Verstand nicht weiter vordringen kann und sich in stiller Ehrfurcht beugen muß vor dem unbekannten Unendlichen, das immer in unerforschliches Geheimnis gehüllt bleiben wird.

„Blume in der rissigen Mauer,
ich pflücke dich aus dem Spalt.
Ich halte dich hier, Wurzel und alles, in meiner Hand,
kleine Blume; doch *wenn* ich verstehen könnte,
was du bist, Wurzel und alles, alles in allem,
so würde ich wissen, was Gott und der Mensch ist."

(Tennyson)

Wenn die Blume in der rissigen Mauer, wenn selbst ein einziges Atom des Stoffes Geheimnisse zeigen, die der tiefgründigste Verstand nicht zu lösen vermag, wie ist es dann für den Menschen möglich, das Weltall zu begreifen? Wie darf er sich erdreisten, die unendliche Ursache aller Dinge zu bestimmen oder zu beschreiben? Alle theologischen Spekulationen über die Natur von Gottes Wesen werden auf diese Weise als töricht und nichtig abgetan.

Gotteserkenntnis

Wenn auch das Wesen Gottes nicht erkennbar ist, so sind doch die Offenbarungen Seiner Güte allüberall zu finden. Wenn die erste Ursache auch nicht begriffen werden kann, so werden doch Ihre Wirkungen allen unseren Sinnen klar. Gerade wie die Kenntnis des Gemäldes eines Malers dem Kenner einen wahren Begriff von dem Künstler gibt, so ist die Kenntnis des Weltalls von jedem Gesichtspunkte aus Erkenntnis über die Natur oder über die menschliche Natur, über sichtbare oder unsichtbare

Dinge, Erkenntnis von Gottes Werk, und sie übermittelt dem Sucher nach göttlicher Wahrheit wirkliches Erkennen Seiner Herrlichkeit.

„Die Himmel erzählen die Ehre Gottes;
und die Feste verkündigt Seiner Hände Werk.
Ein Tag sagt's dem andern
und eine Nacht tut's kund der andern." *(Psalm 19, 1—2)*

Die göttlichen Manifestationen

Alle Dinge tun die Gnade Gottes kund mit größerer oder geringerer Klarheit, wie alle dem Sonnenlicht ausgesetzten gegenständlichen Dinge dieses Licht in größerem oder geringerem Grade widerstrahlen. Ruß gibt eine ganz geringe Widerspiegelung, ein Stein schon etwas mehr, ein Stück Kreide noch mehr, aber bei keiner dieser Widerstrahlungen können wir die Form und die Farbe der herrlichen Sonne finden. Ein vollkommener Spiegel dagegen strahlt die wahre Form und Farbe der Sonne derart wider, daß ein Blick in ihn einem Blick in die Sonne selbst gleichkommt. In gleicher Weise reden die Dinge zu uns von Gott. Der Stein kann uns etwas über die göttlichen Eigenschaften sagen, die Blume etwas mehr, und das Tier mit seinen wunderbaren Sinnen, Instinkten und seiner Bewegungsfähigkeit noch mehr. Im geringsten unserer Mitmenschen können wir wundervolle Fähigkeiten entdecken, die uns von einem herrlichen Schöpfer künden. Im Dichter, im Heiligen, im Genie finden wir eine noch höhere Offenbarung, aber die großen Offenbarer und Religionsgründer sind die vollkommenen Spiegel, durch welche die Liebe und Weisheit Gottes auf die übrige Menschheit widergespiegelt werden. Die Spiegel der andern Menschen sind durch die Flecken und den Staub der Selbstsucht und der Vorurteile getrübt, aber jene sind rein und ohne Makel, völlig ergeben dem Willen Gottes. So werden Sie die größten Erzieher der Menschheit. Die göttlichen Lehren und die Macht des Heiligen Geistes, der durch Sie spricht, waren und sind die Ursache des Fortschritts der Menschheit, denn Gott hilft den Menschen durch andere Menschen. Jeder Mensch, der auf der Stufenleiter des Lebens höher steht, ist eine Hilfe für die, die niedriger stehen, und die am höchsten über allen Stehenden sind die Helfer für alle Menschen. Es ist, als ob alle Menschen durch dehnbare Bänder miteinander verbunden wären. Wenn ein Mensch sich nur ein wenig über den allgemeinen Stand seiner Mitmenschen erhebt, straffen sich die Bänder. Seine alten Gefährten sind bestrebt, ihn zurückzuziehen, aber mit gleicher Kraft zieht er sie aufwärts. Je höher er steigt, desto mehr fühlt er das Gewicht der ganzen Welt, die ihn zurückzieht, und desto mehr ist er auf die göttliche Hilfe angewiesen, die ihm von wenigen noch höher Stehenden zukommt. Am höchsten von allen stehen die großen Offenbarer und Erlöser, die göttlichen „Manifestationen", jene vollkommenen Menschen, die in Ihrer Zeit alle einsam, ohne einen Gleichgestellten oder Gefährten waren und die Last der ganzen Welt trugen, allein von Gott gestützt. „Die Last unserer Sünden lag auf Ihm", traf auf jeden von Ihnen zu. Jeder war „der Weg, die Wahrheit und das Leben" für Seine Anhänger. Jeder war der Kanal der Gnade Gottes für jedes Herz, das sich nach ihr sehnte. Jeder hatte Seinen Teil zu erfüllen in dem großen göttlichen Plan zur Hebung der Menschheit.

Schöpfung

Bahá'u'lláh lehrt, daß das Weltall keinen zeitlichen Anfang hat. Es ist ein fortwährendes Entströmen aus der großen ersten Ursache. Der Schöpfer hatte immer Seine Schöpfung und wird sie immer haben. Welten und Weltensysteme mögen kommen und vergehen, aber das Weltall bleibt bestehen. Alle Dinge, die eine Verbindung eingegangen sind, unterziehen sich im Laufe der Zeit auch einmal der Trennung, jedoch die Elemente, welche die Zusammensetzung bilden, bleiben bestehen. Die Erschaffung einer Welt, einer Blume oder eines menschlichen Körpers ist nicht „ein Erschaffen aus Nichts", sie ist vielmehr ein Zusammenfügen von Elementen, die vorher getrennt waren, ein Sichtbarmachen von etwas, das zuvor verborgen war. Nach und nach mögen die Elemente getrennt werden, die Form mag verschwinden, aber nichts ist wirklich verloren oder vernichtet. Immer neue Verbindungen und Formen werden aus den Trümmern des Alten hervorgehen. Bahá'u'lláh bestätigt die Gelehrten, die nicht sechstausend, sondern Millionen und Milliarden von Jahren für die Geschichte der Erschaffung der Erde annehmen. Die Theorie der Evolution (Entwicklung) verneint keineswegs eine schöpferische Macht, sie bemüht sich nur, die Art und Weise ihrer Sichtbarwerdung zu beschreiben, und die wundersame Geschichte des materiellen Weltalls, die der Astronom, der Geologe, der Physiker und der Biologe nach und nach vor uns ausbreiten, ist, wenn richtig bewertet, bei weitem fähiger, die tiefste Anbetung und Verehrung wachzurufen, als es die dürftige und primitive Schilderung der Schöpfung vermag, wie sie die hebräischen Schriften wiedergeben. Die älteste Kunde im ersten Buche Moses hat jedoch den Vorzug, in wenigen kühnen sinnbildlichen Strichen die wesentliche geistige Bedeutung der Geschichte aufzuzeichnen, wie ein meisterhafter Maler, der mit wenigen Pinselstrichen Gesichtszüge hinwirft, die der Stümper in angestrengtester Bemühung um die Einzelheiten ganz unmöglich wiedergeben kann. Wenn die materiellen Einzelheiten uns für die geistige Bedeutung blind machen, so wären wir besser ohne sie, aber wenn wir die wesentliche Bedeutung des ganzen Plans einmal fest erfaßt haben, dann wird die Kenntnis von den Einzelheiten unserem Verständnis einen weit höheren Reichtum und Glanz verleihen und wird uns statt eines einfachen Entwurfs ein herrliches vollendetes Bild zeigen.

'Abdu'l-Bahá sagt:

„Wisse, daß es eine der am schwierigsten zu verstehenden geistigen Wahrheiten ist, daß die Welt des Daseins, das heißt dieses unendliche Weltall, keinen Anfang hat ... Wisse, daß ... ein Schöpfer ohne ein Geschöpf unmöglich wäre und ein Versorger ohne Versorgte nicht ausgedacht werden könnte; denn alle göttlichen Namen und Eigenschaften setzen das Dasein von Geschöpfen voraus. Sich eine Zeit vorzustellen, in der es überhaupt keine Geschöpfe gegeben habe, hieße die Göttlichkeit Gottes leugnen. Überdies kann völliges Nichtsein nicht zum Dasein werden. Wenn die Geschöpfe überhaupt nicht existiert hätten, wäre Dasein nicht ins Leben getreten. Weil nun das innerste Wesen der Einheit, das göttliche Sein, von aller Ewigkeit her besteht und immerwährend ist, das heißt weder Anfang noch Ende hat, darum hat sicherlich diese Welt des Daseins, dieses unendliche Weltall, weder Anfang noch Ende. Es mag wohl sein, daß ein Teil des Weltalls, zum Beispiel einer der Himmelskörper, ins Dasein tritt oder verfällt, aber die anderen, unendlich vielen Himmelskörper bestehen weiter . . . Da das einzelne Gestirn einen Anfang hat, muß es auch ein Ende haben, denn jede Zusammensetzung, im Verband oder im einzelnen, muß notwendigerweise aufgelöst werden; der einzige Unterschied ist, daß einige schnell und andere langsamer aufgelöst werden, aber es ist unmöglich, daß etwas Zusammengesetztes sich schließlich nicht auflöst." ('ABDU'L-BAHÁ, *Betanwortete Fragen, Kap. 47, S. 180.)*

Die Entwicklung des Menschen

Bahá'u'lláh bestätigt auch den Biologen, der für den menschlichen Körper eine Geschichte entdeckt, die Jahrmillionen in der Entwicklung der Arten zurückreicht. Ausgehend von einer ganz einfachen, augenscheinlich unbedeutenden Form, wird der menschliche Körper beschrieben, wie er im Verlauf von ungezählten Generationen sich Stufe für Stufe empor entwickelt, wie er immer vielgestaltiger wird, sich besser und besser organisiert, bis der Mensch des heutigen Tages erreicht ist. Jeder einzelne menschliche Körper entwickelt sich durch solch eine Reihe von Stufen, vom winzigen Keim aus gallertartiger Masse bis zum voll entwickelten Menschen. Wenn dies auf das Einzelwesen zutrifft, was niemand leugnet, warum nimmt man dann an, daß es unter der menschlichen Würde sei, eine ähnliche Entwicklung seiner Art zuzugestehen? *Dies ist doch sehr verschieden von der Behauptung, daß der Mensch vom Affen abstamme.* Der menschliche Embryo mag in einem gewissen Stadium einem Fisch mit Kiemen und Schwanz ähnlich sehen und ist dennoch kein Fisch. Er ist ein menschlicher Embryo. So mag die menschliche Art[44])

[44]) Das Wort „Art" (engl. „species") soll hier den Unterschied zum Ausdruck bringen, der immer zwischen Mensch und Tier bestand, ungeachtet der äußeren Erscheinung. Es darf hier nicht in seiner gewöhnlichen Bedeutung als biologischer Fachausdruck aufgefaßt werden.

in den verschiedenen Stufen ihrer langen Entwicklung äußerlich dem Auge wie verschiedene Arten von niederem Getier erschienen sein, und doch war es immer die menschliche Art, im Besitz der geheimnisvoll verborgenen Kraft der Entwicklung zum Menschen, wie wir ihn heute sehen, mehr noch, der künftigen Entwicklung zu noch weit Höherem, wie wir fest vertrauen.

'Abdu'l-Bahá sagt:
„Diese Erdkugel aber, das ist klar, hat ihre jetzige Gestalt nicht auf einmal angenommen, sondern dieses umfassende Dasein hat allmählich verschiedene Phasen durchwandert, bis es die heutige Vollendung erreicht hat . . . Der Mensch zu Beginn seines Daseins und im Schoß der Erde — ähnlich dem Embryo im Mutterschoß — wuchs (allmählich) und entwickelte (sich), (schritt) von einer Form zur anderen, bis er in höchster Schönheit und Vollendung erschien. Es ist gewiß, daß er im Anfang nicht diese Anmut, Lieblichkeit und Feinheit hatte, sondern nur schrittweise diese Gestalt, diese Form, diese Schönheit und Anmut erlangte . . . Ebenso währt das menschliche Dasein auf dieser Erde von Anbeginn, bis es die heutige Verfassung, Gestalt und Stufe erreicht, notwendigerweise eine lange Zeit und schreitet durch viele Seinsweisen, bis es diese Erscheinungsform erreicht. Aber von allem Anfang seines Daseins an ist der Mensch eine besondere Art . . .
Wenn wir auch zugeben, daß Spuren verschwundener Organe wirklich vorhanden sind, so ist dies noch kein Beweis gegen die Beständigkeit und Ursprünglichkeit der Arten. Es beweist höchstens, daß Form, Gestalt und Organe des Menschen Fortschritte gemacht haben. Der Mensch war immer eine besondere Art, kein Tier, sondern ein Mensch." ('ABDU'L'-BAHÁ, *Beantwortete Fragen, Kap. 47, S. 182 f.)*

Über die Geschichte von Adam und Eva sagt Er:
„Wenn wir diese Geschichte nach der äußeren Bedeutung ihrer Worte nehmen, wie es allgemein üblich ist, klingt sie höchst seltsam. Der Verstand kann sie nicht annehmen, bestätigen oder sich vorstellen; denn solche Geschehnisse, Einzelheiten, Gespräche und Vorwürfe stehen vernünftigen Menschen fern, um wieviel mehr Gott, der dieses unendliche Weltall in der voll-

kommensten Gestalt und seine unzähligen Bewohner mit unübertrefflicher Ordnung, Kraft und Vollendung eingerichtet hat . . . Diese Geschichte von Adam und Eva, die vom Baum der Erkenntnis aßen, und von ihrer Vertreibung aus dem Paradies muß deshalb einfach als Gleichnis verstanden werden. Sie enthält göttliche Geheimnisse und umfassende Bedeutungen und steht wunderbaren Erklärungen offen.“ (‘ABDU’L-BAHÁ, *Beantwortete Fragen, Kap. 30, S. 124 f.)*

Körper und Seele

Die Bahá’í-Lehren, die sich auf Körper und Seele und das Leben nach dem Tod beziehen, befinden sich in völliger Übereinstimmung mit den Ergebnissen der Seelenforschung. Sie lehren, wir wir gesehen haben, daß der Tod nur eine neue Geburt bedeutet, das Entweichen aus dem Gefängnis des Körpers zu einem weiteren Leben, und daß der Fortschritt im kommenden Leben unbegrenzt ist.

Eine große Menge wissenschaftlicher Beweise hat sich nach und nach angesammelt, die nach der Meinung unparteiischer, höchst urteilsfähiger Forscher vollkommen genügt, um die Tatsache eines Lebens nach dem Tode außer jeden Zweifel zu setzen, des fortdauernden Lebens und Wirkens der bewußten „Seele“ nach ihrer Loslösung von dem stofflichen Körper. So sagt F. W. H. Myers in seinem Werk *Human Personality* („Menschliche Persönlichkeit“), das viele Forschungsergebnisse der Psychical Research Society zusammenfaßt:

„Die Beobachtung, der Versuch und die Folgerung haben viele Forscher, deren einer ich bin, zum Glauben an unmittelbare oder telepathische Verbindung nicht nur zwischen den Seelen der noch auf der Erde weilenden Menschen geführt, sondern auch zwischen Seelen oder Geistern, die noch auf Erden sind, und abgeschiedenen Geistern. Eine solche Entdeckung öffnet auch das Tor zur Offenbarung . . .

Wir haben gezeigt, daß inmitten von Täuschung und Selbsttäuschung, Betrug und Vorspiegelung wahrhaftige Offenbarungen uns von jenseits des Grabes erreichen . . .

Durch Entdeckung und Offenbarung wurden vorläufig gewisse Regeln bezüglich solcher abgeschiedenen Seelen aufgestellt, wie wir ihnen zu begegnen imstande waren. Zuerst und hauptsächlich habe ich wenigstens Grund zu glauben, daß ihr Zustand der einer endlosen Entwicklung in Weisheit und Liebe ist. Ihre Liebe dauert weiter, und am meisten von allem jene höchste Liebe, welche ihr Ziel findet in der Anbetung und Verehrung . . . Das Übel erscheint ihnen weniger etwas Schreckliches zu sein, denn etwas Knechtisches. Es ist in keinem mächtigen Herrscher verkörpert; vielmehr bildet es eine Insel des Wahnsinns, von dem die höheren Geister die irregeleitete Seele zu befreien suchen. Hier braucht es kein Fegefeuer; Selbsterkenntnis ist des Menschen Strafe und sein Lohn; Selbsterkenntnis und die Nähe oder Ferne von verwandten Seelen. Denn in dieser Welt ist Liebe tatsächlich Selbsterhaltung; die Gemeinschaft der Heiligen schmückt nicht nur, sondern bildet das ewige Leben. Nein, aus den Gesetzen der Telepathie folgt, daß diese Gemeinschaft schon hier und jetzt ihre Wirkung auf uns ausübt. Sogar jetzt gibt die Liebe der abgeschiedenen Seelen Antwort auf unsere Anrufungen. Schon jetzt hält und stützt unser liebendes Gedenken — Liebe ist selbst ein Gebet — jene befreiten Geister auf ihrem Weg zur Höhe."

Das Maß an Übereinstimmung zwischen dieser Ansicht, die auf sorgfältiger wissenschaftlicher Forschung begründet ist, und jener der Bahá'í-Lehre ist wirklich bemerkenswert.

Einheit der Menschheit

„Ihr seid alle die Früchte *eines* Baumes, die Blätter *eines* Zweiges, die Blumen *eines* Gartens." Das ist einer der bezeichnendsten Sprüche von Bahá'u'lláh, und ein anderer ist ihm ähnlich:

„Ruhm gebührt nicht dem, der nur sein eigenes Land liebt, sondern dem, der das ganze Menschengeschlecht liebt."

Einheit, Einheit der Menschheit und aller erschaffenen Wesen in Gott, ist der Leitgedanke Seiner Lehre. Hier wird wieder der Einklang zwischen wahrer Religion und Wissenschaft offenbar. Mit jedem Fortschritt der Wissenschaft ist die Einheit des Weltalls und die gegenseitige Abhängigkeit seiner Teile immer klarer ersichtlich geworden. Das Gebiet des Astronomen ist untrennbar verbunden mit dem des Physikers und das des Physikers mit dem des Chemikers, das des Chemikers mit dem des Biologen, das des Biologen mit dem des Psychologen usw. Jede neue Entdeckung auf dem einen Felde des Forschens wirft neues Licht auf andere Gebiete. Wie die Wissenschaft der Physik gezeigt hat, daß jedes Partikel der Materie im Weltall jedes andere Partikel anzieht und beeinflußt, es möge noch so winzig oder weit vom andern entfernt sein, so findet die Psychologie, daß jede Seele im Weltall auf jede andere Seele einwirkt und Einfluß hat. Prinz Kropotkin zeigt in seinem Buch über *Mutual Aid* („Wechselseitige Hilfe") überaus klar, daß sogar unter den niederen Tieren wechselseitige Hilfe unbedingt zur Erhaltung des Lebens notwendig ist, während beim Menschen der Fortschritt der Zivilisation abhängt vom wachsenden Ersatz gegenseitiger Feindschaft durch gegenseitige Hilfe. „Einer für alle und alle für einen" ist der einzige Grundsatz, nach dem eine Gemeinschaft gedeihen kann.

Das Zeitalter der Einheit

Alle Zeichen der Zeit zeigen uns, daß wir am Aufdämmern eines neuen Zeitalters in der Geschichte der Menschheit stehen. Bis heute klammerte sich der junge Adler der Menschheit an das alte Nest auf dem festen Felsen der Selbstsucht und des Materialismus. Seine Bemühungen, seine Flügel zu benützen, waren ängstlich und nur versuchsweise. Unablässig sehnte er sich nach noch Unerreichbarem. Mehr und mehr nahm er Anstoß an den Beschränkungen der alten Glaubenssätze und der alten Rechtgläubigkeit. Aber nun ist die Zeit der Beschränkung zu Ende, und er kann sich auf den Flügeln des Glaubens und der Vernunft zu den höheren Reichen geistiger Liebe und Wahrheit erheben. Er wird nicht länger erdgebunden sein, wie er es war, bevor ihm seine Schwingen wuchsen, sondern er wird sich nach seinem Willen emporschwingen zu den Regionen eines weiten Ausblicks und einer herrlichen Freiheit. Eines aber tut not, damit sein Flug sicher und gleichmäßig sei. Seine Schwingen müssen nicht nur stark sein, sondern sie müssen sich in vollkommener Harmonie und gegenseitigem Einordnen bewegen. 'Abdu'l-Bahá sagt hierzu:

„Mit einem Flügel allein kann man unmöglich fliegen: Wenn jemand versuchen wollte, nur mit dem Flügel der Religion zu fliegen, so würde er rasch in den Sumpf des Aberglaubens stürzen, während er andererseits nur mit dem Flügel der Wissenschaft auch keinen Fortschritt machen, sondern in den hoffnungslosen Morast des Materialismus fallen würde." ('ABDU'L-BAHÁ, *Ansprachen in Paris, S. 113.)*

Vollkommener Einklang zwischen Wissenschaft und Religion ist die notwendige Voraussetzung für das höhere Leben der Menschheit. Wenn dieses Ziel erreicht ist und jedes Kind erzogen wird, nicht nur im Studium der Wissenschaften und Künste, sondern auch in der Liebe zur ganzen Menschheit und ebenso in der freudigen Ergebung in Gottes Willen, wie er sich offenbart im Fortschritt der Entwicklung und in den Lehren der Offenbarer, dann und nur dann wird das Reich Gottes kommen und Sein Wille geschehen auf Erden wie im Himmel. Dann und nur dann wird der Größte Friede seine Segnungen über die Welt ergießen. 'Abdu'l-Bahá sagt:

„Wenn die Religion, befreit von Aberglauben, Überlieferungen und unverständigen Dogmen, ihre Übereinstimmung mit der Wissenschaft dartut, so wird eine große einigende, reinigende Kraft in der Welt sein, die alle Kriege, Uneinigkeiten, Mißklänge und Streitigkeiten vor sich herkehrt, und dann wird die Menschheit in der Macht der Gottesliebe vereinigt werden." ('ABDU'L-BAHÁ, *Ansprachen in Paris, S. 116.)*

13. KAPITEL

DURCH DIE BAHÁ'Í-RELIGION ERFÜLLTE PROPHEZEIUNGEN

„Was die Manifestation des Größten Namens betrifft: Dies ist Er, den Gott in allen Seinen Büchern und Schriften verheißen hat, wie in der Bibel, den Evangelien und dem Qur'án."
('ABDU'L-BAHÁ)

Auslegung von Prophezeiungen

Die Auslegung von Prophezeiungen ist anerkannt schwierig, und bei nichts anderem weichen die Meinungen der Gelehrten weiter voneinander ab. Dabei ist nichts Verwunderliches, denn in Übereinstimmung gerade mit den geoffenbarten Schriften wurden viele der Prophezeiungen in solcher Form kundgegeben, daß sie nicht völlig verstanden werden konnten, bevor die Erfüllung eintrat, und sogar dann nur von solchen, die reinen Herzens und frei von Vorurteilen waren. So wurde am Ende von Daniels Gesichten der Seher geheißen:

„Und du, Daniel, verbirg diese Worte und versiegle dies Buch bis auf die letzte Zeit. Viele werden es dann durchforschen und große Erkenntnis finden . . . Und ich hörte es, aber ich verstand's nicht und sprach: Mein Herr, was wird das Letzte davon sein? Er aber sprach: Geh hin, Daniel: denn es ist verborgen und versiegelt bis auf die letzte Zeit." *(Daniel 12, 4.8.9.)*

Wenn Gott die Prophezeiungen bis zur verheißenen Zeit versiegelte und die Auslegung nicht einmal den Propheten offenbarte, durch die Er sie aussprechen ließ, so dürfen wir erwarten, daß niemand als der verheißene Gottgesandte fähig sein wird, das Siegel zu zerbrechen und die Bedeutungen zu enthüllen, die in der Schatzkammer prophetischer Gleichnisse verborgen sind.

Das Nachdenken über die Geschichte der Prophezeiungen und ihre Mißdeutungen in den vergangenen Zeitaltern und Sendungen, zusammen mit den feierlichen Warnungen der Propheten selbst, sollte uns sehr vorsichtig machen gegenüber den Gedankengängen der Theologen bezüglich der wirklichen Bedeutung dieser Aussprüche und der Art ihrer Erfüllung. Wenn andererseits jemand erscheint, der für sich in Anspruch nimmt, die Pophezeiungen zu erfüllen, so ist es wichtig, daß wir seinen Anspruch offenen und unvoreingenommenen Herzens prüfen. Handelt es sich um einen Betrüger, so wird der Trug bald aufgedeckt, ohne daß Schaden entsteht. Aber wehe allen, die achtlos Gottes Boten von der Türe weisen, weil Er in einer unerwarteten Gestalt oder zu unerwarteter Zeit kommt.

Das Leben und die Aussprüche von Bahá'u'lláh bezeugen, daß Er der Verheißene aller heiligen Bücher ist, der die Macht hat, die Siegel der Prophezeiungen zu brechen und uns den „versiegelten, auserlesenen Wein" der göttlichen Geheimnisse einzuschenken. Laßt uns nun eilen, Seine Auslegungen zu hören und in ihrem Licht nochmals die vertrauten, aber vielfach geheimnisvollen Worte prüfen, die von den Propheten vor alters gesprochen wurden.

Das Kommen des Herrn

Das „Kommen des Herrn in den letzten Tagen" ist das eine „fernliegende göttliche Ereignis", auf das alle Propheten vorausschauten, das die meisten ihrer herrlichen Gesänge besungen haben. Was ist denn nun gemeint mit dem „Kommen des Herrn"? Gott ist doch zu allen Zeiten bei Seinen Geschöpfen, in allen, über allen und alle durchdringend. „Er ist heimlicher denn ein Atemzug, näher denn Hände und Füße." Ja, aber die Menschen können Gott als innewohnend und die Fassungskraft übersteigend weder sehen noch hören, sie können sich Seine Gegenwart nicht vorstellen, bis Er Sich selbst offenbart durch eine sichtbare Gestalt und zu ihnen mit menschlicher Zunge redet. Zur Offenbarung Seiner höheren Eigenschaften hat Gott immer von einem menschlichen Werkzeug Gebrauch gemacht. Jeder der Propheten war ein Mittler, durch welchen Gott Sein

Volk besuchte und zu ihm sprach. Jesus war solch ein Mittler, und die Christen haben ganz richtig Sein Erscheinen als ein Kommen Gottes geachtet. In Ihm sahen sie das Angesicht Gottes, und von Seinen Lippen hörten sie die Stimme Gottes. Bahá'u'lláh verkündet, daß das „Kommen" des Herrn der Heerscharen, des ewigen Vaters, des Schöpfers und Erlösers der Welt, das nach allen Propheten „zur Zeit des Endes" eintreten wird, nichts anderes bedeutet als Seine Manifestation in einem menschlichen Tempel, wie Er Sich durch den Tempel von Jesus von Nazareth geoffenbart hat, nur zu dieser Zeit mit einer volleren und herrlicheren Offenbarung, für welche die Herzen und Geister vorzubereiten Jesus und alle die früheren Offenbarer kamen.

Prophezeiungen über Christus

Weil sie die Bedeutung der Prophezeiungen über die Herrschaft des Messias falsch auffaßten, verwarfen die Juden Christus. 'Abdu'l-Bahá sagt:

„Die Juden erwarten noch immer das Kommen des Messias und beten Tag und Nacht zu Gott, daß Er Sein Kommen beschleunigen möge.

Als Christus kam, verrieten und töteten sie Ihn mit den Worten: ‚Dies ist nicht der von uns Erwartete. Siehe, wenn der Messias kommt, werden Zeichen und Wunder bezeugen, daß Er in der Tat der Christ ist. Wir kennen die Zeichen und Gegebenheiten, und sie sind nicht erschienen. Der Messias wird aus einer unbekannten Stadt hervorgehen. Er wird auf dem Throne Davids sitzen und siehe, Er wird kommen mit einem Schwert von Stahl und mit einem eisernen Stabe herrschen! Er wird das Gesetz der Propheten erfüllen. Er wird den Osten und den Westen erobern und Sein erwähltes Volk, die Juden, erheben. Er wird ein Reich des Friedens mit sich bringen, während welchem selbst die Tiere aufhören werden, mit dem Menschen feind zu sein. Denn siehe, Wolf und Lamm werden aus *einer* Quelle trinken . . . und alle Geschöpfe Gottes in Ruhe leben.' . . .

So dachten und sprachen die Juden, denn sie begriffen weder die Schriften noch die in ihnen enthaltene herrliche Wahrheit. Sie hatten die Buchstaben auswendiggelernt, verstanden aber kein einziges Wort vom lebenspendenden Geiste.

Hört zu, und ich will euch den Sinn davon zeigen. Obwohl Er aus Nazareth, einem bekannten Ort, kam, kam Er doch auch vom Himmel, Sein Körper wurde durch Maria geboren, aber Sein Geist kam vom Himmel. Das Schwert, das Er führte, war das Schwert Seiner Zunge, mit dem Er den Guten vom Bösen, das Echte vom Falschen, den Gläubigen vom Ungläubigen und das Licht von der Finsternis schied. Sein Wort war in der Tat ein scharfgeschliffenes Schwert!

Der Thron, auf dem Er saß, war der ewige Thron, von dem aus Christus auf immer herrscht, ein himmlischer und kein irdischer Thron, denn das Irdische vergeht, Himmlisches aber wird nicht vergehen. Er gab dem Gesetze Moses eine neue Deutung, vollendete es und erfüllte das Gesetz der Propheten. Sein Wort eroberte den Osten und den Westen, Sein Reich ist ewig. Er erhob die Juden, die Ihn anerkannten. Es waren Männer und Frauen von schlichter Herkunft, aber die Verbindung mit Ihm machte sie groß und verlieh ihnen unvergängliche Würde. Die Tiere, die beisammen leben sollten, bedeuteten die verschiedenen Sekten und Rassen, die einst gegeneinander im Kampfe standen, jetzt aber in Liebe und Güte wohnen und miteinander das Wasser des Lebens aus Christus, der ewigen Quelle, trinken.“ (‘ABDU’L-BAHÁ, *Ansprachen in Paris, S. 39—41.)*

Die meisten Christen nehmen diese Auslegung der messianischen Prophezeiungen als für Christus geltend in Anpruch. Aber hinsichtlich ähnlicher Prophezeiungen über den letzten Tag des Messias nehmen viele die gleiche Stellung ein wie die Juden und erwarten die Entfaltung eines Wunders auf der materiellen Ebene, das den genauen Buchstaben der Prophezeiungen erfüllen wird.

Prophezeiungen über den Báb und Bahá’u’lláh

Nach der Bahá’í-Auslegung beziehen sich besonders die Prophezeiungen, die von der „Zeit des Endes“, den „letzten Tagen“, dem „Kommen des Herrn der Heerscharen", dem „Ewig-Vater" sprechen, nicht auf das Kommen von Jesus Christus, sondern auf das von Bahá'u'lláh. Nehmen wir als Beispiel die wohlbekannte Prophezeiung des Jesaja:

„Das Volk, das im Finstern wandelt, sieht ein großes Licht; und über denen, die da wohnen im finstern Lande, scheint es hell . . . Denn du hast das Joch ihrer Last und die Jochstange auf ihrer Schulter und den Stecken ihres Treibers zerbrochen wie am Tage Midians. Denn alle Rüstungen derer, die sich mit Ungestüm rüsten, und die blutigen Kleider werden verbrannt und vom Feuer verzehrt. Denn uns ist ein Kind geboren, ein Sohn ist uns gegeben, und die Herrschaft ruht auf Seiner Schulter, und Er heißt Wunder-Rat, Kraft-Held, Ewig-Vater, Fride-Fürst, auf daß Seine Herrschaft groß werde und des Friedens kein Ende auf dem Thron Davids und in Seinem Königreich, daß Er's stärke und stütze durch Recht und Gerechtigkeit von nun an bis in Ewigkeit. Solches wird tun der Eifer des Herrn Zebaoth." *(Jesaja 9, 1.3—6.)*

Dies ist eine der Prophezeiungen, die oft als auf Christus bezüglich angesehen werden, und viel davon mag ganz richtig anwendbar sein, aber eine kleine Prüfung wird zeigen, wieviel vollständiger und passender sie auf Bahá'u'lláh bezogen wird. Christus war tatsächlich ein Lichtbringer und Erlöser. Aber während der nahezu zweitausend Jahre seit Seinem Auftreten wandelt die große Mehrheit der Menschen auf Erden immer noch im Finstern, und die Kinder Israel und viele andere Kinder Gottes fuhren fort, unter dem „Stecken des Treibers" zu stöhnen. Auf der andern Seite hat während der ersten wenigen Jahrzehnte des Bahá'í-Zeitalters das Licht der Wahrheit den Osten und den Westen erhellt, die frohe Botschaft von der Vaterschaft Gottes und von der Bruderschaft der Menschen wird in alle Länder der Welt getragen, und ein Völkerbund wurde ins Leben gerufen, der allen niedergetretenen und unterdrückten Nationalitäten der Welt bald Erleichterung bringen soll. Der große Krieg, der von 1914 bis 1918 die Welt durchbrauste, mit seiner noch nie dagewesenen Anwendung von Feuerwaffen, von flüssigem Feuer, Brandbomben und Feuermaschinen, ist in der Tat etwas gewesen, das „verbrannt und mit Feuer verzehrt" hat.[45]) Bahá'u'lláh hat, als Er einen großen Teil Seiner Schriften Fragen der Regierung und Verwaltung widmete und zeigte, wie sie am besten gelöst werden, „die Herrschaft auf Seine Schulter" genommen auf eine Weise, wie es Christus niemals tat. Bezüglich der Titel „Ewig-Vater", „Friede-Fürst" verweist Bahá'u'lláh wiederholt auf Sich selbst als die Manifestation des Vaters, von der Christus und Jesaja sprachen, während Christus immer von Sich als dem Sohn sprach. Und Bahá'u'lláh erklärt, daß Seine Sendung ist, den Frieden auf Erden aufzurichten, während Christus sagte: „Ich bin nicht gekommen, den Frieden zu bringen, sondern das Schwert", und tatsächlich gab es während des ganzen christlichen Zeitalters Kriege und sektiererische Streitigkeiten in Fülle.

Die Herrlichkeit Gottes

Der Titel „Bahá'u'lláh" ist das arabische Wort für „Herrlichkeit Gottes", und dieser nämliche Titel wird häufig gebraucht von den hebräischen Propheten für den Verheißenen, der in den letzten Tagen erscheinen werde. So lesen wir in Jesaja 40, 1—5:

„Tröstet, tröstet mein Volk! spricht euer Gott. Redet mit Jerusalem freundlich und predigt ihr, daß ihre Knechtschaft ein Ende hat, daß ihre Schuld vergeben ist; denn sie hat doppelte Strafe empfangen von der Hand des Herrn für alle ihre Sünden. Es ruft eine Stimme: In der Wüste bereitet dem Herrn den Weg, macht in der Steppe eine ebene Bahn unserm Gott! Alle Täler sollen erhöht werden, und alle Berge und Hügel sollen erniedrigt werden, und was uneben ist, soll gerade, und was hügelig ist, soll eben werden; denn die Herrlichkeit des Herrn soll offenbart werden, und alles Fleisch miteinander wird es sehen."

Wie die zuvor erwähnte Prophezeiung wurde auch diese teilweise erfüllt durch das Kommen Christi und Seines Vorläufers,

[45]) Der zweite Weltkrieg zeigte erneut die Erfüllung dieser Prophezeiung, mit dem Höhepunkt der Verwendung von Atombomben.

Johannes des Täufers; aber nur teilweise, denn in den Tagen Christi war das Kriegsleben Jerusalems noch nicht zu Ende. Viele Jahrhunderte bitterer Prüfung und Erniedrigung waren ihm noch vorbehalten. Mit dem Kommen des Báb und Bahá'u'lláhs beginnt jetzt aber die vollständigere Erfüllung sich zu zeigen, denn schon sind Anzeichen lichterer Tage für Jerusalem und Aussichten auf eine friedvolle und herrliche Zukunft festzustellen.

Andere Prophezeiungen sprechen von dem Erlöser Israels, der Herrlichkeit des Herrn, daß Er kommen werde ins Heilige Land von Osten, vom Aufgang der Sonne her. Nun erschien Bahá'u'lláh in Persien, das ostwärts von Palästina gelegen ist, gegen Aufgang der Sonne hin, und Er kam nach dem Heiligen Land, wo Er die letzten vierundzwanzig Jahre Seines Lebens zubrachte. Wäre Er hierhergekommen als freier Mann, könnten die Menschen sagen, daß dies eine List eines Betrügers sei, um den Prophezeiungen zu entsprechen. Aber Er kam als Verbannter und Gefangener. Er wurde dorthin verschickt durch den Sháh von Persien und den Sulṭán der Türkei, welche schwerlich der Absicht verdächtigt werden können, daß sie Beweise für den Anspruch von Bahá'u'lláh hätten schaffen wollen, Er sei die „Herrlichkeit Gottes“, deren Kommen die Propheten vorhersagten.

Der Zweig

In den Prophezeiungen von Jesaja, Jeremia, Hesekiel und Zacharias gibt es verschiedene Hinweise auf einen Mann, genannt „der Zweig“. Diese sind von den Christen oft so aufgefaßt worden, als ob sie sich auf Christus bezögen. Sie werden aber von den Bahá'í als besonders auf Bahá'u'lláh weisend angesehen.

Die belangreichste Bibelprophezeiung über den Zweig befindet sich im 11. Kapitel von Jesaja:

„Und es wird ein Reis hervorgehen von dem Stamm Isais und ein Zweig aus Seiner Wurzel Frucht bringen. Auf Ihm wird ruhen der Geist des Herrn, der Geist der Weisheit und des Verstandes, der Geist des Rates und der Stärke, der Geist der Erkenntnis und der Furcht des Herrn . . . Gerechtigkeit wird der Gurt Seiner Lenden sein und die Treue der Gurt Seiner

Hüften. Da werden die Wölfe bei den Lämmern wohnen und die Parder bei den Böcken lagern. Ein kleiner Knabe wird Kälber und junge Löwen und Mastvieh miteinander treiben ... Man wird nirgends Sünde tun, noch freveln auf Meinem ganzen heiligen Berge, denn das Land wird voll Erkenntnis des Herrn sein, wie Wasser das Meer bedeckt ... Und der Herr wird zu der Zeit zum zweiten Mal Seine Hand ausstrecken, daß er den Rest Seines Volkes loskaufe, der übriggeblieben ist in Assur, Ägypten, Pathros, Kusch, Elam, Sinear, Hamath und auf den Inseln des Meeres. Und Er wird ein Zeichen aufrichten unter den Völkern und zusammenbringen die Verjagten Israels und die Zerstreuten Judas sammeln von den vier Enden der Erde.“ *(Jesaja 11, 1—12.)*

'Abdu'l-Bahá bemerkt über diese und andere Prophezeiungen vom Zweig folgendes:

„Eines der großen Ereignisse, das am Tage des Erscheinens dieses unvergleichlichen Zweiges eintreten soll, ist das Hissen des Banners des Herrn unter allen Völkern. Das heißt, daß alle Völker und Stämme unter den Schutz dieses göttlichen Banners, das kein anderes als der erhabene Zweig selbst ist, kommen und zu einem einzigen Volke werden. Die Gegensätze der Glaubensbekenntnisse und Religionen, die Feindschaft zwischen Rassen und Völkern und die Verschiedenheiten nationaler Interessen werden verschwinden. Alle werden *einer* Religion, *einem* Bekenntnis, *einer* Rasse und *einem* Volk angehören und in *einem* Vaterland wohnen, das die ganze Erde ist. Universaler Friede und Einheit werden unter allen Völkern verwirklicht, und jener unvergleichliche Zweig wird ganz Israel versammeln. Das kündet an, daß in diesem Zyklus Israel im Heiligen Land versammelt wird, und daß die Juden, die im Osten und Westen, im Süden und Norden zerstreut sind, vereinigt werden.

Nun sieh, daß sich dies im Zeitalter Christi nicht ereignet hat, denn die Völker sind nicht unter dem einen Banner, mit dem der göttliche Sproß gemeint ist, zusammengekommen. Aber in diesem Zyklus des Herrn der Heerscharen werden alle Völker und Nationen unter den Schutz dieses Banners gelangen. Auch das in alle Welt zerstreute Israel wurde im christlichen Zeitalter nicht im Heiligen Land von neuem vereint. Aber am Anfang des Zeitalters Bahá'u'lláhs begann sich dieses göttliche Versprechen, das in allen Büchern der Propheten verkündet wurde, zu erfüllen. Man kann sehen, wie von allen Teilen der Welt jüdische Geschlechter zum Heiligen Land kommen; sie leben in Dörfern und auf Boden, den sie sich erwerben, und Tag für Tag vermehrt sich ihre Zahl in einem solchen Ausmaß, daß ganz Palästina ihre Heimat werden wird." ('ABDU'L-BAHÁ, *Beantwortete Fragen, Kap. 12, S. 72 f.*)

Der Tag Gottes

Das Wort „Tag" in solchen Ausdrücken, wie „Tag Gottes" und „letzter Tag" wird dahin ausgelegt, daß es „Sendung"[46]) bedeutet. Jeder der großen Religionsgründer hat Seinen „Tag". Jeder gleicht einer Sonne. Ihre Lehren nehmen ihren Anfang, ihre Wahrheit erleuchtet schrittweise mehr und mehr den Geist und die Herzen der Menschen, bis sie den Zenith ihres Einflusses erreichen. Dann werden sie nach und nach verdunkelt, entstellt und verdorben, und Finsternis überschattet die Erde, bis die Sonne eines neuen Tages aufgeht. Der Tag der allerhöchsten Manifestation Gottes ist der „letzte Tag", weil es ein Tag ist, der nimmer enden und nicht von der Nacht überwältigt werden soll. Seine Sonne soll nie untergehen, sondern soll die Seelen der Menschen in dieser Welt und in der kommenden Welt erleuchten. In Wirklichkeit geht keine der geistigen Sonnen unter. Die Sonnen von Moses, Christus und Muḥammad und allen andern Offenbarern scheinen immer noch am Himmel mit unvermindertem Licht. Aber irdische Wolken haben ihre Strahlen den Menschen verborgen. Die erhabene Sonne von Bahá'u'lláh wird endlich diese finsteren Wolken zerteilen, damit die Menschen aller Religionen sich in dem Lichte aller Offenbarer erfreuen werden und wie ein Herz den einen Gott anbeten, dessen Licht alle Manifestationen widergespiegelt haben.

[46]) d. h. der ganze Zyklus eines Offenbarers.

Der Tag des Gerichts

Christus sprach in Gleichnissen viel über den Tag des Gerichts, wenn „des Menschen Sohn kommt in der Herrlichkeit Seines Vaters mit Seinen Engeln; und alsdann wird Er einem jeglichen vergelten nach seinen Werken." *(Matth. 16, 27.)* Er vergleicht diesen Tag mit der Zeit der Ernte, wenn die Spreu verbrannt und der Weizen in die Scheunen gesammelt wird:

> „Gleichwie man nun das Unkraut ausjätet und mit Feuer verbrennt, so wird es auch am Ende dieser Welt gehen: Des Menschen Sohn wird Seine Engel senden; und sie werden sammeln aus Seinem Reich alle, die Ärgernis geben und die da Unrecht tun, und werden sie in den Feuerofen werfen; da wird Heulen und Zähneklappen sein. Dann werden die Gerechten leuchten wie die Sonne in ihres Vaters Reich." (*Matth. 13, 40—43.*)

Der Ausdruck „Ende der Welt", wie er in der autorisierten Übersetzung der Bibel an dieser und an ähnlichen Stellen gebraucht wird, hat manchen verleitet, zu denken, daß, wenn der Tag des Gerichts komme, die Erde plötzlich zerstört werde; aber dies ist offensichtlich ein Irrtum. Die richtige Übersetzung dieses Ausdrucks scheint zu sein „die Vollendung oder das Ende des Zeitalters". Christus lehrt, daß das Königreich des Vaters sowohl auf Erden wie im Himmel aufzurichten sei. Er lehrt uns beten: „Dein Reich komme, Dein Wille geschehe auf Erden wie im Himmel." In dem Gleichnis von dem Weinberg zerstört der Vater, wenn Er, der Herr des Weinbergs, kommt, die gottlosen Weingärtner umzubringen, nicht auch den Weinberg (die Welt), sondern gibt ihn an andere Weingärtner, die ihm die Früchte zu rechter Zeit geben[47]). Die Erde muß nicht vernichtet, sondern erneuert und wiedergeboren werden. Christus sprach von diesem Tage bei einer andern Gelegenheit als „der Wiedergeburt, da des Menschen Sohn sitzen wird auf dem Thron Seiner Herrlichkeit" *(Matth. 19, 28.)* Petrus sprach von ihm als den „Zeiten der Erfrischung", „den Zeiten der Wiederherstellung aller Dinge, welche Gott durch den Mund aller Seiner Propheten seit Welt-

[47]) Vgl. Matth. 21, 41.

beginn versprochen hat". Der Tag des Gerichts, von welchem Christus sprach, ist offensichtlich gleich mit dem Kommen des Herrn der Heerscharen, des Vaters, wie es von Jesaja und den andern Propheten des Alten Testaments prophezeit wurde, eine Zeit schrecklicher Strafe für die Gottlosen, aber eine Zeit, in welcher Gerechtigkeit geschaffen wird und Rechtschaffenheit herrschen soll, auf Erden wie im Himmel.

Nach der Bahá'í-Auslegung ist das Kommen jeder Manifestation Gottes ein Tag des Gerichtes, aber das Kommen der allerhöchsten Manifestation Bahá'u'lláh ist der große Tag des Gerichts für den Weltzyklus, in welchem wir leben. Der Posaunenruf, von dem Christus und Muḥammad und viele andere Propheten sprachen, ist der Ruf der Manifestation, der erschallen wird für alle, die im Himmel und auf Erden sind, für die im Leib und für die ohne Leib. Die Begegnung mit Gott durch Seine Manifestation ist für die, welche Ihm zu begegnen wünschen, die Pforte zum Paradies des Ihn Erkennens und Liebens und des Lebens in Liebe mit allen Seinen Geschöpfen. Jene andererseits, die ihren eigenen Weg Gottes Weg vorziehen, wie er durch die Manifestation geoffenbart ist, überliefern sich dadurch selbst der Hölle der Selbstsucht, des Irrtums und der Feindseligkeit.

Die große Auferstehung

Der Tag des Gerichts ist auch der Tag der Auferstehung, des Auferstehens vom Tode. Paulus sagt in seinem ersten Brief an die Korinther:

> „Siehe, ich sage euch ein Geheimnis: Wir werden nicht alle entschlafen, wir werden aber alle verwandelt werden; und dasselbe plötzlich, in einem Augenblick, zur Zeit der letzten Posaune. Denn es wird die Posaune schallen, und die Toten werden auferstehen unverweslich, und wir werden verwandelt werden. Denn dies Verwesliche muß anziehen die Unverweslichkeit, und dies Sterbliche muß anziehen die Unsterblichkeit." (*1. Kor. 15, 51—53.*)

Bezüglich der Bedeutung dieser Stellen über die Auferstehung der Toten schreibt Bahá'u'lláh in dem Buch *Iqán:*

„Mit den Worten ‚Leben' und ‚Tod', wovon in den Schriften gesprochen wird, ist das Leben des Glaubens und der Tod des Unglaubens gemeint. Die große Masse hat, weil sie die Bedeutung dieser Worte nicht zu fassen vermochte, die Persönlichkeit der Manifestation verworfen und mißachtet; sie haben sich des Lichtes Seiner göttlichen Führung beraubt und sich gesträubt, dem Beispiel jener unsterblichen Schönheit zu folgen . . .
Jesus sprach: ‚Ihr müsset von neuem geboren werden.' *(Joh. 3, 7.)* Und wiederum sagte Er: ‚Es sei denn, daß jemand geboren werde aus dem Wasser und Geist, so kann er nicht in das Reich Gottes kommen. Was von Fleisch geboren wird, das ist Fleisch; und was vom Geist geboren wird, das ist Geist.' *(Joh. 3, 5—6.)* Der Sinn dieser Worte ist: Wer immer in jeder Sendung aus dem Geiste geboren und durch den Hauch der Manifestation der Heiligkeit beseelt ist, der gehört wahrlich zu denen, die zum ‚Leben' und zur ‚Auferstehung' gelangt und in das ‚Paradies' der Liebe Gottes eingegangen sind. Und wer immer nicht zu ihnen gehört, der ist zum ‚Tod' und zur ‚Gottferne', zum ‚Feuer' des Unglaubens und zum ‚Zorn' Gottes verurteilt . . . Würdest du nur einen Tautropfen der kristallklaren Wasser göttlicher Erkenntnis erlangen, so würdest du alsbald gewahr werden, daß wahres Leben nicht das Leben des Fleisches, sondern das Leben des Geistes ist. Denn das Leben des Fleisches ist den Menschen sowohl als auch den Tieren gemeinsam, während das Leben des Geistes nur den Reinen im Herzen eigen ist, die aus dem Meere des Glaubens getrunken und von der Frucht der Gewißheit sich ihr Teil erworben haben. Ein solches Leben kennt keinen Tod, und ein solches Dasein ist von Unsterblichkeit gekrönt. So ist gesagt worden: ‚Wer ein wahrer Gläubiger ist, der lebt sowohl in dieser Welt als auch in der künftigen.' Wäre mit ‚Leben' dieses irdische Leben gemeint, so müßte der Tod es hinwegraffen; das ist klar." (BAHÁ'U'LLÁH, *Das Buch der Gewißheit, S. 81, 84, 85.*)

Nach der Bahá'í-Lehre hat die Auferstehung mit dem physischen Körper nichts zu tun. Dieser Körper, einmal tot, ist damit abgetan. Er verfällt der Auflösung und seine Atome werden niemals wieder zum gleichen Körper zusammengesetzt. Auferstehung ist die Geburt des einzelnen zu geistigem Leben durch die Gabe des Heiligen Geistes, dargereicht durch die Manifestation Gottes. Das Grab, von welchem er sich erhebt, ist das Grab der Unwissenheit und Nachlässigkeit Gott gegenüber. Der Schlaf, aus welchem er erwacht, ist der geistige Schlafzustand, in welchem viele das Dämmern des Tages Gottes erwarten. Die Dämmerung dieses Tages gibt allen, die auf der Erde gelebt haben, ihr Licht, ob sie sich im Körper oder außerhalb des Körpers befinden, aber die, welche geistig blind sind, können sie nicht begreifen. Der Auferstehungstag ist kein Tag von vierundzwanzig Stunden, sondern ein Zeitalter, das jetzt begonnen hat und dauern wird, solange der gegenwärtige Weltzyklus dauert. Er wird noch fortdauern, wenn bereits alle Spuren der gegenwärtigen Zivilisation von der Oberfläche dieser Erde weggewischt sein werden.

Wiederkunft Christi

In vielen Seiner Gespräche spricht Christus von der zukünftigen Manifestation Gottes in der dritten Person, in anderen wieder ist die erste Person gebraucht. Er sagt: „Ich gehe hin, euch die Stätte zu bereiten. Und wenn Ich hingehe, euch die Stätte zu bereiten, so will Ich wiederkommen und euch zu Mir nehmen." (*Joh. 14, 2—3.*) Im ersten Kapitel der Apostelgeschichte lesen wir, daß den Jüngern bei der Himmelfahrt Christi gesagt wurde: „Dieser Jesus, welcher von euch ist aufgenommen gen Himmel, wird kommen, wie ihr Ihn gesehen habt gen Himmel fahren." *(Apg. 1, 11.)* Wegen dieser und ähnlicher Aussprüche erwarten viele Christen, daß, wenn des Menschen Sohn kommt „in den Wolken des Himmels und mit großer Herrlichkeit", sie den gleichen Jesus in körperlicher Gestalt sehen werden, wie Er zweitausend Jahre zuvor in den Straßen Jerusalems wandelte und am Kreuze blutete und litt. Sie erwarten, daß es ihnen vergönnt sei, ihre Finger in die Nägelmale Seiner Hände und Füße zu legen und ihre Hand in die Speerwunde in Seiner Seite. Aber sicher wird ein wenig Nachdenken über Christi eigene Worte solche Vorstellungen zerstreuen. Die Juden zu Christi Zeiten hatten ebensolche Vorstellungen von der Wiederkunft des Elias, aber Jesus legte ihren Irrtum klar, indem Er zeigte, daß die Prophezeiung, daß „Elias zuerst kommen müsse“, erfüllt war, nicht durch die Wiederkunft der Person und des Körpers des früheren Elias, sondern in der Person von Johannes dem Täufer, der kam „im Geist und in der Kraft des Elias“. „Und (so ihr's wollt annehmen) er ist Elias, der da soll zukünftig sein. Wer Ohren hat zu hören, der höre.“ (*Matth. 11, 14.*) Die „Wiederkunft“ des Elias bedeutete daher das Erscheinen einer andern Person, geboren von andern Eltern, aber von Gott inspiriert mit dem gleichen Geist und der gleichen Kraft. Von diesen Worten Jesu darf wahrlich angenommen werden, daß sie bedeuten, daß die Wiederkunft Christi in gleicher Weise durch das Erscheinen einer andern Person, geboren von einer anderen Mutter, vollendet werden wird, die aber den Geist und die Macht Gottes gerade so aufweisen muß, wie Christus dies tat. Bahá'u'lláh erklärt, daß das Wiederkommen Christi erfüllt wurde in dem Kommen des Báb und in Seinem eigenen Kommen. Er spricht:

„Betrachtet die Sonne! Wollte sie sagen: ‚Ich bin die Sonne von gestern‘, so würde sie die Wahrheit sprechen, und würde sie, den Zeitenlauf betonend, behaupten, sie sei eine andere als jene Sonne, so würde sie auch die Wahrheit reden. Ebenso ist es richtig und wahr, wenn gesagt wird, alle Tage seien ein und derselbe. Und wenn im Hinblick auf ihre besonderen Namen und Bezeichnungen gesagt wird, sie seien verschieden, so ist dies auch wahr. Denn wenn sie auch die gleichen sind, so läßt sich doch an jedem eine andere Bezeichnung, eine besondere Eigenschaft, ein eigener Wesenszug erkennen. Begreife nun dementsprechend die Kennzeichen des Unterschieds, der Mannigfaltigkeit und der Einheit der Manifestationen der Heiligkeit, damit du die Andeutungen verstehen mögest, die der Schöpfer aller Namen und Eigenschaften über diese Mysterien der Einheit und der Unterscheidung machte.“ (BAHÁ'U'LLÁH, *Das Buch der Gewißheit, S. 24.)*

'Abdu'l-Bahá sagt:

„Wisse, daß die Wiederkunft Christi zum zweiten Male nicht das bedeutet, was die Menschen glauben, sondern vielmehr den einen Verheißenen bezeichnet, der nach Ihm kommen soll. Er wird kommen mit dem Königreich Gottes und Seiner Macht, welche die Welt umspannt hat. Diese Herrschaft ist in der Welt des Herzens und Geistes und nicht in der der Materie, denn die materielle Welt ist im Angesicht des Herrn nicht einmal mit einem einzigen Flügel einer Mücke zu vergleichen — würdet ihr es doch verstehen! Wahrlich, Christus kam mit Seinem Königreich vom Anfang, der keinen Anfang hat, und wird kommen mit Seinem Königreich zur Ewigkeit der Ewigkeiten, insoweit als in diesem Sinn ‚Christus' ein Ausdruck der göttlichen Wirklichkeit ist, der einfachen Wesenheit und des himmlischen Seins, welches keinen Anfang hat noch ein Ende. Es hat Erscheinen, Aufgang, Offenbarung und Untergang in jedem der Zeitalter." (*Tablets of 'Abdu'l-Bahá, Bd. I, S. 138.*)

Die Zeit des Endes

Christus und Seine Apostel erwähnten viele Zeichen, welche die Zeiten der „Wiederkunft" des Menschensohns in der Herrlichkeit des Vaters erkennen lassen. Christus sagt:

„Wenn ihr aber sehen werdet Jerusalem belagert von einem Heer, so merket, daß herbeigekommen ist ihre Verwüstung ... Denn das sind die Tage der Vergeltung, daß erfüllt werde alles, was geschrieben ist ... Denn es wird große Not auf Erden sein und ein Zorn über dies Volk, und sie werden fallen durch des Schwertes Schärfe und gefangen geführt unter alle Völker; und Jerusalem wird zertreten werden von den Heiden, *bis daß der Heiden Zeit erfüllt ist.*" (*Luk. 21, 20—24.*)

Wieder sagte Er:

„Sehet zu, daß euch nicht jemand verführe. Denn es werden viele kommen unter Meinem Namen und sagen: ‚Ich bin der Christus' und werden viele verführen. Ihr werdet hören von Kriegen und Kriegsgeschrei; sehet zu und erschrecket nicht. Denn das muß so geschehen; aber es ist noch nicht das Ende. Denn es wird sich empören ein Volk wider das andere und ein Königreich wider das andere, und werden sein Pestilenz und teure Zeit und Erdbeben hin und her. Das alles aber ist der Anfang der Wehen. Alsdann werden sie euch überantworten in Trübsal und werden euch töten. Und ihr werdet gehaßt werden um Meines Namens willen von allen Völkern ... Und es werden sich viele falsche Propheten erheben und werden viele verführen. Und weil der Unglaube wird überhandnehmen, wird die Liebe in vielen erkalten. Wer aber beharret bis ans Ende, der wird selig. *Und es wird gepredigt werden dies Evangelium vom Reich in der ganzen Welt zum Zeugnis für alle Völker, und dann wird das Ende kommen.*" (*Matth. 24, 4-14.*)

In diesen zwei Stellen sagt Christus in klaren Ausdrücken, ohne Schleier oder Verhüllung, die Dinge voraus, die sich *vor* dem Kommen des Menschensohns ereignen müssen. Während der Jahrhunderte, die verflossen sind, seit Christus sprach, hat sich jedes dieser Zeichen erfüllt. Jeweils im letzten Teil beider Stellen erwähnt Er ein Ereignis, das die Zeit des Kommens kennzeichnen wird; in dem einen Fall die Beendigung der Verbannung der Juden und die Wiederherstellung von Jerusalem, im andern das Predigen des Evangeliums in aller Welt. Es ist überraschend, daß diese beiden Zeichen sich in unseren eigenen Tagen wörtlich erfüllt haben. Wenn diese Teile der Prophezeiung so wahr sind wie das Übrige, so folgt daraus, daß wir in der „Zeit des Endes" leben, von der Christus sprach.

Auch Muḥammad erwähnt gewisse Zeichen, die bis auf den Tag der Auferstehung fortbestehen. Im Qur'án lesen wir:

„Als Gott sagte: ‚Jesus! Ich werde dich abberufen und zu Mir erheben und rein machen, so daß du den Ungläubigen entrückt bist. Und Ich werde bewirken, daß diejenigen, die dir folgen, den Ungläubigen bis zum Tag der Auferstehung überlegen sind. Dann werdet ihr zu Mir zurückkehren. Und Ich werde zwischen euch entscheiden über das, worüber ihr uneins waret ...'" (*Qur'án 3,55.*)

„Die Juden sagen: ‚Die Hand Gottes ist gefesselt'. Ihre eigenen Hände sollen gefesselt sein, und verflucht sollen sie sein für das, was sie sagen. Nein! Er hat Seine beiden Hände ausgebreitet und spendet, wie Er will. Was von deinem Herrn zu dir herabgesandt worden ist, wird sicher viele von ihnen in ihrer Widersetzlichkeit und ihrem Unglauben noch bestärken. Und Wir ließen unter ihnen Feindschaft und Haß entstehen bis zum Tag der Auferstehung. Sooft sie ein Feuer zum Krieg anzünden, löscht Gott es aus.“ (*Qur'án 5, 64*)

„Und von denen, die sagen: ‚wir sind Christen', haben Wir ihre Verpflichtung entgegengenommen. Aber dann vergaßen sie einen Teil von dem, womit sie erinnert worden waren. Und da erregten Wir unter ihnen Feinschaft und Haß bis zum Tag der Auferstehung. Aber Gott wird ihnen Kunde geben über das, was sie getan haben.“ (*Qur'án 5,14.*)

Auch diese Worte haben sich wörtlich erfüllt in der Unterwerfung der Juden unter die christlichen und islámitischen Völker und in dem Sektenwesen und dem Streit, der sowohl Juden wie Christen unter sich uneins machte, während all der Jahrhunderte, seit Muḥammad sprach. Erst seit dem Beginn des Bahá'í-Zeitalters, des Tages der Auferstehung, beginnen die Zeichen des herannahenden Endes dieser Zustände in Erscheinung zu treten.

Zeichen im Himmel und auf Erden

In den hebräischen, christlichen, muḥammadanischen und vielen anderen Schriften herrscht eine bemerkenswerte Ähnlichkeit in der Beschreibung der Zeichen, die das Kommen des Verheißenen begleiten.

Im Buch Joel lesen wir:

„Und Ich will Wunderzeichen geben am Himmel und auf Erden: Blut, Feuer und Rauchdampf. Die Sonne soll in Finsternis und der Mond in Blut verwandelt werden, ehe denn der große und schreckliche Tag des Herrn kommt ... Denn siehe, in jenen Tagen und zur selben Zeit, da Ich das Geschick Judas und Jerusalems wenden werde, will Ich alle Heiden zusammenbringen und will sie ins Tal Josaphat (‚Jahwe hält Gericht‘) hinausführen und will dort mit ihnen rechten ... Es werden Scharen über Scharen von Menschen sein im Tale der Entscheidung; denn des Herrn Tag ist nahe im Tale der Entscheidung. Sonne und Mond werden sich verfinstern, und die Sterne halten ihren Schein zurück ... Aber

Seinem Volk wird der Herr eine Zuflucht sein ...“ (*Joel 3,3 bis 4,16.*)

Christus sagt:
„Bald aber nach der Trübsal jener Zeit werden Sonne und Mond den Schein verlieren, und die Sterne werden vom Himmel fallen, und die Kräfte der Himmel werden ins Wanken kommen. Und alsdann wird erscheinen das Zeichen des Menschensohnes am Himmel. Und alsdann werden heulen alle Geschlechter auf Erden und werden kommen sehen des Menschen Sohn in den Wolken des Himmels mit großer Kraft und Herrlichkeit.“ (*Matth. 24, 29-30.*)

Im Qur'án lesen wir:
„Wenn die Sonne eingehüllt wird, die Sterne ihren Glanz verlieren (fallen) und die Berge sich bewegen, ... wenn die Blätter (des Buches) ausgebreitet werden, der Himmel weggezogen (geöffnet), der Höllenbrand angefacht ... wird.“ (*Qur'án 81, 1-3; 10-12.*)

Im Buch *Iqán* erklärt Bahá'u'lláh, daß diese Prophezeiungen über die Sonne, den Mond und die Sterne, die Himmel und die Erde sinnbildlicher Art sind und nicht im buchstäblichen Sinn zu verstehen sind. Die Propheten befaßten sich vorzugsweise mit geistigen, nicht mit materiellen Dingen, mit geistigem, nicht mit natürlichem Licht. Wenn sie, in Beziehung auf den Tag des Gerichts, die Sonne erwähnen, weisen sie auf die Sonne der Gerechtigkeit hin. Die Sonne ist die höchste Lichtquelle. So war Moses eine Sonne für die Juden, Christus für die Christen und Muḥammad für die Moslems. Wenn die Propheten von Verfinsterung der Sonne sprechen, so will damit gesagt werden, daß die reinen Lehren dieser geistigen Sonnen verfinstert worden sind durch Entstellung, Mißverstehen und Vorurteil, so daß die Menschen sich in geistiger Finsternis befinden. Der Mond und die Sterne sind die Lichtquellen zweiten Ranges, die religiösen Führer und Lehrer, welche die Menschen führen und anfeuern sollten. Wenn gesagt wird, daß der Mond kein Licht von sich geben oder sich in Blut tauchen wird und daß die Sterne vom Himmel fallen werden, so ist damit gemeint, daß die Führer der Kirchen erniedrigt werden, weil sie sich in Streitigkeiten und Kämpfe einlassen, und daß die Priester weltlich gesinnt werden, irdischen Dingen zugeneigt statt himmlischen.

Die Bedeutung dieser Prophezeiungen wird gleichwohl mit *einer* Erklärung nicht erschöpft, und es gibt auch andere Bedeutungen, nach denen diese Symbole ausgelegt werden können. Bahá'u'lláh sagt, daß in anderem Sinn die Worte „Sonne", „Mond" und „Sterne" angewandt werden auf die Verordnungen und Anweisungen, die in jeder Religion gegeben sind. Da bei jeder folgenden Manifestation die Zeremonien, Formen, Gebräuche und Anweisungen der vorhergehenden Manifestation geändert werden in Übereinstimmung mit den Erfordernissen der Zeit, so werden in diesem Sinn Sonne und Mond verwandelt und die Sterne zerstreut.

In vielen Fällen würde die wörtliche Erfüllung dieser Prophezeiungen dem äußerlichen Sinn nach widersinnig oder unmöglich sein, zum Beispiel, daß der Mond in Blut getaucht wird oder daß die Sterne auf die Erde fallen. Der kleinste der sichtbaren Sterne ist vieltausendmal größer als die Erde, und würde einer auf die Erde fallen, wäre keine Erde mehr vorhanden, auf die ein weiterer fallen könnte. In anderen Fällen wieder gibt es sowohl eine materielle wie eine geistige Erfüllung. Zum Beispiel ist das Heilige Land viele Jahrhunderte lang wüst und verlassen gewesen, wie von den Propheten vorausgesagt, aber schon ist, am Tage der Auferstehung, der Anfang davon zu sehen, daß es „frohlocken und blühen wird wie eine Rose", wie Jesaja voraussagte. Aussichtsreiche Kolonien sind angelegt, das Land wird bewässert und bebaut, und Weinberge, Olivenhaine und Gärten blühen, wo es vor einem halben Jahrhundert nur Sandwüste gab. Es unterliegt keinem Zweifel, daß, wenn die Menschen ihre Schwerter in Pflugscharen verwandeln und ihre Speere in Sicheln, Wildnis und Wüsten von allen Teilen der Welt verschwinden werden. Die versengenden Winde und Sandstürme, die von diesen Wüsten herwehen und das Leben in ihrer Umgebung nahezu unerträglich machen, werden vergangene Dinge sein. Das Klima auf der ganzen Erde wird milder und gleichmäßiger. Die Städte werden nicht länger die Luft durch Rauch und giftige Gase verunreinigen, und gerade im äußerlichen, materiellen Sinn wird es „neue Himmel und eine neue Erde" geben.

Die Art des Kommens

Was die Art Seines Kommens am Ende der Zeit anbetrifft, sagte Christus:

„... und werden kommen sehen des Menschen Sohn in den Wolken des Himmels mit großer Kraft und Herrlichkeit. Und Er wird senden Seine Engel mit hellen Posaunen ..." *(Matth. 24, 30-31)*, „... dann wird Er sitzen auf dem Thron Seiner Herrlichkeit, und werden vor Ihm alle Völker versammelt werden. Und Er wird sie voneinander scheiden, gleichwie ein Hirt die Schafe von den Böcken scheidet." *(Matth. 25, 31—32.)*

Bezüglich dieser und ähnlicher Stellen schreibt Bahá'u'lláh im Buch *Iqán:*

„Der Ausdruck ‚Himmel' bezeichnet Erhabenheit und Erhöhung, da er der Sitz der Offenbarung jener Manifestationen der Heiligkeit, der Morgendämmerung altehrwürdiger Herrlichkeit ist. Diese altehrwürdigen Wesen sind, wenn auch aus dem Mutterleib geboren, in Wirklichkeit vom Himmel des Willens Gottes herabgekommen. Obgleich sie auf dieser Erde wohnen, so sind doch ihre wahren Wohnorte die Ruhesitze der Herrlichkeit in den Reichen der Höhe. Während sie unter Sterblichen wandeln, sind sie doch in den Himmel der göttlichen Gegenwart erhoben. Ohne Füße schreiten sie auf dem Pfade des Geistes, und ohne Schwingen fliegen sie empor zu den erhabenen Höhen göttlicher Einheit. Mit jedem Atemzug durcheilen sie die Unendlichkeit des Raumes, und in jedem Augenblick durchwandern sie die Reiche des Sichtbaren und des Unsichtbaren ...

Mit dem Worte ‚Wolken' sind die Dinge gemeint, die dem Wünschen und Begehren der Menschen entgegenstehen. So hat Er in dem schon angeführten Vers geoffenbart: ‚Sooft ein Bote zu euch kam mit dem, was eure Seelen nicht wünschen, seid ihr in Hochmut aufgebläht; die einen schaltet ihr Betrüger, die andern habt ihr gar ermordet.' *(Qur'án 2, 87.)*

Diese ‚Wolken' bedeuten in einem gewissen Sinn die Aufhebung der Gesetze, die Ablösung der früheren Sendungen, die Abschaffung gebräuchlicher Sitten und Riten, den Vorrang der ungelehrten Gläubigen über die gelehrten Gegner des

Glaubens. In einem anderen Sinne bedeuten sie das Erscheinen der unsterblichen Schönheit in der Gestalt eines sterblichen Menschen mit solchen menschlichen Beschränkungen, wie Essen und Trinken, Armut und Reichtum, Ruhm und Erniedrigung, Schlafen und Wachen und anderem mehr, was die Gemüter der Menschen in Zweifel bringen und sie abspenstig machen kann. Alle diese Schleier werden sinnbildlich als ‚Wolken' bezeichnet.

Dies sind die ‚Wolken', durch welche die Himmel der Erkenntnis und des Verstehens aller Erdenbewohner gespalten werden. So hat Er geoffenbart: ‚An jenem Tage soll der Himmel durch die Wolken gespalten werden.' (*Qur'án 25, 25.*) So wie die Wolken das Menschenauge nicht die Sonne schauen lassen, so hindern diese Dinge die Menschenseelen an der Erkenntnis des Lichtes der göttlichen Sonne. Das bezeugt die Rede der Ungläubigen, wie im Heiligen Buch geoffenbart ist: ‚Und sie haben gesagt: Was für eine Art Apostel ist denn der? Er ißt seine Speise und geht seine Wege. Sofern nicht ein Engel herabkommt und seine Warnungen bestätigt, werden wir nicht an ihn glauben.' *(Qur'án 25. 7.)* Andere Propheten litten in ähnlicher Weise unter Krankheit, Trübsal, Hunger, Leid und allen Wechselfällen dieser Welt. Da diese geheiligten Persönlichkeiten solchen Nöten und Mängeln unterworfen waren, waren demzufolge auch die Menschen in der Wildnis der Sorgen und Zweifel verloren und von Verwirrungen und Bestürzung ergriffen. Wie könnte, so frugen sie sich, solch eine Persönlichkeit von Gott herabgesandt worden sein, ihre Überlegenheit über alle Menschen und Geschlechter hienieden behaupten und den Anspruch erheben, selbst das Ziel aller Schöpfung zu sein — wie Er ja gesprochen hat: ‚Ich hätte nicht all dies im Himmel und auf Erden erschaffen, wenn nicht für Dich' — und wäre doch solch gewöhnlichen Dingen unterworfen? Denn du bist doch zweifellos unterrichtet über die Trübsale, die Armut, die Übel und die Erniedrigung, die über jeden Propheten Gottes und Seine Gefährten kamen. Du hast doch gehört, wie die Köpfe Ihrer Anhänger als Geschenke in verschiedene Städte gesandt wurden und wie schrecklich Sie gehindert wurden, das zu tun, was Ihnen befohlen worden war. Ein jeder von Ihnen fiel den Händen der Feinde Seiner

Sache zum Opfer und hatte zu erdulden, was immer jene bestimmten.
Der Allherrliche hat eben diese Dinge, die dem Begehren der Gottlosen so entgegen sind, bestimmt, damit sie der Prüfstein und der Maßstab seien, womit Er Seine Diener prüft, auf daß die Gerechten von den Gottlosen und die Gläubigen von den Ungläubigen geschieden werden ...
Und nun, was Seine Worte betrifft: ‚Und Er wird senden Seine Engel ...' Mit ‚Engel' sind jene gemeint, die, durch die Kraft des Geistes gestärkt, mit dem Feuer der Liebe Gottes alle menschlichen Züge und Begrenzungen getilgt und sich mit den Zeichen des erhabensten Wesens und der Cherubim bekleidet haben ...
Da die Anhänger Jesu den verborgenen Sinn dieser Worte nie erfaßt haben, und da die Zeichen, die sie und die Führer ihres Glaubens erwartet haben, nicht erschienen sind, haben sie sich, sogar bis heute, geweigert, die Wahrheit jener Manifestationen der Heiligkeit anzuerkennen, die seit den Tagen Jesu geoffenbart worden sind. So haben sie sich selbst der Ausgießung von Gottes heiliger Gnade und der Wunder Seiner göttlichen Sprache beraubt. So niedrig ist ihr Zustand nach diesem, dem Tage der Auferstehung! Sie haben sogar nicht zu begreifen vermocht, daß, wenn die Zeichen der Manifestation Gottes in jedem Zeitalter im sichtbaren Reich in Einklang mit dem Text aufgestellter Überlieferungen erscheinen würden, wohl niemand sie ablehnen oder sich von ihnen abwenden könnte, noch würden die Gesegneten von den Elenden unterschieden werden und der Übertreter von dem Gottesfürchtigen. Urteile ehrlich: Sollten sich die im Evangelium aufgezeichneten Prophezeiungen buchstäblich erfüllen, sollte Jesus, der Sohn Marias, von Engeln begleitet, aus dem sichtbaren Himmel auf Wolken herabkommen, — wer würde da wagen, nicht zu glauben? Wer würde da wagen, die Wahrheit zu verwerfen und hochmütig zu werden? Nein, eine solche Bestürzung würde alle Erdenbewohner ergreifen, daß keine Seele sich fähig fühlen würde, auch nur ein Wort darüber zu äußern, wieviel weniger denn die Wahrheit zu verwerfen oder anzunehmen." (BAHÁ'U'LLÁH, *Das Buch der Gewißheit*, S. 53-54, 57-60.)

Nach der vorstehenden Auslegung über das Kommen des Menschensohnes in niedriger menschlicher Gestalt, vom Weib geboren, arm, ungebildet, unterdrückt und für nichts geachtet von den Großen der Erde, ist gerade diese Art des Auftretens der wahre Prüfstein, mit welchem Er das Volk der Erde prüft und die Menschen voneinander sondert, wie ein Schäfer die Böcke scheidet von den Schafen. Diejenigen, deren geistige Augen geöffnet sind, können durch diese Wolken blicken und sich „an der Macht und großen Herrlichkeit", der wahren Herrlichkeit Gottes erfreuen, die zu offenbaren Er kommt. Die andern, deren Augen noch gehalten sind von Vorurteilen und Irrtum, sehen nur die dunklen Wolken und tasten weiter im Dunkel, des gesegneten Sonnenscheins beraubt.

> „Siehe, Ich will Meinen Boten senden, der vor Mir her den Weg bereiten soll. Und bald wird kommen zu Seinem Tempel der Herr, den ihr sucht; und der Engel des Bundes, den ihr begehrt, siehe, Er kommt! ... Wer wird aber den Tag Seines Kommens ertragen können, und wer wird bestehen, wenn Er erscheint? Denn Er ist wie das Feuer eines Schmelzers und wie die Lauge der Wäscher ... Denn siehe, es kommt ein Tag, der brennen soll wie ein Ofen. Da werden alle Verächter und Gottlosen Stroh sein ... Euch aber, die ihr Meinen Namen fürchtet, soll aufgehen die Sonne der Gerechtigkeit und Heil unter ihren Flügeln ..." (*Maleachi 3, 1-2, 19-20.*)[48]

[48]) Das Thema der Erfüllung der Prophezeiungen ist so unerschöpflich, daß viele Bände für eine angemessene Darlegung benötigt würden. Was in den Grenzen eines einzigen Kapitels gezeigt werden kann, sind allenfalls die Hauptumrisse der Bahá'í-Interpretation. Die ins einzelne gehenden Apokalypsen, die durch Daniel und Johannes geoffenbart wurden, mußten unberührt bleiben. Der Leser wird verschiedene Abschnitte darüber in *Beantwortete Fragen* finden. Im *Buch der Gewißheit — Kitáb-i-Íqán* von Bahá'u'lláh, dem Buch *Bahá'í-Beweise* von Mírzá Abu'l-Faḍl und in den vielen Tablets von Bahá'u'lláh und 'Abdu'l-Bahá finden sich weitere Auslegungen von Prophezeiungen.

14. Kapitel

PROPHEZEIUNGEN VON BAHÁ'U'LLÁH UND 'ABDU'L-BAHÁ

„Wenn du aber in deinem Herzen sagen würdest: Wie kann ich merken, welches Wort der Herr nicht geredet hat? — wenn der Prophet redet in dem Namen des Herrn, und es wird nichts daraus und es tritt nicht ein, dann ist das ein Wort, das der Herr nicht geredet hat. Der Prophet hat's aus Vermessenheit geredet, darum scheue dich nicht vor ihm." *(5. Mose 18, 21-22.)*

Schöpferische Kraft von Gottes Wort

Gott, und allein Gott, hat die Macht zu tun, was immer Er will, und der größte Beweis einer Manifestation Gottes ist die schöpferische Macht Seines Wortes, Seine Wirksamkeit, alle menschlichen Angelegenheiten zu ändern und umzugestalten und über allen menschlichen Widerstand zu triumphieren. Durch das Wort der Offenbarer verkündet Gott Seinen Willen, und die sofortige oder spätere Verwirklichung dieses Wortes ist der klarste Beweis für den Anspruch des Offenbarers und die Echtheit Seiner Erleuchtung.

„Denn gleichwie der Regen und Schnee vom Himmel fällt und nicht wieder dahin zurückkehrt, sondern feuchtet die Erde und macht sie fruchtbar und läßt wachsen, daß sie gibt Samen zu säen, und Brot zu essen, so soll das Wort, das aus Meinem Munde geht, auch sein. Es soll nicht wieder leer zu Mir zurückkommen, sondern tun, was Mir gefällt, und ihm wird gelingen, wozu Ich es sende." (*Jesaja 55, 10-11.*)

Als die Jünger von Johannes dem Täufer zu Jesus kamen mit der Frage: „Bist du der, der kommen soll, oder sollen wir eines andern warten?“ war die Antwort Jesu, nur auf die Wirkung hinzuweisen, die Seine Worte vollbracht hatten:

„Gehet hin und saget Johannes wieder, was ihr höret und sehet: Blinde sehen und Lahme gehen, Aussätzige werden rein und Taube hören, Tote stehen auf und Armen wird das Evangelium gepredigt; und selig ist, der nicht Anstoß nimmt an Mir.“ *(Matth. 11,4-6.)*

Laßt uns nun den Beweis sehen, mit dem gezeigt werden kann, ob die Worte von Bahá'u'lláh diese schöpferische Kraft besitzen, wie sie den Worten Gottes eigentümlich ist. Bahá'u'lláh befahl den Herrschern, den Weltfrieden zu errichten; und die Fortsetzung ihrer Kriegspolitik hat seit den Jahren 1869—1870 viele alte Dynastien vernichtet, während jeder darauffolgende Krieg immer weniger Siegesfrüchte hervorbrachte, bis der Weltkrieg 1914—1918 die historisch überraschende Tatsache ergab, daß der Krieg gleichermaßen für den Sieger und Besiegten zum Unheil geworden ist[49]).

Bahá'u'lláh hieß die Herrscher auch, als Treuhänder jener zu handeln, über die sie regieren, und politisches Ansehen zu einem Mittel wahrer allgemeiner Wohlfahrt zu machen. Der Fortschritt in der sozialen Gesetzgebung ist beispiellos gewesen.

Er befahl Ausgleich zwischen den Auswüchsen von Reichtum und Armut, und seither sind in immer weiterem Umfang Gesetze angenommen worden, die ein angemessenes Existenzminimum aufstellen und den Reichtum zu gestaffelter Besteuerung von Einkommen und Erbschaft heranziehen. Er befahl die Abschaffung sowohl der körperlichen als der wirtschaftlichen Sklaverei, und seitdem ist der Fortschritt zur Freiheit zu einem Sauerteig in allen Teilen der Welt geworden.

Bahá'u'lláh verkündete die Gleichstellung von Mann und Frau, die in gleicher Verantwortlichkeit, gleichen Rechten und Vorrechten zum Ausdruck kommt; seit dieser Erklärung sind die Bande, durch welche die Frau seit undenklichen Zeiten gebunden war, zerrissen worden, und die Frau hat sich rasch ihren rechtmäßigen Platz als gleichberechtigte Gefährtin des Mannes gesichert.

[49]) Das hat sich auch im zweiten Weltkrieg erneut erwiesen.

Er verkündete die grundlegende Einheit der Religionen, und der folgende Zeitabschnitt zeigt die höchst entschlossenen Anstrengungen aufrichtiger Seelen in allen Teilen der Welt, einen neuen Grad von Duldsamkeit, gegenseitigem Verstehen und gegenseitiger Zusammenarbeit für weltweite Ziele zu erreichen. Sektiererei ist überall untergraben und ihre historische Stellung immer unhaltbarer geworden. Die Grundlage der Abgeschlossenheit in der Religion ist von denselben Kräften zerstört worden, die dem in sich abgeschlossenen Nationalismus das Weiterleben unmöglich machten.

Er befahl allgemeine Erziehung und machte die unabhängige Erforschung der Wahrheit zum Beweis geistiger Lebenskraft. Die moderne Zivilisation ist durch diesen neuen Gärstoff in ihren Tiefen aufgerührt worden. Schulpflicht der Kinder und die Ausdehnung der Bildungsmöglichkeiten auf Erwachsene ist zum ABC der Regierungspolitik geworden. Völker, welche mit Bedacht die Unabhängigkeit des Gemütes und Geistes ihrer Bürger einzuschränken suchen, haben dadurch Revolution innerhalb und Verdacht und Furcht außerhalb ihrer Grenzen geweckt.

Bahá'u'lláh befahl die Annahme einer Welthilfssprache, und Dr. Zamenhof und andere folgten Seinem Ruf, indem sie ihr Leben und ihren Geist dieser großen Aufgabe und Gelegenheit weihten.

Vor allem erfüllte Bahá'u'lláh die Menschheit mit einem neuen Geist, indem Er in den Gemütern und Herzen ein neues Sehnen und neue Gesellschaftsideale weckte. Nichts in der Geschichte ist so dramatisch und eindrucksvoll wie der Gang der Ereignisse seit dem Beginn des Bahá'í-Zeitalters im Jahre 1844. Jahr für Jahr wurde die Macht einer toten, durch überlebte Gedanken, Bräuche, Gewohnheiten und Einrichtungen noch dahingeschleppten Vergangenheit geschwächt, und heute merken alle einsichtigen Männer und Frauen auf Erden, daß die Menschheit ihre schwerste Krisis durchmacht. Auf der einen Seite sehen wir, wie sich die neue Schöpfung erhebt, da das Licht von Bahá'u'lláhs Lehre den wahren Pfad der Entwicklung enthüllt hat. Auf der anderen Seite sehen wir nichts als Unglück und Fehlschläge in allen Reichen, wo diesem Lichte Widerstand entgegengebracht oder wo es nicht beachtet wird.

Jedoch dem gläubigen Bahá'í können diese und zahllose andere Beweise, so eindrucksvoll sie sind, nicht das wirkliche Maß der geistigen Erhabenheit von Bahá'u'lláh geben. Sein Leben auf Erden und die unwiderstehliche Kraft Seiner inspirierten Worte stehen als das einzig wahre Kennzeichen des Willens Gottes da.

Eine Prüfung der mehr ins einzelne gehenden Prophezeiungen von Bahá'u'lláh und ihrer Erfüllung wird einen mächtigen, bestärkenden Beweis erbringen. Zu diesen Prophezeiungen wollen wir nun übergehen und ein paar Beispiele anführen, über deren urkundliche Echtheit kein Zweifel herrschen kann. Sie wurden weithin verbreitet und bekannt gemacht, bevor ihre Erfüllung zutage trat. Die Sendschreiben, die Er an die gekrönten Häupter der Welt schickte, in denen viele solcher Prophezeiungen enthalten sind, wurden zusammengestellt zu einem Buch, das erstmals in Bombay gegen Ende des vorigen Jahrhunderts veröffentlicht wurde. Seither sind mehrere Auflagen erschienen. Wir werden auch einige Beispiele der bemerkenswerten Prophezeiungen von 'Abdu'l-Bahá geben.

Napoleon III.

Im Jahre 1869 schrieb Bahá'u'lláh an Napoleon III. und tadelte ihn wegen seiner Kriegslust und der Verachtung, mit welcher er einen früheren Brief von Bahá'u'lláh behandelt hatte. Das Sendschreiben enthält folgende ernste Warnung:

„Für das, was du getan hast, soll dein Reich in Verwirrung gestürzt werden; deine Herrschaft soll deinen Händen zur Strafe für das, was du verübtest, entgleiten. Dann wirst du erkennen, wie sehr du dich geirrt hast. Aufruhr wird das ganze Volk des Landes ergreifen, es sei denn, du hilfst dieser Sache und folgst Ihm, dem Geist Gottes (Jesus), auf diesem, dem Geraden Pfad. Hat dich dein Pomp stolz gemacht? Bei Meinem Leben! Er soll nicht von Dauer sein, nein, er soll bald dahinschwinden, es sei denn, du hälst dich standhaft an dieses feste Seil. Wir sehen Erniedrigung dich verfolgen, während du zu den Achtlosen gehörst. Es geziemt dir, wenn du Seine Stimme vom Throne der Herrlichkeit rufen hörst, alles wegzuwerfen, was du besitzest, und laut zu antworten: ‚Hier bin ich, o Du Herr all dessen, was im Himmel und auf Erden ist!'" (*Die Verkündigung Bahá'u'lláhs, S. 34.*)

Es ist unnötig zu sagen, daß Napoleon, der damals auf dem Höhepunkt seiner Macht stand, dieser Warnung kein Gehör schenkte. Im Jahr darauf fing er Krieg mit Preußen an, fest überzeugt, daß seine Truppen leicht Berlin einnehmen könnten. Aber die von Bahá'u'lláh vorausgesagte Tragödie ereilte ihn. Er wurde geschlagen, bei Saarbrücken, bei Weißenburg, bei Metz, und endlich in dem zermalmenden Zusammenbruch bei Sedan. Er wurde dann als Gefangener nach Preußen gebracht und fand zwei Jahre später ein jämmerliches Ende in England.

Deutschland

Später ließ Bahá'u'lláh eine gleich feierliche Warnung an die Besieger Napoleons ergehen, die ebenfalls auf taube Ohren stieß und eine schreckliche Erfüllung fand. Im *Buch Aqdas,* das in Adrianopel begonnen und in den ersten Jahren der Gefangenschaft von Bahá'u'lláh in 'Akká vollendet wurde, wandte Er sich an den Kaiser von Deutschland wie folgt:

„O König von Berlin! ... Denke an den (Napoleon III.), dessen Macht deine Macht überragte und dessen Rang deinen Rang übertraf. Wo ist er? Wohin ist entschwunden, was er besaß? Sei gewarnt und sei nicht einer der tief Schlafenden. Er warf das Tablet Gottes beiseite, als Wir ihm kundtaten, was die Scharen der Tyrannen Uns erdulden ließen. Darum überfiel ihn Unglück von allen Seiten, und er starb in großem Verlust. Denke gut über ihn nach, o König, und über solche, die gleich dir Städte erobert und über Menschen geherrscht haben. Der Barmherzigste brachte sie herab von ihren Palästen in das Grab. Sei gewarnt! Sei einer von denen, die überlegen! ... O Ufer des Rheins! Wir haben euch mit Blut bedeckt gesehen, denn die Schwerter der Vergeltung wurden gegen euch gezückt; und es soll noch einmal geschehen. Und Wir hören das Wehklagen Berlins, obgleich es heute in sichtbarem Ruhme strahlt." (*Die Verkündigung Bahá'u'lláhs, S. 51.*)

Während der Zeit der deutschen Erfolge im großen Krieg von 1914 bis 1918 und ganz besonders während der letzten großen deutschen Offensive im Frühjahr 1918 wurde auf diese wohlbekannte Prophezeiung von den Gegnern der Bahá'í-Religion in Persien immer wieder hingewiesen, um damit Bahá-'u'lláh zu verunglimpfen. Aber als der Vormarsch der siegreichen Deutschen sich plötzlich in eine vernichtende Niederlage verkehrte, in überwältigendes Unheil, da fielen die Bemühungen dieser Gegner der Bahá'í-Sache auf sie selbst zurück, und die Verbreitung, zu der sie der Prophezeiung verholfen hatten, wurde ein wirkungsvolles Mittel zur Erhöhung des Ansehens von Bahá'u'lláh.

Persien

Im *Buch Aqdas,* das geschrieben wurde, als der tyrannische Náṣiri'd-Dín Sháh auf der Höhe seiner Macht stand, segnet Bahá'u'lláh die Stadt Ṭihrán, die Hauptstadt Persiens und Sein eigener Geburtsort, und sagt von ihr:

> „Lasse dich durch nichts betrüben, o Land von Ṭá (Ṭihrán), denn Gott hat dich erwählt, damit du zur Quelle der Freude für die ganze Menschheit wirst. Wenn es Sein Wille ist, wird Er deinen Thron mit einem gerechten Regenten segnen, der die Herde Gottes, die von den Wölfen zerstreut wurde, sammelt. Ein solcher Herrscher wird mit Freude und Frohsinn sein Antlitz dem Volke Bahás zuwenden und ihm seine Gunstbeweise bezeigen. Er wird in der Tat in den Augen Gottes als Kleinod unter den Menschen gelten. Auf ihm ruhe immer die Herrlichkeit Gottes und die Herrlichkeit aller, die im Reiche Seiner Offenbarung wohnen.
>
> Jauchze freudig, denn Gott hat dich zum ‚Aufgangsort Seines Lichtes' gemacht, da in dir die Offenbarung Seiner Herrlichkeit geboren wurde. Freue dich über den dir verliehenen Namen, einen Namen, durch den die Sonne der Gnade ihren Glanz aussandte und durch den Erde und Himmel erleuchtet wurden.
>
> Bald werden sich in dir die Zustände ändern, und die Zügel der Macht werden in die Hände des Volkes übergehen. Wahr-

lich, dein Herr ist der Allwissende, Seine Macht umfaßt alle Dinge. Bleibe zuversichtlich in der gnädigen Gunst deines Herrn. Das Auge Seiner liebenden Gnade wird ewig auf dich gerichtet sein. Der Tag ist nahe, an dem deine Erregung in Frieden und stille Ruhe gewandelt wird. So ist es in dem wunderbaren Buch verordnet worden.“ (*Ährenlese aus den Schriften Bahá'u'lláhs, Kap. 56.*)

Jetzt hat Persien erst begonnen, sich von der von Bahá'u'lláh vorausgesagten Epoche der Verwirrung zu erholen. Aber schon ist eine konstitutionelle Regierung errichtet, und es mangelt nicht an Zeichen, daß das Land einer besseren Zukunft entgegengeht.

Türkei

An den Sulṭán der Türkei und seinen ersten Minister 'Alí-Pá<u>sh</u>á richtete Bahá'u'lláh, der sich damals (1868) in türkischer Gefangenschaft befand, einige Seiner feierlichsten, nachdrücklichsten Verwarnungen. Er schrieb dem Sulṭán aus dem Staatsgefängnis von 'Akká:

„O du, der du dich selbst für den Größten aller Menschen erachtest ... In kurzem soll dein Name vergessen sein, und du sollst dich in großer Bedrängnis befinden. Nach deiner Meinung ist dieser Erquicker der Welt und ihr Friedebringer strafbar und aufrührerisch. Welches Verbrechen haben die Frauen, Kinder und leidenden Säuglinge begangen, um deinen Grimm, deine Unterdrückung und deinen Haß verdient zu haben? Ihr habt eine Anzahl von Seelen verfolgt, die in eurem Land sich keinen Widerstand zuschulden kommen ließen und die keine Revolution gegen die Regierung angezettelt haben, nein, die vielmehr bei Tag und Nacht friedevoll sich der Verkündung Gottes gewidmet haben. Ihr habt ihr Eigentum geraubt und durch eure tyrannischen Handlungen ihnen alles, was sie hatten, genommen ... Vor Gott ist eine Handvoll Staub größer als euer Königreich, euer Ruhm, eure Herrschaft und eure Gewalt, und wenn Er es wünschte, würde Er euch verwehen wie Sand in der Wüste. In kurzem soll Sein Zorn über dich kommen, Aufstände sollen in eurer Mitte sich erheben, und euere Länder werden zerrissen werden! Dann werdet ihr weinen und wehklagen, und nirgendwo werdet ihr Hilfe und Schutz finden ... Seid wachsam, denn der Zorn Gottes ist bereit, und in kurzem sollt ihr sehen, was durch die Feder des Befehls beschrieben worden ist." (BAHÁ-'U'LLÁH, *Star of the West, Bd. II, S. 3.)*

Und an 'Alí-Pá<u>sh</u>á schrieb Er:
„O Ra'ís ('Oberhaupt'), du hast begangen, was Muḥammad, den Propheten Gottes, im allerhöchsten Paradiese seufzen ließ. Die Welt hat dich stolz gemacht, so sehr, daß du dich abwandtest von dem Angesicht, durch dessen Licht die Schar der himmlischen Heerscharen erleuchtet wurde. Bald sollst du dich in offensichtlichem Unglück befinden. Du hast dich mit dem Herrscher von Persien vereinigt, um Mir Leid zuzufügen, obgleich Ich zu euch kam vom Dämmerungsort des Allmächtigen, des Großen, mit einer Sache, welche die Augen der von Gott Begünstigten belebt ...
Dachtest du, du könntest das Feuer verlöschen, das Gott entzündet hat im Weltall? Nein! Ich erkläre dies bei Seiner wahren Seele — gehörtest du doch zu denen, die begreifen. Mehr denn dies: es wurden dadurch, daß du dies getan hast, die Flammen und ihr Lodern neu angefacht. Bald wird es die Welt und ihre Einwohner erfassen ... Bald werden das Land des Geheimnisses (Adrianopel) und andere Länder sich verwandeln und den Händen des Königs entgleiten, und Aufruhr soll entstehen. Wehklagen soll sich erheben. Zersetzung soll sich zeigen in den Teilen des Reiches, und die Staatsangelegenheiten werden sich wegen dessen, was sich gegen diese Gefangenen (Bahá'u'lláh und Seine Gefährten) von seiten der Scharen der Unterdrückung zugetragen hat, verwirren. Der Befehl wird wechseln, und die Verhältnisse werden drükkend werden bis zu einem solchen Ausmaß, daß die Sandkörner auf den verlassenen Hügeln wehklagen, die Bäume in den Gebirgen weinen werden und Blut fließen wird von allen Dingen, und die Menschen sollen in großer Not gesehen werden ...
So ist die Sache beschlossen worden von seiten des Planenden, des Weisen, dessen Befehl die Heerscharen im Himmel und auf Erden nicht widerstehen können, und den alle Könige und

Herrscher nicht abhalten können von dem, was Er will. Unglück ist das Öl für diese Lampe und durch solches wächst ihr Licht — gehörtet ihr zu denen, die wissend sind! Aller Widerstand, der von den Unterdrückern entfacht wird, wirkt wahrlich als Herold für diese Sache, und dadurch ist das Erscheinen Gottes und Seiner Sache unter den Völkern der Welt weit verbreitet worden.“ (BAHÁ'U'LLÁH, *Lawḥ-i-Ra'ís.)*

Ferner schrieb Er im *Buch Aqdas:*
„O Punkt, der du an den Ufern von zwei Meeren liegst (Istanbul)! Der Thron der Ungerechtigkeit ist in dir aufgerichtet worden, und in dir wurde das Feuer des Hasses in solcher Weise entzündet, daß die allerhöchsten Heerscharen und die, welche den erhabenen Thron umgeben, darüber wehklagen. Wir sehen in dir die Törichten über die Weisen herrschen und die Finsternis sich über das Licht erheben. Wahrlich, du brüstest dich in offensichtlichem Stolz. Hat dein äußerer Schmuck dich stolz gemacht? Bald sollst du dahinschwinden, bei dem Herrn der Schöpfung! Und deine Töchter und Witwen und die Menschen, die in dir leben, sollen wehklagen! Dies sagt dir der Weise, der Allwissende voraus.“ (BAHÁ'U'LLÁH, *Kitáb-i-Aqdas.*)

Die aufeinanderfolgenden Leiden, die über dieses einst so große Reich seit dem Bekanntwerden dieser Warnungen gekommen sind, haben eine beredte Auslegung ihrer prophetischen Bedeutung geliefert.

Amerika

Im *Buch Aqdas*, geoffenbart 1873 in 'Akká, wandte Bahá'u'lláh sich an Amerika wie folgt:

„O Herrscher in Amerika und Präsidenten seiner Republiken! ... Hört auf das, was vom Tagesanbruch der Größe laut geworden ist: Wahrlich, es gibt keinen Gott außer Mir, dem Herrn der Äußerung, dem Allwissenden. Helft dem Zerbrochenen mit der Hand der Gerechtigkeit und werft den überall tätigen Bedrücker mit der Rute der Gesetze eures Herrn, des

Verordners, des Allweisen, nieder." (BAHÁ'U'LLÁH, *Kitáb-i-Aqdas, n. Die Verkündigung Bahá'u'lláhs, S. 279.*)

'Abdu'l-Bahá brachte in Seinen Ansprachen in Amerika und anderswo häufig die Hoffnung, das Gebet und die Versicherung zum Ausdruck, daß das Banner des internationalen Friedens sich zuerst in Amerika erheben werde. In Cincinnati, Ohio, sagte Er am 5. November 1912:

„Amerika hat ein edel gesinntes Volk, es ist ein Bannerträger des Friedens in der Welt, das sein Licht über alle Regionen hin verbreitet. Andere Völker sind nicht so ungehindert und frei von Ränken wie die Vereinigten Staaten und sind unfähig, den Weltfrieden zustande zu bringen. Aber Amerika lebt, Gott sei gedankt, im Frieden mit aller Welt und ist würdig, die Flagge der Bruderschaft und des Weltfriedens aufzupflanzen. Wenn der Sammelruf zum internationalen Frieden von Amerika ausgeht, wird die ganze übrige Welt ausrufen: ‚Ja, wir stimmen zu!' Die Völker eines jeden Himmelsstrichs werden sich in der Annahme der Lehren von Bahá'u'lláh, die vor über fünfzig Jahren geoffenbart wurden, vereinen. In Seinen Sendschreiben forderte Er die Parlamente der Welt auf, die besten und weisesten Menschen zu einem internationalen Weltparlament zu senden, das alle Streitfragen zwischen den Völkern entscheiden und den Frieden festlegen soll . . . Dann werden wir das Parlament der Menschen haben, von dem die Propheten geträumt haben." ('ABDU'L-BAHÁ, *Star of the West, Band VI, S. 81.*)

Dem Ruf von Bahá'u'lláh und 'Abdu'l-Bahá ist in den Vereinigten Staaten von Amerika bereits in weitem Ausmaße entsprochen worden, und in keinem Staate der Welt sind die Bahá'í-Lehren bereitwilliger aufgenommen worden. Die Amerika übertragene Rolle, die Nationen zum Weltfrieden aufzurufen, hat sich aber trotzdem bis jetzt erst teilweise erfüllt, und die Bahá'í erwarten mit Interesse die im Schoße der Zukunft liegende Entwicklung[50]).

[50]) Es ist interessant, daß die Gründungsversammlung der Organisation der Vereinten Nationen in San Francisco, U.S.A., stattfand.

Der große Krieg

Sowohl Bahá'u'lláh als 'Abdu'l-Bahá haben bei vielen Gelegenheiten mit erstaunlicher Genauigkeit das Kommen des großen Kriegs von 1914 bis 1918 vorausgesagt. In Sacramento, Kalifornien, sagte 'Abdu'l-Bahá am 26. Oktober 1912: „Heute gleicht der europäische Kontinent einem Arsenal. Er ist ein Lagerhaus von Sprengstoffen, des Funkens gewärtig, und ein Funken könnte ganz Europa in Flammen setzen, hauptsächlich im jetzigen Augenblick, wo die Balkanfrage vor der Welt steht." In vielen Seiner Sendschreiben nach Amerika und Europa gab Er ähnliche Warnungen. In einer weiteren Rede in Kalifornien sagte Er im Oktober 1912:

> „Wir stehen am Vorabend der Schlacht von Harmagedon, von der im 16. Kap. der Offenbarung die Rede ist. In zwei Jahren, von jetzt an gerechnet, kann ein einziger Funken ganz Europa in Flammen setzen.
> Die soziale Unruhe in allen Staaten, die wachsende Zweifelsucht der Regierung gegenüber, die dem tausendjährigen Reich vorangeht und sich bereits zeigt, wird ganz Europa in Flammen setzen, wie es prophezeit ist im Buch Daniel und im Buch Johannes.
> Um 1917 werden Königreiche fallen und Umwälzungen werden die Erde erschüttern." (*Berichtet von Mrs. Corinne True in „The Northshore Review", 26. September 1914, Chicago,* U.S.A.)
>
> Am Abend vor dem großen Kampf sagte Er:
> „Ein allgemeines Handgemenge der zivilisierten Völker ist in Sicht. Ein furchtbarer Kampf steht bevor. Die Welt befindet sich an der Schwelle eines höchst tragischen Ringens ... Unermeßliche Armeen, Millionen Menschen, werden mobilisiert und an die Grenzen gebracht werden. Sie werden gerüstet sein für den furchtbaren Streit. Die leiseste Reibung wird sie in eine schreckliche Katastrophe stürzen, und es wird ein Brand entstehen, desgleichen in der bisherigen Geschichte des Menschengeschlechts nicht berichtet ist." ('ABDU'L'-BAHÁ *in Haifa am 3. August 1914. Star of the West, Bd. V, S. 163.*)

Soziale Unruhen nach dem Krieg

Bahá'u'lláh und 'Abdu'l-Bahá haben ebenfalls eine Zeitspanne großer sozialer Erhebungen, Kämpfe und Trübsale als unvermeidliche Folge des Unglaubens und der Vorurteile, der Unwissenheit und des Aberglaubens vorausgesagt, die heute in der ganzen Welt vorherrschen. Der große internationale Militärkampf war nur eine Phase in diesem Empordrängen. In einem Tablet vom Januar 1920 schreibt 'Abdu'l-Bahá:

„O ihr Wahrheitsliebenden! O ihr Diener der Menschheit! Da der süße Duft neuerer Gedanken und hoher Absichten über mich geweht hat, fühle ich meine Seele unwiderstehlich mit euch in Gemeinschaft verbunden.

Erwägt in euren Herzen, wie schmerzlich die Unruhen sind, in welche die Welt versunken ist, wie die Nationen auf Erden mit Menschenblut besudelt sind, ja wie selbst ihr Boden in geronnenes Blut verwandelt ist. Die Flamme des Krieges hat einen so wilden Brand verursacht, wie die Welt in ihren alten Tagen, in ihren Mittelaltern und in neuen Zeiten nie seinesgleichen sah. Die Mühlsteine des Krieges haben so manches Menschenhaupt zermahlen und zermalmt; ja noch schwerer ist das Los dieser Opfer gewesen. Blühende Länder sind verwüstet, Städte sind dem Erdboden gleichgemacht und fröhliche Dörfer sind in Ruinen verwandelt worden. Väter haben ihre Söhne verloren und Söhne sind vaterlos geworden. Mütter haben blutige Tränen bei der Klage um ihre Kinder vergossen, kleine Kinder sind Waisen geworden und Frauen heimatlose Wanderer. Mit einem Wort: die Menschheit ist in allen ihren Teilen erniedrigt worden. Laut ist der Schrei und das Jammern der Waisen und bitter ist das Wehklagen der Mütter, das im Himmel widerhallt.

Die Hauptursache für alle diese Geschehnisse sind rassische, nationale, religiöse und politische Vorurteile, und die Wurzel aller dieser Vorurteile liegt in abgenützten, tiefeingesessenen Überlieferungen, seien diese religiös, rassisch, national oder politisch. Solange diese Traditionen bleiben, ist die Grundlage des Menschengebäudes unsicher und die Menschheit selbst ständiger Gefahr ausgesetzt.

Jetzt, in diesem strahlenden Zeitalter, da das Wesen allen Daseins offenbart und das verborgene Geheimnis alles Erschaffenen enthüllt worden ist, da das Morgenlicht der Wahrheit angebrochen ist und die Finsternis der Welt in Licht verwandelt hat, ist es da angebracht und ziemlich, daß sich solch eine fürchterliche Metzelei, die nicht wieder gutzumachendes Verderben auf die Welt herabzieht, noch ereignen darf? Bei Gott! Das kann nicht sein.

Christus rief alle Völker der Welt zu Versöhnung und Frieden auf. Er befahl Petrus, sein Schwert in die Scheide zu stecken. So war Sein Wunsch und Rat, und doch haben die, welche Seinen Namen tragen, das Schwert aus der Scheide gezogen. Wie groß ist der Unterschied zwischen ihren Taten und dem ausdrücklichen Wortlaut des Evangeliums!

Vor sechzig Jahren leuchtete Bahá'u'lláh wie eine strahlende Sonne vom Himmel Persiens und verkündete, daß die Welt in Finsternis gehüllt und die Finsternis unheilvoller Dinge schwanger sei und zu schrecklichem Kampf führen werde. Von Seinem Gefängnissitz 'Akká wandte Er sich in nicht mißzuverstehender Sprache an den Kaiser von Deutschland und erklärte ihm, daß ein schrecklicher Krieg eintreten und Berlin in Jammern und Wehklagen ausbrechen werde. Ebenso schrieb Er als zu Unrecht Gefangener des Sulṭáns der Türkei in der Festung 'Akká klar und nachdrucksvoll, daß Konstantinopel die Beute schwerer Unordnung werde, so daß Weiber und Kinder ihr Jammergeschrei erheben werden. Kurz, Er richtete Sendschreiben an alle bedeutenden Regenten und Herrscher der Welt, und alles, was Er vorhergesagt hatte, hat sich erfüllt. Aus Seiner Feder der Herrlichkeit strömten Lehren über die Vermeidung des Kriegs, und diese sind weithin verbreitet worden.

Seine erste Lehre ist das Suchen nach Wahrheit. Blinde Nachahmung, so erklärte Er, tötet den Geist des Menschen, wogegen das Forschen nach Wahrheit die Welt von der Finsternis des Vorurteils befreit.

Seine zweite Lehre ist die Einheit der Menschheit. Alle Menschen sind nur eine Herde und Gott ist der liebevolle Hirte. Er schenkt ihnen größte Barmherzigkeit und betrachtet sie alle als Eins. ‚Du sollst keine Verschiedenheit finden unter

den Geschöpfen Gottes.' Sie sind alle Seine Diener und suchen alle Seine Gnadenfülle.
Seine dritte Lehre ist die, daß Religion das mächtigste Bollwerk ist. Sie sollte zu Einheit führen, statt die Ursache von Feindschaft und Haß zu sein. Führte sie zu Feindschaft und Haß, so wäre es besser, sie überhaupt nicht zu haben. Die Religion ist wie ein Heilmittel, das, wenn es die Krankheit verschlimmern sollte, besser aufzugeben wäre.
Ebenso sind religiöse, rassische, nationale und politische Vorurteile allesamt zerstörend für die Grundlage menschlicher Gesellschaft; sie alle führen zu Blutvergießen, sie alle häufen Verderben auf die Menschheit. Solange diese verbleiben, wird auch die Kriegsfurcht fortdauern. Das einzige Heilmittel ist der Weltfriede. Und dieser wird nur durch die Errichtung eines höchsten Schiedsgerichts, das alle Regierungen und Völker vertritt, vollendet. Alle nationalen und internationalen Probleme sollten diesem Gerichtshof übergeben werden und, was immer seine Entscheidung sein mag, sollte zur Geltung gelangen. Würde eine Regierung oder ein Volk nicht damit übereinstimmen, so sollte die Welt als Ganzes sich dagegen erheben.
Unter Seinen Lehren ist eine weitere die Gleichberechtigung von Mann und Frau; und so noch viele andere Lehren, die durch Seine Feder geoffenbart sind.
Heutzutage ist es klar und offenbar gemacht worden, daß diese Grundsätze das eigentliche Leben der Welt und die Verkörperung ihres wahren Geistes sind. So solltet nun ihr, die ihr die Diener des Menschengeschlechtes seid, Herz und Seele anstrengen, um die Welt von der Finsternis des Materialismus und menschlichen Vorurteils zu befreien, auf daß sie mit dem Lichte der Stadt Gottes erleuchtet werde.
Preis sei Ihm — ihr seid mit den verschiedenen Schulen, Einrichtungen und Grundsätzen der Welt bekannt. Heute aber kann nichts Geringeres als diese göttlichen Lehren dem Menschengeschlecht Friede und Ruhe gewährleisten. Diese Finsternis wird nimmer verschwinden, diese endlosen Leiden werden nimmer geheilt, es sei denn durch diese Lehren. Der Balkan wird ruhelos bleiben und sein Zustand wird sich verschlimmern. Der Besiegte wird nicht stillehalten, sondern jegliches

Mittel ergreifen, um aufs neue die Kriegsflamme zu entfachen. Moderne, allumfassende Bewegungen werden ihr Äußerstes tun, ihre Zwecke und Ziele zu verfolgen. Die Bewegung der Linken wird große Bedeutung erlangen, und ihr Einfluß wird sich verbreiten.
Darum bemüht euch, mit erleuchtetem Herzen, mit himmlischem Geist und göttlicher Kraft, von Seiner Gnade unterstützt, Gottes freigebige Gabe der Welt weiterzureichen ... Die Gabe des Trostes und der Ruhe für alle Menschenkinder."
('ABDU'L-BAHÁ.)

In einem Gespräch im November 1919 sagte Er:
„Bahá'u'lláh sagte häufig voraus, daß die Zeit kommen werde, da Unglaube und darauffolgend Anarchie vorherrschen werden. Das Chaos wird auf die allzugroße Freiheit unter den Menschen zurückzuführen sein, die dazu noch nicht reif sind, und infolgedessen wird es eine zeitweilige Rückkehr zu autoritärer Regierung geben, zum Nutzen der Menschen selbst und um Unordnung und Chaos zu verhüten.
Es ist klar, daß jedes Volk jetzt völlige Selbstbestimmung und Handlungsfreiheit wünscht, aber manche von ihnen sind nicht reif dafür. Der vorherrschende Zustand der Welt ist der des Unglaubens, der zu Anarchie und Verwirrung führen muß. Ich habe immer gesagt, daß die Friedensvorschläge nach dem großen Krieg erst ein Schimmer der Dämmerung seien, jedoch noch nicht der Sonnenaufgang." ('ABDU'L-BAHÁ.)

Das Kommen des Königreiches Gottes

Mitten in diesen unruhigen Zeiten wird die Sache Gottes trotzdem erstarken. Die von dem selbstsüchtigen Kampf für das Einzeldasein, für die Partei oder für sektiererischen oder nationalistischen Nutzen hervorgerufenen Nöte werden die Menschen dazu führen, sich in der Verzweiflung zu dem Heilmittel zu wenden, das mit dem Worte Gottes dargereicht ist. Je mehr die Schwierigkeiten überhandnehmen, desto mehr werden die Menschen sich dem allein nützenden Heilmittel zuwenden. Bahá'u'lláh sagt in Seinem Sendschreiben an den Sháh:

„Gott hat die Nöte geschaffen als Morgenschauer für diese grüne Aue und als Docht für Seine Lampe, von welcher Erde und Himmel erleuchtet werden ... Durch Not hat Sein Licht geschienen und Sein Lob gestrahlt ohne Ende. Dies war Seine Weise in verflossenen Zeitaltern und in vergangenen Zeiten." (BAHÁ'U'LLÁH.)

Sowohl Bahá'u'lláh wie 'Abdu'l-Bahá sagen in den bestimmtesten Ausdrücken den schnellen Sieg der Geistigkeit über den Materialismus voraus und dadurch die Aufrichtung des Allergrößten Friedens. 'Abdu'l-Bahá schrieb 1904:

„Wisse, daß Bedrängnis und Unglück Tag für Tag wachsen und die Menschen gequält werden sollen. Die Tore der Freude und des Glücks sollen allerorts geschlossen sein. Schreckliche Kriege werden kommen. Enttäuschung und Fehlschläge von Hoffnungen sollen über die Menschen aus jeder Richtung hereinbrechen, bis sie gezwungen sind, sich Gott zuzuwenden. Dann sollen die Lichter großen Glücks die Horizonte erleuchten, so daß der Ruf ,Yá Bahá'u'l-Abhá!'[51]) sich von allen Seiten erhebe." ('ABDU'L-BAHÁ, *Tablet an L.D.B., angeführt in „Compilation on War and Peace", S. 187.)*

Im Februar 1914 antwortete Er auf die Frage, welche von den Großmächten den Glauben annehmen würden:

„Alle Menschen in der Welt werden Gläubige werden. Wenn ihr den Beginn der Sache mit ihrem heutigen Stand vergleichen würdet, so würdet ihr sehen, welchen raschen Einfluß das Wort Gottes hat, und jetzt hat die Sache Gottes die Welt umfaßt ... Fraglos werden alle Menschen unter den Schatten der Sache Gottes kommen." ('ABDU'L-BAHÁ, *Star of the West, Bd. IX, S. 31.*)

Er erklärte, daß die Errichtung der Welteinheit im Laufe des gegenwärtigen Jahrhunderts zustande kommen wird. In einem Seiner Tablets schrieb Er:

[51]) „O Du Herrlichkeit der Herrlichkeiten!", eine andere Form des Größten Namens „Alláh-u-Abhá", d. h. „Gott ist der Allherrliche", als Begrüßungsformel unter den Bahá'í verwendet.

„Alle Glieder der Menschheitsfamilie, ob Völker oder Regierungen, Städte oder Dörfer, sind immer mehr voneinander abhängig geworden. Selbstgenügsamkeit ist für niemanden mehr möglich, da politische Bindungen alle Völker und Nationen vereinigen, und die Beziehungen durch Handel und Industrie, Landwirtschaft und Erziehungswesen täglich fester werden. Folglich kann die Einheit aller Menschen an diesem Tage erreicht werden. Das ist wahrlich nichts anderes als eines der Wunder dieses wundervollen Zeitalters. Davon waren frühere Zeitalter ausgeschlossen, während dieses Jahrhundert — das Jahrhundert des Lichts — mit einzigartiger und beispielloser Herrlichkeit, Kraft und Erleuchtung beschenkt wurde. So entfaltet sich auf wunderbare Weise jeden Tag ein neues Wunder; am Ende wird man sehen, wie strahlend sein Licht unter der Menschheit leuchtet." ('ABDU'L-BAHÁ.)

In den letzten zwei Versen des Buches Daniel stehen die geheimnisvollen Worte:

„Wohl dem, der da wartet und erreicht tausenddreihundertfünfunddreißig Tage! Du aber, Daniel, geh hin, bis das Ende kommt, und ruhe, bis du aufstehst zu deinem Erbteil am Ende der Tage!" (*Daniel 12, 12-13.*)

Viele Versuche wurden von gelehrten Forschern unternommen, das Rätsel der Bedeutung dieser Worte zu lösen. In einem Tischgespräch, bei dem der Verfasser dieses Buches anwesend war, errechnete 'Abdu'l-Bahá die Erfüllung von Daniels Prophezeiung, indem er vom Datum des Beginns des muḥammadanischen Zeitalters ausging. 'Abdu'l-Bahás Tablets machen deutlich, daß diese Prophezeiung auf den hundertsten Jahrestag der Erklärung von Bahá'u'lláh in Baghdád, also auf das Jahr 1963 hinweist:

„... nun zu dem Vers bei Daniel, nach dessen Auslegung du fragtest: ‚Wohl dem, der da wartet und erreicht tausenddreihundertfünfunddreißig Tage'. Diese Tage müssen in Sonnenjahren, nicht in Mondjahren berechnet werden. Wenn nach dieser Berechnung ein Jahrhundert vergangen ist nach dem Tagesanbruch der Sonne der Wahrheit, dann werden die Lehren Gottes fest errichtet sein auf der Erde, und das göttliche Licht wird die Welt überfluten vom Osten bis zum Westen.

Dann werden die Gläubigen an diesem Tage voll Freude sein.“ ('ABDU'L-BAHÁ)

'Akká und Haifa

Mírzá Aḥmad Sohrab (ein Sekretär von 'Abdu'l-Bahá) berichtet in seinem Tagebuch die folgende Prophezeiung über 'Akká und Haifa, die 'Abdu'l-Bahá aussprach, während Er am Fenster eines der Bahá'í-Pilgerhäuser in Haifa saß, am 14. Februar 1914:

„Die Aussicht vom Pilgerheim ist sehr anziehend, besonders weil das gesegnete Grabmal von Bahá'u'lláh zu sehen ist. In der Zukunft wird der Zwischenraum zwischen 'Akká und Haifa ausgebaut werden, und die beiden Städte werden sich vereinen und sich die Hände reichen, indem sie die beiden Endteile einer mächtigen Weltstadt werden. Wie ich jetzt über die Landschaft blicke, so sehe ich klar, daß sie einer der ersten Handelsplätze der Welt werden wird. Diese große halbkreisförmige Bucht wird in den schönsten Hafen verwandelt werden, wo die Schiffe aller Nationen Schutz und Zuflucht suchen werden. Die größten Schiffe aller Völker werden zu diesem Hafen kommen und auf ihren Decks Tausende und Abertausende von Männern und Frauen aus jedem Teil des Erdballs bringen. Der Gebirgszug und die Ebene werden bedeckt sein mit höchst neuzeitlichen Bauten und Palästen. Industrien werden entstehen, und verschiedene Einrichtungen menschendienlicher Art werden gegründet werden. Die Blumen der Zivilisation und Kultur werden von allen Nationen hierher gebracht werden, um ihre Wohlgerüche miteinander zu vermischen und den Weg der Bruderschaft der Menschen zu erhellen. Wundervolle Gärten, Obstgärten, Haine und Parks werden sich nach allen Seiten ausdehnen. Bei Nacht wird die große Stadt elektrisch beleuchtet sein. Der ganze Hafen von 'Akká bis Haifa wird eine Lichtbahn sein. Mächtige Scheinwerfer werden an beiden Seiten des Berges Karmel für die Führung der Dampfer aufgestellt werden. Der Berg Karmel selbst, vom Fuß bis zur Spitze, wird in ein Meer von Licht getaucht sein. Jemand, der auf dem Gipfel des Karmel steht, und die Passagiere der

Dampfer, die herkommen, werden auf das erhabenste und majestätischste Schauspiel der ganzen Welt blicken.

Von jeder Seite des Berges werden die Symphonien von ‚Yá Bahá'u'l-Abhá' ertönen, und vor Tagesanbruch wird seelenerhebende Musik, begleitet von melodischen Stimmen, zum Thron der Allmacht aufsteigen.

In der Tat, Gottes Wege sind geheimnisvoll und unerforschlich. Welche äußerliche Beziehung besteht zwischen Shíráz und Ṭihrán, Bahgdád und Konstantinopel, Adrianopel und 'Akká und Haifa[52])? Gott wirkte geduldig, Schritt um Schritt, durch diese verschiedenen Städte hin, nach Seinem eigenen bestimmten und ewigen Plan, auf daß die Prophezeiungen und Voraussagungen, wie sie von den Propheten verkündet worden sind, erfüllt werden mögen. Dieser goldene Faden der Verheißung für das messianische tausendjährige Reich zieht sich durch die Bibel, und es war so bestimmt, daß Gott zu Seiner eigenen rechten Zeit ihr Erscheinen veranlaßte. Nicht ein einziges Wort wird bedeutungslos und unerfüllt bleiben."

[52]) Die verschiedenen Städte, in denen der Báb und Bahá'u'lláh weilten.

15. Kapitel

RÜCKBLICK UND AUSBLICK

„Ich bezeuge, o Freunde: Die Gunst ist erzeigt, der Sinn erfüllt, der Beweis erbracht und das Zeugnis abgelegt worden. Laßt nun sehn, was euer Bemühen auf dem Pfad der Loslösung erbringt. So wurde die göttliche Gunst euch und allen, die im Himmel und auf Erden sind, in vollem Maße gewährt. Preis sei Gott, dem Herrn aller Welten!" (BAHÁ'U'LLÁH, *Verborgene Worte, S. 82.*)

Der Fortschritt des Glaubens

Leider ist es nicht möglich, in dem uns zur Verfügung stehenden Raum im einzelnen den Fortschritt des Bahá'í-Glaubens in der ganzen Welt darzulegen. Viele Kapitel könnten diesem fesselnden Gegenstand gewidmet und viele ergreifende Geschichten von den Bahnbrechern und Märtyrern der Sache berichtet werden, aber hier muß eine ganz kurze Zusammenfassung genügen.

In Persien erfuhren die ersten Gläubigen dieser Offenbarung äußersten Widerstand, Verfolgung und Grausamkeit von seiten ihrer Landsleute. Aber sie gingen allen Schwierigkeiten und Feuerproben mit höchstem Heldenmut entgegen. Ihre Taufe erfolgte mit ihrem eigenen Blut, denn viele Tausende von ihnen starben als Märtyrer, während Tausende andere gegeißelt, eingekerkert, von ihrem Besitztum vertrieben, aus ihrem Heim verjagt oder auf andere Weise mißhandelt wurden. Sechzig Jahre lang und länger setzte jedermann in Persien, der es wagte, dem Báb oder Bahá'u'lláh die Treue zu halten, sein Eigentum, seine Freiheit und sogar sein Leben aufs Spiel. Dieser entschlossene und heftige Widerstand konnte jedoch den Fortschritt des Glaubens ebensowenig hindern wie eine Staubwolke den Sonnenaufgang.

Von einem Ende Persiens[53]) bis zum anderen findet man jetzt Bahá'í in fast allen Städten und Dörfern, ebenso unter den Nomadenstämmen. In manchen Dörfern besteht die ganze Bevölkerung aus Bahá'í, und an anderen Orten ist ein verhältnismäßig großer Teil der Einwohner gläubig. Aus vielen und verschiedenartigen Sekten stammend, die einander bitterfeind sind, bilden sie jetzt eine große Gemeinschaft von Freunden, die sich zur Bruderschaft bekennen nicht nur untereinander, sondern mit allen Menschen. Allerorts arbeiten sie an der Vereinigung und Hebung der Menschheit, an der Abschaffung aller Vorurteile und allen Kampfes und an der Aufrichtung des Königreichs Gottes auf Erden.

Welches Wunder könnte größer sein als dieses? Nur eines, nämlich die Vollendung der Aufgabe, der sich diese Menschen gewidmet haben, auf der ganzen Welt. Und es mangelt nicht an Zeichen, daß dieses größere Wunder sich ebenfalls vollzieht. Der Glaube zeigt eine erstaunliche Lebenskraft und ist im Begriff, die ganze Menschheit wie Sauerteig zu durchsetzen und, wo er sich ausbreitet, Menschen und Gesellschaft zu verändern[54]).

[53]) Lord Curzon schreibt in seinem Buche *Persia and the Persian Question*, veröffentlicht im Jahre 1892, dem Todesjahr von Bahá'u'lláh: „Die niedrigste Schätzung der gegenwärtigen Zahl der Bábí in Persien beträgt eine halbe Million. Ich bin geneigt, nach Gesprächen mit wohlunterrichteten Persönlichkeiten, für die Gesamtzahl eher eine Million anzunehmen. Sie sind in jedem Lebenszweige zu finden, von den Ministern und Hohen des Hofes bis zum Gassenkehrer oder Reitknecht, und nicht das geringste Feld ihrer Tätigkeit ist die muḥammadanische Priesterschaft selbst ...

Wenn der Bábismus im gegenwärtigen Maße weiterwächst, so kann man sich wohl eine Zeit vorstellen, wo er den Muḥammadanismus aus Persien vertrieben hat. Dies, denke ich, wäre unwahrscheinlich, würde er unter der Fahne eines feindlichen Glaubens in die Schranken treten. Aber da seine Rekruten aus den besten Soldaten der Besatzung gewonnen werden, die er angreift, so spricht der stärkere Grund dafür, zu glauben, daß er schließlich obsiegen wird." *Band I, S. 499—502).*

[54]) Die Zahl der Bahá'í wächst Jahr für Jahr schneller, und um 1969 war über die ganze Erde hin die Zahl der Orte, in denen Bahá'í wohnen, auf über dreiunddreißigtausend angewachsen (vergl. Nachwort).

Die verhältnismäßig kleine Anzahl von Bahá'í mag noch unbedeutend erscheinen im Vergleich mit den Anhängern der alten Religionen; sie sind aber voll Vertrauen, daß eine göttliche Macht sie gesegnet hat mit dem hohen Vorrecht, einer neuen Ordnung zu dienen, in welche sich die Scharen des Ostens und Westens an einem nicht allzufernen Tage drängen werden.

Wie es also wahr bleibt, daß der Heilige Geist aus den reinen Herzen in allen Ländern widerstrahlt, sei die Quelle ihnen auch unbewußt, und daß das Wachstum des Glaubens durch die vielen Bemühungen außerhalb der Bahá'í-Gemeinschaft, die eine oder andere der Bahá'í-Lehren zu fördern, bezeugt werden kann, so ist doch der Mangel irgendeiner dauerhaften Grundlage in der alten Ordnung ein überzeugender Beweis dafür, daß die Ideale des „Königreiches" nur in dem Rahmen der Bahá'í-Gemeinschaft fruchttragend werden können.

Báb und Bahá'u'lláh als Offenbarer

Je mehr wir Leben und Lehren von Báb und Bahá'u'lláh studieren, desto weniger möglich erscheint es uns, irgendeine Erklärung für Ihre Größe zu finden, ausgenommen die der göttlichen Inspiration. Sie wurden auferzogen in einer Umgebung des Glaubenseifers und der Frömmelei. Sie genossen nur die allereinfachste Erziehung. Sie standen in keiner Berührung mit abendländischer Kultur. Sie hatten weder politische noch finanzielle Macht hinter Sich. Sie verlangten nichts von den Menschen und erfuhren meist nur Ungerechtigkeit und Unterdrückung. Die Großen der Erde übersahen Sie oder widersetzten sich Ihnen. Sie wurden gepeitscht und gefoltert, gefangengesetzt und in der Erfüllung Ihrer Sendung den schrecklichsten Trübsalen unterworfen. Sie standen allein gegen die Welt, keine Hilfe hinter Sich als die von Gott. Aber schon wird Ihr Sieg offenbar und großartig.

Die Größe und Erhabenheit Ihrer Ideale, die Vornehmheit und Selbstaufopferung Ihres Lebens, Ihr unerschrockener Mut und Ihre Überzeugung, Ihre erstaunliche Weisheit und Erkenntnis, Ihr sicheres Erfassen der Bedürfnisse sowohl der östlichen wie der westlichen Völker, das Umfassende und die Angemessenheit Ihrer Lehren, Ihre Macht, in Ihren Anhängern gänzliche

Hingabe und Begeisterung zu entflammen, das Durchdringen und die Gewalt Ihres Einflusses, der Fortschritt der Sache, die Sie begründeten, sicherlich sind dies alles Beweise Ihrer göttlichen Sendung, so überzeugend wie irgend etwas, das die Religionsgeschichte bisher aufzuweisen vermag.

Ein herrlicher Ausblick

Die frohen Bahá'í-Botschaften enthüllen ein Bild der Gnadenfülle Gottes und des künftigen Fortschritts der Menschheit, das sicherlich die größte und herrlichste Offenbarung ist, die je der Menschheit geschenkt wurde, die Fortentwicklung und Erfüllung aller früheren Offenbarungen. Ihr Zweck ist kein geringerer als die Wiedergeburt des Menschengeschlechts und die Schöpfung „neuer Himmel und einer neuen Erde". Es ist dieselbe Aufgabe, der Christus und alle Offenbarer Ihr Leben gewidmet haben, und unter diesen großen Lehrern gibt es keinen Wettstreit. Nicht von der einen oder von der andern Manifestation, sondern von allen zusammen wird die Aufgabe gelöst, wie 'Abdu'l-Bahá sagt:

> „Es ist nicht nötig, Abraham herabzusetzen, um Jesus zu erhöhen. Es ist nicht nötig, Jesus herabzusetzen, um Bahá'u'lláh zu verkünden. Wir müssen die Wahrheit von Gott willkommen heißen, woher wir sie auch erhalten. Der Kern der Frage ist, daß alle diese großen Gesandten kamen, um die göttliche Fahne der Vollkommenheit aufzurichten. Sie alle scheinen als Gestirne am gleichen Himmel des Göttlichen Willens. Sie alle geben der Welt Licht." ('ABDU'L-BAHÁ, *Star of the West, Bd. III, Nr. 8, S. 8.*)

Gott stellt die Aufgabe, und Gott beruft nicht nur die Offenbarer, sondern das ganze Menschengeschlecht zu Seinen Mitarbeitern bei diesem Schöpfungswerk. Weisen wir Seine Einladung zurück, so werden wir doch das Werk nicht am Vorwärtsschreiten hindern, denn was Gott will, wird sich sicherlich durchsetzen. Wenn wir versäumen, unsern Teil beizutragen, wird Er andere Werkzeuge berufen, Seinen Plan durchzuführen. Wir aber werden den wirklichen Zweck und Sinn unseres eigenen Lebens verfehlen. Eins zu sein mit Gott, Seine Geliebten, Seine Diener, willige Wege und Mittel Seiner Schöpferkraft zu werden, so daß wir uns bewußt sind, daß es in uns kein Leben gibt als Sein göttliches und überströmendes Leben, dies ist nach der Bahá'í-Lehre die unaussprechliche und herrliche Vollendung menschlichen Daseins.

Trotz allem ist die Menschheit im Herzen gesund, denn sie ist erschaffen „zum Bild und Gleichnis Gottes", und wenn sie schließlich die Wahrheit sieht, wird sie nicht auf den Pfaden der Torheit verharren. Bahá'u'lláh versichert uns, daß binnen kurzem der Ruf Gottes allgemein angenommen und die Menschheit als Ganzes sich Rechtschaffenheit und Gehorsam zuwenden wird. „Aller Kummer wird dann verwandelt werden in Freude und alle Krankheit in Wohlsein," und die Reiche dieser Welt werden sein das Reich „unseres Herrn und Seines Christus . . ., und Er wird regieren von Ewigkeit zu Ewigkeit" *(Offenbarung Johannes 11, 15).* Nicht nur die Menschen auf Erden, sondern alle in den Himmeln und auf Erden, sollen eins werden in Gott und sich ewig freuen in Ihm.

Erneuerung der Religion

Der Zustand der Welt von heute bietet sicherlich Beweis dafür, daß die Menschen aller Religionen, mit seltenen Ausnahmen, es nötig haben, wieder zu dem wirklichen Sinn ihrer Religion geführt zu werden, und diese Hinführung ist ein Hauptteil des Werkes von Bahá'u'lláh. Er kommt, die Christen zu besseren Christen, die Moslems zu wirklichen Moslems zu machen, alle Menschen dem Geiste, der ihre Offenbarer beseelte, getreu zu machen. Er erfüllt auch die von allen Propheten gegebene Verheißung einer noch herrlicheren Manifestation, die erscheinen soll in der „Fülle der Zeiten", um Ihr Werk zu krönen und zu vollenden. Er bringt vollere Entfaltung geistiger Wahrheiten als Seine Vorgänger und offenbart den Willen Gottes im Hinblick auf alle Fragen, die das Einzel- und Gemeinschaftsleben uns heutzutage in der Welt entgegenstellt. Er bringt eine allumfassende Lehre, die eine feste Grundlage bietet, auf der eine neue und bessere Zivilisation aufgebaut werden kann, eine Lehre, angepaßt den Bedürfnissen der Welt in dem neuen Zeitalter, das jetzt seinen Anfang nimmt.

Notwendigkeit einer neuen Offenbarung

Die Einigung der Menschheit, das Zusammenschweißen der verschiedenen Weltreligionen, die Versöhnung von Religion und Wissenschaft, die Aufrichtung des Weltfriedens, der internationalen Schiedsgerichtsbarkeit, eines Universalen Hauses der Gerechtigkeit, einer internationalen Hilfssprache, die Gleichberechtigung der Frauen, umfassende Erziehung, die Abschaffung nicht nur der leiblichen, sondern auch der industriellen Versklavung, der Aufbau der Menschheit als ein einziges Ganzes unter gebührender Rücksicht auf die Rechte und Freiheiten jedes Einzelorganismus — dies sind Probleme von riesenhafter Größe und erstaunlicher Schwierigkeit im Vergleich zu jenen, an denen die Christen, die Muḥammadaner und die Anhänger der andern Religionen festgehalten haben und heute noch festhalten mit den verschiedensten und oft einander heftig widersprechenden Auffassungen. Bahá'u'lláh aber hat klar und fest umrissene Grundsätze geoffenbart, deren allgemeine Annahme die Welt offensichtlich zu einem Paradies machen wird.

Wahrheit ist für alle

Manche Menschen sind gern bereit zuzugeben, daß die Bahá'í-Lehre eine herrliche Sache für Persien und für den Osten sei, bilden sich aber ein, daß sie für die Völker des Westens unnötig oder unangebracht sei. Jemandem, der eine solche Ansicht äußerte, erwiderte 'Abdu'l-Bahá:

„Bezüglich der Bedeutung der Sache von Bahá'u'lláh: Was immer mit dem allgemeinen Wohl zu tun hat, ist göttlich, und was immer göttlich ist, ist für das allgemeine Wohl. Wenn es wahr ist, ist es für alle, wenn nicht, ist es für niemanden. Deshalb kann eine göttliche Sache zum allgemeinen Wohl nicht auf den Osten oder den Westen beschränkt werden, denn die Strahlen der Sonne der Wahrheit erleuchten sowohl den Osten wie den Westen, und sie lassen Süden wie Norden ihre Wärme

fühlen. Hier gibt es keinen Unterschied zwischen dem einen oder dem anderen Pol. Zur Zeit der Manifestation Christi dachten die Römer und Griechen, Seine Sache sei besonders für die Juden bestimmt. Sie dachten, sie besäßen eine vollkommene Zivilisation und hätten es nicht nötig, von Christi Lehren zu lernen, und infolge dieser falschen Voraussetzung wurden viele Seiner Gnade beraubt. Wisse auch, daß die Grundsätze des Christentums und die Befehle von Bahá'u'lláh einander gleich und daß ihre Pfade die gleichen sind. Jeder Tag hat seinen Fortschritt: es gab eine Zeit, als diese göttliche Einrichtung (Fortschreitende Offenbarung) sich noch im Keimzustand befand, dann war sie neugeboren, dann ein Kind, schließlich ein vernunftbegabter Jüngling, heute aber strahlt sie in Schönheit und leuchtet im größten Glanz.
Glücklich, wer das Geheimnis durchdringt und sich seinen Platz in der Welt der Erleuchteten erringt."

Letzter Wille und Testament von 'Abdu'l-Bahá

Mit dem Hinscheiden ihres geliebten Vorbilds 'Abdu'l-Bahá trat die Bahá'í-Religion in einen neuen Abschnitt ihrer Geschichte ein. Dieser neue Abschnitt stellt einen höheren Zustand im Dasein dieses gleichen geistigen Organismus dar, einen reiferen und infolgedessen — so wird es von seinen Gliedern empfunden — verantwortungsvolleren Ausdruck des Glaubens. 'Abdu'l-Bahá hatte Seine übermenschliche Tatkraft und einzigartige Fähigkeit der Aufgabe gewidmet, Seine Liebe für Bahá'u'lláh nach dem Osten und Westen hin zu verbreiten. Er hatte die Lampe des Glaubens in zahllosen Seelen entzündet. Er hatte sie erzogen und gelenkt in den Belangen des persönlichen und geistigen Lebens.

Im Hinblick auf die hohe Tragweite von 'Abdu'l-Bahás letztem Willen und Testament, die Schwere seiner Folgen und die tiefe Weisheit, die seinen Verfügungen zugrunde liegt, geben wir im folgenden einige Auszüge, die anschaulich den Geist und die führenden Prinzipien schildern, die 'Abdu'l-Bahá beseelten und leiteten, und die Seinen getreuen Nachfolgern als ein reiches Erbe übergeben wurden.

„O ihr Geliebten des Herrn! In dieser heiligen Sendung ist keinerlei Kampf und Streit gestattet. Jeder Angreifer beraubt sich selber der Gnade Gottes. Jedem einzelnen obliegt es, allen Völkern und Artverwandten auf Erden Liebe, Redlichkeit, Ehrlichkeit und aufrichtige Freundschaft zu erzeigen, gleichviel, ob sie Freunde oder Feinde sind. So stark muß der Geist der Liebe und Güte sein, daß sich der Fremde als Freund, der Feind als wahrer Bruder fühlt, gleichviel, welcher Unterschied zwischen ihnen sein mag. Denn allumfassend zu sein ist göttlich, und alle Beschränkungen sind irdisch . . .
Verkehrt darum, o meine liebenden Freunde, mit allen Völkern, Stämmen und Religionen der Welt in äußerster Wahrhaftigkeit, Aufrichtigkeit, Treue, Güte, Zuneigung und Freundlichkeit, auf daß sich die ganze Daseinswelt mit der heiligen Entzückung der Gnade Bahás erfülle, Unwissenheit, Feindseligkeit, Haß und Groll aus der Welt verschwinden und die Finsternis der Entfremdung unter den Völkern und Stämmen der Welt dem Lichte der Einigkeit weichen mögen. Sollten andere Völker und Nationen euch gegenüber treulos sein, so müßt ihr ihnen Treue erzeigen, sollten sie ungerecht gegen euch sein, so müßt ihr gegen sie gerecht sein, sollten sie sich von euch fernhalten, so ziehet sie zu euch hin, sollten sie sich feindselig zeigen, so seid freundlich zu ihnen, sollten sie euer Leben vergiften, so versüßet ihre Seelen, sollten sie euch verletzen, so seid ein Balsam für ihre Wunden. Das sind die Eigenschaften der Aufrichtigen! Das sind die Eigenschaften der Wahrhaftigen! . . .
O ihr Geliebten des Herrn! Es obliegt euch, allen rechtmäßigen Herrschern ergeben zu sein und jedem rechtlichen König eure Treue zu erweisen. Dienet den Herrschern der Welt mit äußerster Wahrhaftigkeit und Ergebenheit. Erzeigt ihnen Gehorsam und bringt ihnen Wohlwollen entgegen. Mischt euch nicht ohne ihre Erlaubnis und Genehmigung in politische Dinge ein, denn Untreue gegen einen rechtmäßigen Herrscher ist Untreue gegen Gott.
Dies ist mein Rat und Gottes Gebot an euch. Wohl denen, die danach handeln . . .
Herr! Du siehst, wie alle Dinge Tränen über mich vergießen, während sich meine Verwandten an meinen Schmerzen wei-

den. Bei Deiner Herrlichkeit, o mein Gott! Selbst einige von meinen Feinden beklagten meine Qual und Pein, und eine Reihe meiner Neider beweinte meine Sorgen, meine Verbannung und meine Not. Sie taten dies, weil sie nichts an mir finden konnten als Liebe und Fürsorge, Güte und Erbarmen. Als sie sahen, wie diese Flut von Elend und Trübsal mich fortriß, wie ich den Pfeilen des Schicksals als Zielscheibe diente, da bewegte Mitleid ihre Herzen, Tränen traten ihnen in die Augen, und sie bekundeten: Der Herr ist unser Zeuge! Nichts haben wir je von ihm erfahren als Treue, Großmut und grenzenloses Erbarmen. Die Bündnisbrecher jedoch, jene Unheilverkünder, wurden nur noch gehässiger in ihrer Erbitterung. Sie frohlockten, als ich der schlimmsten Heimsuchung zum Opfer fiel, wiegelten einander erneut gegen mich auf und freuten sich über die herzzerreißenden Geschehnisse um mich her. Ich flehe zu Dir, o Herr, mein Gott, nicht nur mit Worten, sondern mit meinem ganzen Herzen. Vergilt ihnen nicht ihre Grausamkeit und ihre Übeltaten, ihre Verschlagenheit und das Unheil, das sie anrichteten, denn sie sind dumm und gemein und wissen nicht, was sie tun. Sie können Gut und Böse, Wahr und Falsch, Recht und Unrecht nicht unterscheiden. Sie gehen ihren eigenen Gelüsten nach und folgen den Fußstapfen des Dümmsten und Unvollkommensten unter ihnen. O mein Herr! Habe Mitleid mit ihnen, bewahre sie vor allem Leid in dieser so unruhevollen Zeit und gewähre, daß alle Sorge und Mühsal Deinem Diener zufallen möge, der in diesen finsteren Abgrund stürzte. Erwähle mich für jegliche Pein und mache mich zum Opfer für alle Deine Geliebten. O Herr, Du Höchster! Nimm mein Herz, mein Leben, mein Sein, meinen Geist, nimm alles, was mein ist, zum Opfer für sie hin! O Gott, mein Gott! Demütig bittend, mein Angesicht im Staube, flehe ich zu Dir mit der ganzen Inbrunst meiner Anbetung: Vergib jedem, der mich verletzte, verzeihe dem, der sich gegen mich verschwor und versündigte, und lösche die Untaten derer, die mir Unrecht zufügten. Gewähre ihnen Deine göttlichen Gaben, gib ihnen Freude, bewahre sie vor Leid, schenke ihnen Frieden und Wohlstand, gönne ihnen Deine Wonne und überschütte sie mit Deiner Freigebigkeit. Du bist der Machtvolle, der Gnädige, der Helfer in Gefahr, der Selbstbestehende! . . .

Die Jünger Christi vergaßen sich selbst und alles Irdische, gaben alle ihre Sorgen und Habe auf, läuterten sich vom Ich und den Leidenschaften und verstreuten sich in völliger Loslösung weithin, um die Völker unter die göttliche Führung zu rufen, bis sie schließlich aus dieser Welt eine neue Welt gemacht und die Erdoberfläche erleuchtet hatten, und bis zu ihrer letzten Stunde bewiesen sie ihre Opferbereitschaft auf dem Pfad jenes Geliebten Gottes. Schließlich erlitten sie in verschiedenen Ländern ruhmvolles Märtyrertum. Laßt die, die Menschen der Tat sind, ihren Spuren folgen! ...
O Gott, mein Gott! Ich rufe Dich, Deine Propheten, Deine Boten und Deine Heiligen zu Zeugen, daß ich Deine Beweise überzeugend vor Deinen Geliebten verkündet und alles deutlich vor ihnen an den Tag gelegt habe, damit sie über Deinen Glauben wachen, Deinen geraden Weg behüten und Dein strahlendes Gesetz beschützen. Du bist wahrlich der Allwissende, der Allweise!" ('ABDU'L-BAHÁ, *Wille und Testament, S. 27—29, 31—32, 24, 34—35.*)

Mit 'Abdu'l-Bahás Hinscheiden war jedoch die Zeit gekommen, die Verwaltungsordnung zu begründen, die als Muster und Kern der Weltordnung bezeichnet worden ist, welche die eigentliche Sendung der aufzurichtenden Religion von Bahá'u'lláh ist. Demzufolge kennzeichnet *Wille und Testament* von 'Abdu'l-Bahá einen Wendepunkt in der Bahá'í-Geschichte, der die Ära der Unreife und Unverantwortlichkeit von der Ära scheidet, in der die Bahá'í selbst ihre Geistigkeit zu erfüllen bestimmt sind, indem sie ihren Rahmen über den Bereich persönlicher Erfahrung hinaus zu dem sozialer Einheit und Zusammenarbeit erweitern. Die drei Grundelemente in dem von 'Abdu'l-Bahá hinterlassenen Verwaltungsplan sind:

1. „Der Hüter der Sache Gottes,"
2. „die Hände der Sache Gottes", und
3. „die Häuser der Gerechtigkeit", die Örtlichen, die Nationalen und das Internationale[55]).

[55]) Die Örtlichen und Nationalen Häuser der Gerechtigkeit werden gegenwärtig mit ihrer vorläufigen Bezeichnung Örtliche und Nationale Geistige Räte genannt.

Der Hüter der Sache Gottes

'Abdu'l-Bahá bestimmte Seinen ältesten Enkel, Shoghi Effendi, für die verantwortungsvolle Stellung des „Hüters der Sache" (Valíyy-i-Amru'lláh). Shoghi Effendi ist der älteste Sohn von Ḍíyá'íyyih Khánum, der ältesten Tochter von 'Abdu'l-Bahá. Sein Vater, Mírzá Hádí, ist ein Verwandter des Báb, wenn auch nicht ein direkter Abkömmling, da das einzige Kind des Báb im Kindesalter starb. Shoghi Effendi war zur Zeit des Heimgangs seines Großvaters 25 Jahre alt und studierte am Balliol College in Oxford. Die Ankündigung seiner Einsetzung lautet im letzten Willen von 'Abdu'l-Bahá wie folgt:

„O meine lieben Freunde! Nach dem Heimgang dieses Unrecht Leidenden müssen die Aghsán (Äste), die Afnán (Zweige) des Heiligen Lotosbaumes, die Hände (Pfeiler) der Sache Gottes und die Geliebten der Abhá-Schönheit sich Shoghi Effendi zuwenden, dem jugendlichen Ast, der aus den beiden geweihten und heiligen Lotosbäumen hervorgegangen, der Frucht, die aus der Vereinigung der beiden Sprößlinge des Heiligen Baumes entstanden ist, denn er ist das Zeichen Gottes, der ausersehene Ast, der Hüter der Sache Gottes, der, dem sich alle Äste, Zweige und Hände der Sache Gottes und Seine Geliebten zuwenden müssen. Er ist der Erklärer der Worte Gottes, und auf ihn wird der Erstgeborene seiner unmittelbaren Nachkommen folgen.

Der heilige und jugendliche Ast, der Hüter der Sache Gottes sowohl als auch das Universale Haus der Gerechtigkeit, das allgemein zu wählen und einzusetzen ist, sind beide unter der Fürsorge und dem Schutz der Abhá-Schönheit, unter dem Schirm und der nichtirrenden Führung Seiner Heiligkeit des Erhabenen — möge mein Leben ein Opfer für beide sein! Was immer sie entscheiden, ist von Gott ...

O ihr Geliebten des Herrn! Es obliegt dem Hüter der Sache Gottes, bei seinen Lebzeiten denjenigen zu ernennen, der sein Nachfolger werden soll, damit nach seinem Hinscheiden keine Meinungsverschiedenheiten entstehen. Der Ernannte muß in sich Loslösung von allem Weltlichen offenbaren, das Abbild der Reinheit sein und Gottesfurcht, Erkenntnis, Weisheit und Wissen zeigen. Sollte daher der Erstgeborene des Hüters der

Sache Gottes in sich nicht die Wahrheit der Worte ‚Das Kind ist das geheime Wesen seines Vaters' offenbaren, das heißt nicht seine (des Hüters der Sache Gottes) Geistigkeit geerbt haben und sich seine glorreiche Abkunft nicht mit einer schönen Wesensart paaren, so muß er (der Hüter der Sache Gottes) einen anderen Ast für seine Nachfolge ausersehen.

Die Hände der Sache Gottes müssen aus ihrer eigenen Zahl heraus neun Personen wählen, die sich jederzeit den wichtigen Diensten in der Arbeit des Hüters der Sache Gottes widmen. Die Wahl dieser neun muß entweder einstimmig oder mit Stimmenmehrheit durch die Gemeinschaft der Hände der Sache Gottes erfolgen, und sie müssen, einstimmig oder durch Stimmenmehrheit, ihre Beipflichtung zur Ernennung dessen erklären, den der Hüter der Sache Gottes zu seinem Nachfolger erwählt hat. Diese Beipflichtung muß in einer Weise bekundet werden, welche die beipflichtenden und die abweichenden Stimmen nicht erkennen läßt (d. h. geheime Stimmabgabe)." ('ABDU'L-BAHÁ, *Wille und Testament, S. 24—26.)*

Die Hände der Sache Gottes

Zu Seinen Lebzeiten bestimmte Bahá'u'lláh einige erprobte und vertraute Freunde, Ihn in der Leitung und Förderung des Werkes der Sache zu unterstützen, und gab ihnen den Titel Ayádíy-i-Amru'lláh (wörtlich: „Hände der Sache Gottes"). 'Abdu'l-Bahá traf in Seinem *Willen* Vorsorge für die Errichtung einer dauernden Körperschaft von Arbeitern, die der Sache Gottes dienen und dem Hüter der Sache helfen und die den gleichen Titel führen sollen. Er schreibt:

„O Freunde! Die Hände der Sache Gottes müssen durch den Hüter der Sache Gottes ernannt und berufen werden . . .

Es ist die Pflicht der Hände der Sache Gottes, die göttlichen Düfte zu verbreiten, die menschlichen Seelen zu erbauen, das Wissen zu fördern, den Charakter aller Menschen zu bessern und jederzeit und unter allen Umständen von allen irdischen Dingen geheiligt und losgelöst zu sein. Sie müssen durch ihre Führung, Sitten, Taten und Worte Gottesfurcht äußern.

Diese Körperschaft der Hände der Sache Gottes steht unter der Leitung des Hüters der Sache Gottes. Er muß sie fortgesetzt anspornen, daß sie sich bemühen und bis zur äußersten Möglichkeit danach streben, die süßen Düfte Gottes zu verbreiten und alle Völker der Welt zu führen, denn es ist das Licht göttlicher Führung, das das ganze Weltall erstrahlen läßt."[56]) ('ABDU'L-BAHÁ, *Wille und Testament, S. 26.*)

Die Verwaltungsordnung[57])

Es war ein allgemeines Merkmal von Religionen, daß ihre Organisation eine Unterbrechung des wahren geistigen Einflusses zur Folge hatte und zu verhindern half, daß der ursprüngliche Impuls in die Welt weitergegeben wurde. Die Organisation wurde stets eher zum Ersatz für die Religion als zum Mittel und Weg, der Religion Wirksamkeit zu verleihen. Die Trennung der Völker in unterschiedliche Überlieferungen, ohne Ausgleich durch friedlichen und schöpferischen Umgang, hat zwangsläufig dorthin geführt. Bis zur Gegenwart hat in der Tat kein Gründer einer geoffenbarten Religion ausdrücklich die Prinzipien dargelegt, die den Verwaltungsmechanismus des Glaubens, den Er begründete, leiten sollen.

Im Bahá'í-Glauben wurden die Grundsätze der Weltadministration von Bahá'u'lláh zum Ausdruck gebracht, und diese Grundsätze wurden in den Schriften von 'Abdu'l-Bahá besonders in Seinem *Willen und Testament* weiter entwickelt.

Das Ziel dieser Organisation ist, eine wahre und dauernde Einheit unter den Völkern verschiedener Rassen, Klassen, In-

[56]) Von den durch Shoghi Effendi während seiner sechsunddreißig Jahre dauernden Amtszeit ernannten Händen der Sache Gottes lebten zur Zeit seines Hinscheidens noch siebenundzwanzig. Außerdem richtete er 1954 das Hilfsamt ein, eine Körperschaft, deren Mitglieder von den Händen ernannt werden als ihre Stellvertreter, Helfer und Ratgeber.

[57]) Dieser Abschnitt über die Bahá'í-Verwaltungsordnung wird nach dem Artikel *The Present-Day Administration of the Bahá'i Faith* von Horace Holley wiedergegeben, erschienen 1933 in *The Bahá'i World,* Bd. V, S. 191 ff.

teressen, Eigenart und ererbten Glaubens zu ermöglichen. Ein eingehendes und einfühlendes Studium dieser Seite des Bahá'í-Glaubens zeigt, daß die Ziele und das Verfahren der Bahá'í-Verwaltung so vollkommen dem ursprünglichen Geiste der Bahá'í-Offenbarung angepaßt sind, daß sie zu ihm in demselben Verhältnis stehen wie der Körper zur Seele. In ihrer Eigenart stellen die Grundsätze der Bahá'í-Verwaltung die Wissenschaft der Zusammenarbeit dar; in ihrer Anwendung sehen sie einen neuen und höheren Typ von Sittlichkeit vor, weltumfassend in seinen Zielen ...

Eine Bahá'í-Gemeinde unterscheidet sich von anderen freiwilligen Vereinigungen darin, daß ihre Grundlage so tief gegründet und so weitgeschaut ist, daß sie jede aufrichtige Seele einschließen kann. Während andere Gruppen exklusiv sind, zum mindesten in der Wirkung, wenn nicht schon in der Absicht, der Handhabung oder im Ideal, schließt die Bahá'í-Religion alles ein und schlägt die Tore der Kameradschaft vor keiner aufrichtigen Seele zu. In jeder Gemeinschaft ist heimlich oder offen irgendeine Grundlage für eine Auslese da. In der Religion ist diese Grundlage ein Glaubensbekenntnis, das durch die historische Art seines Ursprungs beschränkt ist. Im Politischen ist es eine Partei oder ein Programm. Im Wirtschaftlichen ist dies eine beiderseitige Notlage oder beiderseitige Macht. In den Künsten und Wissenschaften besteht diese Grundlage in besonderer Erziehung oder Tätigkeit oder in besonderen Interessen. Bei alledem ist die betreffende Bewegung um so stärker, je exklusiver die Grundlage der Auslese ist — ein Zustand, der demjenigen in der Bahá'í-Religion diametral entgegengesetzt ist. Daher entwickelt sich dieser Glaube bei all seinem Wachstums- und Fortschrittsgeist doch langsam, was die Zahl seiner tätigen Anhänger betrifft. Denn die Menschen sind an Exklusivität und Unterteilung in allen Angelegenheiten gewöhnt. Und wichtige Bestimmungen sind immer die Garanten und die Rechtfertigung von Unterteilung gewesen. In die Bahá'í-Religion einzutreten aber heißt, diese Bestimmungen hinter sich zu lassen — ein Erlebnis, das zunächst den Gläubigen beständig neuen Versuchungen und Leiden aussetzt, da sich das menschliche Ich gegen das höchste Gesetz der allumfassenden Liebe auflehnt. Der Wissenschaftler muß sich zum Einfachen und Ungelehrten gesellen, der Reiche zum Armen, der Weiße zum

Farbigen, der Mystiker zum Buchstabenmenschen, der Christ zum Juden, der Muḥammadaner zum Parsen, und dies unter Bedingungen, die den Vorzug seit langem begründeter Anmaßungen und Vorrechte beseitigen.

Aber für dies schwierige Erlebnis gibt es herrlichen Ausgleich. Laßt uns daran denken, daß die Kunst unfruchtbar wird, wenn sie sich von der menschlichen Allgemeinheit abwendet, daß die Philosophie ebenso ihre Schaukraft verliert, wenn sie sich in der Einsamkeit entwickelt, und daß Politik und Religion nie Erfolg haben abseits von den allgemeinen Nöten der Menschheit. Die menschliche Wesensart ist noch nicht bekannt, denn wir haben alle in einem Zustand gedanklicher, sittlicher, gefühlsmäßiger oder sozialer Abwehr gelebt, und die Psychologie der Abwehr ist die der Hemmung. Die Liebe Gottes aber beseitigt Furcht; die Beseitigung der Furcht richtet die verborgenen Kräfte auf, und Anschluß an andere in geistiger Liebe bringt diese Kräfte zu lebendigem, bejahendem Ausdruck. Eine Bahá'í-Gemeinde ist ein Zusammensein, wo dieser Vorgang Platz greifen kann, langsam zu Beginn, wenn dieser neue Antrieb Kräfte sammelt, rascher sodann, wenn die Mitglieder sich der Kräfte bewußt werden, welche die Blüte der Einheit unter den Menschen entfalten ...

Mit der Verantwortlichkeit für örtliche Bahá'í-Angelegenheiten und deren Überwachung ist eine Körperschaft bekleidet, die als Geistiger Rat bekannt ist. Diese Körperschaft, auf neun Mitglieder begrenzt, wird jährlich am 21. April, dem ersten Tage des Riḍván — der Festzeit zum Gedenken der Erklärung von Bahá'u'lláh — durch die erwachsenen erklärten Gläubigen der Gemeinde gewählt, deren Wahlliste von dem scheidenden Geistigen Rat aufgestellt wird. Was die Eigenart und Amtstätigkeit dieser Körperschaft betrifft, so hat 'Abdu'l-Bahá folgendes geschrieben:

„Allen Gläubigen obliegt es, keinen Schritt (der Bahá'í-Tätigkeit) zu unternehmen ohne Beratung durch den Geistigen Rat, und sie müssen gewißlich mit Herz und Seele seinem Geheiß gehorchen und sich ihm unterordnen, so daß die Dinge klar angeordnet und richtig verabredet werden. Sonst wird jeder-

mann nach seinem eigenen Gutdünken handeln, wird seinem eigenen Wunsche folgen und der Sache Schaden zufügen.
Die ersten Erfordernisse für jene, die zusammen einen Rat bilden, sind Reinheit der Beweggründe, strahlender Geist, Loslösung von allem außer Gott, Anziehungskraft zu Seinen göttlichen Düften, Demut und Bescheidenheit inmitten Seiner Geliebten, Geduld und Langmut in Schwierigkeiten und Dienstbarkeit an Seiner erhabenen Schwelle. Sollte ihnen gnädiglich geholfen werden, diese Eigenschaften zu erwerben, so wird ihnen Sieg verliehen werden von dem unsichtbaren Königreiche Bahás. An diesem Tage sind Ratsversammlungen von größter Bedeutung und ein Lebensbedürfnis. Gehorsam ihnen gegenüber ist wesentlich und Pflicht. Deren Mitglieder müssen miteinander in der Weise beratschlagen, daß kein Anlaß zu Mißstimmung oder Zwietracht sich erheben mag. Dies kann erreicht werden, wenn jedes Mitglied in völliger Freiheit seine eigene Meinung ausspricht und seinen Beweisgrund klarlegt. Sollte irgend jemand dagegen sein, so muß jener in keiner Weise sich getroffen fühlen, denn der rechte Weg kann nicht geklärt werden, ehe die Angelegenheiten nicht völlig zur Sprache gebracht sind. Der leuchtende Wahrheitsfunken bricht erst nach dem Aufeinandertreffen verschiedener Meinungen hervor. Wenn nach der Aussprache ein Entschluß einstimmig zustande gebracht wird, so ist es wohl und gut; wenn aber, was Gott verhüte, Meinungsverschiedenheiten sich erheben sollten, so muß Stimmenmehrheit entscheiden . . .
Die erste Bedingung ist völlige Liebe und Einklang unter den Mitgliedern des Rates. Sie müssen gänzlich frei sein von gegenseitiger Entfremdung und müssen die Einheit Gottes offenbaren, denn sie sind die Wogen eines Meeres, die Tropfen eines Flusses, die Sterne eines Himmels, die Strahlen einer Sonne, die Bäume einer Wiese, die Blumen eines Gartens. Sollten Einklang des Denkens und unbedingte Einigkeit nicht bestehen, so soll diese Versammlung zerstreut und dieser Rat zunichte werden.
Die zweite Bedingung: Sie müssen, wenn sie zusammenkommen, ihr Angesicht dem Königreiche in der Höhe zuwenden und um Hilfe bitten aus dem Reiche der Herrlichkeit . . . Aussprachen müssen sich alle auf geistige Dinge beschränken, die

der Erziehung von Seelen zukommen, der Unterweisung von Kindern, der Unterstützung der Armen, der Hilfe der Schwachen in allen Klassen der Welt, der Güte zu allem Volke, der Verbreitung der Düfte Gottes und der Lobpreisung Seines heiligen Wortes. Sollten sie sich bemühen, diese Bedingungen zu erfüllen, so wird die Gnade des Heiligen Geistes ihnen gewährt werden und dieser Rat der Mittelpunkt der göttlichen Segnungen werden, die Scharen göttlicher Bestätigung werden ihnen zu Hilfe eilen, und sie werden Tag für Tag eine neue Ausgießung des Geistes empfangen." ('ABDU'L-BAHÁ.)

Zur weiteren Erklärung dieses Gegenstandes schreibt Shoghi Effendi:

„Nichts, was auch immer es sei, sollte durch irgendeinen einzelnen unter den Freunden der Öffentlichkeit übergeben werden, ehe es nicht reiflich erwogen und gebilligt wurde durch den Geistigen Rat seines Ortes. Und wenn dies, was sicherlich zutrifft, eine Angelegenheit ist, die das allgemeine Wohl in diesem Lande angeht, dann ist es Pflicht des Geistigen Rates, es der Erwägung und Zustimmung des Nationalen Rates zu unterbreiten, der alle die verschiedenen örtlichen Räte vertritt. Nicht allein hinsichtlich der Veröffentlichung, sondern auch sonst sollten alle Angelegenheiten ohne eine Ausnahme, die sich auf das Wohl der Sache an jenem Orte beziehen, die einzelnen oder die Gesamtheit betreffend, ausschließlich dem Geistigen Rate dieses Ortes zugeleitet werden, der über sie entscheiden soll, außer wenn es eine Angelegenheit nationalen Belanges ist. In diesem Falle soll sie dem Nationalen Rate zugeleitet werden. Bei diesem Nationalen Rate wird auch die Entscheidung verbleiben, ob ein gegebener Fall von örtlichem oder nationalem Belang ist. (Unter nationalen Angelegenheiten sind nicht Dinge gemeint, die von politischem Charakter sind, denn den Freunden Gottes in aller Welt ist es streng verboten, sich auf irgendeine Weise in politische Angelegenheiten zu mischen. Vielmehr sind Angelegenheiten gemeint, welche die geistige Tätigkeit des Rates der Freunde in diesem Lande berühren.)

Voller Einklang jedoch sowie Zusammenarbeit unter den verschiedenen örtlichen Räten und den Mitgliedern selbst, und besonders zwischen jedem Rat und dem Nationalen Rat, sind von äußerster Wichtigkeit, denn davon hängt die Einheit der Sache Gottes, der Zusammenschluß der Freunde, die vollständige, rasche und erfolgreiche Wirkung der geistigen Tätigkeit Seiner Geliebten ab.

Die verschiedenen örtlichen und nationalen Räte bilden heutzutage die Grundlage, auf deren Stärke das Universale Haus (der Gerechtigkeit) in Zukunft fest begründet und aufgebaut werden soll. Nicht ehe diese kraftvoll und harmonisch in Tätigkeit sind, kann die Hoffnung auf Abschluß dieser Übergangszeit sich verwirklichen ... Haltet daran fest, daß der Grundton in der Sache Gottes nicht diktatorische Gewalt, sondern bescheidene Kameradschaft ist, nicht eigenwillige Macht, sondern der Geist freimütiger und liebevoller Beratung. Nichts anderes als der Geist eines wahren Bahá'í kann hoffen, die Grundsätze von Barmherzigkeit und Gerechtigkeit, von Freiheit und Unterwerfung, von der Heiligkeit des Rechtes des einzelnen und von Selbstentsagung, von Wachsamkeit, Verschwiegenheit und Klugheit einerseits und Kameradschaft, Aufrichtigkeit und Mut andererseits zu versöhnen." ...

Die örtlichen Geistigen Räte eines Landes sind einander angeschlossen und gleichgerichtet durch eine andere erwählte Körperschaft von neun Mitgliedern, den Nationalen Geistigen Rat. Diese Körperschaft kommt zustande durch eine jährliche Wahl, die durch gewählte Abgeordnete abgehalten wird, welche die örtlichen Bahá'í-Gemeinden vertreten ... Die Nationaltagung, auf welcher die Abgeordneten sich versammeln, setzt sich aus einer Wahlkörperschaft zusammen, die auf dem Grundsatz proportionaler Vertretung ruht ... Diese Nationaltagungen werden vorzugsweise während der Riḍván-Zeit gehalten, jener zwölf Tage, die am 21. April beginnen zum Andenken an die Erklärung von Bahá'u'lláh im Garten Riḍván bei Ba<u>gh</u>dád. Die Anerkennung der Abgeordneten steht dem scheidenden Nationalen Geistigen Rate zu.

Eine Nationaltagung ist eine Gelegenheit zur Vertiefung des Verständnisses der Bahá'í-Tätigkeit und zum Anhören von Berichten nationaler und örtlicher Tätigkeit in der Zeitspanne des vergangenen Jahres ... Das Amt eines Bahá'í-Abgeordneten ist nicht auf den Besuch der Nationaltagung und die Teilnahme an der Wahl des neuen Nationalen Geistigen Rates beschränkt. Während die Abgeordneten versammelt sind, sind sie eine beratende und ratgebende Körperschaft, deren Anregungen von den Mitgliedern des neugewählten Nationalen Geistigen Rates sorgfältig beachtet werden müssen ...

Die Beziehungen des Nationalen Geistigen Rates zu den örtlichen Geistigen Räten und der Masse der Gläubigen im Lande ist folgendermaßen in den Briefen des Hüters der Sache umgrenzt:

„Bezüglich der Errichtung Nationaler Räte ist es von lebenswichtiger Bedeutung, daß in jedem Lande, wo die Verhältnisse günstig sind und die Zahl der Freunde gewachsen ist und ein beträchtliches Maß erreicht hat, unverzüglich ein Nationaler Geistiger Rat errichtet werde, der die Freunde in diesem ganzen Land vertritt.

Sein unmittelbarer Zweck ist, durch häufige persönliche Beratung die mannigfaltige Tätigkeit sowohl der Freunde als der örtlichen Räte anzuregen, zu vereinigen und gleichzurichten und durch Aufrechterhaltung enger und beständiger Fühlung mit dem Heiligen Land Maßnahmen einzuleiten und im allgemeinen die Angelegenheiten der Sache in seinem Lande zu leiten.

Er dient auch noch einem andern Zweck, der nicht weniger wesentlich ist als der erste, da er im Laufe der Zeit sich zu dem Nationalen Hause der Gerechtigkeit weiterentwickeln soll (in 'Abdu'l-Bahás *Wille und Testament* das ‚sekundäre Haus der Gerechtigkeit' genannt), welches nach dem ausdrücklichen Text des *Testamentes* in Verbindung mit den andern Nationalen Räten überall in der Bahá'í-Welt direkt die Mitglieder des Internationalen oder Universalen Hauses der Gerechtigkeit zu wählen haben wird, jenes höchsten Rates, der die Angelegenheiten des Glaubens in der ganzen Welt führen, organisieren und vereinigen wird ...

Dieser Nationale Geistige Rat, der, solange die Errichtung des Universalen Hauses der Gerechtigkeit noch in der Schwebe ist, einmal im Jahr wiedergewählt werden soll, nimmt natürlich schwere Verantwortung auf sich, denn er hat volle Autorität über alle örtlichen Räte seines Bereiches auszuüben und

soll die Tätigkeit der Freunde lenken, achtsam die Sache Gottes behüten und die Angelegenheiten des Glaubens im allgemeinen beaufsichtigen und überwachen.
Lebenswichtige Aufgaben, welche das Wohl der Sache in diesem Lande betreffen, wie die Angelegenheit der Übersetzung und Veröffentlichung, der Mas͟hriqu'l-Ad͟hkár, die Lehrtätigkeit und anderes mehr, das sich deutlich von streng örtlichen Angelegenheiten abhebt, müssen unter der vollen Oberaufsicht des Nationalen Rates stehen.
Er wird, ebenso wie die örtlichen Räte, eine jede dieser Aufgaben einem besonderen Ausschuß überweisen, welcher durch die Mitglieder des Nationalen Geistigen Rates aus allen Freunden dieses Landes zu erwählen ist und zu ihm im selben Verhältnis steht wie die örtlichen Ausschüsse zu ihren entsprechenden örtlichen Räten.
Ihm bleibt auch die Entscheidung, ob ein gewisser Punkt seinem Wesen nach streng örtlich und zur Erwägung und Entscheidung dem örtlichen Rate vorbehalten ist oder ob er in seinen eigenen Wirkungskreis fällt und eine Angelegenheit ist, die seine besondere Aufmerksamkeit verdient ...
Es ist, zum Wohle der Sache, die wir alle lieben und der wir dienen, die bindende Pflicht der Mitglieder des neuen Nationalen Rates, nachdem er einmal durch die Abgeordneten auf der Tagung gewählt ist, äußerste Rücksicht, einzeln sowohl als insgesamt, auf die Ratschläge, die wohlerwogene Meinung und die echten Gefühle der versammelten Abgeordneten anzustreben und zu üben. Indem sie jede Spur von Heimlichtuerei, von unangebrachter Schweigsamkeit und von diktatorischer Abgeschlossenheit aus ihrer Mitte bannen, sollten sie strahlend und ausgiebig vor den Augen der Abgeordneten, durch die sie gewählt wurden, ihre Pläne, ihre Hoffnungen und ihre Sorgen ausbreiten. Sie sollten die Abgeordneten mit den verschiedenen Angelegenheiten vertraut machen, die im kommenden Jahr erwogen werden müssen, und ruhig und gewissenhaft die Meinungen und Urteile der Abgeordneten erforschen und abwägen. Der neugewählte Nationale Rat sollte während der wenigen Tage, da die Nationaltagung Sitzungen abhält, und nach dem Auseinandergehen der Abgeordneten Wege und Mittel suchen, um das Sichverstehen zu

pflegen, den Austausch von Ansichten zu erleichtern und aufrechtzuerhalten, das Vertrauen zu vertiefen und durch jeden erreichbaren Beweis ihren einen Wunsch zu rechtfertigen, dem gemeinsamen Wohl zu dienen und es zu fördern . . .
Der Nationale Geistige Rat wird jedoch angesichts der unvermeidlichen Beschränkungen, die dem Abhalten häufiger und langandauernder Sitzungen auf der Tagung gesetzt sind, in seiner Hand die endgültige Entscheidung aller Dinge, die das Wohl der Sache berühren, behalten, . . . so zum Beispiel das Recht der Entscheidung, ob ein örtlicher Rat im Einklang mit den Grundsätzen, die zur Führung und Förderung der Sache niedergelegt sind, arbeitet."

Was die Aufstellung der Wählerlisten für die jährlichen örtlichen Bahá'í-Wahlen betrifft, so trägt die Verantwortung hierfür jeder örtliche Geistige Rat. Als Anleitung in dieser Sache hat der Hüter folgendes geschrieben:

„Um ganz kurz und den gegenwärtigen Umständen angemessen die Hauptfaktoren festzustellen, die in Erwägung gezogen werden müssen vor der Entscheidung, ob eine Person als wahrer Gläubiger angesehen werden kann oder nicht: Volle Anerkennung der Stufe des Vorläufers, des Begründers und des wahren Vorbildes des Bahá'í-Glaubens, wie es in 'Abdu'l-Bahás *Wille und Testament* dargelegt ist; rückhaltlose Annahme all dessen, was durch Ihre Feder offenbart worden ist, und ihre Unterwerfung darunter, treues und standhaftes Festhalten an jeder Klausel des geheiligten *Willens* unseres Geliebten; und enge Verbindung mit dem Geist wie mit der Form unserer gegenwärtigen Bahá'í-Verwaltung — dies verstehe ich unter den grundsätzlichen und hauptsächlichen Erwägungen, die aufrichtig, besonnen und wohlbedacht angestellt werden müssen, ehe man eine so wesentliche Entscheidung[58]) trifft."

'Abdu'l-Bahás Anweisungen sehen für die Weiterentwicklung der Bahá'í-Organisation vor:

„Und was nun das Haus der Gerechtigkeit betrifft, das Gott als die Quelle alles Guten verordnet und von allem Irrtum

[58]) d. h. der Zulassung zum Wahlrecht.

befreit hat, so muß es durch allgemeine Wahl, das heißt durch die Gläubigen, gewählt werden. Seine Mitglieder müssen Offenbarungen der Gottesfurcht, Aufgangsorte der Erkenntnis und des Verständnisses und standhaft im Gottesglauben sein und der ganzen Menschheit wohlwollen. Mit diesem Haus ist das Universale Haus der Gerechtigkeit gemeint, das heißt, daß in allen Ländern ein nachgeordnetes Haus der Gerechtigkeit zu errichten ist, und daß diese nachgeordneten Häuser der Gerechtigkeit die Mitglieder des Universalen[59]) zu wählen haben.

Auf diese Körperschaft muß sich alles beziehen. Sie erläßt alle Verordnungen und Verfügungen, die nicht ausdrücklich im Heiligen Text zu finden sind. Durch diese Körperschaft sind alle schwierigen Probleme zu lösen, und der Hüter der Sache Gottes ist ihr geheiligtes Haupt und das hervorgehobene lebenslängliche Mitglied dieser Körperschaft. Sollte er ihren Beratungen nicht selbst beiwohnen, so muß er jemanden zum Vertreter bestimmen. Sollte irgendeines der Mitglieder sich in einer Weise vergehen, die das Allgemeinwohl schädigt, so ist der Hüter der Sache Gottes nach eigenem Ermessen berechtigt, es auszuschließen, worauf das Volk jemand anderen an dessen Stelle wählen muß. Dieses Haus der Gerechtigkeit erläßt die Gesetze, und die Regierung führt sie durch. Die gesetzgebende Körperschaft muß die vollziehende stärken und die vollziehende der gesetzgebenden helfen und zur Seite stehen, damit durch die innige Verbindung und Übereinstimmung dieser beiden Kräfte die Grundlagen der Unparteilichkeit und Gerechtigkeit fest und stark und alle Gegenden der Erde wie das Paradies werden mögen . . .

Jeder muß sich nach dem Heiligsten Buche richten, und was darin nicht ausdrücklich Erwähnung findet, ist an das Universale Haus der Gerechtigkeit zu verweisen. Was diese Körperschaft einstimmig oder mit Stimmenmehrheit entscheidet, ist die Wahrheit und Gottes eigener Wille. Wer davon abgeht, gehört wahrlich zu denen, die Uneinigkeit lieben, Bosheit zei-

[59]) Das Universale Haus der Gerechtigkeit wurde erstmals im April 1963 von den Mitgliedern von sechsundfünfzig Nationalen Geistigen Räten gewählt.

gen und sich vom Herrn des Bündnisses abkehren. (‘ABDU’L-BAHÁ, *Wille und Testament*, *S. 28, 32.*)

Auch in der gegenwärtigen Zeit halten die Bahá’í in allen Teilen der Welt eine innige und herzliche Verbindung aufrecht durch regelmäßigen Briefwechsel und persönliche Besuche. Diese Berührung von Angehörigen verschiedener Rassen, Völker und religiöser Überlieferungen ist ein greifbarer Beweis dafür, daß die Last der Vorurteile und die historischen Kräfte der Abspaltung durch den von Bahá’u’lláh begründeten Geist der Einheit gänzlich überwunden werden können.

Die Weltordnung Bahá’u’lláhs

Die weiteren in dieser Ordnung liegenden Folgerungen sind von Shoghi Effendi in aufeinanderfolgenden Mitteilungen erläutert, die an die Bahá’í-Gemeinschaft seit Februar 1929 gerichtet sind:

„Ich kann nicht umhin, diejenigen, die sich mit dem Glauben identifizieren, aufzurufen, die vorherrschenden Meinungen und flüchtigen Moden des Tages außer Acht zu lassen und sich mehr denn je darüber klar zu sein, daß die erschütterten Theorien und wankenden Einrichtungen der heutigen Zivilisation notwendig in scharfen Gegensatz zu jenen gottgegebenen Einrichtungen treten müssen, die sich auf ihren Trümmern zu erheben bestimmt sind ...

Denn Bahá’u’lláh ... hat die Menschheit nicht allein mit neuem, schöpferischem Geiste durchtränkt. Er hat nicht lediglich gewisse allumfassende Grundsätze verkündet oder eine besondere Philosophie vorgelegt, wie machtvoll, gesund und allgemeingültig diese auch seien. Er und nach Ihm ‘Abdu’l-Bahá haben, anders als die Offenbarungen der Vergangenheit, klar und im einzelnen eine Reihe von Gesetzen niedergelegt, bestimmte Einrichtungen begründet und alles Wesentliche für eine göttliche Ordnung vorgesehen. Diese sind dazu ausersehen, ein Muster künftiger Gesellschaft, ein allerhöchstes Werkzeug für die Begründung des Allergrößten Friedens und das eine wirksame Mittel zur Einigung der Welt und zur Verkündung der Herrschaft der Rechtschaffenheit und Gerechtigkeit auf Erden zu sein ...

Anders als in der Offenbarung von Christus, anders als in der Offenbarung von Muḥammad, anders als in allen Offenbarungen der Vergangenheit, haben die Anhänger von Bahá'u'lláh in jedem Lande, wo immer sie arbeiten und sich mühen, in klarer und nachdrucksvoller Sprache alle Gesetze, Regelungen, Grundsätze, Einrichtungen, Anleitungen, die sie zur Verfolgung ihrer Aufgabe benötigen, vor Augen ... Darin liegt das Unterscheidungsmerkmal der Bahá'í-Offenbarung. Darin liegt die Stärke der Einheit des Glaubens, der Geltungskraft einer Offenbarung, die nicht vorangegangene Offenbarungen zerstören oder herabsetzen möchte, sondern sie verbinden, vereinen und erfüllen will ...

Mag auch unser Glauben heute schwach erscheinen in den Augen von Menschen, die ihn entweder als Ableger des Islám erklären oder verächtlich nichts von ihm wissen wollen, weil er eine dieser finsteren Sekten sei, die im Westen so üppig blühen — dieser unschätzbare Edelsinn göttlicher Offenbarung, jetzt noch in seinem keimhaften Zustand, wird sich in der Schale seines Gesetzes entwickeln und wird sich ungeteilt und ungeschwächt durchringen, bis er das ganze Menschengeschlecht umfaßt. Nur jene, die schon die allerhöchste Stufe von Bahá'u'lláh erkannt haben, nur jene, deren Herzen von Seiner Liebe berührt sind, und die die Macht Seines Geistes selbst erfahren durften, können den Wert dieser göttlichen Verordnung, ihre unschätzbare Gabe für das Menschengeschlecht, angemessen würdigen." *(21. März 1930).*

„Diesem Ziel muß eine gequälte Menschheit entgegenstreben, dem Ziele einer neuen Weltordnung, göttlich im Ursprung, allumfassend im Endzweck, gerecht im Grundsatz, tatkräftig im Handeln.

Wie ergreifend sind doch in der Tat die Bemühungen jener Leiter menschlicher Einrichtungen, die in äußerster Mißachtung des Zeitgeistes bemüht sind, nationale Belange, die den altvergangenen Tagen in sich abgeschlossener Nationen angemessen sind, einem Zeitalter einzureihen, das entweder, wie von Bahá'u'lláh umrissen, die Welteinheit vollenden oder zugrundegehen muß. Zu einer so kritischen Stunde in der Ge-

schichte der Zivilisation geziemt es den Führern aller Nationen der Welt, der großen wie der kleinen, im Osten wie im Westen, Siegern wie Besiegten, auf den Posaunenruf von Bahá'u'lláh zu achten und, tief durchdrungen von einem Gefühl der Weltsolidarität, dem *sine qua non* der Treue zu Seiner Sache, sich mannhaft zu erheben, um das Heilverfahren in seiner Ganzheit zu verwirklichen, das Er, der göttliche Arzt, einer krankenden Menschheit verordnet hat. Laßt sie ein für allemal jeden voreingenommenen Gedanken, jedes nationale Vorurteil beiseite setzen und auf den erhabenen Rat 'Abdu'l-Bahás achten, des bevollmächtigten Auslegers Seiner Lehren. ‚Du kannst am besten deinem Lande dienen', war 'Abdu'l-Bahás Erwiderung an einen hohen Beamten im Dienste der Bundesregierung der Vereinigten Staaten, der Ihn über die beste Art, wie er das Wohl seines Staates und Volkes fördern könnte, befragt hatte, ‚wenn du danach strebst, in deiner Eigenschaft als Weltbürger bei der allmählichen Anwendung des in der Regierung deines eigenen Landes herrschenden Grundsatzes des Föderalismus auf die jetzt zwischen Völkern und Nationen bestehenden Beziehungen mitzuhelfen' ...
Irgendeine Form eines Welt-Überstaates muß sich notwendigerweise entwickeln, zu dessen Gunsten alle Nationen der Welt auf das Recht der Kriegserklärung, auf gewisse Rechte der Steuerauferlegung und auf alle Rechte der Waffenrüstung, ausgenommen zum Zwecke der Aufrechterhaltung der inneren Ordnung in ihrem eigenen Gebiet, freiwillig verzichten. Ein solcher Staat wird in seinen Machtkreis auch eine internationiale Exekutive miteinzuschließen haben, welche die höchste und unbestreitbare Autorität bei jedem widerspenstigen Mitglied des Gemeinwesens durchzusetzen imstande sein wird, ferner ein Weltparlament, dessen Mitglieder durch das Volk in den verschiedenen Ländern zu wählen sind, und deren Wahl durch die betreffenden Regierungen zu bestätigen sein wird, und schließlich einen obersten Gerichtshof, dessen Urteil eine bindende Wirkung hat, selbst in solchen Fällen, wo die betroffenen Parteien ihren Fall nicht freiwillig seiner Erwägung zu unterwerfen geneigt sind. Ein Weltgemeinwesen, in dem alle wirtschaftlichen Schranken auf immer abgebaut und die gegenseitige Abhängigkeit von Kapital und Arbeit endgültig aner-

kannt sein werden, in dem der Lärm des religiösen Fanatismus und Streites für immer gestillt sein wird, in dem die Feindseligkeit zwischen den Rassen endgültig ausgetilgt sein wird, in dem ein einziges internationales Gesetzbuch, das Ergebnis der wohlerwogenen Entscheidung der vereinigten Weltvertreter, als Zwangsmaßnahme das sofortige, zwingende Eingreifen der vereinten Kräfte der Bundesstaaten vorsehen wird, und schließlich eine Weltgemeinschaft, in welcher die Furie eines launenhaften und streitbaren Nationalismus sich in das blühende Bewußtsein eines Weltbürgertums verwandelt haben wird — so erscheint uns fürwahr, in gröbsten Umrissen, die von Bahá'u'lláh vorgezeichnete Ordnung, eine Ordnung, die als die schönste Frucht eines langsam dazu reifenden Zeitalters betrachtet werden wird ...

Laßt hier keine Besorgnisse aufkommen wegen der Erreichung des belebenden Zieles des weltumfassenden Gesetzes von Bahá'u'lláh. Weit davon entfernt, auf den Umsturz der bestehenden Grundlagen der Gesellschaft abzuzielen, sucht es ihre Basis zu erweitern, ihre Einrichtungen in einer den Bedürfnissen der immer sich wandelnden Welt angepaßten Art umzuformen. Es kann mit keinen gesetzlichen Untertanenpflichten in Widerstreit geraten noch das Wesen ihrer Treue untergraben. Sein Ziel ist, weder die Flamme einer gesunden und verständigen Vaterlandsliebe in den Menschenherzen zu ersticken noch das System nationaler Selbständigkeit abzuschaffen, das so wichtig ist, wenn die Übel übertriebener Zentralisierung vermieden werden sollen. Es kennt sehr wohl die Unterschiede völkischen Ursprungs, des Klimas, der Geschichte, der Sprache und der Überlieferung, der Denkweise und der Gebräuche, welche die Völker und Nationen der Welt verschieden sein lassen, und ist nicht bemüht, sie zu unterdrücken. Es ruft uns zu einer erweiterten Treuepflicht, zu einer größeren Sehnsucht als irgendeines, das seither das Menschengeschlecht beseelt hat ...

Der Ruf von Bahá'u'lláh ist in erster Linie gegen alle Formen von Provinzlertum, Abgeschlossenheit und Vorurteile gerichtet, ... denn seine gesetzlichen Richtmaße, seine politischen und wirtschaftlichen Lehren sind einzig dazu ersonnen, um das Wohl der Menschheit als Ganzes zu behüten, nicht aber, damit

sie zur Bewahrung der Unantastbarkeit von besonderen Gesetzen oder Doktrinen gekreuzigt werde . . . Der Grundsatz der Einheit des Menschengeschlechtes — der Angelpunkt, um den alle Lehren von Bahá'u'lláh kreisen — ist kein bloßer Ausbruch einer unwissenden Gefühlsseligkeit oder Ausdruck einer vagen frommen Hoffnung . . .
Seine Folgerungen gehen tiefer, Seine Ansprüche sind größer als irgendwelche, die die Offenbarer früher zu stellen ermächtigt waren. Seine Botschaft ist nicht nur für den Einzelmenschen da, sondern betrifft an und für sich in erster Linie die Natur jener wesentlichen Verwandtschaften, die alle Staaten und Nationen als Glieder einer Menschenfamilie binden müssen . . .
Sie stellt die Vollendung menschlicher Entwicklung dar . . .
Daß allein die Wucht einer Weltkatastrophe einen so neuen Entwicklungsgang menschlichen Denkens beschleunigen kann, wird leider mehr und mehr klar . . . Nichts als eine Feuerprobe, aus der die Menschheit gezüchtigt und vorbereitet hervorgehen wird, vermag diesen Verantwortungssinn ihr einzupflanzen, wie ihn die Führer eines neugeborenen Zeitalters auf ihre Schultern nehmen müssen.
. . . Hat nicht 'Abdu'l-Bahá in unmißverständlicher Sprache versichert, daß ‚ein neuer Krieg, grausamer als der letzte, ausbrechen wird'?" (*28. November 1931.*)

„Diese Verwaltungsordnung . . . wird, wenn ihre Bestandteile, ihre organischen Institutionen mit Kraft und Nachdruck in Tätigkeit treten, ihre Ansprüche geltend machen und ihre Eignung erweisen, nicht nur als Kern, sondern als das Muster der neuen Weltordnung angesehen zu werden, die dazu bestimmt ist, wenn die Zeit sich erfüllt, die ganze Menschheit zu umfassen . . .
Allein von allen ihm vorangegangenen Offenbarungen ist es diesem Glauben . . . gelungen, ein Bauwerk zu errichten, dem sich die irregeleiteten Anhänger zusammengebrochener und zerrütteter Glaubensbekenntnisse getrost nähern mögen, das sie kritisch prüfen können und in dem sie, ehe es zu spät ist, die unverwundbare Sicherheit seines weltumfassenden Schutzes aufsuchen mögen . . .

Auf was anderes, als auf die Macht und Majestät, welche diese Verwaltungsordnung — die Grundlage des zukünftigen allumfassenden Bahá'í-Gemeinwesens — zu offenbaren bestimmt ist, können diese Worte von Bahá'u'lláh hinweisen: *‚Das Gleichgewicht der Welt ist ins Wanken geraten durch den erschütternden Einfluß dieser größten, dieser neuen Weltordnung. Der Menschheit geregeltes Leben ist in Aufruhr geraten durch die Auswirkung dieses einzigartigen, dieses wundersamen Systems — desgleichen sterbliche Augen noch niemals Zeuge gewesen sind'* ...

Das Bahá'í-Gemeinwesen der Zukunft, für das diese umfassende Verwaltungsordnung das einzigartige Fachwerk bildet, ist, sowohl in der Theorie wie in der Praxis, nicht nur einzig dastehend in der gesamten Geschichte politischer Einrichtungen, sondern es kann kein Gegenstück in den Aufzeichnungen irgendeines der anerkannten Religionssysteme der Welt finden. Keine Form demokratischer Regierung, kein System autokratischer oder diktatorischer Art, sei es monarchisch oder republikanisch, kein vermittelnder Plan einer rein aristokratischen Ordnung, selbst keiner der anerkannten Typen der Priesterherrschaft, sei es das hebräische Gemeinwesen, seien es die verschiedenen christlichen Kirchenorganisationen oder das Imámat oder das Kalifat im Islám — keiner dieser Typen kann als gleichbedeutend oder übereinstimmend mit der Verwaltungsordnung angesehen werden, die die Meisterhand ihres vollendeten Baumeisters gebildet hat ...

Laßt niemand, während sich dieses System noch im Zustande der Kindheit befindet, seinen Charakter mißverstehen, seine Bedeutung verkleinern oder seinen Zweck verkehrt darstellen. Der Felsen, auf dem diese Verwaltungsordnung begründet ist, ist Gottes unwandelbarer Plan für die Menschheit an diesem Tage. Die Quelle, aus der sie ihre Inspiration ableitet, ist keine geringere als Bahá'u'lláh selbst ... Das zentrale ihr zugrundeliegende Ziel, das sie beseelt, ist die Errichtung der neuen Weltordnung, wie sie von Bahá'u'lláh entworfen wurde. Die Methoden, die sie anwendet, die Richtschnur, die sie gibt, neigen weder zum Osten noch zum Westen, weder zum Juden noch zum Heiden, weder zum Reichen noch zum Armen, weder zum Weißen noch zum Farbigen. Ihre Losung ist die Vereinigung der menschlichen Rasse, ihre Richtschnur der Größte Frieden ..." (*8. Februar 1934.*)

„Der Gegensatz zwischen den sich häufenden Beweisen standhafter Festigung, welche den Aufstieg der Verwaltungsordnung des Gottesglaubens begleiten, und den Kräften der Zersetzung, die an das Gebäude einer dahinsiechenden Gesellschaft prallen, ist ebenso deutlich wie fesselnd. Sowohl innerhalb als außerhalb der Bahá'í-Welt wachsen und mehren sich Tag für Tag die Merkmale und Zeichen, die in geheimnisvoller Weise die Geburt jener Weltordnung ankünden, deren Errichtung das goldene Zeitalter der Gottessache auszeichnen muß ...

‚*Bald*', so verkünden es die eigenen Worte von Bahá'u'lláh, ‚*wird die Ordnung des gegenwärtigen Tages aufgerollt und eine neue an ihrer Stelle ausgebreitet werden*' ...

Die Offenbarung von Bahá'u'lláh ... sollte ... so betrachtet werden, als kündige sie durch ihre Herabkunft *das Zeitalter der Reife der gesamten Menschheit* an. Sie sollte nicht nur als noch eine weitere geistige Wiederbelebung in den immer wechselnden Geschicken der Menschheit betrachtet werden, nicht nur als eine weitere Stufe in einer Reihenfolge fortschreitender Offenbarungen, auch nicht nur als der Höhepunkt in einer Reihe wiederkehrender prophetischer Zyklen, sondern vielmehr als ein Markstein der letzten und höchsten Stufe in der erstaunlichen Entwicklung des menschlichen Gesamtlebens auf diesem Planeten. Die dringende Notwendigkeit einer Weltgemeinschaft, das Bewußtsein eines Weltbürgertums, die Begründung einer Weltzivilisation und -kultur ... sollten, ... soweit dieses planetarische Leben in Betracht kommt, als die äußersten Grenzen in dem Bau der menschlichen Gesellschaft betrachtet werden, wenn auch der Mensch als Einzelwesen in der Tat als Ergebnis solcher Vollendung unbegrenzt weiter fortschreiten und sich entwickeln wird, ja muß ...

Die Einheit des Menschengeschlechts, wie sie Bahá'u'lláh vorausschaut, umschließt die Begründung eines Weltgemeinwesens, in welchem alle Nationen, Rassen, Glaubensbekenntnisse und Klassen eng und dauerhaft vereint und die Selbständigkeit ihrer Staatsglieder und die persönliche Freiheit und

Tatbereitschaft der Einzelwesen, die sie bilden, endgültig und vollständig gesichert sind. Dieses Gemeinwesen muß, so weit wir es uns vorstellen können, aus einer Weltlegislative bestehen, deren Mitglieder als die Bevollmächtigten der ganzen Menschheit die gesamten Hilfsquellen aller sie zusammensetzenden Nationen beaufsichtigen. Es müssen Gesetze erlassen werden, die geeignet sind, das Leben in geregelte Bahnen zu leiten, alle Nöte zu befriedigen und die Beziehungen sämtlicher Rassen und Völker zu ordnen. Eine Weltexekutive, gestützt auf eine internationale Polizeitruppe, wird die Beschlüsse der Weltlegislative ausführen, die erlassenen Gesetze anwenden und die organische Einheit des ganzen Gemeinwesens schützen. Ein Weltschiedsgerichtshof wird seine bindende und endgültige Entscheidung in sämtlichen Streitfragen erlassen und abgeben, die zwischen den verschiedenen Gliedern dieses allumfassenden Systems entstehen. Das Netzwerk eines alle verbindenden Weltverkehrssystems wird ersonnen werden, das den ganzen Erdball umspannt, und, befreit von allen nationalen Hindernissen und Beschränkungen, mit wunderbarer Schnelligkeit und absoluter Pünktlichkeit abläuft. Eine Welthauptstadt wird als Nervenzentrum einer Weltzivilisation und als Brennpunkt wirken, in dem die einigenden Lebenskräfte zusammenlaufen und von dem ihre kraftbringenden Einflüsse ausstrahlen werden. Eine Welthilfssprache wird entweder geschaffen oder unter den bestehenden Sprachen ausgewählt und in den Schulen aller verbündeten Nationen als ein Hilfsmittel neben der jeweiligen Muttersprache gelehrt werden. Eine Weltschrift, eine Weltliteratur, ein einheitliches und allumfassendes Währungs-, Gewichts- und Maßsystem werden den Verkehr und die Verständigung unter den Nationen und Rassen der Menschheit vereinfachen und erleichtern. In dieser Weltgemeinschaft werden Wissenschaft und Religion, die beiden gewaltigsten Kräfte im menschlichen Leben, in Einklang gebracht, zusammenwirken und sich harmonisch entwickeln. Die Presse wird in einem solchen System, in dem sie der Darlegung der verschiedenen Ansichten und Überzeugungen der Menschheit vollen Spielraum gewährt, nicht mehr durch althergebrachte Interessen, seien sie persönlicher oder allgemeiner Natur, unheilvoll gelenkt werden, und sie wird vom Einfluß streitender Regierungen und Völker befreit werden. Die wirtschaftlichen Hilfsmittel der Welt werden organisiert, ihre Rohstoffquellen erschlossen und restlos nutzbar gemacht, ihre Märkte aufeinander abgestimmt und entwickelt und die Verteilung ihrer Erzeugnisse unparteiisch geregelt werden.

Nationale Rivalität, Haß und Machenschaften werden aufhören, und Feindseligkeiten und Vorurteile der Rassen werden durch Freundschaft, Verständigung und Zusammenarbeit ersetzt werden. Die Ursachen religiöser Zwistigkeiten werden für immer aus dem Weg geräumt werden; wirtschaftliche Schranken und Hindernisse werden völlig beseitigt und der maßlose Klassenunterschied verwischt werden. Mangel auf der einen Seite und unmäßige Besitzanhäufung auf der anderen Seite werden verschwinden. Die ungeheuren Kräfte, die für den Krieg, wirtschaftlicher oder politischer Art, verzettelt und vergeudet werden, sollen solchen Zwecken zugeführt werden, die den Bereich der menschlichen Erfindungen und der technischen Entwicklung erweitern, der Steigerung der Produktionskraft, der Beseitigung von Krankheiten, der Ausdehnung wissenschaftlicher Forschungen, der Hebung des körperlichen Gesundheitszustands, der Belebung und Verfeinerung des menschlichen Verstandes, der Ausbeutung ungenutzter und ungeahnter Hilfsquellen dieser Erde, der Verlängerung des menschlichen Lebens und der Förderung von Tätigkeiten dienen, und die das verstandesmäßige, sittliche und geistige Leben des ganzen Menschengeschlechtes anzuregen vermögen.

Ein Weltbundsystem, das die ganze Erde beherrscht und eine unanfechtbare Befugnis über ihre unvorstellbar großen Hilfsquellen hat, das die Ideale sowohl des Ostens wie auch des Westens verkörpert und in Einklang bringt, vom Fluch des Krieges und des mit ihm verbundenen Elends befreit ist und sich auf die Ausnützung aller verfügbaren Kraftquellen auf der Erdoberfläche erstreckt, ein System, in dem die Stärke zur Dienerin der Gerechtigkeit gemacht ist, dessen Dasein durch seine allumfassende Anerkennung eines Gottes und durch seinen Gehorsam gegen eine gemeinsame Offenbarung getragen wird — dies ist das Ziel, dem die Menschheit, durch die vereinenden Lebenskräfte angetrieben, zustrebt.

Das ganze Menschengeschlecht seufzt und schmachtet danach, zur Eintracht geführt zu werden und sein jahrhundertelanges Martyrium zu beendigen. Und dennoch weigert es sich hartnäckig, das Licht anzunehmen und die unumschränkte Gewalt der einen Kraft anzuerkennen, die es aus seinen Verwicklungen befreien und das jammervolle Unglück abwenden kann, welches es in den Abgrund zu stürzen droht . . .

Die Vereinigung der ganzen Menschheit ist das Kennzeichen der Stufe, der sich die menschliche Gesellschaft heute nähert. Die Einheit der Familie, des Stammes, des Stadtstaates und der Nation ist nacheinander versucht und völlig erreicht worden. Welteinheit ist das Ziel, dem eine gequälte Menschheit zustrebt. Die Staatenbildung ist zu einem Ende gekommen. Die einer staatlichen Herrschaft anhaftende Gesetzlosigkeit nähert sich dem Höhepunkt. Eine Welt, die zur Reife heranwächst, muß diesen Fetisch aufgeben, die Einheit und Ganzheit der menschlichen Beziehungen erkennen und ein für allemal das Bauwerk errichten, das diese Hauptgrundlage ihres Daseins am besten zu verkörpern vermag.“ *(11. März 1936.)*[60])

[60]) Die vorstehenden Briefe Shoghi Effendis wurden veröffentlicht in dem Band *The World Order of Bahá'u'lláh.*

NACHWORT

Unter der inspirierten Führung Shoghi Effendis wuchs die Bahá'í-Sache ständig an Umfang und in der Formung ihrer administrativen Ordnung, so daß um 1951 elf arbeitsfähige Nationale Geistige Räte bestanden. Zu dieser Zeit nahm der Hüter die Entwicklung der Glaubenseinrichtungen auf internationaler Ebene in Angriff und rief den *Internationalen Bahá'í-Rat* ins Leben, den Vorläufer des *Universalen Hauses der Gerechtigkeit,* und ernannte kurz darauf die erste Gruppe von *Händen der Sache Gottes.* Schon vorher hatte Shoghi Effendi einige hervorragende Bahá'í — Dr. John E. Esslemont war einer von ihnen — postum in den Rang einer Hand der Sache erhoben, aber 1951 erst hielt er die Zeit für reif, die volle Entfaltung dieser wichtigen Einrichtung zu beginnen. In rascher Folge ernannte er zwischen 1951 und 1957 zweiunddreißig Hände und weitete deren Arbeitsfeld aus durch die Einrichtung von *Hilfsämtern* in jedem Kontinent, deren Mitglieder von den Händen der Sache aus den Gläubigen berufen werden als ihre Stellvertreter, Helfer und Ratgeber. Zur Zeit seines Hinscheidens lebten noch siebenundzwanzig dieser Hände.

Durch ein Vielzahl von Briefen, teils an Bahá'í in aller Welt, teils an Bahá'í bestimmter Länder gerichtet, vertiefte der Hüter das Verständnis für die Lehren, gestaltete die administrativen Einrichtungen des Glaubens, unterwies die Gläubigen in deren richtigem und nutzbringendem Gebrauch und setzte im Jahr 1937 die Verwirklichung des *Göttlichen Planes* zur Verbreitung der Botschaft Bahá'u'lláhs durch die amerikanische Bahá'í-Gemeinde in Gang. Dieser Göttliche Plan war von 'Abdu'l-Bahá in einer Reihe von Sendschreiben während des ersten Weltkriegs dargelegt worden und bildet den Rahmenplan für die Verbreitung des Glaubens.

Im Rahmen dieses Planes wurde eine Reihe von Lehrprojekten durchgeführt, zuerst in Amerika, dann auch in Europa, Asien, Australasien und Afrika, bis schließlich im Jahr 1953 der Hüter zu einem „zehnjährigen weltumfassenden geistigen Kreuzzug“ aufrief, um den Glauben in alle übrigen unabhängigen Staaten der Welt und ihre wichtigsten Gebiete zu tragen.

Im Jahr 1957, auf annähernd halbem Weg des Lehrfeldzugs, starb der Hüter, erschöpft durch sechsunddreißig Jahre unermüdlicher Arbeit, während eines Besuches in London. Da Shoghi Effendi keinen Nachfolger bestimmt hatte, wurde die Arbeit des Glaubens vom November 1957 bis zum siegreichen Abschluß des Lehrfeldzugs im April 1963 von den siebenundzwanzig Händen der Sache koordiniert und geleitet. Zu dieser Zeit wurde das erste Universale Haus der Gerechtigkeit gewählt durch die Mitglieder von sechsundfünfzig Nationalen Geistigen Räten, die von den Händen der Sache im Bahá'í-Weltzentrum in Haifa zusammengerufen worden waren.

Unmittelbar nach dieser historischen Wahl versammelten sich Bahá'í aus allen Teilen der Erde in London zum ersten Weltkongreß des Glaubens, um die hundertjährige Wiederkehr der Verkündigung Bahá'u'lláhs zu feiern und an der Freude über die weltweite Verbreitung Seines Glaubens teilzuhaben.

Die höchste Institution des Glaubens ist heute das Universale Haus der Gerechtigkeit, das von Bahá'u'lláh durch Sein Heiligstes Buch geschaffen und ausgestattet wurde mit gesetzgebender Gewalt über alle Angelegenheiten, die nicht in den Bahá'í-Schriften behandelt worden sind, und dem in den Heiligen Texten selbst göttliche Führung zugesichert ist. ‘Abdu'l-Bahá hat in Seinem Willen und Testament das Verfahren der Wahl zum Universalen Haus der Gerechtigkeit festgelegt, seine Stellung und Aufgaben noch klarer umrissen und versichert, daß es unter der unmittelbaren Führung des Báb und Bahá'u'lláhs steht, und daß es *die* Körperschaft ist, der sich alle zuwenden müssen.

Das einzigartige und kennzeichnende Merkmal des Bahá'í-Glaubens ist das Bündnis Bahá'u'lláhs, der Grundstein, auf dem der Glaube sein ganzes Gefüge aufbaut, und auf dem seine ganze Entwicklung beruht. Seine Einzigartigkeit besteht darin, daß zum ersten Mal in der Religionsgeschichte eine Manifestation Gottes klar und unzweideutig für eine autorisierte Auslegung Ihrer Worte vorgesorgt und die Fortdauer der göttlich bestimmten Autorität gesichert hat, die aus der Quelle des Glaubens strömt.

Die Auslegung der Schriften ist in früheren Religionen immer die häufigste Ursache für Spaltungen gewesen. Bahá'u'lláh hat in Seinem *Buch des Bundes* Seinen ältesten Sohn 'Abdu'l-Bahá mit der vollen Macht der Auslegung Seiner Schriften und der Führung Seiner Sache bekleidet. 'Abdu'l-Bahá ernannte in Seinem *Willen und Testament* Seinen ältesten Enkelsohn Shoghi Effendi zum Hüter des Glaubens und zum einzigen Ausleger der Schriften. Es gibt im Bahá'í-Glauben kein Priestertum, und kein einzelner Mensch kann eine besondere Stellung oder Führungsautorität beanspruchen; die Autorität ist auf die Institutionen übertragen, die in den Bahá'í-Schriften geschaffen worden sind.

Durch diese einzigartige Vorsorge ist der Glaube Bahá'u'lláhs vor Spaltung bewahrt worden, vor den verheerenden Folgen ungerechtfertigter Führerschaft, und vor allem vor der Vermengung mit menschengemachten Lehrmeinungen und Theorien, die in der Vergangenheit die Einheit der Religionen zerrüttet haben. Das reine und unbeeinträchtigte geoffenbarte Wort Bahá'u'lláhs wird zusammen mit seiner autorisierten Auslegung für die Dauer dieser Sendung die unverdorbene und unverderbliche Quelle des geistigen Lebens für die Menschheit bleiben.

Im Jahr 1968 traf das Universale Haus der Gerechtigkeit Vorsorge für die zukünftige Weiterführung der den Händen der Sache obliegenden besonderen Aufgaben des Schutzes und der Verbreitung durch die Einrichtung der *Kontinentalen Beraterämter*. Jedes Amt besteht aus einer Anzahl von Beratern, die vom Universalen Haus der Gerechtigkeit ernannt werden, und wirkt in enger Zusammenarbeit mit den Händen der Sache Gottes. Die Ernennung und Leitung der Hilfsämter ist jetzt Aufgabe der Beraterämter, und der Aufgabenbereich der Hände, von denen noch neunzehn leben, wurde auf weltweite Ebene ausgedehnt.

Der Hüter hatte über weitere weltumspannende Lehrpläne geschrieben, die unter Leitung des Universalen Hauses der Gerechtigkeit durchgeführt werden sollten, und der erste davon, ein Neunjahresplan, wurde 1964 gestartet. Gegenwärtig (Januar 1971) ist der Bahá'í-Glaube in 135 unabhängigen Staaten verbreitet, Bahá'í leben in über 46 000 (im März 1972 waren es schon über 56 000) Orten in der ganzen Welt, Bahá'í-Literatur ist in 434 Sprachen übersetzt worden, der fünfte Bahá'í-Tempel ist in Panama City im Bau, für 58 weitere Tempel ist das Baugelände bereitgestellt; es gibt 101 Nationale Geistige Räte und mehr als 10 000 Örtliche Geistige Räte.

Besonders ermutigend ist die Antwort der Massen in Afrika, Indien, Südostasien und Lateinamerika, wo die Einheimischen in großer Zahl dem Glauben beitreten und damit einen neuen Abschnitt in der Entwicklung der administrativen und sozialen Wirksamkeit der weltweiten Bahá'í-Gemeinde einleiten.

QUELLEN UND WEITERFÜHRENDE LITERATUR

Bahá'u'lláh, Das Buch der Gewißheit — Kitáb-i-Íqán, 2. Aufl. 1969
— Brief an den Sohn des Wolfes, 1966
— Die sieben Täler — Die vier Täler, 3. Aufl. 1971
— Worte der Weisheit — Verborgene Worte, 1965
— Sendschreiben und Tablets:
Die frohen Botschaften, Bahá'í-Briefe 8, 1962, S. 179—183
Ṭarázát, Bahá'í-Briefe 9, 1962, S. 201—206
Worte des Paradieses, Bahá'í-Briefe 10, 1962, S. 226—232
Is͟hráqát, Bahá'í-Briefe 11, 1963, S. 250—268
Tajalliyát, Bahá'í-Briefe 13, 1963, S. 326—330
Sendschreiben über die Welt, Bahá'í-Briefe 21, 1965, S. 510—517
Ährenlese aus den Schriften Bahá'u'lláhs, 7. Aufl. 1971
Die Verkündigung Bahá'u'lláhs an die Könige und Herrscher der Welt, 1967
Bahá'u'lláh, Das Buch des Bundes — Kitáb-í-'Ahd, und 'Abdu'l-Bahá, Wille und Testament, 3. Aufl. 1964
Bahá'í-Gebete, Kleine Auswahl aus Gebeten von Bahá'u'lláh, Báb und 'Abdu'l-Bahá, 1971
'Abdu'l-Bahá, Beantwortete Fragen, 1962
— Ansprachen in Paris, 5. Aufl. 1963
Shoghi Effendi, Gott geht vorüber, Oxford (George Ronald) 1954
— Die Sendung Bahá'u'lláhs, Oxford (George Ronald) 1948
— Der verheißene Tag ist gekommen, 1967

Es wurden hier nur solche Werke aufgeführt, von denen eine deutsche Übersetzung vorliegt, wo nicht anders angegeben, im Bahá'í-Verlag erschienen.
Verzeichnis auf Anforderung durch Bahá'í-Verlag, D-6491 Oberkalbach.